群王之夢

東南亞的故事

Eric C. Thompson

THE STORY OF SOUTHEAST ASIA

艾瑞克·湯普森 著
陳錦慧 譯

浮羅人文
高嘉謙｜主編

好評推薦

作者從史前時代敘述到當前，時間線拉得極長，全面描繪複雜又迷人的東南亞地區，在此同時生動地呈現東南亞偶爾令人困惑的文化多樣性，以及東南亞人民創新與適應的能力。

——哈佛大學人類學教授 麥克・赫茲菲爾德（Michael Herzfeld）

Eric Thompson以細膩的筆觸，帶領我們走進東南亞這片多元而充滿活力的土地。他不只關注這裡的歷史如何被改變，更強調人們如何主動參與、形塑自己的世界。延續安東尼・瑞德（Anthony Reid）關於東南亞整體性的觀察，這本書進一步刻劃在地社會的選擇與回應。這是一部深入而動人的作品，讓我們以新的眼光理解東南亞，也理解這區域的獨特魅力。

——清華大學歷史研究所副教授 李毓中

Eric Thompson將各種重要議題如宗教傳播、社會變遷、政治事件和性別關係等，融入按年代劃分的東南亞史裡，同時以故事或更確切地說用馬來傳統文學敘事手法hikayat來呈現這些總是不那麼完美無瑕的「歷史故事」，如此有學術嚴謹性與「故事性」之著作，值得為讀者推薦。

——暨南國際大學東南亞學系教授 林開忠

這本書以生動的敘事與深度視角，帶領讀者穿越東南亞數千年的歷史與多元文化。作為熟悉印尼文化與實務的投資顧問，我特別推薦本書給所有渴望理解東南亞人文底蘊與投資潛力的讀者，內容兼具啟發與實用價值。

——印尼PAN企業集團合夥人、印尼百萬部落格知名作者 Nina

他們是人類最早壁畫與貝葉經的創作者，在歐洲人「聞香（料）下錨」之前，他們標榜的是以「曼陀羅」為基礎的國際秩序，歷經千百年來梵文與伊斯蘭文化的洗禮，他們終成國族主義與現代性的信徒，但群王之夢，依然縈繞……

——國防安全研究院副研究員 黃宗鼎

面對東南亞是否為人為建構的老課題，艾瑞克．湯普森以不斷遷徙與交流的東南亞人群為核心，重新思考東南亞如何在各種外來力量中汲取經驗、化為己用，形構出多元異質的區域性樣貌，是重新看見東南亞整體性的嶄新視角。

——轉角國際專欄作家、菲律賓研究者 賴奕諭

「浮羅人文書系」編輯前言

高嘉謙

島嶼，相對於大陸是邊緣或邊陲，這是地理學視野下的認知。但從人文地理和地緣政治而言，島嶼自然可以是中心，一個帶有意義的「地方」（place），或現象學意義上的「場所」（site），展示其存在位置及主體性。從島嶼往外跨足，由近海到遠洋，面向淺灘、海灣、海峽，或礁島、群島、半島，點與點的鏈接，帶我們跨入廣袤和不同的海陸區域、季風地帶。但回看島嶼方位，我們探問的是一種攸關存在、感知、生活的立足點和視點，一種從島嶼外延的追尋。

臺灣孤懸中國大陸南方海角一隅，北邊有琉球、日本，南方則是菲律賓群島。臺灣有漢人與漢文化的播遷、繼承與新創，然而同時作為南島文化圈的一環，臺灣可辨識存在過的南島語就有二十八種之多，在語言學和人類學家眼中，臺灣甚至是南島語族的原鄉。這說明自古早時期，臺灣島的外延意義，不始於大航海時代荷蘭和西班牙的短暫占領，以及明鄭時期接軌日本、中國和東南亞的海上貿易圈，而有更早南島語族的跨海遷徙。這是一種移動的世界觀，在模糊的疆界和邊域裡遷徙、游移。透過歷史的縱深，自我觀照，探索外邊的文化與知識創造，形塑了值得我們重新省思的島嶼精神。

在南島語系裡，馬來－玻里尼西亞語族（Proto-Malayo-Polynesian）稱呼島嶼有一組相近的名稱。馬來語稱pulau，印尼爪哇的巽他族（Sundanese）稱pulo，菲律賓呂宋島使用的他加祿語（Tagalog）也稱pulo，菲律賓的伊洛卡諾語（Ilocano）則稱puro。這些詞彙都可以音譯為中文的「浮羅」一詞。換言之，浮羅人文，等同於島嶼人文，補上了一個南島視點。

以浮羅人文為書系命名，其實另有島鏈，或島線的涵義。在冷戰期間的島鏈（island chain）有其戰略意義，目的在於圍堵或防衛，封鎖社會主義政治和思潮的擴張。諸如屬於第一島鏈的臺灣，就在冷戰氛圍裡接受了美援文化。但從文化意義而言，島鏈作為一種跨海域的島嶼連結，也啟動了地緣知識、區域研究、地方風土的知識體系的建構。在這層意義上，浮羅人文的積極意義，正是從島嶼走向他方，展開知識的連結與播遷。

本書系強調的是海洋視角，從陸地往離岸的遠海，在海洋之間尋找支點，接連另一片陸地，重新扎根再遷徙，走出一個文化與文明世界。這類似早期南島文化的播遷，從島嶼出發，沿航路移動，文化循線交融與生根，視野超越陸地疆界，跨海和越境締造知識的新視野。

高嘉謙

國立臺灣大學中國文學系副教授，著有《遺民、疆界與現代性：漢詩的南方離散與抒情（一八九五—一九四五）》、《國族與歷史的隱喻：近現代武俠傳奇的精神史考察（一八九五—一九四九）》、《馬華文學批評大系：高嘉謙》、《海國詩路：東亞航道與南洋風土》等。

本書為東南亞人而寫
也在此獻給他們
並且
緬懷我的良師兼典範凱斯教授（Charles F. “Biff” Keyes）

目次

「浮羅人文書系」編輯前言 5
附圖列表 10
序 12
致謝辭 15
關於名稱與年分 17

第一章　定居陸地與海洋 25

巽他古陸的傳說／石器時代的創新／改變的源起／
科帕農底遺址的陶器／島間穿梭／人類的漲潮期

第二章　世界樞紐 51

從石器到青銅到鐵器／鐵器時代產業密集化／貿易、權力與聲望／
扶南異域商品貿易中心／橫越地峽，繞過海峽／運勢的起伏／
吸收新觀念

第三章　黃金之地的神王 73

寫在石頭上／治國之術／沿海勢力／半島區政體／邊陲政治／
黃金之地的璀璨時代

第四章　權力、信仰與改革 95

宗教與政治改革／緬族勢力的興起／泰寮聚居地：從勐到曼陀羅／
泰寮版圖／大越與南進／室利佛逝的命運與馬來世界的誕生／
傳播大眾化宗教／改革與多樣化的新體制

第五章　**變動中的家庭與性別**　119

親屬關係與家庭價值觀／性別多元論／性別、權力與政治／
宗教改革與性別重新排序／性別經濟／現代性與邊緣化

第六章　**新興的身分**　143

語言與世系／移居與遷徙／奴隸、子民和僕役／
多樣化與差異性的交換／成為本地人／殖民時期的分類／族群的誕生

第七章　**爭奪主權**　171

摩鹿加的權力協商／來自遠西／馬六甲之後的海上策略／
逐漸成形的菲律賓／世界征服者的交鋒／海岸地區的統一／
殖民征服／收回主權／變身現代國家

第八章　**現代東南亞**　205

舊權貴與新民族主義者／教育的普及／印刷與公共領域／
屬於大眾的媒體／都市化與社會運動／軍隊的動員／
尋找新的治國之術／從發展到全球化／連結東南亞國家／到目前為止

附註　236

參考文獻　274

作者、譯者簡介　295

附圖列表

地圖

地圖0.1　東南亞政治地圖　21
地圖0.2　東南亞水域圖　22
地圖0.3　東南亞陸地　23
地圖0.4　本書提及的地點　24
地圖1.1　巽他古陸　28
地圖1.2　和平文化與托利安文化石器的分布　32
地圖1.3　稻米種植的傳播　37
地圖1.4　南島語系遷移路線　41
地圖2.1　東山鼓、沙黃工藝品和布尼遺址的分布　59
地圖2.2　扶南的運河　62
地圖2.3　海上貿易路線　65
地圖2.4　河川貿易路線　68
地圖3.1　梵文文化圈與漢字文化圈　75
地圖3.2　黃金之地時代的遺址　79
地圖4.1　西元九百年左右的東南亞　97
地圖4.2　一五〇〇年左右的東南亞　98
地圖6.1　本書提及的族群　145
地圖6.2　東南亞語言地圖　147
地圖7.1　殖民時代的東南亞，大約一九一〇年　197
地圖8.1　人口超過百萬的城市　222

圖片

圖片1.1　蘇門答臘石器　34
圖片1.2　托利安箭頭　35
圖片1.3　水稻梯田　38
圖片1.4　南島語族群舷外托架船　43
圖片2.1　亞齊的金匠　53
圖片2.2　東山鼓　57
圖片2.3　玉質耳環　58
圖片2.4　婆羅浮屠船舶　69
圖片3.1　獻祭石柱　77

圖片3.2　吳哥窟　81
圖片3.3　婆羅浮屠　82
圖片3.4　普蘭巴南　83
圖片4.1　稻米女神神屋　101
圖片4.2　占族戰船　109
圖片4.3　僧侶接受供養　114
圖片4.4　清真寺禮拜　116
圖片5.1　落髮儀式　125
圖片5.2　瑪吉里舞蹈　128
圖片5.3　素里育泰王后　132
圖片5.4　墳前祈禱　137
圖片5.5　女創業家　140
圖片6.1　泰寮新兵　151
圖片6.2　荷蘭人採買奴隸　154
圖片6.3　阿迪亞瓦曼國王　159
圖片6.4　混血後裔的大宅　164
圖片7.1　海上戰鬥　177
圖片7.2　聖奧古斯丁教堂　181
圖片7.3　暹羅使節　185
圖片7.4　光中皇帝　188
圖片7.5　獨立！　199
圖片8.1　晨間集會　206
圖片8.2　汶萊蘇丹　209
圖片8.3　棕櫚葉手抄本　216
圖片8.4　電信與旅遊　219
圖片8.5　東協旗幟　233

表格

表8.1　二〇二一年東南亞最大的十座城市（以都市已建設地區為基準）　221
表8.2　人類發展指數排名（Human Development Index Rank）、國民所得毛額（Gross National Income）等社會指標　230

序

本書以敘事筆法介紹東南亞這個地區和當地的人們，內容參酌東南亞研究這門現代學科的學術成果，特別側重歷史與人類學領域。本書做為東南亞的歷史人類學研究，從歷史的角度，主題式描述東南亞人如何打造出連結全球的多樣化交會點。在世界上其他地區，比如東亞、歐洲、中東或南亞，權力向中央集中。東南亞的多樣化，則是來自貿易、觀念與社會關係的複雜網絡。

本書參考過去的東南亞史書，卻有以下幾點明顯差異。[1]過去的東南亞史書探討歐洲殖民前的歷史時，會採用地區性視角，之後就以歐洲人為主角，認為殖民國家與民族國家從此各自踏上不同的道路。本書則是以東南亞的經驗與行動主體性（agency）為重點，[2]自始至終維持地區性框架。本書汲取最近期、最先進的東南亞學術研究，以清晰易懂的語言陳述，敘述的對象主要是東南亞讀者，其次則是所有對東南亞感興趣的人。

在這個時代，東南亞國家協會（Association of Southeast Asian Nations，以下簡稱東協）持續不懈，致力以「東協方式」結合迥然不同的國家，在此同時尊重每個國家的多樣性與差異性。針對這個目標，本書想要說明東南亞國家如何在漫長的歷史進程中，形成如今這懸殊的語言、習俗、社會制度、治國之術和宗教。本書也檢視東南亞國家如何在面對多種議題的情況下邁向現代，這些議題包括性別與家庭關係的變化、新興的現代身分認同、統治權的爭奪與鞏固，以及現代民族國家的建立。

坊間探討東南亞歷史的書籍，大多將重點放在現代的事件。[3]學者在陳述東南亞歷史時，偏重強調歐洲殖民主義的衝擊。本書試圖讓歐洲殖民主義回歸本質：重要性不可否認，卻絕不是塑造現今東南亞面貌的唯一力量。本書將重點放在塑造這個地區的更久遠進程。第一章探討大約五萬年前人類（智人〔*Homo sapiens*〕）開始在東南亞陸地與海域定居的過程。第二章檢視早期工業（尤其是金屬加工業）與都市中心的發展過程，以及東南亞如何成為如今的世界貿易樞紐。第三章討論早期國家的創建，以及東南亞人民如何吸納並發展出統治技巧，來治理漸趨龐大複雜的社會。第四章的重點是接納普世宗教（world religion）帶來的轉變。第五章探討親屬關係的重要性，歷史上對性別的寬容與彈性，以及賦予女性較高地位的傳統。另外，也說明在邁向現代的過程中，這些面向又受到什麼影響。第六章描述整個東南亞現代身分認同的出現，尤其是族群方面。第七章回到權力與政治的議題，重述大約十六世紀初開始的主權爭奪與鞏固過程，這個過程預示了東南亞現代民族國家的形勢。第八章概述過去一百年來塑造現代東南亞的某些關鍵力量。

本書無意為東南亞歷史做出定論，讀者不妨將這本書當成更深入認識東南亞的入門或進階讀物。當然，這本書只是眾多東南亞歷史之中的一本，這方面的書籍過去有人寫過，未來還會有人寫。本書的英文書名是*The Story of Southeast Asia*，但作者更偏好的書名是*Hikayat Asia Tenggara*（馬來語，字面意思是「Story of Southeast Asia」）。遺憾的是，英語這個語言迫使作者在a story與the story之間做出抉擇。前者或許比較正確，後者卻更具描述性。本書提供全方位「大敘事」（master narrative）架構，方便讀者認識（並討論）東南亞的歷史與未來。站在國家歷史的角度，本書也希望為東南亞人民介紹東南亞這個地區，增進他們對東南亞的認識。

本書是東南亞歷史的簡要介紹，不得不捨棄某些有趣或重要的話題，或僅僅簡略提及。過去幾十年來，人們越來越憂心氣候變遷與人類對環境的衝擊，細心的讀者不難看出——或至少推斷得出——農耕、人造林、工業化與都市擴張等人類活動，以及曾經地廣人稀的地區人口越來越稠密，必然影響到那個地區至關緊要的生物多樣性。[4]這個主題在這本書只是順帶提及。同樣地，學界對東南亞的醫療史與人類學有豐富的研究成果，本書並沒有納入討論，[5]其他更多話題也是如此。

對於東南亞的介紹，本書採用的方法受到各方面的影響，其中包括阿根廷政治理論家埃內斯托·拉克勞（Ernesto Laclau）的建議。拉克勞主張，社會結構應該被理解為由主觀行為者的歷史選擇沉積而成的客觀事實。[6]正如大自然的進程堆疊出一層層沉積岩，形成地球表面，人類活動也積累一層層社會結構關係與文化意義，形成我們如今生活的這個世界。本書雖然不是理論性書籍，卻希望演示我們可以如何從這樣的社會理論與歷史視角，更有效地認識東南亞。因此，儘管幾十年來批判並解構這種大敘事著作的文章持續占優勢，作者卻自知這本書的建構性。作者希望，學生與學者都覺得這本現代晚期的歷史書籍既是思考東南亞的實用方法，也為他們提供批判性思考的素材。

致謝辭

本書寫作時間超過十年，醞釀期更長達幾十年。一九八〇年代我就讀麥卡利斯特學院（Macalester College）時，因為David McCurdy的「人類學入門」課程，我的興趣從以國與國關係為焦點的政治學與國際研究，轉移到人類學和人與人關係的研究。感謝Jack Weatherford的啟發，我開始思考另類歷史與全球進程，並且想要為象牙塔以外的讀者著述。因為結識了人在異鄉的Aji、Hadzar、Madzuki、Nazri、Shahrazi和Shamsuddin等馬來友人，我來到東南亞。

一九九〇年代，我在華盛頓大學西雅圖校區研究所就讀，更深入探討人類學，也接觸到東南亞研究這個領域。那時的我特別幸運，指導教授是Charles F. Keyes，也有機會向Charles Hirschman、Dan Lev、John Pemberton、Laurie Sears和東南亞中心眾多世界一流學者學習。二〇〇〇到二〇〇一年我在加州大學洛杉磯分校東南亞研究中心，當時中心由Anthony Reid帶領，我停留的時間雖短，卻是受益無窮。

二〇〇一年底至今這二十多年來，新加坡大學提供我在東南亞生活與工作的機會，這段時間我陸續造訪過東協全部十個會員國，跟那裡的同業合作。本書部分內容正是來自我在東南亞各國的實際經歷與研究，更多內容則來自東南亞無數朋友與學者的知識與洞見。本書的構想始於二〇〇九到二〇一〇年，當時我正值學術休假期間，分別造訪了泰國朱拉隆功大學（Chulalongkorn University）的亞洲研究院、荷蘭萊頓的國際亞洲研究院和香港城市大學的東南亞研究中心。

很多同事大方地對本書部分或全部初稿提供回饋與註解，包括Barbara Andaya、Leonard Andaya、Peter Bellwood、Veronica Gregorio、Charles Higham、Liam C. Kelley、Chong Wu Ling、Michael Herzfeld、Sang Kook Lee、Mohamed Effendy Abdul Hamid、Jonathan Padwe、Michael Peletz、Anthony Reid、Keil Ramos Suarez、Robert Taylor、Nhung Tuyet Tran、Jack Weatherford、Thongchai Winichakul與Anton Zakharov。新加坡國立大學人類學讀書會成員為中間兩章提供同樣珍貴的意見，包括Jennifer Estes、Lyle Fearnley、Zachary Moss Howlett、Danzeng (Tenzin) Jinba、Erica Larson、Lau Ting Hui、Canay Ozden-Schilling、Elliot Prasse-Freeman、Matthew Reader和Chitra Venkataramani。新加坡國立大學出版社兩位匿名審稿人也對初稿提供寶貴見解。Peter Schoppert內行的編輯建議和東南亞學術方面的廣博知識格外可貴。Lee Li Kheng發揮她精湛的製圖技巧繪製書中的地圖。

我無法在這裡一一列舉這些同事提供的建言，但他們的參與大幅提升本書的內容。本書探討的內容幾乎都會是學界持續討論的話題，這樣的討論有利於學術發展。這本書能夠寫成，要感謝數以百計的學者孜孜不倦的研究，他們的研究成果為我提供關於東南亞的過去與現在的證據、實例與詮釋。書中若有任何舛錯責任在我，敬請見諒。

艾瑞克・C・湯普森

新加坡，二〇二二年九月

關於名稱與年分

關於東南亞國家與它們的前身，作者盡可能保持正確性，避免時代錯置。關於本書提及東南亞現存十一個民族國家時使用的名稱，以下略作說明。

汶萊達魯薩蘭（Brunei Darussalam）意為「和平之國」，書中很多地方簡稱汶萊（Brunei）。汶萊主要族群是馬來人，國民統稱汶萊人。婆羅洲（Borneo）的名稱據說源於Brunei這個字，印尼稱婆羅洲為加里曼丹（Kalimantan）。

柬埔寨官方名稱是柬埔寨王國（Kingdom of Cambodia），主要族群是高棉人（Khmer），國民統稱柬埔寨人。柬埔寨的前身是強大的高棉帝國，以及之後的眾多高棉王國。高棉帝國簡稱吳哥（Angkor，字面意思是「城市」），以吳哥窟（Angkor Wat，意為「寺廟之城」）為核心。所有高棉國王都是紹瑪女王（Queen Soma，西元六二年）的後代，紹瑪女王據說創建了中國史書記載的港口政體扶南國（Funan）。歷史上柬埔寨也曾稱為甘埔皆（Kampuchea），使用這個名稱的主要是共產黨建立的赤柬（Khmer Rouge，又稱紅色高棉）。

印尼的國土是荷屬東印度群島。在荷蘭統一群島以前，這裡有無數王國和蘇丹國，包括爪哇的滿者伯夷（Majapahit）和蘇門答臘的室利佛逝（Sriwijaya）。至於這個地區變成荷屬東印度和印尼以前，本書稱之為「印尼群島」。

寮國官方名稱是寮人民民主共和國（Lao People's Democratic Republic），過去曾經是老撾、龍坡邦（Luang Prabang）、永珍（Vientiane）、占巴塞（Champasak）和瀾滄（Lan Xang，意為「百萬頭大象」）等王國的領土。寮國境內有數十個族群和語言，歷史上最大族群是低地寮（Lao Loum）。現今所有國民都稱為寮國人（Lao），但近期又根據各族群的傳統居住地，正式劃分為低地寮、坡地寮（Lao Theung）和高地寮（Lao Soung）。近年來寮國政府提倡族群名稱的多樣化，英語世界也有人使用Laotian這個字稱呼寮國人。

馬來西亞一九六三年正式建國，由馬來半島的馬來亞聯合邦（Federation of Malaya，原來的英屬馬來亞）和婆羅洲的沙巴（Sabah）、砂勞越（Sarawak）共同組成。英國殖民期間，半島上許多蘇丹國分別合併成馬來聯邦（Federated Malay States）和馬來屬邦（Unfederated Malay States）。前者包括森美蘭（Negeri Sembilan）、彭亨（Pahang）、霹靂（Perak）和雪蘭莪（Selangor），後者包括柔佛（Johor）、吉打（Kedah）、吉蘭丹（Kelantan）、玻璃市（Perlis）和登嘉樓（Terengganu）。英屬馬六甲海峽殖民地（Straits Settlements of Melaka）和檳城（Penang）納入馬來西亞，新加坡則成為獨立國家。馬來西亞主要族群是馬來人，國民統稱馬來西亞人。

緬甸正式名稱是緬甸聯邦（Union of Myanmar）。一九八九年以前，緬甸（Myanmar）在國際上的名稱是Burma。Myanmar和Burma這兩個英文名稱看起來頗有差異，在緬語卻是同一個名詞的變體。緬甸主要族群是緬族（Bamar），國民統稱緬甸人。

菲律賓的國名Las Filipinas取自西班牙國王菲利普二世（Philip II）。本書依照慣例以「菲律賓群島」指稱西班牙殖民前的群島。菲律賓分為三大地區，分別是北部的呂宋島（Luzon）、南部的民答那峨島（Mindanao），以及二者之間的維薩亞斯群島（Visayas）。菲律賓的國民統稱菲律賓人（Filipino，或陰性的Filipina）。

新加坡的名稱源於梵文Singapura（意為獅子城），馬來史書用這個詞指稱大約一三〇〇到一四〇〇年統治該地的重要海港政體，又稱淡馬錫（Temasek）。英國殖民時期，這裡在一八一九年重新建設成主要港口，跟馬六甲和檳城一樣，都是海峽殖民地的一部分，為英國直屬殖民地。一九六三年短暫併入馬來西亞，兩年後成為獨立國家。

泰國正式名稱為泰王國（Kingdom of Thailand），一九三九年以前稱為暹羅王國（Kingdom of Siam）。一般用暹羅統稱包括阿瑜陀耶（Ayutthaya）和素可泰（Sukhothai）在內的眾多王國和城邦。十八世紀晚期以前，北部的清邁享有一定程度的獨立，算是緬甸的附庸。清邁周邊的泰北地區歷史上稱為蘭納（Lan Na，意為百萬片稻田）。泰國的主要族群和國民都稱為Thai（泰族和泰國人），歷史上則稱為暹羅人。泰語和寮語關係密切，稱為泰寮語系（Tai-Lao）。英文裡也用Tai這個字來指稱泰國以外的許多泰寮語使用者，其中包括緬甸的撣族（Shan）和越南的黑泰（Black Thai）和白泰（White Thai）。印度東北部的主要族群也使用泰語，一般認為那裡的「撣族」和「阿薩姆人」（Assam）都是暹羅人後裔。

東帝汶（Timor Leste）在一九七五年以前是葡萄牙殖民地，之後被印尼統治，一九九九年才獨立建國。Leste是葡萄牙語，意為「東方」。東帝汶位在帝汶島東部，西帝汶目前仍是印尼的一部分。Timor這個字本身源於馬來語，意思也是「東方」。

越南在國際上目前通用的正式拼寫法是Viet Nam，但很多情境下也使用Vietnam，比如越南的官方名稱越南社會主義共和國是Socialist Republic of Vietnam。Viet是漢字「越」的越南發音，意思是「南方人」。越南的主要族群是越族，又稱京族（Kinh）。「京」這個漢字意為首都，比如北京、京都與東京。Nam是漢字「南」的越南語發音。越南國民統稱越南人。歷史上，皇朝時期的越南又稱「大越」（Dai Viet）。

關於年分

從過去到現在，東南亞地區一直沿用多種不同曆法與計年法。在泰國，佛曆是日常與官方偏好的曆法。在信奉回教的東南亞國家，多數人固定使用伊斯蘭希吉來曆（Hijri calendar）。許多古代年分都來自梵語碑文中的薩卡紀年（Saka years）。爪哇人和其他很多東南亞社會也有自己的在地曆法。本書所有年分都以西元或西元前為主，依據的是目前全世界使用最廣泛的基督紀年。

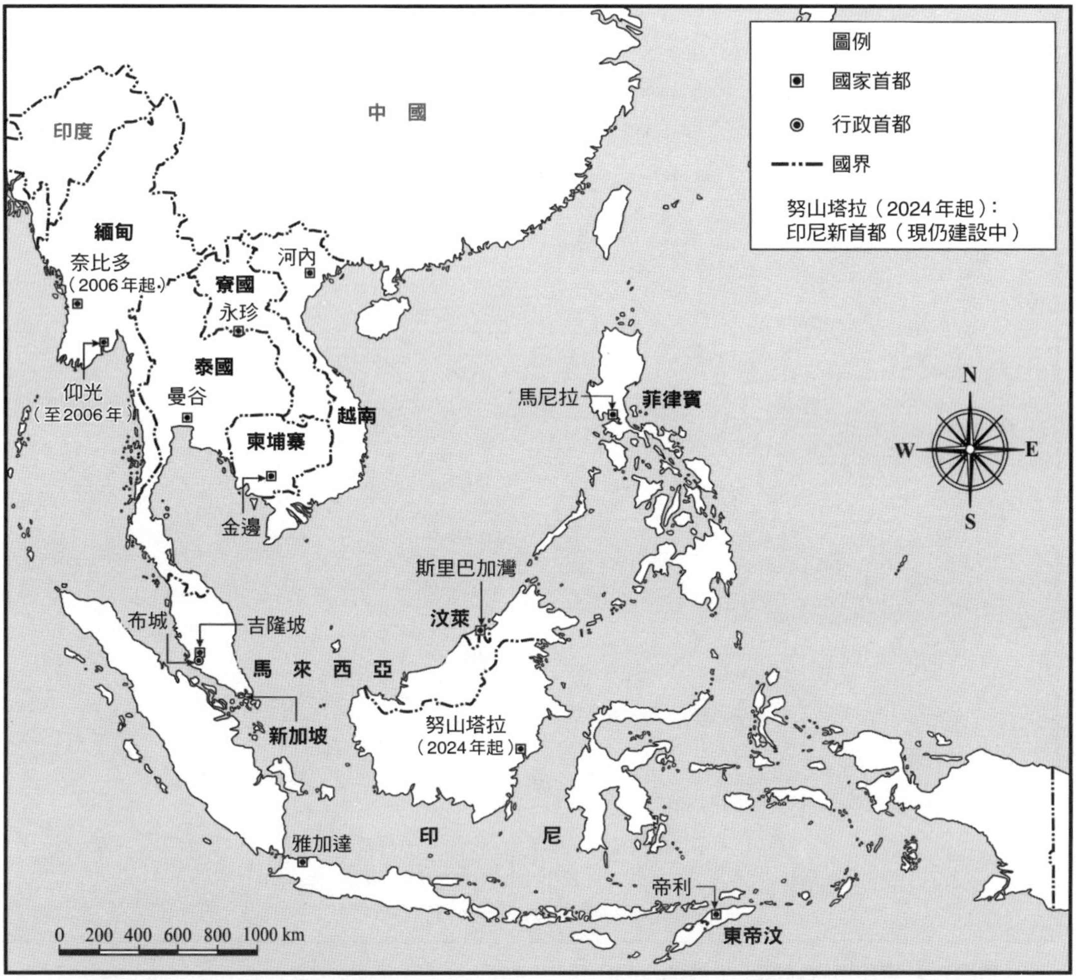

地圖0.1 東南亞政治地圖 ｜ 現今東南亞各國國界與首都。在一九九九到二〇〇五年之間，布城（Putrajaya）是馬來西亞行政首都，吉隆坡則是國家首都。二〇〇六年，緬甸的首都從仰光遷移到奈比多（Naypyidaw）。印尼政府宣布將在二〇二四年從雅加達遷往位於婆羅洲的新建首都努山塔拉（Nusantara）。〔編按：印尼國會已於二〇二四年十一月通過法案取消雅加達的首都地位。〕

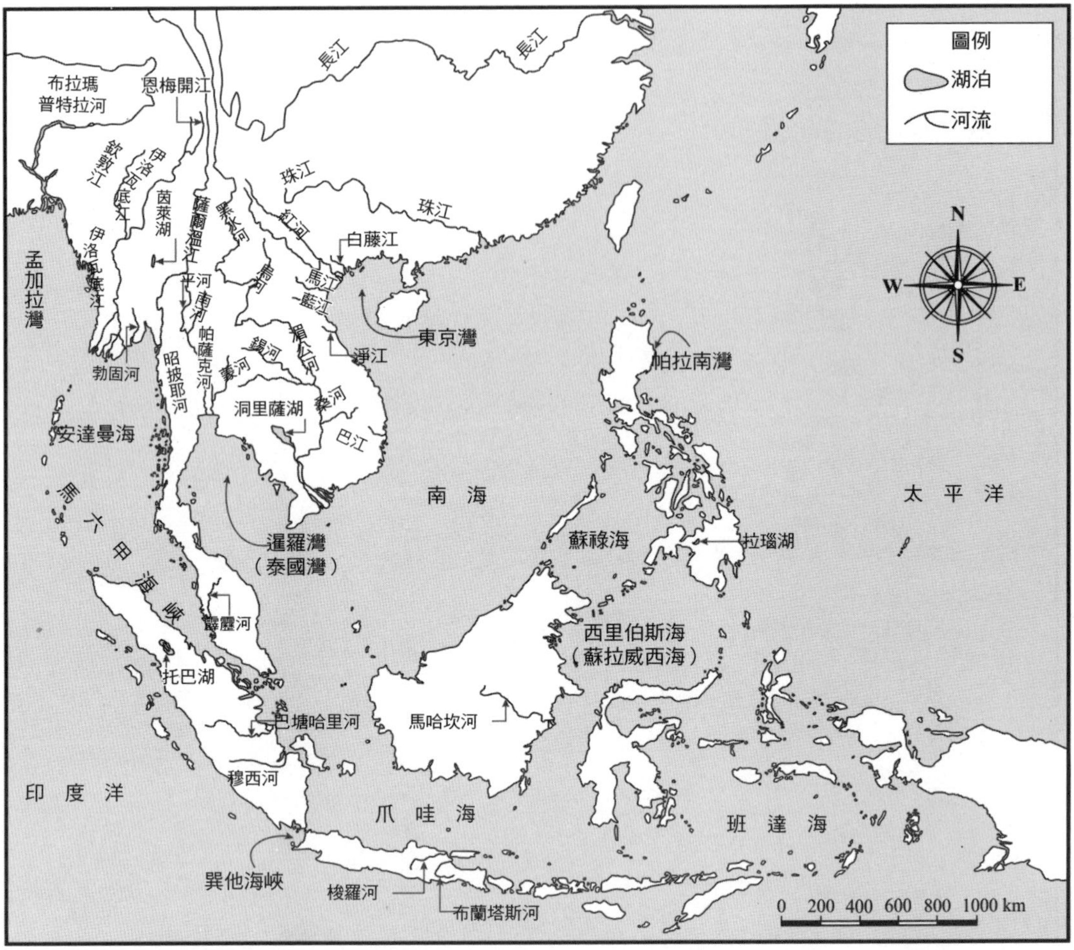

地圖0.2 東南亞水域圖｜本書提及的河川、海洋、湖泊與其他水域。

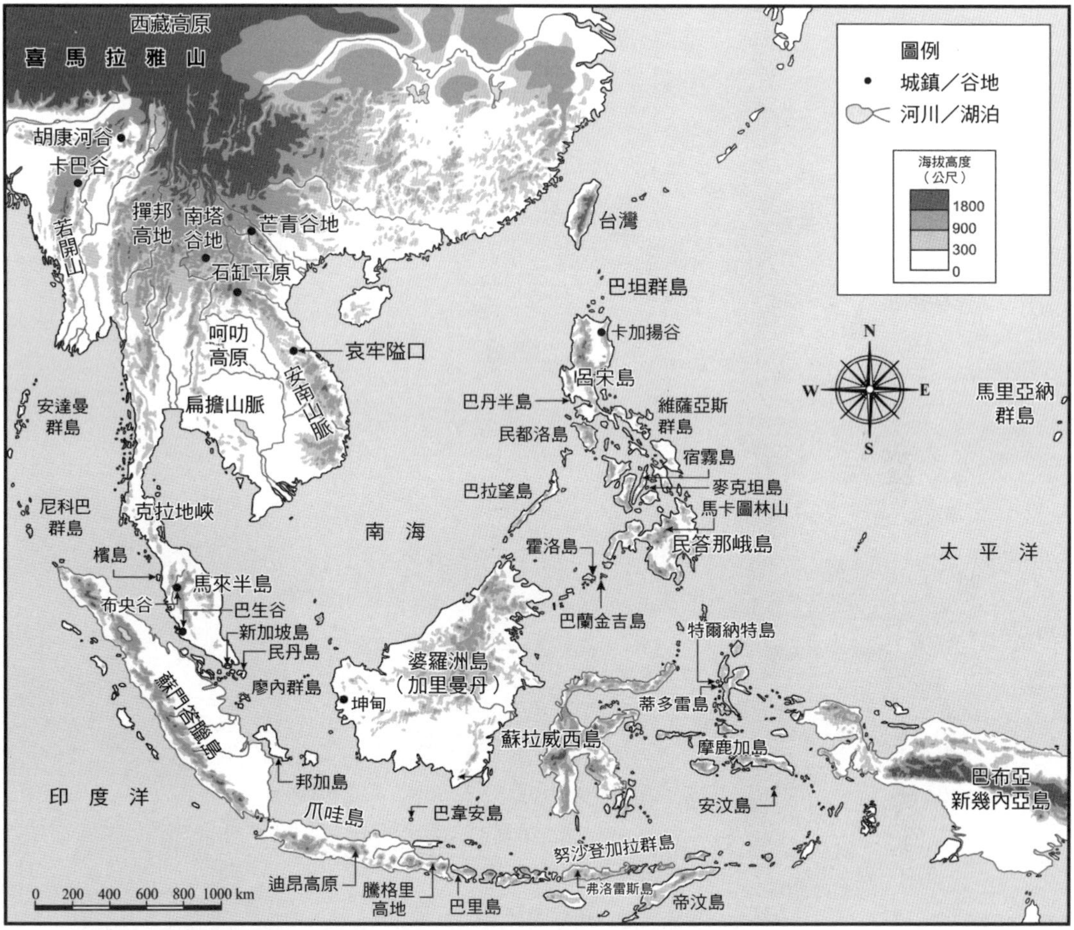

地圖0.3 東南亞陸地｜本書中提到的島嶼、山脈、谷地與其他地形。

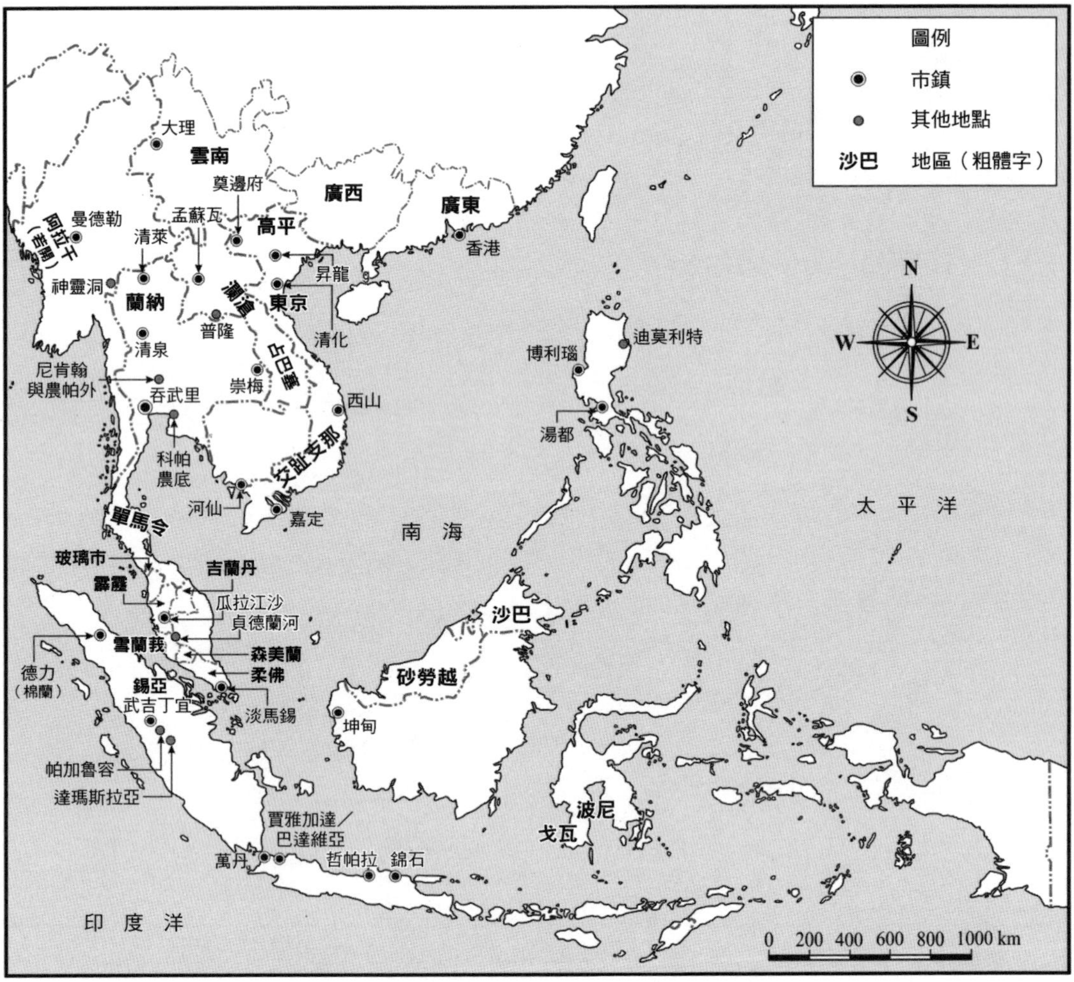

地圖0.4 本書提及的地點｜本圖的地名都是書中提到過，但在本書中的其他地圖並未標示的地點。

第一章

定居陸地與海洋

七萬四千年前，蘇門答臘島（Sumatra）的超級火山托巴山（Mount Toba）爆發，威力太強大，震撼整個地球，發出的巨響在全球迴盪。托巴火山的災難性爆發，是我們如今所知的東南亞首度改變人類歷史的進程。托巴火山爆發後，灰燼遮蔽了天空，像傾盆大雨般落在世界各地。關於托巴火山爆發造成的影響，科學家爭論了二十多年。有人認為植物、草食動物和肉食動物的食物鏈徹底崩潰。大型哺乳動物餓死，我們的祖先想必在劫難逃。只有幾千人在災難中僥倖存活，人類基因的多樣性嚴重折損。[1]那個時代距離文字的發明還相當遙遠，因此也無法斷定當時的文化遺產損失了多少。不管是人口或文化知識的豐富性，人類可能都耗費了幾千年時間才復元。在那段期間，我們的祖先開始遷徙，現代智人因此分散到所有大陸，創造出我們如今俯仰其間的全球社會。

從人類離開非洲在全球各地定居開始，東南亞就已經是個重要通道。基因科學與古人類學證實，至少在五萬年前，第一波離開非洲大陸的智人之中，有一部分沿著南亞海岸前進，途經東南亞，而後勇敢橫渡大海抵達澳洲。[2]澳洲原住民就是他們的後代。更早以前，原人（proto-humans，即直立人）已經散布到我們如今所知的中國（「北京人」）和印尼（「爪哇人」）。他們在印尼的弗洛雷斯島（island of Flores）繁衍出體型矮小的弗洛雷斯人（*Homo floresiensis*），也在現今的菲律賓呂宋島繁衍出呂宋人（*Homo luzonensis*）。[3]

目前活著的人都不太可能是亞洲直立人的直接後代。[4]另一方面，現今生活在東南亞的人們之中，很多人身上都帶有最早移居該地區的智人的基因，尤其是馬來半島的半島原住民（Orang Asli），以及散布在東南亞半島與諸島的其他許多族群與個人。[5]

第一波前往澳洲的早期人類移民先鋒之中，很多人在沿途定居下來。其中一部分人往東，最遠去到新幾內亞（New Guinea）高地，獨力發展出農業。另一些人一群群散布在東南亞的半島和群島採獵為生：在河流或大海捕魚，採集植物和貝類，或獵捕動物。現今的澳洲原住民和部分東南亞人的祖先，是最早在這個地區留下足跡的人。他們有些是集體遷徙，以家庭、氏族、同伴或民族為單位，也有一部分是個別行動。地球上沒有哪個地方的人種比這個地區更複雜，結合各式各樣的遺傳基因和豐富多彩的文化傳承。

長久以來，東南亞在很多方面一直是前線。這裡有拓荒者和冒險家，有商人和企業家，有滿懷希望的朝聖者和時運不濟的流浪者。大多數被視為文明搖籃的地區，都是安定的農業區，比如尼羅河畔的埃及，底格里斯河（Tigris）和幼發拉底河（Euphrates）之間的巴比倫，南亞的印度河谷和中國的黃河和長江流域。定居的人口比遷徙的人口更適合王朝統治，那些地區因此擁有長久且相對連貫的歷史。那些文明就像靜止的水塘，水面泛起的歷史漣漪不算太難探求與解讀。東南亞雖然出現過許多重要聚落和王朝，這裡人種、語言、物產和文化的流動往往不走直線，靈活多變。這裡的歷史因此也像湍急河流裡或強或弱的漩渦，難以追蹤。

在近期歷史中，即使上溯幾個世紀，我們還能詳盡追蹤到許多個人和群體的遷徙情況，也對追蹤結果的正確性充滿信心。但當我們進一步回溯，那份詳盡就漸漸消失，證據也變得薄弱。本書描寫的歷史事件，都依據現存最可信的證據與理論，盡可能追求正確性。作者在研究過程中參考了幾百份資料，其中有許多內容顯然不適合採用。

本書的內容主要在敘述東南亞這個地區的過去，並且探討究竟是什麼樣的過程、什麼樣的人們，造就出這個以商業、人種混雜性與多樣性為特色的地區。本書依章節編排，穿插以下主題：人口、貿易、統治、宗教、親屬關係與性別、族群與其他社會身分，以及主權的喪失與收復。這些主題跨越所有年代，但各章是依時間先後排列，每一章都強調一個在那個時代起始、強化或轉變的主題。故事就從東南亞的人口形成說起。

第一波現代智人經由東南亞向澳洲遷移之後，又有幾波人類來到或路過這個地區，各自橫跨陸地，走過河流切割而成的低谷，翻越高山與丘陵。東南亞人的祖先也有最早的航海家，在東南亞群島之間穿梭，也渡過上千公里的汪洋大海。這些最早的移居者和航海家在東南亞開拓殖民地，卻不像後來的歐洲勢力那般在遙遠的土地行使權力掠奪珍寶。相反地，他們橫越陸地和大海，是為了尋找生計，建立新社會，為自己和家人謀求安全與繁榮。最早抵達的是採獵者，隨後而來的是農耕者。東南亞人民的故事始於他們的英勇傳說，記錄這些傳說的不是文字，而是他們遺留在整個巽他古陸（Sundaland）的石器、骨骼和灰燼。

巽他古陸的傳說

地球的氣溫每隔幾千年週期性降低又升高，極地冰帽也隨之冰凍又融化。在氣溫較低的時期，南北極的海水凍結成冰，海平面下降，世界各地的海岸線擴大。在東南亞，這些冰河期釋出的廣大土地稱為巽他陸棚（Sunda Shelf）。地球歷史上最後一個這樣的冰河期在大約兩萬年前達到高峰，那時人們離開非洲，沿著南亞海岸前行，走進一個與我們如今所知大不相同的東南亞半島。連接泰國與馬來西亞的克拉地峽（Isthmus of Kra）比現在寬闊得多；暹羅灣（Gulf of Siam）是開闊的河谷；整個印尼群島，包括西邊的蘇門答臘，南邊的爪哇，最東邊的巴里島和婆羅洲，都跟亞洲本土相連；菲律賓的巴拉望島（Palawan）也是。這個古代地區有個現代名稱：巽他古陸。[6]

五萬年前，許多採獵群體的足跡已經遍及巽他古陸各個角落。我們會知道這點，是根據他們留下的零碎物品推測而來，比如他們製作的石器，他們捕撈的魚或狩獵並屠宰的動物的骨骼，他們燒火後的灰燼，他們留下的紅赭石圖畫，以及他們本身的少數遺骸。他們或許使用或改造過其他物品，但大多數都沒能留存這麼長時間。可以確定的是，這些早期人類確實散布在整個巽他古陸。從寮國北部到印尼群島的東帝汶，都有人類化石出土。[7]至少四萬五千年前，有個藝術家用紅赭石在山洞內側畫了一幅疣豬

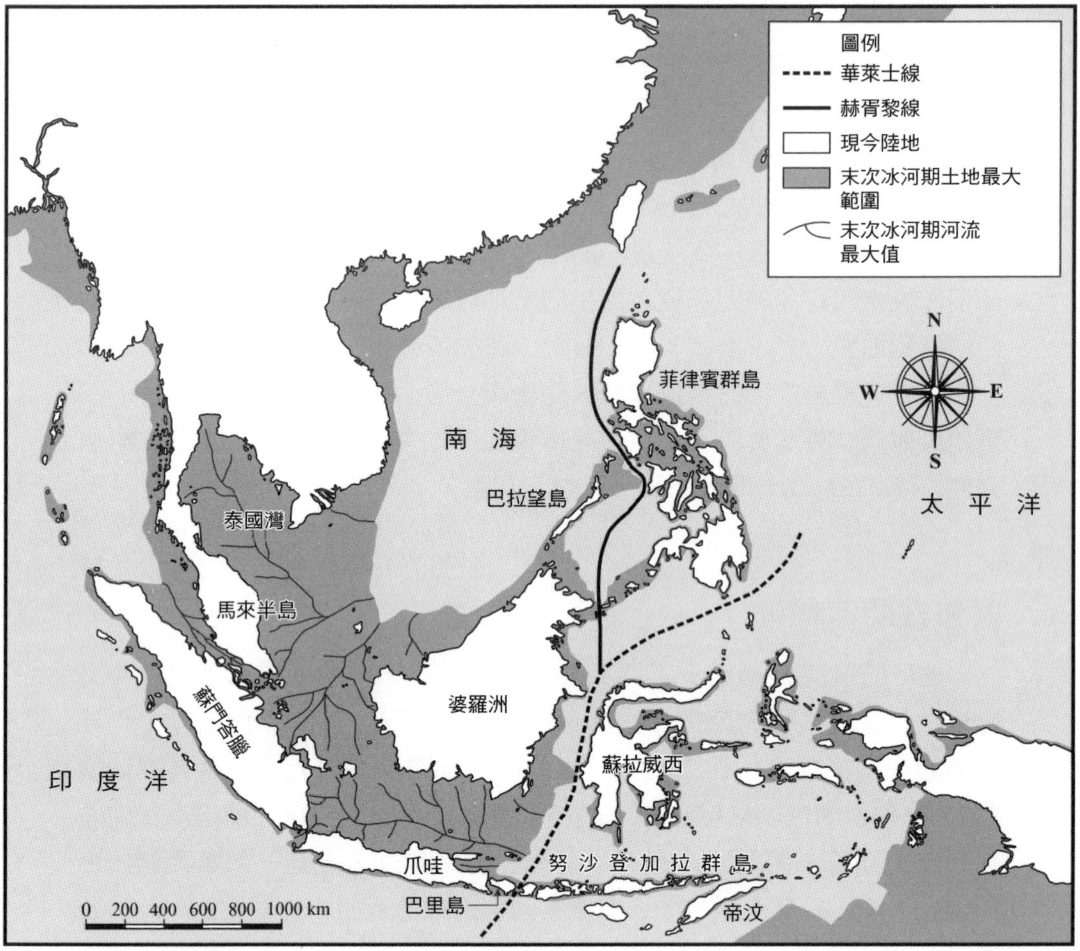

地圖1.1 巽他古陸｜灰色區域標示大約兩萬年前末次冰河期巔峰的東南亞陸地，當時群島的大多數地區都跟本土陸地連接。華萊士線與赫胥黎線[9]劃分生長著截然不同動植物的生態區。

壁畫，山洞位置在現今印尼蘇拉威西島（Sulawesi）的望加錫（Makassar）附近。那位藝術家用手印在壁畫旁「簽名」。這幅壁畫是全世界最古老的智人具象畫作。[8]

我們從骨骼與貝殼殘骸得知，至少在一萬年到一萬三千年前，採獵者走過菲律賓群島大部分地區，捕魚、撿拾貝類，獵食野豬、鹿和鳥類。[10]同樣地，雖然我們對緬甸的史前歷史所知最有限，但在伊洛瓦底江流域（Irrawaddy River Valley）上下游和周邊丘陵發現的石器證實，從最早的海岸遷徙開始，一直有人類在這裡定居。[11]

巽他古陸最早的人類過著什麼樣的生活，現今大多數人已無從想像。那種生活方式的痕跡太模糊，我們只能約略揣測他們的經歷。在那個時期，人類已經陸續離開非洲各地，進入中東，橫跨歐亞大陸，往北去到中央歐亞大草原（Central Eurasian steppe），往南進入印度次大陸，往西到達歐洲，往東則到亞洲。他們靠大地謀生，採集植物，狩獵動物，在河流或海岸捕撈。

如今我們很多人依然保存這些傳統。富裕的都市人偶爾會回歸大自然，採摘水果調劑身心，或狩獵捕魚活動筋骨。鄉居的農家經常在餐桌上添加野菜、魚和獵物。即使生活在最先進工業社會的跨國移工，比如在新加坡建造高樓大廈的泰國東北部建築工人，休假時也喜歡從事狩獵與採集等多彩多姿的傳統農村活動。[12]

但在巽他古陸的時代，採獵群體只靠採獵為生，生活在只有採獵者的世界裡，不曾跟農耕者交流，更別提都市居民。對於他們所知的世界，我們最可靠的線索來自直到不久前依然以採獵為主要謀生手段的少數群體。過去一百年來，這些人生活在偏遠地域，從南美洲和婆羅洲的雨林，到非洲的喀拉哈里沙漠（Kalahari Desert），再到加拿大巴芬島（Baffin Island）的北極苔原，他們的採獵方式為人類學者提供大量這方面的知識。

這些群體有不少是東南亞的居民，他們有些至今依然以採獵為生，也有人直到不久前才放棄這種生活方式，比如菲律賓呂宋島的阿埃塔人（Agta），馬來西亞半島內陸的塞芒人（Semang），泰國南部的馬尼族（Mani），生活在砂勞越和汶萊雨林的本南族（Penan）等。在巽他古陸海岸地區，人們的生活方式可能類似東南亞更近期的海洋遊牧族，比如泰國南部的莫肯人（Moken），印尼廖內群島（Riau Archipelago）的海上遊民（Orang Laut），以及蘇祿海（Sulu）和南海的巴瑤族（Bajau）。根據這些人向人類學者透露的豐富資訊，加上考古學家找到的稀少卻重要的證據，我們能夠相當準確地猜測巽他古陸居民的生活樣貌。

巽他古陸的人以小型家族為單位，可能會依據季節的不同，在幾十平方公里的範圍內遷移。某些情況下，他們也許會遷移得更遠。在乾旱季節，他們會在森林和草原上流動，選擇臨時營地暫居。到了雨季，有些人會棲身洞穴，洞穴因此保存最多有關他們的生活的證據。他們跟比較後期的採獵者一樣，會重視人與人之間的關係，以繁複的文化傳統維繫這樣的關係，將衝突減到最低。巽他古陸的居民一生中最多認識幾百個人——如今我們一個下午在東南亞任何一座大城街道上擦肩而過的人都不只這個數——跟那少數幾百人和睦相處想必至關緊要。

萬一發生嚴重衝突，採獵者最常採取的對策是離開。採獵者賴以為生的知識精細又複雜。在薩爾溫江（Salween River）附近的神靈洞（Spirit Cave）和其他許多地點的考古挖掘顯示，一萬年前或更早以前的採獵者充分了解他們的生活環境。他們運用幾十種動植物，充做食物、藥品或其他用途，比如製作吹箭毒藥的果仁或堅果，做為溫和興奮劑的檳榔。[13]

採獵社會的每個成年人都具備詳盡知識，知道所處環境中哪些是他們生存所需的資源。群體裡的人如果失和，直接離開是相對簡單的解決方案。個人之間或群體之間偶爾會發生肢體衝突，甚至謀殺，但暴力衝突是高風險低報酬的行為。一旦出現暴力危機，其中一方通常會選擇離開避免衝突。在巽他古陸，如果想遠離討厭的鄰居，應該有不少更吸引人的無人地域可去。

個別採獵者很少獨自脫離群體，但大型群體經常會分裂成幾個小群體，各走各的路。採獵群體通常長時間分離又聚合，週期循環，彼此交換禮物分享故事，或傳達關於環境和當地其他群體的重要訊息。有時候群體分道揚鑣後會失去聯繫，跟對方永別，幾個世代後雙方的語言和文化各自改變，南轅北轍無法溝通。就連透過基因從父母遺傳給子女的家族相似度，幾千年過後也千差萬別。有朝一日這些遠親再次相遇，彼此外貌已經截然不同，就像來自不同祖先。不管是在東南亞或世界各地，這樣的重逢都經常發生，也持續在發生。

我們很難想像出採獵者的生活細節，同樣地，也很難想像他們在漫長時間裡的生活方式差異多麼大。從第一批現代智人抵達，到極地冰帽融化海平面上升，這段巽他古陸時期總共三萬五千年，三十五個千年，三百五十個世紀，一千四百個世代。就算任何一個時間點只有不到一萬個捕魚者、採集者或狩獵者在廣大的巽他古陸上遊走，整段時期加總起來，也有超過一千四百萬個生命曾在這裡生活。他們的物質文化不如我們來得複雜，社會也比較單純。但他們每一個個體都擁有跟現今的我們一樣的智力、創造力、熱情和憂慮。

他們唱過多少歌曲，說過多少故事，做過多少探險？有過多少歡笑和淚水？我們根本無從揣想。在巽他古陸壯麗的三萬五千年或更長的時間裡，他們圍坐火堆旁或沿著海岸同行時，必定傳誦過無數故事，那些故事如今都無跡可尋。然而，他們留下的物質文化，保存了他們的一部分創造力。有朝一日，深海考古學或許可以幫助我們進一步了解他們古老的生活方式。大約一萬五千年前，海平面開始升高，淹沒巽他古陸許多地區，考古紀錄趨於清晰，我們對他們的採獵生活也有更多認識。

石器時代的創新

最早的時候，巽他古陸的採獵者使用的石器，是從大石頭鑿下來的不規則大石片。到了某個時點，大約兩萬三千年或更早以前，某個人或某個群體製出新工具。他們在河床上挑選平滑的圓石，尺寸正好適合人類單手抓握，再削除其中一面的邊緣，製作出更堅固、尺寸更一致的工具，用來劈砍或切割。如今的考古學家稱這些工具為蘇門答臘石器（sumatralith），是東南亞最古老、分布也最廣的石器時代新產品。[14]

究竟哪個聰明女人或男人最先想出製作蘇門答臘石器的點子或技法，我們無從知道。這種新點子出現後，就流傳到巽他古陸大部分地區。蘇門答臘石器是石器時代和平文化（Hoabinhian）工具與器物的特色。和平文化因越南北部和平省得名，考古學家最先在那裡挖掘出這類型工具，並且建立分類。巧合的是，這種工具以蘇門答臘島命名，而蘇門答臘就在這片廣大古陸的另一端，大約從西元前兩萬三千年到西元前三千年，蘇門答臘石器是這塊大地的採獵者最常用的工具。

到了西元前一萬年，這種製作方法已經被廣泛採用，從越南北部的紅河三角洲，越過寮國北部山脈和泰國北部的呵叻高原（Khorat Plateau），西邊最遠至少到泰國和緬甸之間的薩爾溫江，南邊最遠到馬來半島和蘇門答臘北部。有了蘇門答臘石器等工具，現今馬來西亞原住民的採獵者祖先終於前進至馬來半島深處，調整生活方式去適應新環境。對於習慣稀疏森

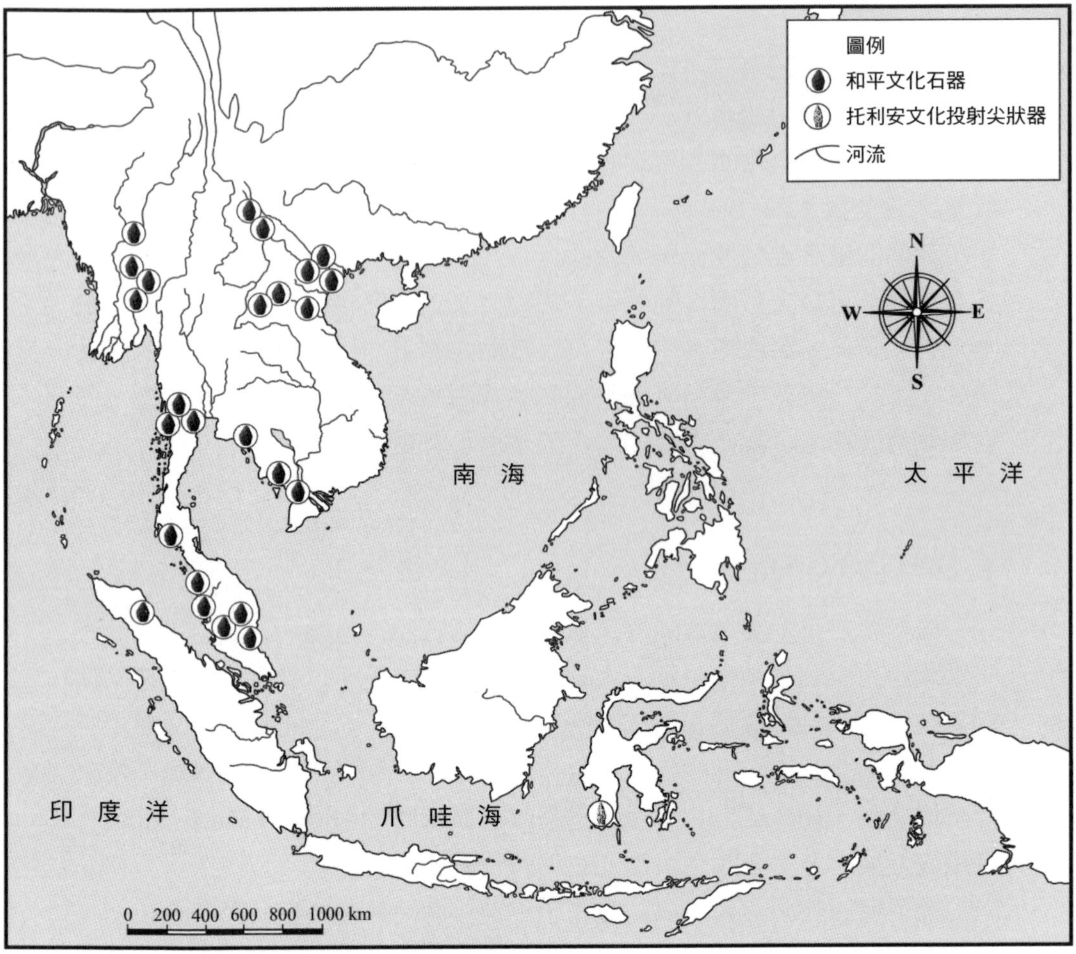

地圖1.2 和平文化與托利安文化石器的分布 | 和平文化石器廣泛分布在半島東南亞[16]。托利安文化（Toalean）石器是在南蘇拉威西出土的在地發明，特點是鋸齒狀投射尖狀器（projectile point）。（依據Doremon360, Wikimedia Commons）

林、廣闊無樹平原和豐饒海岸的人，那種新環境充滿挑戰性。[15]

蘇門答臘石器並沒有出現在巽他古陸更南部的地方，也就是現今蘇門答臘中部和南部，以及爪哇島和婆羅洲島。也許因為海平面已經上升，阻斷了採獵者與北邊使用和平文化技術的人之間的聯繫。也可能是因為在海平面上升、島嶼形成、東南亞變成我們如今熟悉的樣貌之前那段時間，竹製工具在南部地區的使用比石器更普遍。[17]我們也許永遠不知道答案，因為在時間的長河裡，竹子的耐久度比岩石遜色太多。

西元前一萬三千年地球開始變暖，極地冰帽融化，成片成片的大冰塊墜入海洋。海平面上升的速度有時極快，淹沒巽他古陸低地的無樹平原。到了西元前五千年，巽他古陸半數陸地已經化為汪洋。由於氣溫升高，新形成的群島上新增許多濃密雨林。數以萬計的新生島嶼組成現今的印尼與菲律賓，海岸線總長也增加一倍。[18]遭逢這樣的災難性氣候變遷，巽他古陸新生島嶼上的部分居民也許因此更與半島區隔絕，跟其他地方的往來卻變得更密切。遠離海岸的內陸居民則不得不適應雨林的艱難條件，這些人由於欠缺航海文化，處境更是孤立。

對於居住在巽他古陸綿長海岸線上的人，上升的海平面和列島的形成，激勵他們更積極向沿岸與大海發展。巽他古陸原有的谷地如今變成爪哇海和馬六甲海峽等海域，一開始可能影響與半島東南亞之間的聯繫，但這波氣候變遷卻也促使島嶼的居民建立遠古時代的航海網絡。[19]

島嶼上的採獵者與航海族群跟半島區越來越疏離，卻也有自己的創新，預告在地英才的誕生，這些人將會是東南亞後來世代之中的標竿。在南蘇拉威西，石匠製造出刻有凹槽的小型箭頭，長二至三公分，有銳利的鋸齒狀邊緣。東南亞其他地方都沒發現這樣的箭頭。六千到一萬年前東爪哇採獵族群的喪葬儀式繁複多樣，也顯示遷入巽他古陸的第一批人類的後代已經發展出豐富多樣的文化信仰與創新事物。[20]巽他古陸變身成如今我們熟悉的眾多島嶼，過程中帶來許多改變，對半島區和島嶼區居民影響最深遠的，是農業與農耕生活的引進與採納。[21]

改變的源起

到了西元前二四〇〇年，在現今泰國、寮國與越南北部，和平文化的採獵者開始遇見來自北方的人，那些人以截然不同的方式在大地上謀生。採獵者居無定所，善用各式各樣的環境，這些新來的人卻打造更長久的居住地。雖然野生植物、獵物和魚類都是這些人的重要食物來源，但他們是農耕者，不是採獵者。他們飼養馴化的豬和牛，偏好的農作物是稻米。這些後來者的先輩與文化啟動人類史上最巨大的轉變，因為他們發明並傳播農耕技術。

圖片 1.1 蘇門答臘石器 | 蘇門答臘石器是以和平文化石器工藝製作的典型器物，從半島東南亞北邊到蘇門答臘島都有發現。圖中的石器來自寮國的唐亨石窟（Tam Hang rockshelter）。（圖片由 Elise Patole-Edoumba 授權使用，見 Elise Patole-Edoumba et al. 2015。寮國國家博物館收藏。自二〇一五年發表論文至今，Elise Patole-Edoumba 已經記錄了該博物館收藏品清單內所有唐亨石窟出土器物。）

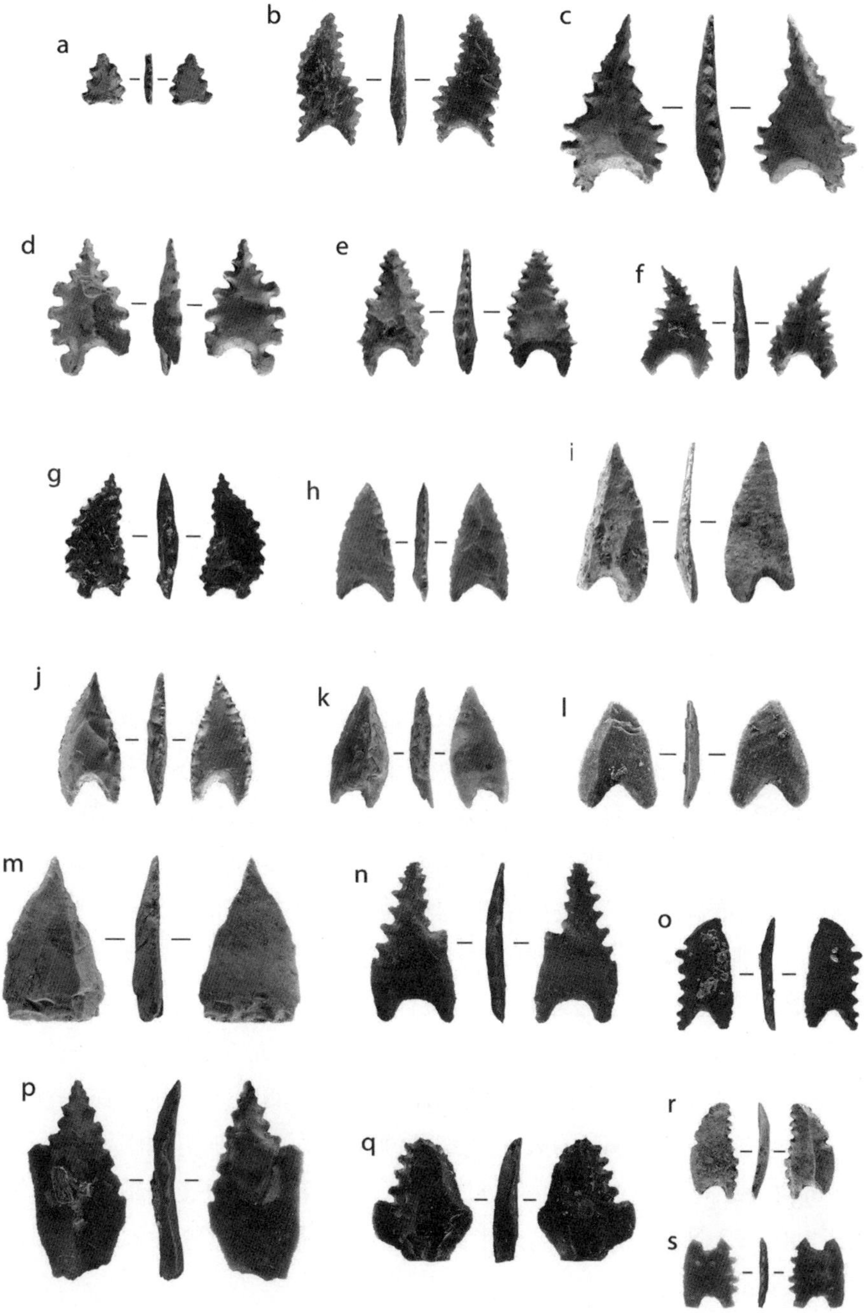

圖片 1.2　托利安箭頭 ｜ 鋸齒邊緣的托利安尖狀器是南蘇拉威西特有工藝。（Yinika L. Perston et al. 2021. CC BY 4.0）

農耕指的是刻意種植、培育並收割食用作物。據我們所知，人類歷史上只有幾個地方獨立發展出農業。第一批遷往澳洲的移民的後代在新幾內亞定居，想出辦法栽種芋頭、香蕉等植物，將這些耕種傳統維持幾千年。另外，在埃及、美索不達米亞（Mesopotamia）、印度河谷、美洲與南美洲、長江與黃河流域等地發明的農耕法傳播到遠方，在人類歷史進程中產生深遠影響。更早期也許有其他群體發明小規模種植，只是這方面的證據十分匱乏，那些耕種傳統並沒有播傳出去，多半湮沒在歷史裡。

稻米的種植始於大約一萬一千年前，地點在三峽與鄱陽湖之間的長江中游。又過了不知多久，更北邊的黃河流域也發展出農耕文化，偏好的作物是粟。這兩大農耕盆地之間的關係塑造了一大部分的中國歷史，也影響東南亞陸域和海域歷史的演進。農耕的發明有幾個重要影響，這樣的模式在世界上其他地方也看得到。

農耕者比他們以採獵為生的祖先和鄰居更安土重遷。資產變得更重要，也更固定，尤其是土地所有權。採獵者的資產通常只限於他們能帶著走的。農耕者在特定地點定居，會累積各種動產，比如他們儲存的穀物，圈養的動物，還有他們製造的農具。為了種植，農耕者付出密集勞力耕耘土地，開墾後的農地因此更為珍貴。農耕人口的成長通常比採獵者更快速，只要情況允許，他們的後代會向外拓展，開墾新土地，建立新聚落。

在幾千年的時間裡，長江中游的耕種方法散布得很遠，傳到上下游和沿海地區。農耕者建造木屋形成聚落，搭配泥土地板與木條夾泥牆。他們燒製陶鍋用來煮食，以石頭和骨骼製作鋤頭形狀的新工具，用來耕耘土地，也製作收割用的刀具。到了西元前三千年，這些技法和農耕生活方式從長江傳播到珠江三角洲，最遠到達台灣。在西邊，農耕者在長江上游深處定居，往南去到雲南，東南則到紅河和它的支流，再往南沿著湄公河（Mekong River）到達呵叻高原和湄公河三角洲下游，西邊則越過昭披耶河（Chao Phraya）平原，深入馬來半島，最遠到達現今吉隆坡以南的貞德蘭河（Jenderam Hilir）。[22]

考古學家稱這種嶄新農耕生活方式為新石器時代。在世界上某些地方，比較古老的採獵部族和新興農耕聚落的物質文化非常類似，唯有農耕專用器具的發明標示二者之間的過渡。這種延續性的證據出現在長江中

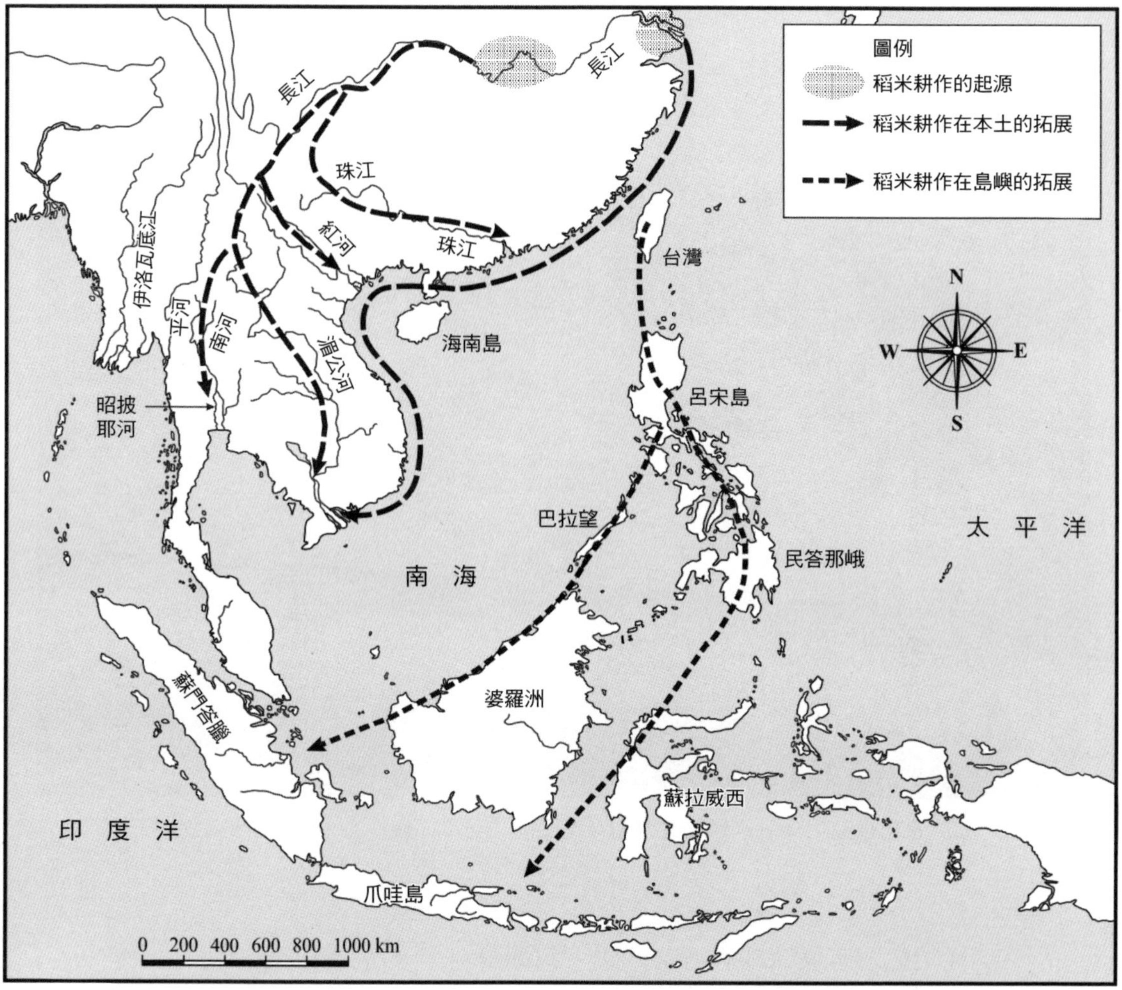

地圖1.3 稻米種植的傳播｜稻米源於長江流域，通過兩條不同路線傳到東南亞，其一橫跨半島區向河川下游和海岸散播；其二經由台灣抵達群島。（依據Bellwood, 2011）

游，結合其他地方的發現，考古學家幾乎確定那個地區稻米的栽種至少有一萬多年歷史。

東南亞的情況相當不同。考古研究證實，不管在半島區或各島，只要稻米種植傳播到的地方，人們都拋棄舊有傳統，接納全新生活方式。呵叻高原和紅河流域最早的陶器出現在這段新石器時代，大約在西元前二五〇〇到西元前一一〇〇年之間。同時期的物品還有拋光打磨的石斧、紡織用的紡輪、樹皮布捶打棒、貝殼飾品和牛、豬、狗等馴養動物的骸骨。[23]

圖片 1.3 水稻梯田｜如今水稻田在整個東南亞隨處可見，圖片為印尼巴里島上的水稻梯田。（作者攝）

從昭披耶河盆地越過呵叻高原，到湄公河上下游，再到紅河與現今的越南海岸，學者專家在這些地方發現共通的農耕文化，有相似的石器、陶器和其他器物。[24]這個文化具有共通元素，也有明顯不同的地區風格。其中一群就在昭披耶河西邊，從現今的曼谷往南，通過馬來半島，到現今吉隆坡附近，他們使用東邊所沒有的三足樣式器物，顯示從巴生河流域（Klang Valley）往北，經過半島到昭披耶河這片地區，具有相同的文化與貿易。由於陶器是重要用品，有些個人和群體專門從事陶器的燒製。

科帕農底遺址的陶器

大約在西元前二二〇〇到一七〇〇年這五百年的時間裡，有個製陶與捕魚的群體定居在暹羅灣沿岸的科帕農底（Khok Phanom Di）。他們是移居而來的稻米栽種者，定居在邦帕空河（Bang Pakong River）出海口的無潮點，在陸地與海岸從事商業交易。[25]經過大約二十多個世代，他們的生活方式發生些許改變。如同這個群體的歷史，其他很多群體也見證了整個東南亞的轉型——農耕取代採獵，成為人們仰賴陸地與海洋生活最普遍的方式。[26]

拓荒者之所以來到科帕農底，可能是因為這裡擁有豐富的黏土藏量，是設立陶器生產中心的理想地點，而製陶業是那個時期最重要的產業。最初科帕農底的男人和女人生活在一起，合力清理森林地帶，狩獵野生動物，採集野生食物，建立他們的製陶產業，也在附近的海洋與河流捕魚。隨著聚居地趨於成熟，後來幾個世代的科帕農底男性體格變得比女性更魁梧，肌肉也更強壯。他們的飲食也大不相同。這一點，加上其他證據，顯示他們的男性擅長外出交易和捕魚，划著獨木舟長時間出海，使用魚鉤和魚網捕撈鯊魚、魟魚和其他魚類。女人則專長製陶，經年累月製作出造形、裝飾與風格都越來越精緻繁複的器皿。科帕農底埋葬亡者時，會用豐厚的財物陪葬。女性的陪葬品是製作陶器使用的陶砧，男性則是大型海龜殼飾品。

這個聚落因製陶業而繁榮，其中有個女人幾乎可以確定是知名製陶師，下葬時身上的壽衣裝飾著十二萬顆來自異地的貝殼珠。她脖子上的項鍊由一千顆貝殼珠和五個肉食犬科動物骨骼串成，耳朵戴著貝殼耳環，手腕戴著沉甸甸的貝殼手鐲，胸前放著兩個貝殼圓盤。[27]她的親人在她遺體上放置還沒製成陶器的圓柱形陶土，以及許多以一流技藝製成的獨特器皿。在這個時期的東南亞，沒有任何地方找得到這麼財力雄厚的陪葬品，連北邊的農耕者都沒有。製陶者能累積這麼多財富，是因為他們跟沿海與內陸其他群體交易。他們在交易過程中除了換來各式各樣的外地物品，也學會縫紉與收穫稻米的方法。科帕農底的人是東南亞最早透過貿易與商業致富的族群，其他人也會跟上。

在科帕農底的歷史上，周遭的自然環境曾經從鹹水轉變為淡水，至少延續一段不長的時間。因應這樣的變化，男人減少長期出海的次數，轉而拿起花崗岩鋤頭和貝殼刀具栽種稻米。後來淡水又變回鹹水，稻米種植不再受重視，人們也重拾採獵、製陶與貿易的富裕生活。在整個東南亞歷史裡，科帕農底的歷史標記一個時期的結束。到了大約西元前一七〇〇年，人們棄科帕農底而去，以往盛行的採獵生活方式漸漸沒落，種植稻米成為新潮流。

島間穿梭

大約就在半島區和平文化採獵者見到大批農耕者帶著他們的農作物、陶器、圈養動物和耕作技術湧入的那個時期，菲律賓群島的採獵者也面臨相同處境。這些新來的人是從我們現今所知的台灣渡海而來。到了西元前三千年，在巴坦群島（Batanes Islands）和呂宋島東北部的卡加揚谷（Cagayan Valley）這些地方，一群新來的拓荒者帶來不同的農耕生活方式。正如分布在半島東南亞各河谷的稻米耕作聚落，這些農耕技術的起源也是長江中游。這些拓荒者帶著農業知識乘船渡海，形成人類歷史上規模最大的文化和語言的地理擴散，至少是西元一五〇〇年歐亞大陸、非洲和美洲之間開始常態交流之前的最大擴散。如今所知的南島語系（Austronesian）又稱馬來玻里尼西亞語系（Malayo-Polynesian），在前後共三千年的期間裡，使用這個語系的地方會從東邊太平洋對岸遙遠的夏威夷群島和復活節島，到非洲海岸外西印度洋的馬達加斯加。

這些在島嶼之間穿梭的拓荒者第一次渡海是在超過五千年前，帶著農耕工具與知識橫渡隔開台灣和中國的海峽。在台灣，南島語系變成特殊語系。究竟是帶著農耕生活方式離開中國尋找耕作土地的人將這個語系帶過來，或者原本定居在台灣的南島語使用者學習了中國的耕作技術，我們無從確知。不管是哪一種情況，他們花了將近一千年的時間發展出特有的農耕方式，而後才踏上旅程，最終將這種農耕與航海生活方式傳播到太平洋深處，也越過印度洋。

大約西元前三千年，拓荒者在菲律賓呂宋島北部海岸帕拉南灣（Palanan Bay）的迪莫利特（Dimolit）建造屋舍。[28]這些屋子是三平方公尺的簡單結構，中間設有爐床，是季節性住宅。房屋地板上遺留著陶器碎片、片狀石器、搗碎器、研磨器，在在顯示這裡的人以稻米耕作為生。他

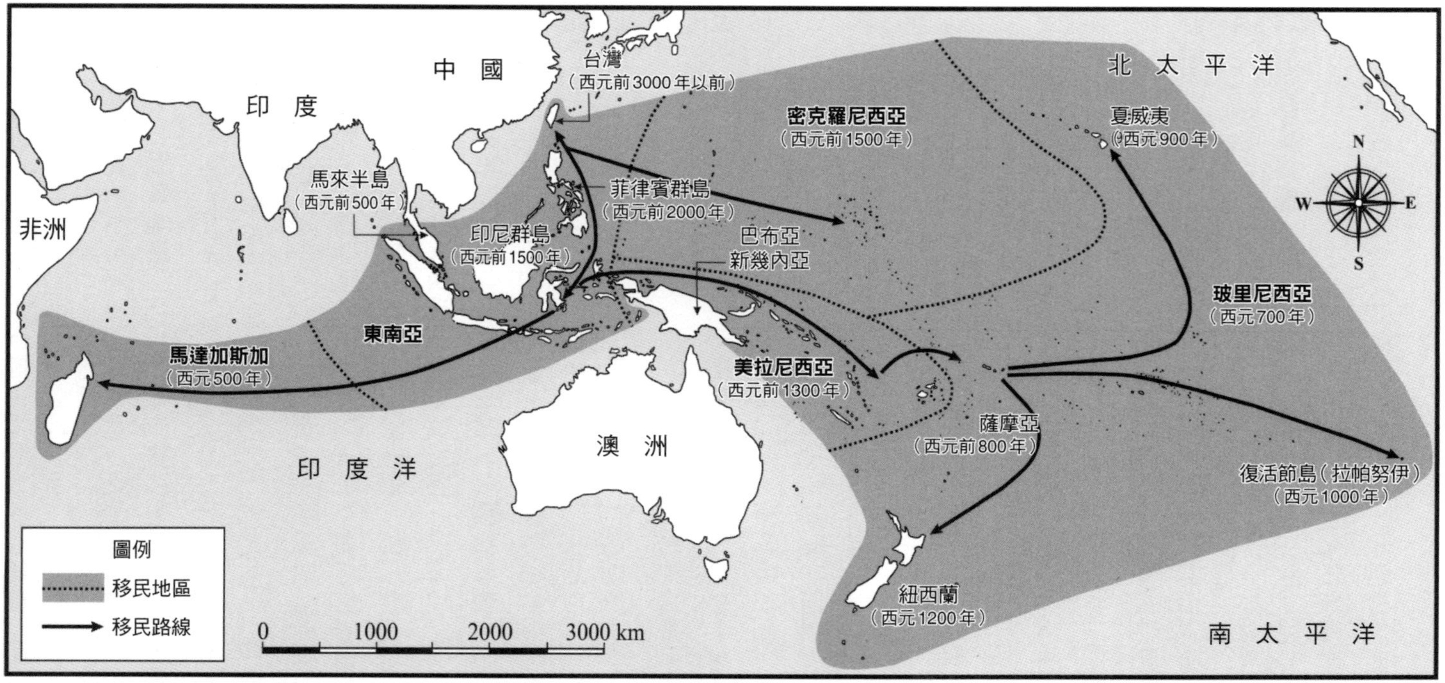

地圖1.4 南島語系遷移路線 | 在西元一五〇〇年歐洲地理大發現時代以前，南島語系是世界上分布最廣的語系。（依據Chambers and Edinur, 2020）

們的蹤跡雖然已經消失，但航海族群從台灣渡海而來的時候，呂宋島的河谷可能散布著這類房舍。

他們甚至從呂宋島進一步向外擴散。有些人沿著島嶼海岸航行，也有人依靠星辰的指引橫渡汪洋大海，逆著盛行風往東前進。如果找不到陸地，回程時順風而行速度會更快。[29]他們航向無垠大海，沒有地圖，沒有海圖，更不知道海平線另一邊有些什麼。到了西元前一五〇〇年，他們已經憑藉這樣的非凡壯舉去到呂宋島以東兩千五百公里處的馬里亞納群島（Mariana Islands），兩地之間沒有任何島嶼。[30]長達一千年的時間裡，他們的聚落往南擴散，分布在菲律賓群島、蘇拉威西和婆羅洲的海岸與河口，而後往東去到巴布亞新幾內亞和西邊的印尼群島。他們越過已經有農耕人口進駐的新幾內亞，從西元前一五〇〇年起落腳美拉尼西亞諸島（Melanesia）和西玻里尼西亞。[31]他們駕駛的是又大又堅固的縫製船板舷外托架船，或者雙船身風帆獨木舟，直到進入歷史時代（historic times）之後很久，這些船隻依然稱霸太平洋航道。[32]到了西元一二五〇年，從台灣前往呂宋島的第一批移民的後代已經遍布整個太平洋地區，並且向西橫跨印度洋，最遠去到馬達加斯加。

對於這個解釋馬來玻里尼西亞語言、族群、耕作方法和文化傳播過程的「出台灣說」（Out of Taiwan），人類學者、考古學者、語言學者和其他社會科學學者至今依然爭執不休。來自台灣的新移民與原本定居巽他古陸的第一批採獵者後代接觸後，擦出什麼樣的火花？根據「出台灣說」最初的推測，新來的農耕者全面取代原始的採獵者，部分採獵者被趕進菲律賓和印尼群島的內陸山區。後來的研究不認同這種說法。

語言和耕作技術等文化未必隨著人口同步遷移。我們大致可以確定，馬來玻里尼西亞語系做為南島語系的一支，是從台灣和菲律賓北部往外傳播，但傳播的人真的是取代或擠走原本定居各島那些採獵者的人的祖先嗎？語言和農耕相關文化的傳播管道是挪用，而非人的遷移？或者，新來的人會跟原有的人口融合嗎？如今的基因學證據顯示，傳播的方法是融合，而不是取代或文化挪用。現今島嶼東南亞大多數人都擁有農耕前與農耕後的混合遺傳基因。[33]

農耕知識的起源依然是個謎。有充分證據顯示，菲律賓北部的農耕生

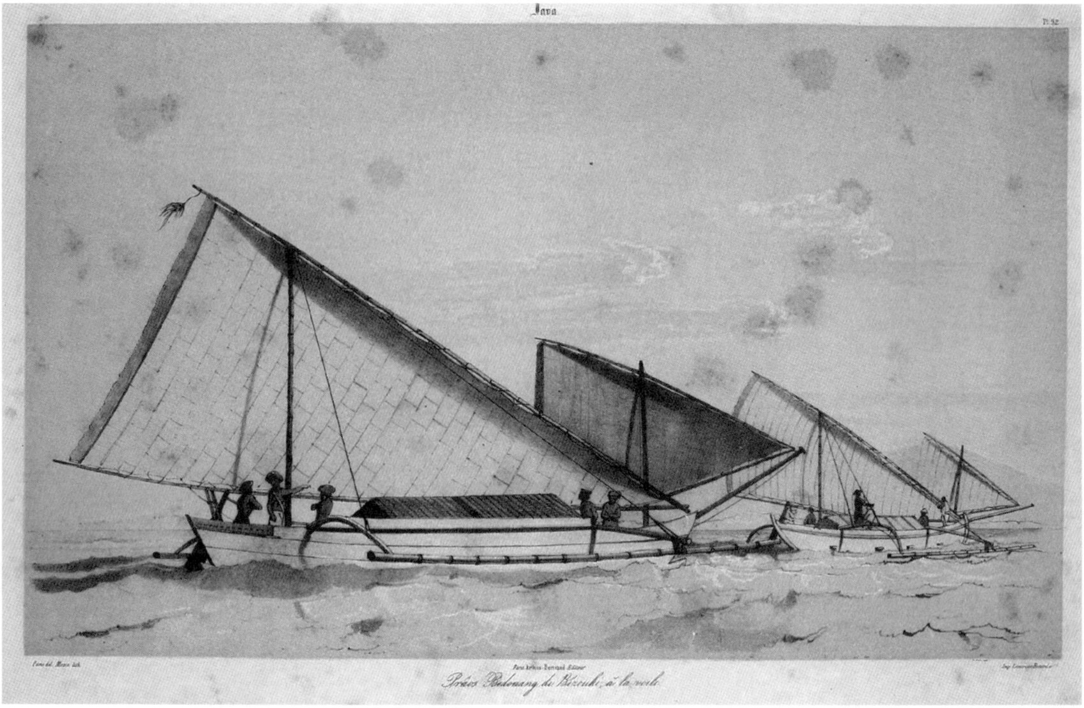

圖片 1.4　南島語族群舷外托架船｜南島語族遷往東南亞各島嶼，並穿越太平洋與印度洋，使用的是類似這幅十九世紀圖畫裡的爪哇船隻。（François-Edmond Paris, 1841, Public Domain）

活方式是經由台灣而來，再往南就難以判斷。那些地方種的不是稻米，而是類似新幾內亞和美拉尼西亞等地栽種的作物，這意味著農耕生活方式的知識和靈感也可能從那個方向傳過來。[34]

近期的考古學、語言學和基因學研究透露，巽他古陸時代結束後，東南亞新形成的諸島在「出台灣說」擴散期之前已經形成複雜的貿易與其他關係網。來自台灣的新移民抵達的是群島地域，那裡不只有彼此隔絕的內陸採獵者，也有定居海岸的漁家和出海的航行者。馬來玻里尼西亞語系與觀念、技術和人口之所以能快速向遠處擴散，正是得益於東南亞數以千計的島嶼既存的貿易與交易網絡。

什麼原因促成這些探險與移民壯舉？主要是東南亞航海族群的技術創新與文化理想。大約三萬年前第一波人類遷入這個地區時，採獵者是已知最早渡海散布到菲律賓各島的族群，他們也進入印尼、新幾內亞和澳洲。

即使在海平面最低的時期，這些地方都沒有跟亞洲本土連接。不過，這些早期採獵者的渡海行動多半發生在本土和各島之間的距離大幅縮短的時期。這種跨海行動是偶發性的。比方說，渡海的人抵達澳洲或新幾內亞之後，會跟其他人分隔幾千年之久。這些人有不少只是沿岸的漁民，而不是航海族群。到了馬來玻里尼西亞語族群擴散後期，航海已經變成一種謀生方式。

航海族群擁有方便他們前往遠方的航行技術和導航知識，他們的農耕知識也很重要。採獵者橫渡大海前如果對目的地一無所知，就得承擔極大風險。誰也不知道那些遙遠地域有沒有適合採集或狩獵的資源。農耕者可以帶著他們馴化的植物和動物出發，相較於比較依賴所處環境的採獵者，他們更有能力創造生存所需的環境。

航海族群從台灣往南，進入大不相同的熱帶環境，就會將他們的農耕知識運用在新品種的植物上。在部分地區，他們的主要作物從稻米換成芋頭、甘薯和其他熱帶作物。當這些航海族群的農耕知識傳播到爪哇中部的平原，稻米再度成為偏好的作物。在爪哇和其他地方，許多群體向內陸遷移，放棄航海生活方式，選擇更穩定的村落農耕生活。也有人建立社會組織，主要靠大海為生。這些人就是馬來語所說的Orang Laut（海上遊民），在馬六甲海峽等地的貿易和商業上扮演重要角色。[35]

這些航海族群兼移居者的文化和社會組織也激勵了探險活動，現今東南亞許多社會裡還能找到這些文化的元素。在世界各地，過渡到農耕社會通常伴隨著社會等級制度的發展。考古學家在半島東南亞河谷聚落找到不少這方面的證據，那裡富人家族的殯葬禮儀明顯與窮人不同，採獵者的社會則沒有這樣的差異。[36]

在印尼群島、菲律賓和更遠的太平洋各地，語言學證據顯示這些地方共同存在一種非常古老、以創始者為中心的思想。[37]Datu（達圖）和它的變體使用非常廣泛，這是對年長者、領袖和權威人物的敬稱。西元一千年之前的爪哇碑文用ratu這個變體稱呼開國君主，而遠方的斐濟（Fiji）則用這個字指稱高層男性。在整個馬來玻里尼西亞語區，人們傳誦歷史與祖輩時，都高度讚揚最早的開拓者的功績。創始人的直系後代在社會上受到特別尊重。比方說，在近期才受到印度文化、伊斯蘭教和基督教觀念影響的努沙登加拉（Nusa Tenggara），到目前為止個人的社會地位仍然依照家族世系排列，而這種排列依據的是各世系創建人抵達某個特定島嶼的先後次序。

隨著人口成長，聚居地擴大，創始人思想和殖民概念持續自我強化。敬重創始人的文化邏輯，可能會激勵社會地位較低的人去參與遠征，期望在新島嶼創建新拓居地，為自己和子子孫孫爭取聲望與高位。另外，拓居地之間距離遙遠，只能靠航海抵達，意味著新拓居地與舊拓居地即使不是完全隔絕，至少也相對疏遠。

這跟後世的歐洲殖民絕不相同。歐洲的殖民是某些中央集權國家試圖控制廣大的土地。馬來玻里尼西亞語族群的開拓者則是揮別原來的居住地，建立全然不同的新社會和新世系。時日一久，這些分散在印尼和菲律賓群島各個角落的拓居地大致上獨立發展，創造出多樣化的文化和語言。這些文化和語言如今依然能在印尼、菲律賓和馬來西亞等地見到，最遠甚至到達現今的玻里尼西亞和馬達加斯加。

人類的漲潮期

東南亞人文景觀第一波巨變，源於從採獵轉向農耕。前面說過，農耕生活方式從長江流域往南傳播，去到半島東南亞的河谷和海岸，並且經由台灣，在菲律賓和印尼群島各島之間穿梭。在某些區域，比如匯入湄公河的蒙河（Mun River）谷地，農耕者在沒有被採獵者占有的土地上開拓新領地。[38]但在其他大多數地區，農耕者的遺跡跟更早的採獵者遺跡重疊。如同島嶼區的情況，對於半島區，長期以來考古學家和其他學者也為以下問題爭論不休：這些農耕者是什麼人？他們跟更早期的採獵者關係如何？

直到西元幾百年，東南亞仍然沒有文字記載，所以我們的資訊主要有三個重要來源：考古學、基因學和比較語言學。考古學研究這些古人遺留下來的物質；基因學幫助我們追蹤他們的生物學譜系和關係；比較語言學分析語言和方言之間的關係。[39]過去的觀念認為人類主要是由各自獨立的種族、族群或民族組成，他們的語言、文化與生活方式互不相同。但考古學、基因學和比較語言學的研究告訴我們，這種觀念是嚴重誤解。我們很多人都學到過，這個世界存在許多互不相干的種族、族群或民族，直到過去幾十年來我們突然進入全球化時代。忽然之間，這些互不相同的群體開始以過去不曾有過的方式彼此互動。這絕不是事實，尤其在東南亞，這種說法錯得最離譜。

農耕者不是來自北方、一夕之間席捲半島東南亞的入侵者。農耕的傳播跨越幾百年，歷經許多世代。如同巽他古陸時代與和平文化的採獵者，從採獵到農耕的變遷發生在太久以前，如今已經很難推測農耕者和他們之前的採獵者之間的關係，考古學家、基因學家和語言學家的進一步研究或許能解開其中部分謎團，但有些疑問可能永遠沒有答案。

考古學研究已經證實，農耕的穀物來自北方，在東南亞被採納並適應下來。農耕在大部分地區取代了採獵，繼續採獵的人則漸漸移往偏遠地域。東南亞的語言也反映出從採獵過渡到農耕的現象。即使直到前不久（甚至到目前為止）還維持採獵生活方式的群體，使用的語言也跟更近期的農耕人口有所關聯。只有在新幾內亞島上和周遭地區，包括屬印尼的西巴布亞，使用的語言才有別於南島語系、南亞語系（Austroasiatic）、泰寮語系、藏緬語系（Tibeto-Burman）和赫蒙勉語系（Hmong-Mien）等東南亞各大農耕群體語系。

在此同時，基因研究告訴我們，原有的採獵者並不是因為農耕者的到來而走向滅絕，稻米種植也不是他們自己獨力發明的。半島東南亞人的基因顯示他們有多種血統，多半可以上溯到大約五千年前農耕時期抵達的族群，但他們也有至少五萬年前第一波移民的基因，不多，卻真實存在。所有證據都指向一個結論，那就是轉型到農耕生活牽涉到人口的大規模遷入或過境東南亞，而原先的採獵者多半融入這些農耕人口。

我們不妨將五千年前的半島東南亞想像成退潮時坑坑洞洞的廣大海灘，這片海灘已經被一波浪潮沖刷過，那就是五萬年前的第一批採獵者。採獵者一群群分布在半島和各島，就像海灘上星羅棋布的小水坑。農耕者是沖刷這片土地的第二波人類大潮。正如潮水隨著浪濤不規則地在海灘上湧入退出，文化、語言、人群和農耕生活方式也不是一次性地沖刷整個東南亞。

海水從來不會徹底退離，浪潮在各處打漩，對河谷和海岸產生最大衝擊。兩波普遍性浪濤吞沒整個東南亞，一波沿著半島區南下，另一波越過各島。南島語系馬來語使用者的特有語言最初是在西婆羅洲發展出來的，而後向西去到馬來半島的河口與現今越南中部和南部海岸，遇到了屬於半島區浪潮的南亞語系孟高棉語（Mon-Khmer）族群。

在這兩波普遍性浪潮之中，新來的人跟原有的採獵者互動的細節我們現今很難獲知。除了少數例外，採獵者多半被這第二波浪潮所吞沒。在某些地方，新來的農耕者也許與採獵者暴力相向，或許也跟彼此打鬥。根據許多最新資訊，新幾內亞性質相似的農耕群體之間的關係有時相當暴力，但有些互動卻是彼此合作的平和氛圍。後來，東南亞出現強大的農業與航海國家，採獵群體遭到劫掠，成員被抓捕奴役。不過，第一波農耕移民跟當地採獵者之間有沒有發生衝突，東南亞的考古紀錄並沒有直接證據可供證實。

當農耕者進駐，占據越來越多海岸和谷地，某些採獵者好像退向內陸，維持採獵生活，比如馬來半島的塞芒人和呂宋島的阿埃塔人。[40]在某些地方，農耕活動或許增加了農耕領域周遭的獵物密度，採獵者狩獵與採集的環境因此得到改善。[41]早期和後來移民的遺傳標記證實，早期採獵者和後來的移民彼此通婚，有共同後代，尤其是馬來半島的原住民和馬來人之間，以及印尼和菲律賓其他群體之間。進入歷史時代之後，文字記載顯示採獵者與農耕人口之間存在各式各樣的關係，有合作，有競爭，有些則是持續性的密集交易，更有人偶爾交流，又在疏遠與隔離後中斷。

島嶼東南亞與更遠地區的馬來玻里尼西亞語系之間的相似性，證實「出台灣說」有關航海族群穿梭各島傳播農耕的推論。考古學家和其他學者持續就「出台灣說」各執一詞，但爭執的是細節，而非一般模式。半島東南亞語言的多樣性與形態顯示，其中的故事更複雜，更有爭議性。半島東南亞有三大主要語系，分別是南亞語系、藏緬語系和泰寮語系，各自包含許多不同語言和方言。南亞語系包括孟語、高棉語（即柬埔寨語）、越南語和馬來半島原住民使用的語言。藏緬語系本身屬於更龐大的漢藏語系，包括緬甸語、克倫語（Karen）和緬甸已經滅絕的驃語（Tircul或Pyu）。泰寮語系包括泰語、寮語和撣語（Shan）等。更複雜的是，半島東南亞也有人使用南島語系，比如從泰國南部往南到新加坡和占族使用的各種馬來方言，以及在越南和柬埔寨使用的其他語言。赫蒙勉語系又形成另一個規模較小卻截然不同的語系，主要出現在泰國北部、寮國、越南、緬甸和中國南方。

長江向東流過中國，在現今上海附近注入太平洋，與流向南方與東南方的東南亞各大河——紅河、湄公河、昭披耶河、薩爾溫江和伊洛瓦底江——之間橫亙著遼闊的山嶺。這峰峰相連的山脈與丘陵如今是中國的雲南省和廣西省，以及緬甸、泰國、寮國和越南的北部。這裡的人使用幾十種不同語言，分散在整個地區的不同聚落。

如果拿來跟新幾內亞做對比，可以透露許多訊息。新幾內亞語言的多樣性跟長江以南類似，在農耕沿著河谷傳播的古早時代，也許更為複雜。新幾內亞島和東西兩邊幾座小島分布著各種非南島語，稱為巴布亞諸語言（Papuan languages）。語言學家搜集到數百種南島語系（馬來玻里尼西亞語系）語言，都屬於一個分布極廣的語言家族。正如我們討論過的，它們有個共同來源，那就是台灣。

巴布亞諸語言彼此間的關係模糊得多。根據各方統計，巴布亞諸語言總共七百五十種以上，分屬幾十種語系，另有幾十種語言學家判定與其他語言無關的獨立語言。[42]巴布亞人為了跟周邊的群體交易與互動，經常使用多種語言。人們也會徹底變換語言，轉而使用更強大、更富裕的鄰居的語言。只是，他們的聚居地相隔太遠，一些小型語言難以存續。很多巴布亞語言只靠幾百人保存，其中極少數甚至只有五十人。

早在農耕沿著河川流域傳播到半島東南亞初期，南亞語系也隨著散布，至少傳到薩爾溫江以東地區。孟語、高棉語、越南語和其他南亞語言的早期形態，變成中南半島和馬來半島的主要語言。就連馬尼族和塞芒人也使用孟高棉語，他們的基因譜系可以上溯到巽他古陸的第一批採獵者移民。馬尼族和塞芒人的祖先無疑使用不同語言，那些語言或許可以歸類為巴布亞諸語言。等到有文字記載他們的語言時，馬尼族和塞芒人已經使用孟高棉語系的亞斯里語（Aslian）。

幾乎可以確定，當時在現今中國所在的北方發生的事件，促成東南亞農耕聚落的出現，尤其是黃河與長江流域的人們之間的互動。農耕在這兩條河流沿岸同步發展，長江流域偏好稻米，北邊的黃河流域則更喜歡粟。

儘管如此，這兩個地區的農耕者卻不是完全彼此隔離。隨著這些農耕群體規模擴大，他們之間的衝突也增加。黃河流域使用漢語的人數，比南方使用南亞語系、泰語、赫蒙勉語等語言的人更多。

黃河流域農耕群體之間的衝突，促使他們發展出軍事科技，並結合成不同形式的強大政治組織，也就是最早的古代中國王朝。到了周朝（西元前一〇四五～二五六），黃河流域的軍隊開始攻打長江地區。為了因應這些壓力，長江流域和南方與西方的群體發展出自己的中央集權政體和軍事機構。

到最後，整個南方都納入中國的王朝體系，但中國和東南亞之間則是以綿延不絕的廣大山區分界，西起喜馬拉雅山，東到沿著越南中部往下的安南山脈（Annamite Mountains）。中國史書稱這些巍峨山峰與陡峭深谷為「天空堡壘」。[43]從西元前一一一年到西元九三八年，中國王朝統治現今河內周遭的紅河三角洲地區，設為王朝的一郡。但越南人與更南部的占族不屈不撓，阻撓並擊退帝制中國的擴張。

中國的史書記載了軍事行動，農耕者移往東南亞的過程卻模糊得多。人口的增加是一個原因，而改採農耕之後，人口通常會增加。其他原因還包括軍事與政治的不穩定，尤其在長江黃河地區，這裡的動盪會在東南亞偏遠地區引發漣漪效應。人們為了尋找新土地或躲避戰亂，像潰散的波浪般毫無章法地向外擴散。中國和東南亞之間的山區依然有許多小村莊與聚落，各自使用截然不同的語言，不願意併入中國。

農耕和語言的擴張也像巨大的弧線，向長江流域與雲南地區的北方與西方推進。到了西元前三千年之後的某個時期，農耕者已經在現今緬甸伊洛瓦底江三角洲低地栽種稻米。[44]在薩爾溫江以西，包括緬語、克倫語和驃語在內的緬甸主要語言，都屬於規模更大的藏緬語系，藏緬語系又屬於更大的漢藏語系。這些語言的關係告訴我們，在古代，長江地區周邊這條西北大弧線上的群體彼此聯繫，這條弧線從東北的黃河延伸到西南的伊洛瓦底江。

緬甸和中國文化也存在許多相似點，比方說，緬甸的寺廟和中國的皇宮門口都有守護的獅子雕像。近期有關伊洛瓦底江上游新石器時代農耕生活的研究進一步證實，農耕生活方式沿著這條弧線擴散。[45]就像島嶼間的情況，半島東南亞複雜的貿易與交易網絡將不同社會聯繫在一起。另外，歐亞大陸其他群體也在成長，東南亞於是變成世界貿易的重要樞紐。

第二章

世界樞紐

東南亞是個繁忙的貿易區。在新加坡，港務局管理全世界數一數二的貨櫃轉口港。在泰寮邊境的崇梅（Chong Mek），來自中國最南端省分雲南的行商銷售仿製勞力士手錶。在緬甸茵萊湖（Lake Inle）的高腳屋裡，婦人編織著絲綢，準備賣給觀光客或出口。印尼和越南的工廠大量生產昂貴的耐吉運動鞋，銷往歐洲和北美。一艘渡輪從新加坡南側的民丹島（Bintan Island）駛向河川上游蘇門答臘的北干巴魯（Pekan Baru），船上的婦人擺出一袋袋洋蔥、大蒜和其他蔬菜，臨時市集就這麼形成。從新加坡烏節路（Orchard Road）、菲律賓馬卡蒂市（Makati）和吉隆坡城市中心時髦華麗的購物中心，到河川上游農村四處都有的小雜貨店，交易行為在整個東南亞隨處可見。

不管是跟本地其他大家族或他鄉異地的外邦人，商業買賣和以物易物一直都是人類的特徵。生產物品供應自己，也藉此跟其他人建立關係，這種能力是人類社會的核心。商業買賣和以物易物是人類生存既關鍵且複雜的一環，過去幾千年來，這點在東南亞體現得最明顯。本章討論東南亞產業與商業的早期發展，特別是西元前五百年到西元五百年這一千年之間，也就是東南亞的「鐵器時代」。泛歐亞貿易體系就是在這段時間出現，連接起地中海與遠東。打從一開始，東南亞就是這個世界貿易體系的關鍵交會點，至今依然如此。

歐洲人總是以為，這個貿易體系是在他們加入之後才成形，尤其是來自不列顛群島等歐洲西北角偏遠地帶的歐洲人。他們到達美洲後，啟動了後世所謂的「哥倫布大交換」(Columbian Exchange)，也就是舊世界與新世界之間人群與物品的交流，尤其是植物。[1]這些事件雖然重要(我們會在後面的章節回來討論)，卻只是擴大大約兩千年前首度出現的長程貿易模式。自從這個世界體系出現，東南亞就是它最重要的動脈之一，至今未曾改變。

東南亞在西元前五百年到西元五百年成為世界貿易重要核心，這段期間同樣也是東南亞歷史的關鍵時期。東南亞在這一千年內奠定基礎，以因應越來越複雜的社會結構、政治階級、農業密集化和以貿易為主的經濟體。交易的商品除了在科帕農底和東南亞其他地點製造的陶器之外，金工產業也開始出現。更密集的農耕帶來餘糧，其他非農耕專業得以發展，日後將成為貿易與商業樞紐的早期都市中心也因此建立。

從石器到青銅到鐵器

在西元前一千一百年到西元前一千年之間，半島東南亞的農耕聚落在發展、採納並改造農耕技術兩千年之後，又吸收了另一種新技術：青銅器製作。青銅器取代石器的過程，並不像農耕取代採獵的變化那麼劇烈。很多方面來說，一般的生活方式大致相同。青銅被鑄造成斧頭、魚鉤、手鐲和箭鏃，取代石材、貝殼或骨骼等原料。青銅金工衍生出採礦與銅錫礦石(青銅原料)冶煉等新產業，這些新產業又帶動一系列專業技術，跟製陶、捕魚等技術並存。青銅鑄造的一般知識顯然是從西邊的中亞地區傳播出來，經由黃河周遭的群體，再往南到半島東南亞的農耕聚落。另一套具有共通性的特定鑄造方法從東北邊的香港與廣東發展出來，經由雲南，往南到紅河流域與湄公河，往西南到昭披耶河。

泰國中部的農帕外(Non Pa Wai)聚落是青銅器時代產業發展的範例。從西元前一千一百年起，這個聚落的農耕者開始開採並冶煉銅礦，在接下來的七百年裡越來越投入。他們開採當地的豐富銅礦，使用移動式熔爐生產圓形小銅錠。他們大量生產這種銅餅原料，做為跟外地青銅鑄造中心交易的商品。鄰近的尼肯翰聚落(Nil Kham Haeng)也是類似的冶煉據點，大約在西元前九百年左右開始生產各種青銅器具，而且延續了八百多年。

圖片 2.1　亞齊的金匠｜東南亞的金屬製造至少有三千年歷史，青銅器和鐵器是初期的新產品。黃金工藝則可以追溯到東南亞的鐵器時代。（Jean Demmeni, c. 1913 CE, Museum Volkenkunde, Public Domain）

在這幾百年時間裡，這裡的銅礦與青銅工人製造出越來越成熟的合金與加工品。[2]

另一個銅礦開採與青銅鑄造的重要遺址是普隆（Phu Lon），位在呵叻高原東北邊緣的湄公河旁。從西元前一千年到西元後幾百年，來自湄公河上下游的季節性工人在這裡開採銅礦，以便發展他們的青銅冶煉工業。農帕外和尼肯翰周遭的礦區與產業顯示，這兩個地方是固定聚落。但從普隆礦區遺留的陶器和其他加工品則不難看出，礦工是從其他地方過來短期停留，而後帶著他們取得的銅回到湄公河沿岸或更遠處的居住地。到了西元前六百至四百年之間，青銅鑄造在整個湄公河流域已經十分普遍，南邊到三角洲，北邊最遠到龍坡邦。青銅產業也傳到紅河下游，沿著海岸進入越南中部的內陸地區。在更遠的西邊，學者近期也在緬甸欽敦江（Chindwin）流域重新發現興盛的青銅文化。只是，我們還不太了解這地方的歷史，也不清楚它跟東南亞和東亞其他地區的青銅產業之間是什麼關係。緬甸早期的銅來自雲南，寮國和泰國中部的銅也賣到緬甸。

考古學家將西元前一千一百年到西元前五百年這段時間稱為半島東南亞的「青銅器時代」，也就是採用青銅冶煉技術之後到鐵器出現之前。這段時期的工匠利用青銅鑄造各式各樣的物品，時日一久，青銅商品的種類倍數成長，鑄造技術也漸趨精密成熟。在這段青銅器時代，農業已經穩定下來，人們住在相對獨立的小型社區，以種植稻米為生，同時飼養禽畜，尤其是牛、豬、狗和雞，在此同時也保留打獵、捕魚和採集的傳統。他們的聚居地有木屋和墓園，歷時幾百年，顯示他們的生活比他們的採獵者祖先更安定。根據墳墓裡的骸骨的年齡和體型，他們的健康狀況優於更早期的群體，比如在青銅器時代之前那五百年之間從採獵轉換到農耕的科帕農底聚落。[3]

從西元前五百年到西元前三百年，半島東南亞開始出現鐵製用品，不久後也散布到菲律賓和印尼群島。[4]最早的粗製鐵器出現在伊洛瓦底江上游一處遺址，在現今緬甸境內，時間大約是西元前五百年，同一時期的半島東南亞其他遺址也有類似發現。[5]馬來半島的幾處遺址使用鐵器的時間則晚一點。[6]以考古學術語來說，歷時大約七個世紀的青銅器時代退場，讓位給鐵器時代。鐵器時代前後共一千年，大約從西元前五百年到西元五百年。在半島東南亞，這代表青銅技術轉型為鑄鐵技術。在整個東南亞群島，青銅器與鐵器鑄造先後來到，伴隨而至的是各種來自遠方的「異域商品」，顯示從東亞到南亞或更遠處的長程貿易已經出現。[7]

鐵器時代產業密集化

鐵的鍛造與熔煉技術的發展比青銅器晚，是因為煉鐵的熔爐溫度要比煉銅高得多。早期的鐵器硬度未必勝過青銅，但鐵器的優點是原料比青銅所需的銅礦與錫礦更容易取得。在鐵器時代，鐵器並沒有直接取代青銅器，正如青銅器時代的青銅器也沒有完全取代石器。不過，到了鐵器時代巔峰期，東南亞多數地區的石器大多已經被金屬製品取代。[8]在鐵器時代的大部分時間裡，青銅依然是鑄造裝飾性用品、儀典器物和功能性物品的重要金屬。更廣泛來說，鐵器出現的時間，東南亞正好發生產業活動增加、農業密集化與其他帶動轉型的相關變化。

呵叻高原上的蒙河與錫河（Chi River）分水嶺提供最可靠的證據，幫助我們了解聚落擴張、產業發展、工藝專門化與貿易興起的普遍模式。在鐵器時代這個關鍵時期，上述變化也發生在東南亞其他地區，只是程度各自不同。在西元前一千一百年到西元前五百年的青銅器時代裡，呵叻高原的農業群體居住在小型農村聚落裡。青銅器時代的聚落大多位於低地，在靠近主要河流的優質地段，單一聚落人口通常不超過幾百人。各個聚落大致上獨立自主，自給自足，能獨力製造衣物與陶器等日常用品。不同村落和地區有不同的風格。商業買賣和以物易物串連起不同村落，也連接更廣大的世界。不過交易的物品多半侷限在日用品，比如銅、錫和石器，以及貝殼等珍貴物品。即使深入內陸，也能看到貝殼的蹤跡。

到了西元前五百年到西元前三百年之間，蒙河與錫河流域的自治村落的生活方式、聚落形態和社會制度發生重大變化。農耕聚落不只使用鐵器，也飼養水牛，採用越來越成熟且密集的犁耕水稻栽植。農耕的改進帶來更多餘糧，也能應付人口的增長。農耕者有更多時間從事其他產業活動，或乾脆專職投入非農耕行業。

鐵器時代的金屬工匠建立更長久的青銅鑄造作坊，發展他們的青銅鑄造技巧，增加產品種類，也開始使用含錫量更高的青銅，讓成品呈現明亮的金黃色光澤。他們用鐵替代青銅來製造斧頭和矛，意味著技術與技法進一步多樣化。如同青銅器時代的專業採礦聚落，鐵器時代的蒙河流域也出現更多大規模、出口導向的製鹽聚落。

在這段期間，部分聚落規模擴大，比青銅器時代的聚落大好幾倍，人口數多達一兩千人。這些大型聚落會在村莊周遭修築壕溝，定時維護。這些壕溝的用途可能是調節洪水、捕魚、防衛、提供穩定水源，或上述多種功能的結合。要讓龐大人口在同一個定點生存幾個世代，穩定的淡水水源和洪水的調節都是重要條件。壕溝裡的魚也能讓村民的餐桌更豐盛。[9]

隨著人口沿著河流或向山區擴散，蒙河與錫河流域的低地村落不但規模擴大，也發展出衛星村莊。有史以來第一次，大小聚落之間的等級出現了，而且存續幾千年至今，反映在現今都會中心與鄉間農村之間的關係上。這些早期的衛星村莊可能為下游配備壕溝的較大村落供應木材和其他日用品，促進青銅器鑄造、鐵礦冶煉與製鹽等產業。

新生的都會中心也將小型聚落納入更廣大、逐漸成形的長程經濟結構。某些商品變得稀有，或改變形式，比如陶土小雕像。這可能是由於信仰的改變，也可能只是新的裝飾風格。西元前三百年後不久，流通已久的貝殼不再熱門，取而代之的是貴重的金屬、寶石以及半寶石和玻璃製作的珠子。

從大約西元前五百年一直到西元後幾個世紀，這些變化也在東南亞半島和群島大多數地區發生。考古證據顯示，包括呵叻高原西邊的帕薩克河（Pasak）與昭披耶河流域，以及東南方的柬埔寨境內平原，都出現與蒙河與錫河流域類似的擴張與變化。[10]從西元前五百年到西元前一百年，伊洛瓦底江和它的支流也出現鐵製品，製作技法越來越成熟，並且發展出設有壕溝的大型聚落。[11]紅河三角洲與現今越南海岸漸漸變成國際貿易中心，跟北方的中國早期王朝往來也更密切。[12]群島東南亞的發展略有不同，但也繼續跟半島區互動。青銅器和鐵器跨越印尼與菲律賓群島，大約同一時期傳到這裡，時間從西元前五百年開始，到西元前三百年以後。[13]

貿易、權力與聲望

青銅器時代的村落居民埋葬亡者時，會為他們準備陪葬品。有些墳墓展現出非凡財富，有些亡者卻只有簡樸的陪葬品，顯示早期的農耕村落已經存在貧富差距。這些差距對個人的社會地位可能相當重要，但相較於後來更精細的社會等級，這些差距不算深刻。另外，在不同地方，村莊與村莊大致相似，專門開採銅礦或製作陶器以便貿易或出口的群體則是例外。鐵器時代的工藝品和考古研究顯示，當時富人與窮人、權貴與普通人之間的社會階級與地位差距越來越大。

在鐵器時代早期，傑出人士可以用許多特殊物品來彰顯他們的權力與

圖片 2.2 東山鼓｜青銅東山鼓出現在東南亞的鐵器時代。這種鼓最重有一百公斤，直徑七十公分以上。鼓面裝飾著幾何圖案，以及連串的禽鳥與動物，和從事各種活動的人物圖像。（Sailko, 2012, Wikimedia Commons, CC BY 3.0. 實物在巴黎吉美國立亞洲藝術博物館展出）

聲望，其中又以東山鼓（Dong Son drum）最為顯著。東山鼓最早出現在大約西元前六百年，地點在現今越南北部和中國南方的雲南。東山鼓產量的高峰是在西元前四百年以後，以紅河三角洲和藍江（Ca River）、馬江（Ma River）流域為中心。當地的工匠使用成熟的脫臘鑄造法製作這些巨鼓，在鼓面呈現繁複圖案。其中最大的鼓直徑超過一公尺，將近一公尺高，重達一百公斤。

製作東山鼓的工匠在鼓面設計繁複的基本圖案。一般來說，鼓面正中心有個顯著的十四或十六芒星，被延伸到鼓面邊緣的同心圓包圍。這些同

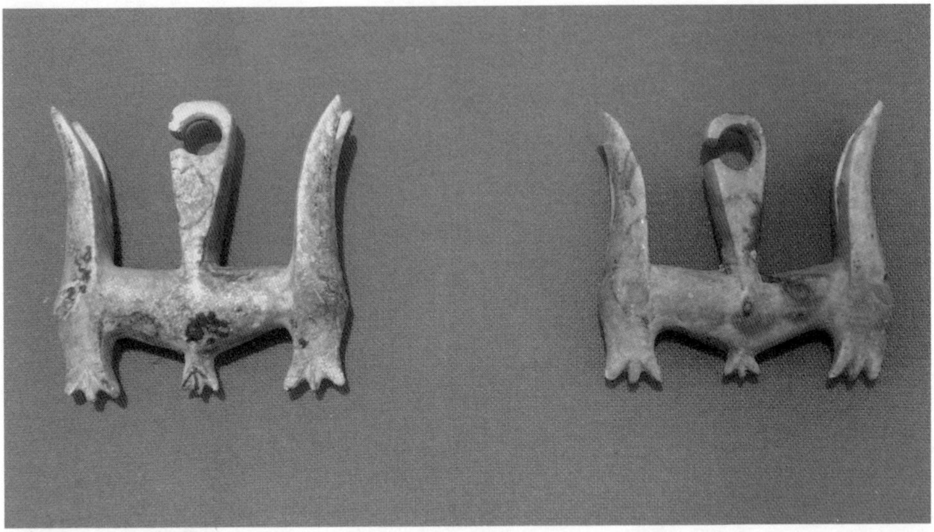

圖片 2.3　玉質耳環｜雙頭軟玉耳環是沙黃文化遺址出土的典型工藝品。（Vassil, 2011, Wikimedia Commons, CC BY 1.0. 實物在比利時布魯塞爾五十周年紀念公園皇家藝術與歷史博物館展出）

心圓裡面有一圈圈精緻的動物、鳥類與人類圖像。這些圖像的細節明顯受到印尼與菲律賓群島的馬來玻里尼西亞文化影響。[14]

東山鼓描繪戰爭與日常生活景象。戰士戴著樣式繁複的羽毛頭飾，手拿矛與箭，居高臨下俯視戰俘。婦人舉著長長的杵對著巨大的臼捶打。其他圖案還包括樂師演奏各種樂器，以及人們從事其他難以辨識的活動。很多圖像描繪巨大的長船載著戰士、戰俘、家畜和東山鼓本身，或描繪人們站在高台上或在寬敞的屋子裡。[15]

東山鼓出土最集中的地方在越南北部和中國南部，但它們分布極廣，從現今柬埔寨、寮國和泰國，往南到馬來半島，進入現今的馬來西亞、蘇門答臘和爪哇，再越過印尼群島往外，最遠去到東邊的新幾內亞。[16]東山鼓在半島東南亞的分布顯示，當時的貿易與聯盟關係以內陸與河川沿岸為主。[17]東山鼓流傳到遠方的島嶼，也意味著它們代表聲望，是新興小型政體的精英階級熱衷的商品。考古學家將這些政體稱為中央集權的酋邦（chiefdom）。[18]東山鼓可能也跟更晚期的鼓有相同功能，也就是擊鼓宣示統治者抵達新領土，宏亮的鼓聲所到之處，都是統治者領土的範圍。

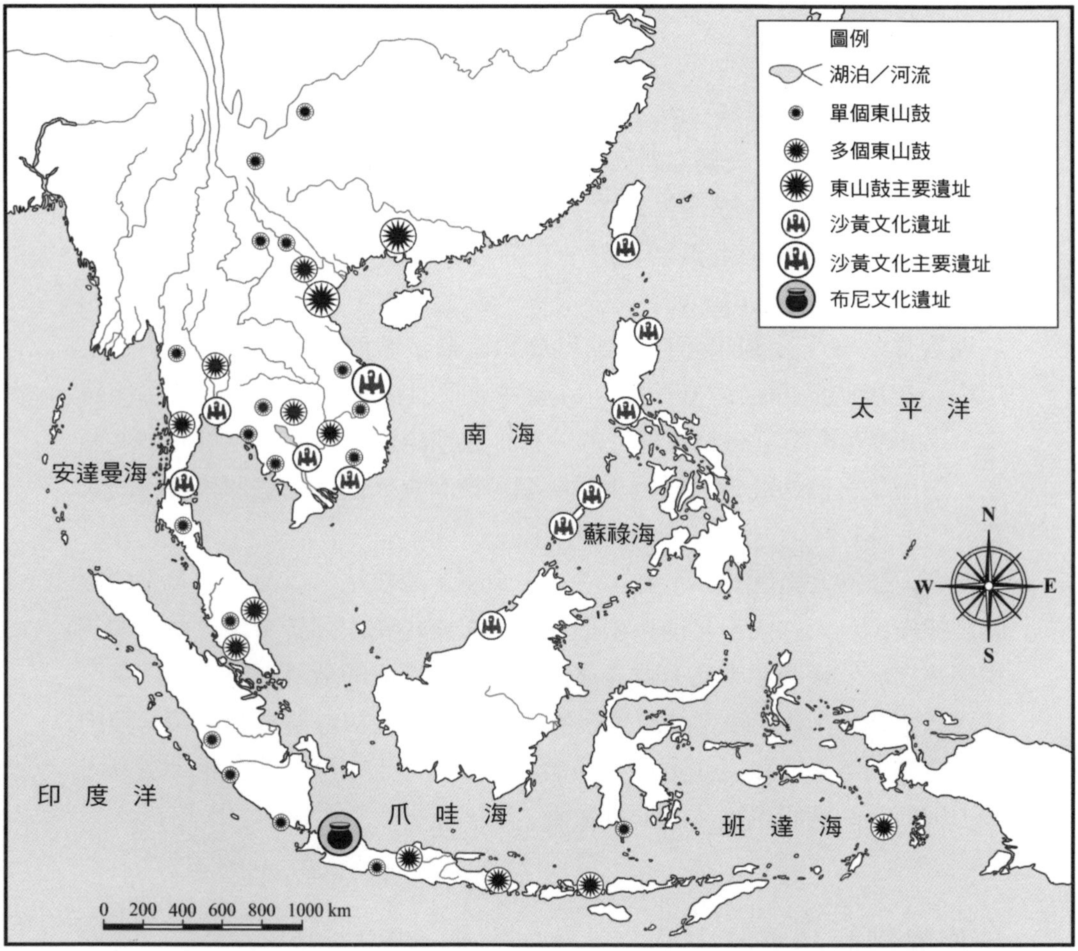

地圖2.1 東山鼓、沙黃工藝品和布尼遺址的分布｜東山鼓和沙黃文化工藝品代表東南亞分布極廣的鐵器時代文化，同時期的布尼文化則以西爪哇北部海岸為中心。（依據Hung et al. 2011; Doremon360, Wikimedia Commons）

另一個複雜的貿易與文化群沿著現今越南中部與南部海岸擴展，渡過南海抵達婆羅洲和菲律賓群島，再往南通過蘇拉威西和現今印尼東部其他島嶼。這個文化群稱為沙黃文化（Sa Huynh），以越南中部海岸主要考古遺址為名。當東山鼓與相關物品在東南亞大部分地區盛行，經由中南半島往南抵達馬來半島，再出海傳到各島，沙黃文化的工藝品和文化傳統也跨越南海來回傳播，並且在東南亞群島之間流傳。風格獨特的甕棺和諸如雙頭耳環這類藝術基調，突顯出這個文化和貿易群跟其他文化的差異。[19]東山文化與沙黃文化這兩個分布極廣的文化與貿易群在島嶼區某些地方會合。但在西元前最後幾百年，紅河三角洲和南部沿海地區之間明顯極少交流。[20]沙黃文化顯然更偏向航海貿易，而非陸地或河川沿岸的交易。

到了西元前最後幾個世紀，其他很多具有顯著當地特徵卻分布極廣的文化群在整個東南亞蓬勃發展。在靠近現今雅加達的西爪哇，布尼族（Buni）給亡者的陪葬品包括黃金眼罩、黃金首飾、象牙工具、半寶石和玻璃製作的珠子，跟東爪哇、巴里島和南蘇拉威西等地類似。[21]黃金在東南亞出現的時間跟鐵器相近，日後將會吸引中國與印度的商人和探險家。[22]根據考古學家對墓地遺址的分析，這些鐵器時代的文化群有個共同點，那就是它們的社會階級越來越明顯，擁有異域商品則是個人聲望的表徵。[23]

東山鼓的大範圍分布、甕棺傳統、金屬工藝技法，以及其他多不勝數的證據顯示，大約兩千年前東南亞併入連接羅馬和中國新帝國更廣大的長程網絡之前，東南亞半島與群島之間已經建立龐大的貿易網絡，或許甚至存在政治關係。[24]在西元前最後幾個世紀和西元最初幾個世紀，東南亞內部的貿易網絡漸漸跟這些更長程的網絡銜接。接下來那一千多年，貿易、權力與聲望的網絡也因此進一步擴大。

扶南異域商品貿易中心

西元第三世紀中期，中國東吳朝（西元二二〇～二八〇）的皇帝派使者康泰和朱應出訪南方，探索一個名叫扶南的東南亞貿易中心，扶南這個名稱出自中國的文獻。那些文獻後來被引用在第七世紀的中國史書裡，這是有關東南亞社會最早的書面歷史。根據中國史書，扶南國的人居住在高腳宮殿或屋舍裡，城市周圍建有城牆，人們從事農耕，以金、銀、珍珠和香水納稅。他們收藏文件檔案與書籍，使用的文字則與中亞粟特人（Sogdian）的文字類似，像是印度文字衍生的字母。[25]中國的使者也詳細彙報扶南國的建立與統治者的日常活動。

康泰和朱應指出，根據當地傳說，扶南國是當地公主柳葉與一個名叫混填的男子共同創立。混填來自「大海另一邊」的國家，可能在南亞或東南亞群島。[26]根據傳說，柳葉帶著她的部眾襲擊一艘商船，可能是馬來玻里尼西亞式船舶。船員和乘客逃過一劫順利上岸，其中包括混填。偷襲行動失敗後，柳葉選擇混填當她的夫婿。混填與柳葉成婚時喝下當地的水，算是宣誓效忠當地百姓。成婚後的混填便成為當地母系社會的一員。只是，根據後來的中國文獻，混填和柳葉的男性後代成為扶南統治者，他們的孫子（中國史書稱為范師蔓）率領軍隊出征，征服其他十個沿海「王國」，擴大扶南國在東南亞的勢力。

解讀中國這些引用第三世紀文獻的第七世紀史料，我們必須記住那些使者以什麼樣的視角觀察並呈報扶南國的訊息。比方說，扶南國明顯迅速從母系統治轉為父系統治，可能是因為使者偏向中國帝制體系堅定的父系路線。而范師蔓征服的多半不是「王國」，而是酋邦、聚落或港口。在此同時，中國文獻的記載跟後來的考古發現高度相符。這些書面文獻與後來的考古分析都顯示，「扶南」（當地的名稱已經在歷史中湮沒）是東南亞非比尋常又極其富裕的貿易中心兼貨物集散地。

扶南國的中心就在現今越南南端湄公河三角洲西側。該國的人民推動龐大的工程計畫，開鑿運河網絡，將沿海幾個定點跟大約七十到九十公里外的內陸聚落吳哥波雷（Angkor Borei）連接起來。[27]這麼龐大的運河工程顯示，扶南的統治者和社會能夠動員的勞工規模在東南亞前所未見。扶南在沿海的主要聚落是喔呋（Oc Eo），這個聚落的城牆有三公里長、一點五公里寬，附帶五座防禦堡壘和四條護城河。吳哥波雷的規模大約是喔呋的三分之二。

喔呋是扶南的商業重鎮，以一條長長的運河連接吳哥波雷，另有幾條運河連接周遭的小型聚居地。其中一個就在海岸邊，名叫塔克夫（Ta Kev），可能是主要港口。商人和貨物從整個已知世界——從西邊的地中海到東方的中國朝廷——來到塔克夫，填滿喔呋的市場和倉庫。吳哥波雷則是掌控內陸農耕聚落的重要據點，那些聚落為喔呋的商人提供食物和錫、銅、鐵等貨品，順著湄公河及其支流運送到扶南。

在喔呋交易的貨物數量與種類遠遠超過同時代東南亞任何港口。[28]這些貨物包括東南亞本地的寶石、金戒指、陶器和錫製護身符，中國的絲

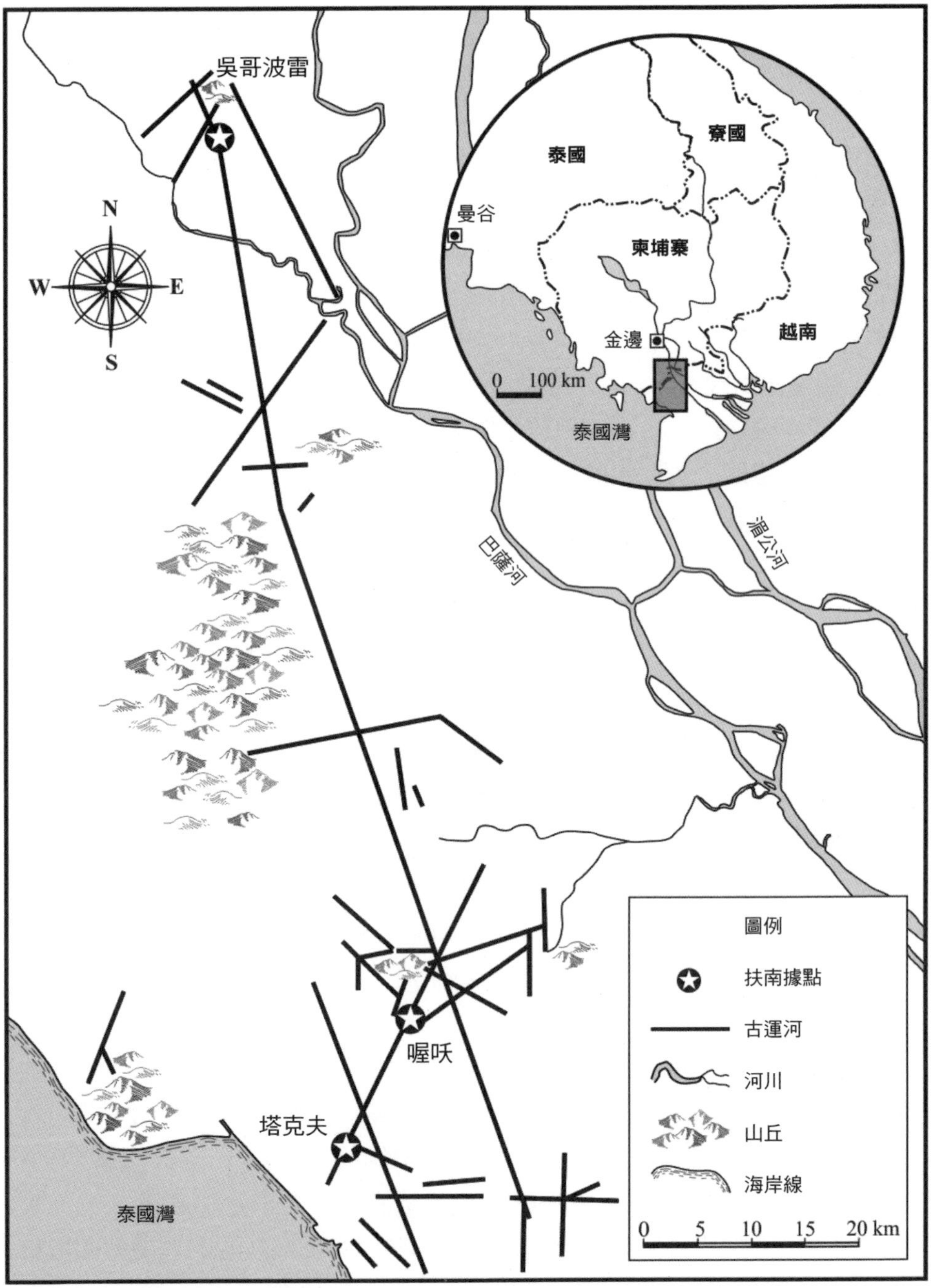

地圖2.2 扶南的運河｜長距離人工運河連接喔吠主要商業中心塔克夫港和內陸的吳哥波雷。扶南國衰亡後，這些遺址都被叢林覆蓋，直到二十世紀才在航空攝影中被發現。（依據Malleret 1959）

綢、銅鏡和陶瓷，非洲的乳香（frankincense）和沒藥（myrrh），羅馬的玻璃器皿和金幣，甚至有中亞的馬匹。在扶南的最早期，這些奢侈品大多來自東南亞以外，後來才有越來越多東南亞本地貨物出現在喔吠。

馬來航海族群與東南亞各地的商人也善用扶南的國際市場，他們帶來的商品包括摩鹿加群島（Maluku islands）的丁香與各種香料，蘇門答臘的松脂，帝汶的香木和婆羅洲的樟腦，以及湄公河上游的銅、錫和鐵。扶南的港口也是重要造船中心。[29]起初扶南主要是交易市場，後來漸漸變成貿易商品的製造地，比如結合外地與本地原料、工具和技法，在扶南大量生產的東南亞式玻璃珠。

扶南和喔吠的交易市場出現在西元最初幾個世紀，大約跟羅馬帝國和中國王朝的崛起同時，[30]是連結這兩個遠方強大文明的國際貿易樞紐。西元第二世紀晚期到第三世紀初期，也就是中國東漢衰弱、東吳王朝建立的時期，取道中亞的陸地「絲路」中斷，也促成海上貿易的興起。馬來玻里尼西亞的航海族群很久以前就掌握航行大海的技術，很多人將這種本事教給中國人、南亞人和其他地區的人們。不過，早期的外地商人和船隻都沿著海岸線航行，而且不會全程走完這條貿易路線。

往返羅馬和中國之間的商品會經過幾個轉運點：從地中海到阿拉伯半島，越過波斯灣到印度，繞過印度並橫渡孟加拉灣，到達銜接馬來半島的克拉地峽，越過地峽去到暹羅灣，再渡過暹羅灣抵達喔吠。貨物會從喔吠沿著現今越南的海岸線北上前往中國，沿途停靠各處港口。在旅途中的每個階段，貨物會在商人和船員之間轉手，船員各自精通自己所屬的那段航線。

這條路線的貿易發展的那幾百年之間，來自整個印尼群島海岸聚落的馬來航海族群憑藉他們堅固的船隻和優越的航海技術，漸漸在其中占有一席之地。早在西元前第三世紀，中國朝廷已經聽說過東南亞航海族群（又稱「崑崙人」或「馬來人」）。[31]他們不但為市場帶來越來越多樣化的東南亞商品，其他人也學會他們的導航與航海技術，而後利用季風航行得更遠，深入汪洋大海，走更直接的航線往來東亞、東南亞、南亞和更遠的地方，以獲取優勢。

扶南的國際化非常明顯。證據顯示，從最早的時候開始，湄公河三角洲下游和海岸地區就住著來自不同文化的漁民和獵人。湄公河上游有個繁榮的高棉語農耕聚落，就是後來的吳哥波雷。柳葉和混填的傳說反映出當地這些不同族群如何跟來自遠方的外國人結合，建立國際化的扶南。根據中國文獻，那裡有羅馬人、波斯人、粟特人（東伊朗人）、馬來人、來自南亞宮廷的特使、猶太人和不同族群的商人。[32]

橫越地峽，繞過海峽

早期各個貿易港（尤其是扶南）的興衰起落，取決於東南亞鐵器時代貿易路線與網絡的發展。通行克拉地峽的貿易，是扶南商業中心與轉口港崛起與繁榮的關鍵因素。克拉地峽是連接現今馬來半島與亞洲本土那塊土地最狹窄的點，那塊土地從北到南長約一千公里，某些地方寬度不到五十公里，西邊是安達曼海（Andaman Sea）、孟加拉灣、斯里蘭卡和印度南部，東邊的海岸外則是暹羅灣、泰國中部和柬埔寨中部的海岸，以及越南的南端。從印度南部的貿易中心畫一條直線到扶南喔吠的商業中心，這條線會直接穿過克拉地峽中部的狹窄區域。

早在扶南興起之前很久，在這個狹窄地峽設有轉運點的貿易路線就已經形成。[33]在將近一千年的時間裡，克拉地峽是歐亞海上絲路國際貿易的重要轉運站。商船帶著貨物從印度東部海岸出發，繞過或橫渡孟加拉灣，來到地峽的西岸。貨物在這裡經由陸路穿過狹窄卻多山的地峽，去到地峽面對暹羅灣的海岸。有充分證據顯示，早在西元前四百年，克拉地峽就在當時的國際貿易居重要地位。外地人與本地人的交流是日後扶南成功的關鍵，而克拉地峽的考古遺址不難找到這種交流的小規模證據。

西元前四百年到西元前二百年之間，這個新興長程貿易體系的交會點上出現一個繁榮的商業聚落，就在現今泰國的三喬山（Khao Sam Kaeo）村莊附近。[34]三喬山的商人和工匠在坡度較緩的山區建造房屋與工坊，周遭設置防禦土牆。[35]這些商人從印度南部泰米爾納德邦（Tamil Nadu）的阿里卡梅度（Arikamedu）進口精緻的輪盤紋陶器（rouletted pottery），是當時橫越南亞和東南亞，最遠到達現今泰國中部、越南、爪哇和巴里島這個貿易網絡的一環。

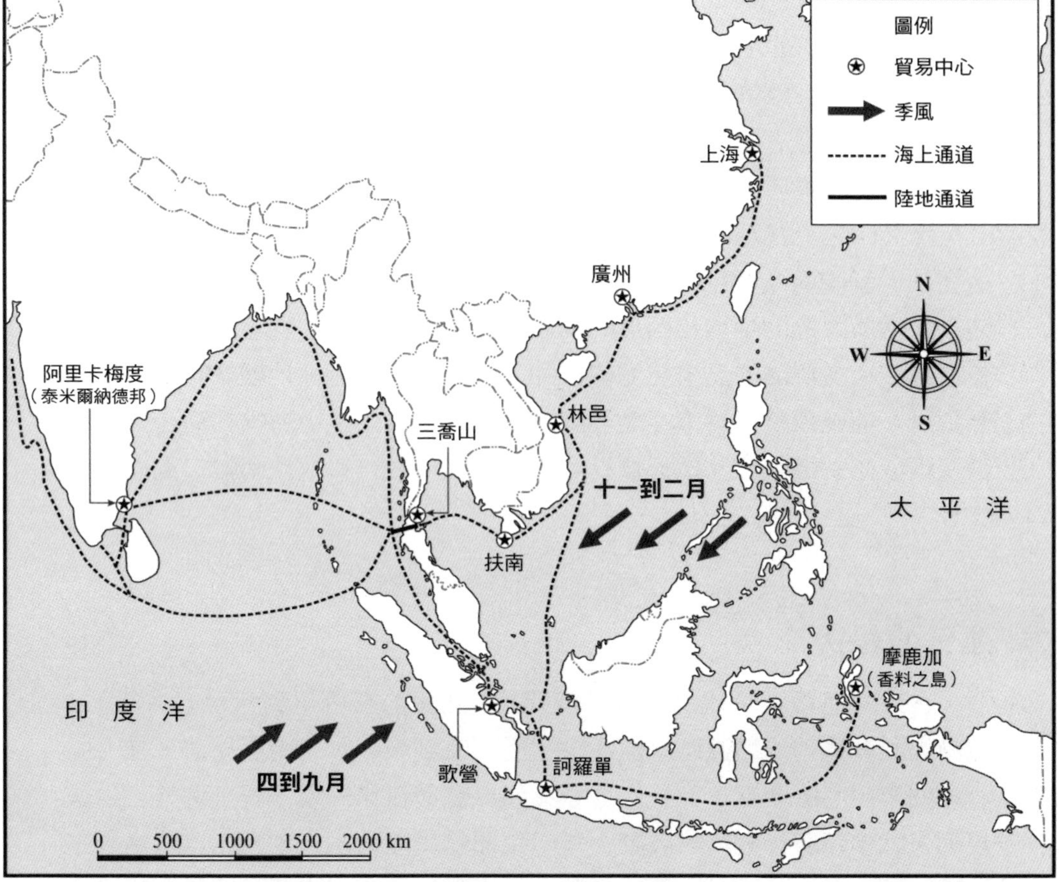

地圖2.3 海上貿易路線｜早期與扶南相關的海上貿易路線沿著海岸航行，也運用克拉地峽的陸上通道。後來的海上貿易路線則偏向利用海上通道和季風，經由馬六甲海峽繞過馬來半島。

三喬山不只是國際貿易樞紐，也是重要的製造中心。考古學家在那裡找到充足的金屬製造流程遺跡，可以辨識出最早在越南、中國西漢時代和南亞的金屬鑄造技法，也有台灣的軟玉雕刻品和菲律賓的雲母。三喬山遺址出土的陶器包括當地的陶製品，柬埔寨和越南的「橘陶」（orange ware），少量印度輪盤紋陶器，以及非常稀有的中國漢朝陶瓷。

三喬山的商人和工匠是哪裡人？[36]各方面的研究顯示，那裡的人口大部分是東南亞人。只是，某些有趣的研究認為，三喬山可能已經發展出後期貿易港市的模式，從事不同活動的人聚居在不同區域，來自不同地方的商人或工匠或許也各自分開。有證據顯示，對於三喬山半寶石珠子製造業的建立，印度南部的工匠厥功甚偉。那些珠子採用印度的先進技法與原料，針對東南亞客群以不同形式製作。這些工匠如果在三喬山定居，很可能會跟當地女性成婚，教導當地學徒，變成東南亞混雜人口的一部分。

三喬山是克拉地峽上已知最早期的貿易與製造中心，一度名聞遐邇，卻在扶南崛起前幾百年就沒落了。其他地點取而代之，成為重要轉運點，連接扶南與東邊的中國和西邊的南亞、波斯乃至羅馬。隨著貿易的成長，越來越多來自群島的馬來航海族群加入，於是橫跨克拉地峽的陸地路線漸漸轉移，通過或繞行馬來半島與蘇門答臘之間的馬六甲海峽的海上貿易路線慢慢取得主導地位。這種貿易形態的改變，最終導致扶南轉口港徹底消失。

運勢的起伏

在東南亞鐵器時代那一千年時間裡（西元前五百年到西元五百年），東南亞社會運勢的變遷越來越明顯。從那時到現今，東南亞見慣了權力中心或商業中心的興衰。像扶南這類獨領風騷幾百年的地方既是例外，也是規則。戰爭和貿易網絡的波動，是導致運勢轉變的兩大主因。以政治為主的傳統歷史多半強調武裝衝突和戰爭的衝擊，但在東南亞，貿易形態改變造成的影響通常不遑多讓。

大約從西元前五百年起，青銅與鐵製武器在東南亞很多聚落漸漸普遍，包括刀劍、矛和匕首，紅河流域甚至見得到弩箭，這是中國戰國時期（西元前四五三～二二一）發展出來的武器。兵器的增加，顯示私人與政治衝突加劇。考古學家發現了青銅器時代私人衝突增加的證據，比如男性的前臂或鎖骨斷裂。戰爭變得頻繁的證據在鐵器時代更為明顯。[37]正如中國史書記載，扶南成為貿易中心的關鍵，在於消滅了周遭十個競爭者。

帝制中國本身也在鐵器時代對現今越南北部的紅河三角洲展開軍事行動。中國漢朝（西元前二〇六～西元二二〇）的領域從黃河流域往南擴張，越過長江流域，進入現今的雲南、廣西與廣東。這些地方跟如今我們稱為東南亞的地區相鄰，也就是現今的越南、寮國和緬甸三個國家。

但朝廷的直接統治權始終沒有越過這片中國文獻稱之為「天空堡壘」的山區。[38]不過，在低地區，中國朝廷成功征服並控制紅河三角洲。西元前一一一年，漢朝軍隊攻克這個地區。之後雖然發生過幾起為時甚短的重要反抗，中國對該地區的控制長達一千年。

除了這些和其他重要戰爭，從西元前最後五個世紀到西元最初五個世紀，在東南亞大部分地區造成重大變化與運勢翻轉的，其實是貿易，而非武裝衝突。東南亞併入從中國到地中海的歐亞貿易網絡後，帶動群島偏遠地區社會轉型，尤其是摩鹿加群島。摩鹿加群島是許多熱門香料的產地，特別是丁香。中國人至少在西元前第三世紀就已經知道丁香這種香料，羅馬人則是在西元前第一世紀。在摩鹿加，為了掌控丁香貿易創造的大量財富，原本以親族為主的採獵者與火耕者（swidden cultivator）的小聚落逐漸轉型，變成等級分明的貿易國家或帝國。[39]

在這個新興世界貿易體系以外或周邊的偏遠地域，歷史學家和考古學家也找到改變的跡象，比如菲律賓與印尼群島，以及半島東南亞的高地。在鐵器時代，聚落與社會關係趨於複雜，儘管程度上不如扶南或其他海港。到了大約西元前八百年的青銅器時代晚期，稻米耕作和相關聚落已經散見在印尼群島大多數地區。從西元第三、四世紀起，已經有明顯證據證實菲律賓群島發展出巴朗蓋（barangay）這種中央集權式酋邦。

在鐵器時代，高地與低地之間的貿易關係已經建立特殊模式，以河畔與海上貿易為基礎。高地人用香木等森林物產做為商品，到下游地區交易。占據交通要點、河川匯流處或支流的人們或統治者經常可以善用地利之便，對這類貿易行為徵稅或抽取獲利。河川貿易路線之間彼此相連，但通常是經由海上航線，而非陸地。[40]正如近年來學者提出的主張，某些個人或群體走向高地從事火耕，不是因為孤立或無知，而是一種生活方式的選擇。可能是為了經濟利益，也可能是一種政治行為，避免落入新興低地權貴的掌控。[41]

整個鐵器時代裡，大大小小的貿易中心興起又衰落。泛歐亞貿易刺激複雜貿易網絡的發展，深入島嶼和半島東南亞山區的河川網絡。隨之而來的財富，讓東南亞各個社會不管是內部關係或彼此之間的關係，都變得更複雜，階層化也更明顯。類似扶南這種地方的統治者與權貴生活遠比平民

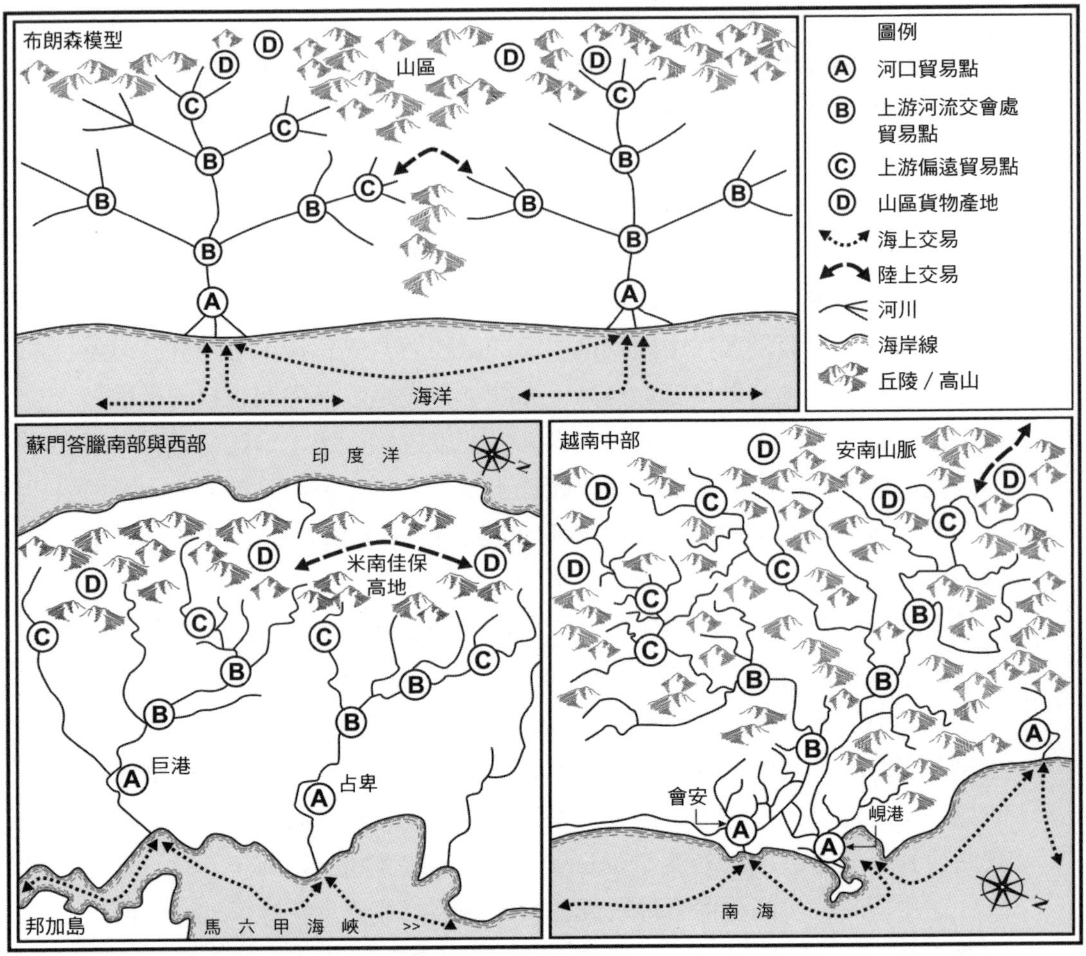

地圖2.4　河川貿易路線｜美國學者布朗森（Bennet Bronson）提出的河川貿易路線模式有助於說明東南亞很多地區的貿易關係。其中兩個典型地點分別是蘇門答臘南部與西部，以及越南中部。（根據Bronson 1978; Manguin 2002）

奢華。海岸的貿易社會（比如扶南）也變得比高地的小型火耕聚落規模更大，也更富裕。

在第四世紀左右的扶南鼎盛期，來自爪哇、蘇門答臘和東南亞其他島嶼的商人和航海族群為喔呟的市場帶來更多財富。他們從東南亞群島帶來自己的獨特商品，比如樟腦和丁香，有時甚至取代其他異地商品。到了第五世紀，更多海上商人學會他們優越的行船與導航技術，他們本身也因為與中國貿易，在當地獲得權力與威望。爪哇和蘇門答臘之間的巽他海峽周

圖片 2.4 婆羅浮屠船舶 ｜ 婆羅浮屠（Borobudur）三幅描繪室利佛逝時代船隻的淺浮雕之一，這時貿易路線已經從克拉地峽轉移到馬六甲海峽和爪哇海。（Gryffindor, 2009, Wikimedia Commons, CC BY 3.0）

遭的統治者和航海族群開始越過扶南，直接跟帝制中國交易。[42]

在東南亞鐵器時代後期，扶南的豐足財富與國際化市場延續了四、五百年，也就是大約從西元第一世紀末崛起，在第五到六世紀衰退。[43]扶南興盛和沒落的原因錯綜複雜。羅馬帝國和帝制中國的興起，是這個時期長程國際貿易發展與茁壯的關鍵。扶南的成功，當地統治者扮演重要角色，就像柳葉與混填的傳說所暗示的，以貿易與合作取代襲擊與掠奪，其次就是動員群眾推展非凡的建設工程。此外，貿易路線建立的條件同樣至關緊要。

早期的印度商人帶著貨物繞過孟加拉灣到達克拉地峽，那些貨物在這裡轉入當時的東南亞貿易網絡。東南亞貿易向西延伸到印度，向東去到中國，為扶南創造了四百年的繁華。但南島語族群的長途航行技術將貿易的觸角帶向更遠的地方，扶南的運勢就改變了。馬六甲海峽本身和海峽以南的港口開始吸引更多直接往返印度和中國的海運。根據中國文獻，這樣的港口包括西爪哇的訶羅單（Holotan）和蘇門答臘南部的歌營[44]。東南亞的香木、丁香和各種香料在遠西和遠東大受歡迎，但克拉地峽和喔呋市場的交易卻漸漸蕭條。

爪哇和蘇門答臘的海商已經轉向林邑（Linyi）的港口，林邑是當時的新興勢力，位置在現今越南中部海岸。對於從歌營和訶羅單出發前往中國的航行者，就在航線上的林邑比湄公河三角洲的喔呋更直接。大約到了第五世紀晚期，帝制中國也捨扶南而就林邑。在此同時，扶南也面臨本地內陸新興勢力的挑戰。這個新興勢力在中國文獻上稱為真臘（Zhenla），是建都吳哥的高棉帝國的前身。到西元第七或第八世紀，扶南徹底滅亡，富麗的建築物、便利的運河和寬廣的稻田，全都被沼澤和叢林吞沒。[45]

吸收新觀念

貿易帶來有形財富，加上鐵器時代引進並迅速發展的稻米耕作創造的豐富餘糧，改變了東南亞社會的政治經濟與社會組織。都市中心、市場和貿易樞紐陸續出現。職業趨向專門化，陶器、金屬器皿和其他商品的製造中心紛紛成立。財力、聲望和權力的差距，標示出政治精英與普通人之間的社會等級。重點是，貨物的交易伴隨著觀念的交流，東南亞從此變成頻繁吸納、調適與混合不同文化的場域。[46]

對於西元前最後幾個世紀和西元初期逐漸形成的世界秩序，東南亞的人才貢獻出重要知識。其中最顯著的，是馬來玻里尼西亞族群的領航技術和行船技巧傳播得既遠又廣，推動世界貿易將近兩千年。東南亞生產的香料、香木和樹脂等商品種類繁多，不管在烹調、醫療或宗教儀式上，從地中海到遠東，這方面的知識都不可或缺。[47]不過，當西方的歐洲、阿拉伯、南亞和東亞等遙遠地域學習並吸收來自東南亞的觀念，東南亞吸收的卻更多。東南亞畢竟坐落在已知世界的交叉路口上。

在鐵器時代後半期，東南亞大部分地區都受到南亞宗教與政治觀念的影響，歷史學家稱這個過程為「印度化」（Indianization）。東南亞許多地區變成「梵文文化圈」（Sanskrit Cosmopolis）的一部分，這個文化圈涵蓋南亞與東南亞幾千公里範圍。[48]在此同時，現今越南北部則被納入所謂的「漢字文化圈」，也就是受中國文字、觀念、常規與文化影響的地區，範圍是從中亞到日本各島。[49]

宗教與統治觀念和梵語文本沿著鐵器時代建立的貿易路線，從南亞傳播到東南亞許多地區。東南亞北部各地，尤其是現今越南首都河內周圍的紅河三角洲地區，則是被漢字文化圈的觀念影響，規模不如梵文文化圈，程度卻一樣深。東南亞統治者與社會受到這些觀念的啟發，創造出「神王」與皇帝的輝煌領域，也就是梵文所稱的「黃金之地」（Suvarnabhumi）。

第三章

黃金之地的神王

古印度史書記載著從南亞前往黃金之地的旅程。對於黃金之地的確切位置，學者莫衷一是。很多時候，有關黃金之地的說法脫離不了現代歷史中的民族自尊與民族框架。「黃金之地」這個詞持續在東南亞迴響，曼谷新建的國際機場以它命名，緬甸和馬來西亞都自稱是黃金之地所在。馬來西亞的歷史博物館將它翻譯成「馬來之地」（Tanah Melayu）。比較可能的是，黃金之地應該泛指整個地區，就像「東南亞」這個詞一樣，或爪哇語的Nusantara（方外群島），或阿拉伯語的Zîrbâdât（風下之地）。這些詞都曾在不同時期被用來指稱東南亞。

在印度史書中，商人前往黃金之地經商謀利，佛教僧侶和婆羅門教祭司去東方傳播佛陀的教誨或舉行儀式祈求濕婆（Shiva）和毗濕奴（Vishnu）賜福。據我們所知，南亞統治者只有一次派出軍艦隊伍壓制敵對王國。從西元前最後幾個世紀到西元最初幾個世紀，將近一千年的時間裡，黃金之地漸漸受注目，變成學者後來稱為「梵文文化圈」重要的一環。梵文文化圈西起現今的巴基斯坦，東到越南海岸和印尼諸島，普遍受到梵語文本傳達的觀念影響。[1]

大約西元四百至六百年之間，梵文文化圈和黃金之地出現了全新類型的政治和統治形式。這些全新治國之術背後的觀念，跟南亞的濕婆、毗濕奴信仰以及佛教教義密不可分。[2]這些「婆羅門佛教」（brahman-buddhist）的觀念與常規，是沿著歐亞海上貿易路線傳播到黃金之地，而這條貿易路線連接遠東的中國和遠西的羅馬。黃金之地的時代大約從西元四百年到一千四百年，常常被稱為東南亞的「古典時期」，鼎盛期大約在西元八百年到一千二百年。

這段時期，在剛上位的精英階級授命下，東南亞人建造了數量龐大的石廟和紀念碑，從爪哇中部廣闊無邊的婆羅浮屠佛塔、以柬埔寨的毗濕奴神廟吳哥窟為中心的無數雄偉壯麗的寺廟與神龕，到緬甸蒲甘（Pagan）廣大的佛塔群，以及整個東南亞數以千計的類似建築。這段時期的資料書寫在棕櫚葉、樹皮或紙張等脆弱材料上，保存不多，而且主要收藏在帝制中國和印度宮廷與宗教中心的檔案庫。在東南亞內部，我們所知的這段時期的歷史，是書寫、打造並鐫刻在石頭上。

根據這些雖有限卻耐久的紀錄，考古學家、語言學家和其他學者提供非凡視角，讓我們看到那個神王（Devaraja）統治廣大複雜社會的時代。扶南這個富庶的貿易政權就屬於最早的一批。後來的統治者沿襲扶南的模式，將來自南亞的外來觀念與本地固有的習俗與社會秩序結合，創造新的社會形態與治理方式，成效卓著。其中某些留下歷久不衰的遺產，鐫刻在石頭上，一千多年後重新面世。

寫在石頭上

從西元前最後幾個世紀開始，南亞到東亞之間出現兩大區域，二者之間透過文字傳播共享文化觀念。其中一個稱為「漢字文化圈」，「漢字」（kanji）源於日文，意思是中國文字。[3]漢字文化圈的源頭是中國歷代朝廷與王朝，涵蓋的範圍不只現今的中國，還包括朝鮮半島和日本諸島。對於東南亞，漢字文化圈裡的港口和政權都是重要的貿易夥伴，也是陶瓷與紡織品這些高端商品的來源。漢字文化圈也在越南留下難以抹滅的痕跡。從西元前一一一年到西元九三八年這一千年，紅河三角洲直接由中國朝廷管轄，是帝制中國最南端的版圖，現今越南首都河內就在那裡。即使越族統治者和他們的後繼者在第十世紀驅逐中國的封建領主，他們依然採用漢字文化圈的文化與治國之術來組織並統治他們的社會。

東南亞其他許多地區都吸收南亞的觀念與文本，形成所謂的梵文文化圈。如同漢字文化圈，這裡的人們（尤其是精英階級）擁有相同的宗教信

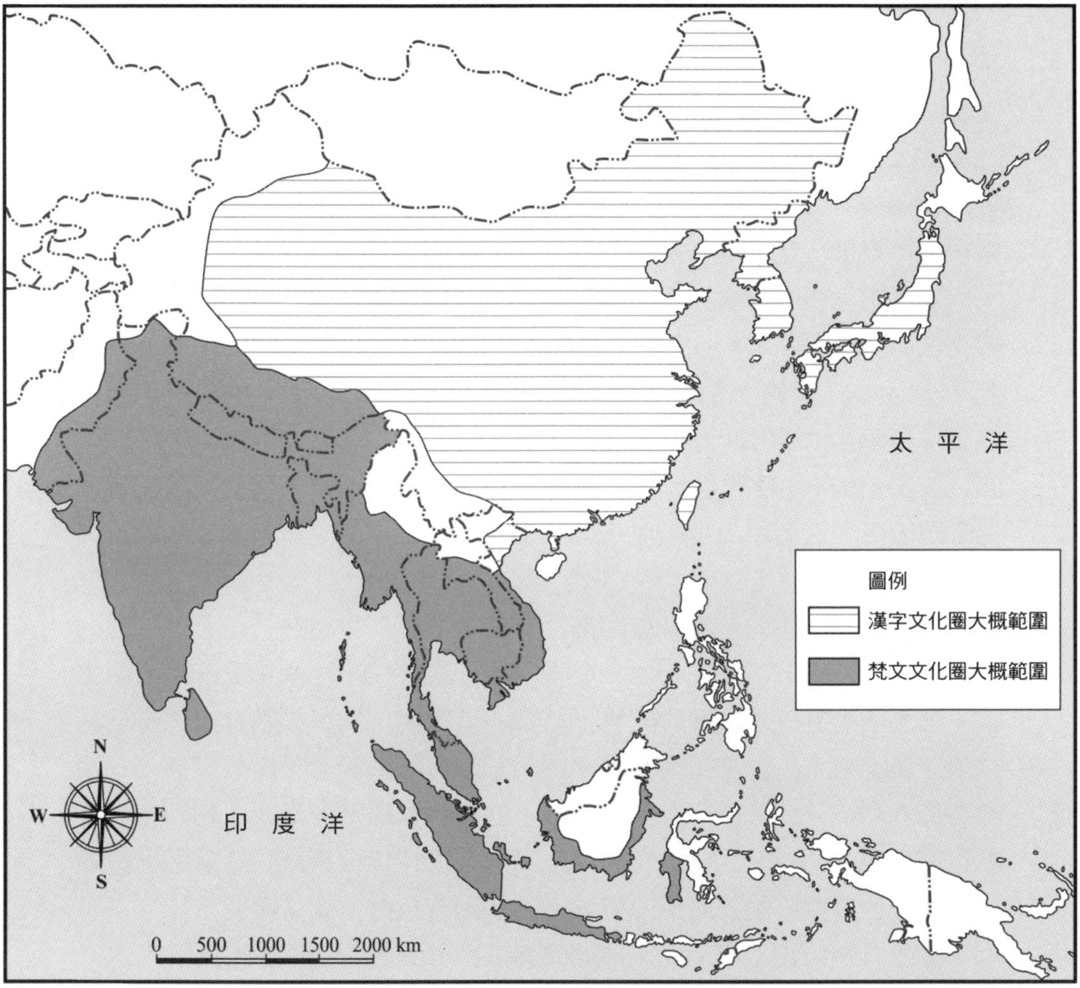

地圖 3.1 梵文文化圈與漢字文化圈｜梵文文化圈與漢字文化圈是亞洲兩個分布極廣的文化交流區域，各自受到所使用的梵文（以及巴利文）和漢字影響。

仰與治國之術，而這些文化內容都透過以不同印度語系文字書寫的梵語文本流傳。這些實體文本幾乎都已經失傳，主要是因為書寫媒材在熱帶地區極易腐朽。幸運的是，有些書面紀錄保留在岩石與金屬銘文裡。東南亞目前出土的銘文之中，最古老的來自第四到七世紀。從第八到九世紀起，出土的銘文數量增加，並有雄偉的石材和磚造建築，形成東南亞的「古典時代」，也就是黃金之地時期。

在第四世紀中期婆羅洲東部的馬哈坎河（Mahakam River）沿岸，

當地首領庫敦佳（Kundungga）的兒子為自己取了梵文名字阿斯渥瓦曼（Aswawarman）。[4]阿斯渥瓦曼的兒子，梵文名字叫穆拉瓦曼（Mulawarman），著手擴張父親和祖父的領地，征服周邊的首領，接管鄰近聚落。為了慶祝這波勝利，穆拉瓦曼指派通曉南亞吠陀[5]儀軌的婆羅門祭司主持祭儀，代表他奉獻動物牲禮與其他祭品。

為了紀念這些儀典，穆拉瓦曼下令建造七座獻祭石柱（yupa）。這些碑文名為古泰[6]銘文，是東南亞已知最古老的梵文銘文，以南印度的帕拉瓦文（Pallava）書寫。根據穆拉瓦曼自己下令製作的碑文，他自稱「諸王之王」，稱他父親阿斯渥瓦曼為「王朝創始人」，他祖父庫敦佳則是「人間之王」。值得注意的是，他的祖父用的是本地名字，王朝創始人和他的兒子則使用梵文名字，也吸收了即將在未來一千年裡改造東南亞的政治與宗教觀念。

大約同一個時期，現今越南南部有個統治者下令建造一座石碑，他的根據地鄰近當時的沃坎（Vo Canh）聚落。[7]這座石碑的碑文使用東南亞文字，描述統治者送給親屬的禮物。這類石碑證明，到了第四世紀，當地精英階級通曉梵文，也採用梵文文化圈的宗教與治國觀念。馬來半島吉打州的布央谷（Bujang Valley）考古遺址出土的文物也顯示，當地大約同一個時期也發展成國際化港口，往來商人信奉婆羅門佛教的觀念。[8]第六世紀的石碑銘文也證實，湄公河下游與支流的統治者也擁有梵文頭銜。[9]

更多有關東南亞黃金之地時代治國之術的證據，來自九篇西元六八〇年代的石碑銘文，這些碑文出土的地點在蘇門答臘巨港（Palembang）附近與穆西河流域（Musi River）。這些碑文提到一位使用梵文頭銜的統治者，聲稱擁有室利佛逝古國的主權，列舉一長串官員與子民名單，也詛咒所有蔑視他的王權的人。[10]不過，碑文裡的語言不是梵語，而是古馬來語，以南亞文字書寫。

另一篇碑文出土位置在克拉地峽東岸，靠近現今泰國南部的西勢洛坤（Nakhon Si Thammarat），石碑建造時間是西元七七五年，比巨港石碑晚大約一個世紀。這篇碑文使用的是梵語，而不是古馬來語，但碑文內容也向室利佛逝的統治者致敬，顯示這個歷史上名為六坤（Ligor）的區域，也屬於室利佛逝的勢力範圍。在巨港本地使用古馬來語，在「海外」的六坤

圖片 3.1 獻祭石柱 ｜ 這個獻祭柱是東南亞最古老的梵文碑文，是統治者穆拉瓦曼在婆羅洲的古泰建造的至少七座石柱之一。目前收藏在印尼雅加達國家博物館。（Anandajoti Bhikkhu, 2015, Wikimedia Commons, CC BY 2.0）

卻使用梵語，這也透露東南亞人並不是單純模仿南亞的觀念，而是吸收、發展，也實際運用在本地的統治和遠距離的跨國交流上。

到了室利佛逝碑文建造的時期，東南亞各地也開始出現地標性的寺廟建築，附帶的碑文有些使用梵文，有些則是以南亞文字書寫的當地語言。蘇門答臘的穆西河等河流流域建造起許多佛教寺廟，變成密教[11]發展的主要據點。[12]第七世紀晚期到第八世紀，爪哇中部的迪昂高原（Dieng Plateau）已經有多達四百座寺廟，供奉濕婆、毗濕奴和梵天（Brahma）。[13]在接下來那幾個世紀，也就是第九世紀中期到十五世紀中期，爪哇中部與東部的統治者建造了許多壯觀的廟宇，包括規模宏偉的普蘭巴南（Prambanan）寺廟群，這些廟宇供奉的是印度教的三相神（Trimurti）：濕婆、毗濕奴與梵天。另外還有婆羅浮屠的雄偉佛塔。

從第七到十二世紀，占語統治者和精英階層在越南中部和南部海岸建立廟宇，主要供奉濕婆神，也有少數供奉毗濕奴。從第九到十三世紀，高棉語君主在大洞里薩湖（Great Tonle Sap Lake）北側建造了吳哥古城的宏偉寺廟。這片占地廣闊的市中心區的寺廟大多供奉濕婆神，其中最聞名的兩座是吳哥窟和建有許多四面佛佛塔的巴戎寺（Bayon）。前者供奉毗濕奴，後者則是向佛陀致敬。建都吳哥的高棉帝國也在現今柬埔寨與呵叻高原（現今泰國東北部）許多地方建造一系列寺廟。到了東南亞黃金之地時代後期，位於現今緬甸伊洛瓦底江流域的蒲甘王朝的統治者和精英捐資興建數以千計的佛塔，其間也有供奉濕婆與毗濕奴的廟宇，只是數量比較少。

這些寺廟的年代前後超過五個世紀，建造者生活在相距遙遠的社會，各自使用不同語言，是什麼促使他們投入如此規模宏大的工程？答案就在東南亞人如何運用梵文文化圈的啟發。源於南亞的觀念與儀典在東南亞進一步發展，創造出新的宗教常規、政權和治國之術，為新的政治與社會組織奠定基礎。新的治國之術與觀念，以及在規模越來越龐大的社會安排與行使權力的方法，催生出我們如今回頭看到的東南亞「古典王國」（Classical Kingdoms），學界也稱之為「曼陀羅政體」（mandala states）或「星系政體」（galactic polities）。[14]

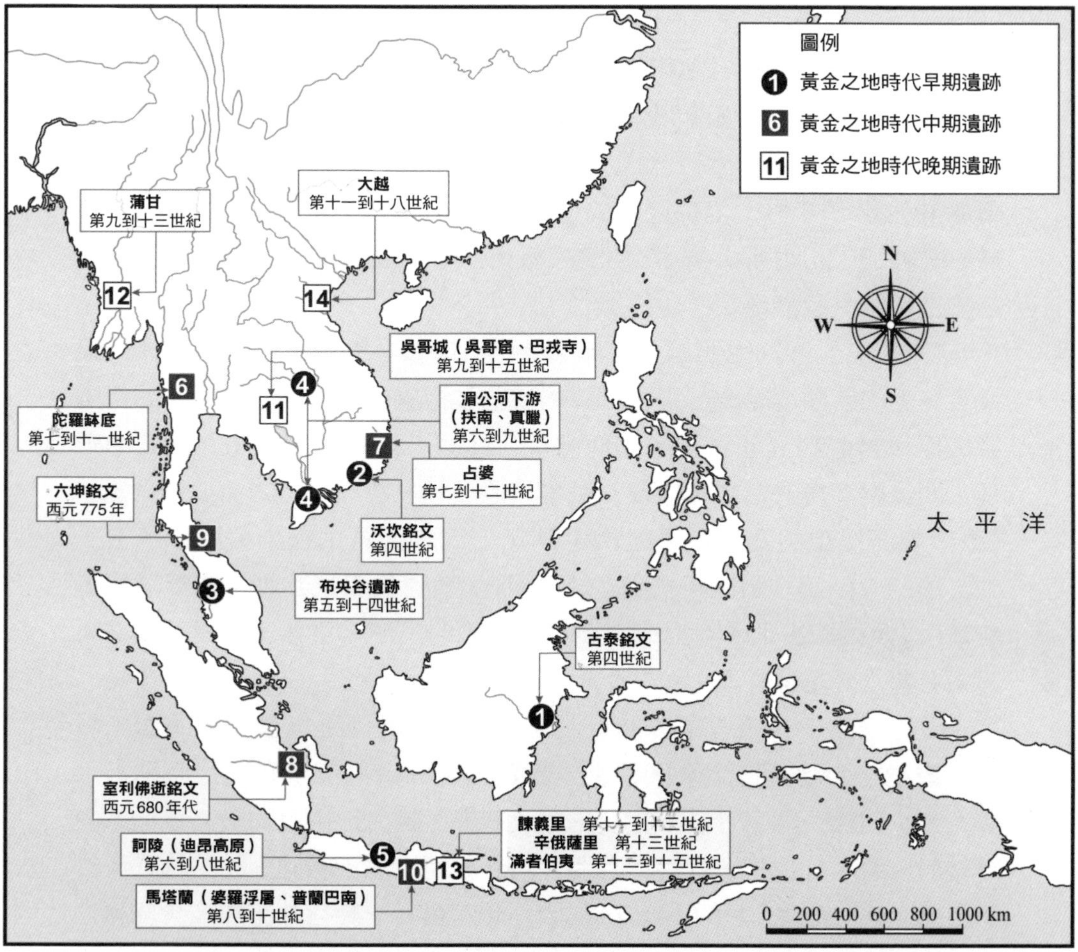

地圖3.2 黃金之地時代的遺址｜梵文文本稱東南亞為黃金之地。梵文對東南亞的影響最早的證據出現在第四世紀，到了十三世紀以後減弱。大越的時間雖然與黃金之地時代晚期遺址同期，卻是受漢字文化圈影響。

治國之術

關於梵文文化圈的思想觀念在黃金之地傳播的細節，我們只能猜測一二。有充足的證據顯示，南亞的商人和僧侶往東去到東南亞的黃金之地和黃金島嶼（Suvarnadwipa），也有東南亞的航海族群前往南亞。東南亞的統治者捐資贊助位於現今印度比哈爾邦（Bihar，印度東部尼泊爾邊界）的佛教學習中心那爛陀（Nalanda）。南亞的僧侶則前往蘇門答臘等地研究佛教思想與常規的發展。[15]顯然，不管經由什麼管道，梵文的思想觀念，比如經典梵文著作《政事論》[16]陳述的觀點，在整個東南亞廣為流傳。[17]

《政事論》創作時間大約在西元前二或三世紀，書中提到某些觀念相似的其他學派文本，但都已經失傳。很可能在整個梵文文化圈時期裡，《政事論》和其他探討治國之術、宗教信仰等主題的文本，都在東南亞各地的港口與宮廷流傳。

《政事論》詳細說明以至高無上統治者為核心的政府背後的哲學，以及實務上的管理與組織。書中探討的議題包括優秀統治者的特質，如何選擇大臣、幕僚和其他官員，如何處理百姓的不滿，刑事司法與法庭的管理，間諜與宣傳的運用，以及一長串其他議題，都以成功的治理為目標。《政事論》提出的政治體系是由至高無上的睿智君主在中央執行統治，他身邊的大臣與官員圍繞著他（曼陀羅），負責與平民互動。根據《政事論》，以及根據後來學者對東南亞早期王國的了解，這種統治與治國之術體系名為「曼陀羅模型」。[18]

曼陀羅政體的核心是統治者。現代的民族國家是以國界與主權來界定，政權均勻地延伸到全國領土，抵達固定的邊界。所有國民原則上平等，至少同樣受國家管制。在曼陀羅政體裡，權力從中央的最高統治者向外輻射，離中心越遠，管轄力越弱。國界和疆域並不明確，統治權取決於君主透過他（或極少數的「她」）的大臣和官員對一般百姓施加多少庇護。

治國的關鍵不在領土的主權，而在對人民的控制與策略結盟。官員透過恩庇關係（patron-client relationship）的階層組織執行控制。婆羅門祭司和佛教僧侶維繫不同統治者、諸侯和平民之間的往來關係與外交。最高統治者位居這個階層組織的頂點。根據他們留下的碑文，這些曼陀羅政體的統治者會以梵文或巴利文的頭銜自稱，比如Devaraja（意思是神王）、-Varman（意思是「護衛」或「統治者」）和Chakravartin（字面意思是「轉輪聖王」，但根據這個詞隱含的佛教哲學，通常譯為「世界征服者」），另外還有Dharmaraja（即「法王」或「眾生之王」）。[19]地位較低的諸侯、大臣和官員也會採用出自《政事論》這類文本的梵文頭銜。

然而，如果認為這只是對外來名詞或治國之道的全盤套用，那就錯了。早在梵文文化圈形成之前許久，至少從東南亞的青銅器與鐵器時代開

圖片 3.2 吳哥窟｜吳哥窟是東南亞歷史性建築最知名的範例之一，是在第十二世紀初由吳哥王朝國王蘇耶跋摩二世（Suryavarman II）下令興建。（作者攝）

始，大約與農業與工藝專業化同一時期，東南亞已經發展出社會階層，也就是以附設護城河的都城為根據地的酋邦。到了二十世紀，東南亞還有一些群體即使沒有被納入梵文文化圈，依然發展出階級社會，比如婆羅洲的瑪洛族（Maloh）。在這些社會裡，尊貴的階級地位由父母傳給子女，[20]這種世襲制度很可能從農耕時代初期就在酋邦裡運行。

東南亞群島許多社會曾經或依然使用源於本土語言的階級地位頭銜，比如南島語系的Datu或Ratu。這些頭銜透過創始人的後裔，在新聚落代代相傳。隨著貿易、農業和工業創造更多財富和更龐大的人口，傳統的統治者、權力掮客和政治創業家掌握了《政事論》這類梵文文本陳述的身分地位與治國之道觀點，包括神王這個概念隱含的神聖權力。他們透過交易或強勢掠奪取得豐足財富，再依據曼陀羅政體的文化知識當成恩賞重新分配出去，打造出規模越來越龐大的政治階級和社會組織。

比如在爪哇島中部，強大的夏連特拉家族（Sailendra）登上高位。[21]從西元七七〇年代開始，碑文顯示夏連特拉王朝的影響力不只在中爪哇，還

圖片 3.3　婆羅浮屠｜婆羅浮屠在第九世紀由夏連特拉王朝興建，是世界最大的佛塔。（Kartika Sari Henry, 2013, Wikimedia Commons, CC BY 3.0）

擴大到蘇門答臘和馬來半島的克拉地峽周遭。夏連特拉王朝堅定信仰佛教，下令建造世界最大的佛塔婆羅浮屠，以及其他許多佛塔與寺廟。有些學者認為，婆羅浮屠的興建是為了跟桑賈亞王朝（Sanjaya）互別苗頭。桑賈亞王朝也是強大的貴族王朝，或許還跟夏連特拉王朝有血緣關係。大約在同一個時期，桑賈亞的國王下令建造同樣壯觀的普蘭巴南神廟，地點也在中爪哇，供奉的是三相神（梵天、毗濕奴和濕婆）。

到了第九世紀晚期，夏連特拉王朝可能感受到對手桑賈亞王朝的壓力，看似離開爪哇轉往蘇門答臘。夏連特拉家族的成員可能是透過聯姻，成為以巨港為據點的室利佛逝國度重要權貴與最高統治者。南亞的碑文告訴我們，到了第十一世紀早期，夏連特拉家族有個國王統治室利佛逝和吉打兩個王國。吳哥城的碑文也提供有趣卻含糊的證據，顯示第九世紀初在

圖片 3.4　普蘭巴南｜普蘭巴南神廟群在第九世紀由桑賈亞王朝建造，供奉合稱三相神的梵天、毗濕奴和濕婆。（Gunawan Kartapranata, 2010, Wikimedia Commons, CC BY 3.0）

吳哥城建立高棉帝國的君王，可能也跟夏連特拉家族有血緣關係。

在神王統治與大興土木那幾百年間，精英分子本身連同主權、治國之道、儀軌、信仰等觀念沿著貿易路線，在起起落落的曼陀羅王國之間廣為流傳。[22]在這段時期，曼陀羅政體的經濟富庶（以及隨之而來的權力）有兩大來源：海上貿易和農業。某些曼陀羅王國可能更偏重其中一項，但大多數都二者齊頭並進。

沿海勢力

室利佛逝、馬六甲海峽港口和單馬令[23]

根據穆西河支流出土的石碑，西元六八三年有個名叫賈亞那薩

（Dapunta Hiyang Sri Jayanasa）的領袖帶領兩萬人的軍隊，搭乘兩百艘舢板（sampan）往上游推進，同行的還有一千三百一十二名步兵。這篇碑文以古馬來文寫成，宣稱此戰「大獲全勝」（Sriwijaya jaya）。另一篇碑文的發現地點在穆西河出海口的邦加島（Banka Island），撰寫時間是六八六年，敘述一場對爪哇土地（bhumi Jawa）的遠征行動。另一篇六八四年的碑文陳述在巨港附近建造林園的過程。這一類的碑文結合大量考古證據，標記了以巨港為根據地的室利佛逝的興起。

一般認為室利佛逝是個王國，也是東南亞黃金之地時代卓越的海權國家，只是，有關室利佛逝政權的細節至今沒有定論。室利佛逝這個詞更適合理解為一個文化區，是起源於河川地帶、以海權為導向的社會，使用馬來語，受梵文的宗教與政治影響。大約六八〇年代關於賈亞那薩的碑文大量出現後，室利佛逝這個名稱後來也出現在七七五年和十一世紀早期的碑文裡，卻又在之後的碑文裡消聲匿跡。在後來的文本裡，室利佛逝被其他更明確的海港和都城取代，比如巨港和占卑（Jambi）等。到了十七世紀，又名《諸王起源》（*Salalatus Salatin*）的《馬來紀年》（*Sejarah Melayu*）追溯馬六甲馬來王族的世系時，描述的是發生在巨港周遭的事件與統治者。

蘇門答臘主要河流沿岸都找得到室利佛逝文化相關證據，比如佛教寺廟與少數濕婆信仰的神廟，另外就是跟中國的唐、宋、明、清等朝代（第八到十八世紀）持續不斷的貿易往來。[24]將室利佛逝視為單一王國，可能會造成誤解，比如將它稱為「三佛齊」的中國文獻就是如此。[25]賈亞那薩相關碑文提到的王國（kedatuan）與帝國（huluntuhanku）的連貫性，依然備受爭議。[26]不過，在現代歷史中，室利佛逝已經被視為一個結構鬆散的曼陀羅政體和文化區域，主要集中在蘇門答臘南部海岸和廖內群島，往北去到馬六甲海峽、馬來半島東岸，最遠到達西勢洛坤。

室利佛逝的興起，是在貿易形態改變後，那時商人放棄扶南、克拉地峽的陸地路線和暹羅灣，轉向馬六甲海峽，改走蘇門答臘和爪哇海岸的路線與港口。在黃金之地時期的強大曼陀羅政體之中，室利佛逝是純粹以航行與貿易為主的國家之一，後方沒有廣大的農業來支撐。[27]一〇二五年，室利佛逝的港口遭到印度東南部海岸強大的朱羅王朝（Chola）襲擊與劫掠。一般認為，一〇二五年後室利佛逝這個曼陀羅政體沿著蘇門答臘海岸向北遷移，去到巴塘哈里河（Batang Hari）畔的占卑。

克拉地峽在西元七七五年顯然還是室利佛逝的勢力範圍，之後越來越獨立。雖然跨越克拉地峽的貿易路線被馬六甲海峽的貿易取代，地峽東岸的港口依然是重要的海運轉口港。到了十三世紀中期，單馬令（Tambralinga，又稱西勢洛坤）的統治者派出遠征隊去征服斯里蘭卡部分地區，帶回佛教遺物，是已知唯一對東南亞以外地區發動軍事攻擊的東南亞國家。[28]

對單馬令和克拉地峽其他貿易與政治中心產生影響的，不只室利佛逝的蘇門答臘馬來人、朱羅王朝、南亞的泰米爾社會和斯里蘭卡的佛教，還有北邊的孟族、緬族和高棉等社會或國家。一三五〇年後泰族勢力增強，單馬令的名稱變成西勢洛坤，漸漸受到素可泰、阿瑜陀耶和後來的曼谷影響。同樣地，室利佛逝的領土也越來越受爪哇人影響。到了十四世紀，爪哇人已經稱室利佛逝的地域（尤其是蘇門答臘）為「馬來人的土地」（bhumi Melayu），以占卑和巨港為中心。[29]大約這段時期，滿者伯夷宣布擁有東爪哇的統治權。馬來史書和考古學證據顯示，馬來權貴遷往淡馬錫（即新加坡），而後去到馬六甲，這時候當地越來越多人信奉伊斯蘭教。

爪哇中部與東部：從訶陵和馬塔蘭（約西元五七〇～九二七）到滿者伯夷（約西元一二九三～一五二八）

室利佛逝在爪哇海周邊和其他貿易路線的海上霸權的主要對手，是爪哇島中部和東部一連串興起又衰亡的政權。從大約西元五〇〇年開始，婆羅門佛教統治者建立一個名為訶陵（Kalingga）的王國（訶陵這個名稱也見於中國文獻），就在爪哇北部的中段海岸。[30]到了第八世紀，如今我們所知的馬塔蘭王國（Mataram）在更南邊的爪哇中部平原建立。[31]這個政權包括夏連特拉王朝和桑賈亞王朝在第八、九世紀建立並統治的曼陀羅王國。如同室利佛逝的情況，這個早期的「馬塔蘭王國」究竟是個統一的國家，或是一群有著相同政治概念卻彼此競爭的政權，學者還沒有定論。[32]

到了第十世紀，政權轉移到東爪哇，主要在布蘭塔斯河流域（Brantas River）。從第十世紀到十三世紀，一連串權力中心與家族興起又衰亡，包括諫義里（Kediri，西元一〇四五到一二二一年）和辛俄薩里（Singosari，西元一二二二到一二九二年）。[33]一二九二年左右，辛俄薩里被強大的曼陀羅政體滿者伯夷取代。十三世紀最後幾十年，辛俄薩里和滿者伯夷的海軍反覆攻打巨港、占卑和其他曾經屬於室利佛逝的港口。到了一二九三年，滿者伯夷已經占領蘇門答臘，結束了室利佛逝在蘇門答臘將近六個世紀的海上霸權。在那之後，滿者伯夷掌控當地海運航線將近兩百年。

室利佛逝海港的勢力與影響力，幾乎完全來自透過貿易與海運取得的財富與珍貴舶來品。爪哇中部和東部的王國擁有肥沃的平原與河谷，因此既是貿易政權，也是「稻米王國」，安排並控制豐足的稻米生產。藉由從《政事論》這類文本學到的治國之術，他們有能力掌管海上與陸地的廣大王國。他們動員勞力建造婆羅浮屠和其他重要廟宇，向神祇致敬，也讓百姓震服。傑出的統治者自稱Devaraja，即「神王」，為自己冠上各種梵語頭銜。

這其中的涵義，學者見解不一。比方說，「神王」指的是國王本身就是神，或國王是神（通常是濕婆）在人間的代表。以佛教的說法，這些統治者是開悟的菩薩，也就是具有偉大美德的人，他們學佛不只為自己，也為他人。根據碑文和考古遺跡，以曼陀羅統治法的操作與觀念建立的社會與政治組織，涵蓋的人民和疆域遠比過去東南亞海岸和島嶼的政體廣大得多。在此同時，統治階級也運用這些觀念和操作，在半島東南亞建立類似的龐大王國。

半島區政體

從真臘（約西元五〇〇～八〇〇）到吳哥（約西元八〇二～一四三一）

黃金之地時代的大型曼陀羅政體之中，高棉帝國是國力最強盛、統治最久的國家之一。高棉帝國的都城是占地廣闊、廟宇群集的吳哥城，位於現今柬埔寨境內。我們又稱這個帝國為吳哥帝國，帝國最大的廟宇為吳哥窟。吳哥這個詞來自梵文的nagara，東南亞許多語言裡代表「城市」或「國家」的單字，都源自這個字，比如泰語的nakorn或nakhon，高棉語的nokor，馬來語的negara和negeri。吳哥的意思就是「城」或「首都」，吳哥窟的意思就是「城之寺廟」。又名吳哥帝國的高棉帝國以大洞里薩湖北側為根據地，是闍耶跋摩二世（Jayavarman II）在西元八〇二年建立。吳哥帝國創建前幾百年，南邊的扶南和它的海港喔㕭已經因為貿易路線轉移而衰退。

扶南繁榮昌盛的時候，北方從扁擔山脈（Dang Raek Mountains）往北到蒙河河谷兩側的鐵器時代權貴正在蓄積力量，建起附帶護城河的大型聚落，擴大勢力範圍。[34]這些內陸聚落透過湄公河與扶南，連接跨歐亞貿易網。根據當地碑文，到了第六世紀，不管是南邊的扶南統治者，或北方鐵器時代晚期的統治者，都採用了梵文頭銜。[35]到了第七世紀，中國文獻記載扶南國被名為真臘的內陸政權取代，顯示北方也開始出現曼陀羅政體。之後真臘又被吳哥帝國取代。

闍耶跋摩二世的時期大約相當於爪哇夏連特拉王朝鼎盛時。有一篇碑文指出，他曾經去過爪哇，或來自爪哇。對於這篇碑文的解讀，學者沒有共識。文中的爪哇指的是現今我們稱為爪哇的那座島，或泛指東南亞的海上勢力？闍耶跋摩二世是個跟當地精英結盟的外國王公，或善用外來知識的高棉人？不過，學者一致認同，闍耶跋摩二世和他的追隨者運用曼陀羅模型建造出一座都城，創立了世界歷史上赫赫有名的帝國。在最輝煌的時刻，吳哥城的規模在全世界名列前茅，人口或許接近九十萬。在一八〇〇年左右工業革命發生前，全球只有羅馬、長安、杭州、開封和巴格達擁有近百萬人口。吳哥城的形態跟那些城市截然不同，面積廣達三千平方公里，人口總數就算無法與那些帝國首都並肩，至少也相去不遠。

從林邑國（約西元一九二～七五七）到占婆王國（約西元六五八～一八三二）

跟真臘國轉變成吳哥帝國的情況類似，中國文獻裡記載的林邑國也讓位給曼陀羅體制的占婆王國。占婆王國的位置在紅河以南和湄公河三角洲以北的海岸。[36]根據中國文獻，林邑國在西元一九二年建立，那個地區曾經有幾百年時間是沙黃文化的核心區域。西元七五七年以後中國文獻不再提及林邑國，取而代之的是「環王」（Huanwang）。環王又在西元八〇九年到八七七年之間被「占城」（Zhancheng）取代，字面意思就是「占族之城」，或占婆。有一篇西元六五八年的當地碑文曾提及「占婆之地」。[37]有趣的是，環王這個詞提到的「環」或「環之王」，描述的是《政事論》裡的曼陀羅王國。[38]林邑被環王「取代」的時間，跟碑文所載室利佛逝在蘇門答臘創建的時間相距不到一百年。跟環王同時期的，還有向克拉地峽的室利佛逝致敬的六坤碑文（西元七七五年），以及闍耶跋摩二世建立的吳哥帝國（西元八〇二年）。

由於占語屬於馬來語系，一般認為占婆是蘇門答臘或群島其他地區的馬來語族群建立的殖民地。但基因學證據顯示，占族和現今越南的埃地族（Ede）和嘉萊族（Jarai）等南島語族群主要起源於半島東南亞，也有島嶼東南亞的父系祖輩。[39]相較於大規模遷徙與殖民，更可能的情況是，通曉梵文的南島語族群和「室利佛逝」的商人與精英階級透過貿易和婚姻等方式，跟林邑、占婆和更早的沙黃文化等群體結盟。這樣的聯盟可能是關鍵，讓蘇門答臘人（也許還包括爪哇人和其他來自群島的群體）可以避開扶南，建立跟中國貿易的新路線。

大多數占族吸收了馬來語，也大量借用馬來文化，也就是室利佛逝文化。早在大約西元前一千年的東山文化和沙黃文化時期，南島語族群散布在婆羅洲島和群島各地，這樣的關係就已經形成了。[40]隨著時間過去，沿海的人開始對外自稱「占族」，他們居住的地方則是「占婆之地」。當時他們接觸到的外地人包括跨海而來的中國人、北邊的越族和西邊的高棉人。其他南島語族群（比如埃地族）遷向山區，可能是為了遠離占婆王國日益擴張的曼陀羅統治圈。[41]

正如室利佛逝和馬塔蘭的情況，大多數學者不認為占婆王國是始終統一的單一王國。相反地，一般都認為占婆王國是一群大致上勢均力敵的政體，有時彼此結盟，有時相互競爭，聚集在現今越南海岸，從北邊靠近現今峴港（Da Nang）的因陀羅補羅（Indrapura），到南邊靠近現今藩朗（Phan Rang）的賓童龍（Panduranga），以及南北之間幾個政體。[42]在一千多年的時間裡，占婆統治者跟西邊吳哥的高棉帝國和北邊逐漸興起的大越反覆對抗、和談或結盟。

大越（西元一〇五四～一四〇〇；一四二八～一八〇四）

西元九三八年，越族軍事將領吳權（Ngo Quyen）在白藤江之役（Bach Dang River）打敗中國南漢的軍隊，這場勝利終結了帝制中國對越南長達千年幾乎不曾間斷的統治。到了一〇五四年，經過一個世紀的政治動盪，李氏王朝第三任君主宣布建立大越國，這個政權一直延續到十九世紀。大越政權中的越族統治者和社會採用的文化與治國之道來自漢字文化圈，而非梵文文化圈。他們建造宏偉的宮殿、寺廟和堡壘，採用的是東亞而非南亞的模式與概念。長達幾個世紀的時間裡，他們成功抵擋中國的壓力和來自北邊的武力進犯。只有十五世紀初大約二十年的時間例外，那時紅河三角洲被向外擴張的明朝占據。十二世紀大越多次抵禦吳哥帝國的入侵，當時吳哥帝國由蘇耶跋摩二世統治，國力強盛。大越在跟占族政權長達幾百年的衝突之中，沿著海岸慢慢向南發展，侵蝕占婆王國的領土。[43]

蒲甘（西元八四九～一二九七）

第九世紀時，伊洛瓦底江沿岸出現一處配備防禦工事的聚落，就在伊洛瓦底江和欽敦江匯流處的南側。緬甸中部也散布著這類築有城牆的聚居地，城裡的居民正是歷史學家所稱的驃族，他們留下了刻有文字的石碑和銅盤。另外，更南邊有孟語族群居住在其他附帶城牆與護城河的城市裡，他們發展出受佛教影響的文化體系，稱為陀羅缽底（Dvaravati），集中在伊洛瓦底江三角洲，往南到克拉地峽，往北則到泰國中北部的昭披耶河流域。欽敦江南側那個伊洛瓦底江聚居地，就是後來人們所知的蒲甘王朝，他們大多使用緬語。根據碑文，蒲甘王朝的文化有別於圍繞在周邊、大約在現今緬甸中部的驃族。[44]

蒲甘王朝會在第九、十世紀之間穩定發展，最後成功掌控緬甸中部與南部。以蒲甘為中心的緬族勢力取代並兼併舊有政權。驃語至此終究滅絕。使用緬語的蒲甘王朝後來也控制了南方的孟語族群據點。蒲甘王朝在第九世紀興起，到了十三世紀末衰亡，大約跟吳哥帝國同一時代。蒲甘的統治者和精英階級建造壯觀的歷史性建築，留下占地廣闊的幾千座佛塔，其間散見幾座毗濕奴和濕婆神廟。吳哥帝國是梵文文化圈黃金之地古典時代的頂點和卓越範例，蒲甘則代表新形態治國之道與宗教信仰的開端，這點稍後我們會再回來討論。

邊陲政治

黃金之地時代王國、帝國與強大曼陀羅政體的興起，為東南亞的政治創造出新形式的核心與邊陲關係。在黃金之地時代之前，聚集在低地與河岸，配備城牆與護城河、工藝專業化的城鎮，會跟鄉間的農民以及森林與山區的人們維持貿易關係。勢力較大的領袖可能會對小區域進行政治控制，但要到黃金之地時代，才會出現領土規模堪比現今泰國、緬甸、馬來西亞或越南等東南亞大國的政權。吳哥的高棉帝國或室利佛逝的貿易網絡，在規模上能與這些政權匹敵。這些國家由「神王」統治，透過強大的權力核心，創造出邊陲政治。那些沒有建立類似體系的族群，則必須發展出自己的文化知識、戰略與對策，以因應廣大曼陀羅政體崛起後所帶來的壓力與機會。[45]

孟族陀羅缽底

居住在昭披耶河流域與伊洛瓦底江三角洲的孟語族群徹底融入梵文文化圈。陀羅缽底文化裡的佛教信仰以法輪（dharmachakra）為重心。[46]陀羅缽底的孟族建造許多配備城牆與護城河的城市，但這些城市並不受陀羅缽底神王統治者直接管轄，這點跟東邊的吳哥帝國與占婆王國、南邊的室利佛逝和以爪哇為中心的各個曼陀羅政體不同，同樣也有別於西邊緬族逐漸壯大的蒲甘王朝。

高棉人的勢力有盛有衰，在吳哥帝國稱霸半島區那幾百年裡，幾乎囊括大多數陀羅缽底領土。吳哥的高棉統治者在呵叻高原建造無數廟宇，以那裡為中心，在一定程度上直接統治陀羅缽底的孟語族群。他們徵召孟語族群進入他們的軍隊充當士兵，或到他們的城裡當工匠。

同樣地，蒲甘王朝在擴張勢力時，也吸納了南方的孟語族群和他們的文化。黃金之地時代大部分時間裡，陀羅缽底的孟族人意識到自己被這兩個強大的中央集權王國包夾。在海上領域，許多港口城市同樣發現自己夾在蘇門答臘和爪哇彼此較勁的曼陀羅政體之間，必須向他們表示忠誠。

菲律賓群島與外圍島嶼

在更偏遠的地區，尤其是現今菲律賓和印尼群島的外圍島嶼，人們較少直接受到黃金之地時代的梵文文化圈的影響。菲律賓群島只發現少數梵文碑文。梵文文化圈似乎觸及菲律賓群島的海岸，卻不像在半島區和印尼群島西岸港口那般深入。[47]在沒有梵語碑文的情況下，這些地區幾乎沒有留下有關這個時期的文字紀錄。

考古學研究顯示，當時這裡已經出現某些政治上的發展。[48]比方說，從聚落的布局可以看出，這段時期低地區的菲律賓社會漸漸發展成巴朗蓋組織，也就是以村莊為中心的獨立酋邦。也有證據顯示，在這段時期，這裡跟梵文文化圈和更遠地區有實質貿易關係，跟偏遠島嶼的關係也進一步強化，尤其是摩鹿加等出產重要商品的地方。摩鹿加是全球知名的香料之島，出產丁香等香料。

高地與低地的關係

正如偏遠島嶼一樣，住在島嶼區高地和半島區丘陵和高山的人們，也跟低地人和他們的曼陀羅政體建立新關係，或增強舊有關係。至少從農耕時代早期開始，低地人和高地人就已經彼此交易。低地社會的曼陀羅政體靠農業和貿易累積財富，繁榮又龐大，因此比高地的鄰居更強盛。高地人出產從香木到珍奇動物等貿易商品，受到遠方的羅馬與中國朝廷喜愛。這些商品透過多元族群貿易網絡順著東南亞的港口南下，同時為高地與低地創造財富。[49]

在此同時，東南亞低地區的曼陀羅政體總是在想辦法取得更多勞力，因為當時欠缺的是勞力，而不是土地。人力的來源之一是奴隸，於是很多高地群體被低地曼陀羅政體的統治者抓捕或強徵為奴隸。[50]在這段時期，高地群體發展出各種「不被統治」的策略或技巧，掙脫曼陀羅政權的控制。[51]相較於稻米耕作，他們的農耕方式對稅賦沒有幫助。在緬甸西部，欽族（Chin）女性發展出黥面傳統，折損自己的吸引力，降低低地緬族捉她們為奴的意願。[52]

某些高地族群以抵抗低地的強大曼陀羅政體聞名。有個傳說描述蘇門答臘西部的米南佳保族（Minangkabau）如何機智地擺脫滿者伯夷的統治。傳說指出，滿者伯夷的軍隊前來占領米南佳保族的土地時，並沒發生戰鬥。雙方決定用各自最看重的水牛出場打鬥，以此解決紛爭。滿者伯夷的親王信心滿滿地接受挑戰，因為他擁有整個群島上塊頭最大、最健壯的水牛。

米南佳保族選擇一頭小牛犢出場比賽。他們將牛犢的小牛角磨得極尖銳。當爪哇人的壯碩水牛出場應戰，牠只看見一頭小牛犢，直接忽視牠，滿場尋找對手。小牛犢看見大水牛，跑到牠的腹部底下找奶吃，過程中用牠的尖角刺死那頭威武的水牛。親王輸了比賽，允許米南佳保族永遠獨立。米南佳保Minangkabau這個名字的字面意思就是「勝利」（Minang）的「水牛」（kerbau）。[53]

泰寮語族群和緬族的優勢

直到今日，米南佳保族依然在印尼群島和馬來半島扮演重要又獨立的角色。在黃金之地時代，另外兩個邊緣族群則促進東南亞政治與社會組織轉型，那就是泰寮語族群和緬族。緬語是「藏緬語系」的一支，據說源於西藏高原某處。在建立蒲甘王朝之前幾個世紀，緬語族群從高原遷移下來，融入伊洛瓦底江周邊原本以驃語族群為主的區域。[54]

同樣地，在黃金之地時代早期到中期，泰寮語族群往外遷徙，離開他們在越南西北部和現今中國廣西省谷地的老家。他們沿著烏河（Ou River）與湄公河南下，分布在整個呵叻高原，融入以陀羅缽底孟族為主的區域。這些泰寮語族群是現今泰族、寮族、撣族等族群的祖先，他們被徵召進入吳哥高棉帝國的軍隊，跟占族和大越作戰。下一章我們就會看到，黃金之地時代後，緬族和泰族在東南亞的政治與宗教改革扮演關鍵角色。

黃金之地的璀璨時代

從大約十一世紀到十四世紀，諸如單馬令王國、爪哇各王國、吳哥的高棉帝國、蒲甘的緬族政權和占族的諸侯國等地的海運轉口港正值鼎盛期。鐵器時代晚期之後好幾百年的時間，這些東南亞政權的統治者吸納、改造並活用梵文文本的治國之道，藉此組織並指揮他們的社會。這些社會規模之大，是過去的時代無法比擬的。這些古典曼陀羅政治體系，是東南亞「國家」的起源，納入的人口讓鐵器時代的酋邦相形見絀。他們留下了壯觀的建築，是豐富的考古學遺產，直到二十世紀晚期才被超越，那時曼谷、馬尼拉和雅加達等超大城市出現，新加坡建起櫛比鱗次的高樓大廈，吉隆坡的馬來統治者建造出當時世界最高的雙子星塔，馬來西亞也在行政首都布城打造歷史性建築。

雖然武器與碎骨等考古發現證實更早以前就存在著武力衝突，但黃金之地時代的曼陀羅政體和鄰邦的戰爭則邁向制度化。中國文獻記載扶南國使用武力控制鄰邦，這樣的事情在古典時代和之後的東南亞各地反覆上演。戰爭演變成一種慣例，爭奪的不是領土，而是人，在此同時也要確認某方宮廷和統治者的地位高於另一方。吳哥、蒲甘、滿者伯夷和其他政權都靠征服與兼併擴張勢力。戰敗方的人口被遷移到離權力中心更近的地區，比如伊洛瓦底江南部的孟族（被蒲甘的緬族打敗）。王朝的更迭往往混亂又血腥。

社會階層、等級制度和不平等漸漸強化，深植在曼陀羅政體的文化和語言裡。人身控制、奴工、奴隸普遍存在。[55]曼陀羅政體對稻米徵收稅賦，對貿易收取關稅，徵召勞役，要求次級諸侯納貢。相對地，納貢者得到統治者的保護，確保境內繁榮。統治者取得豐厚的貨物與財富後，不只建造宏偉的廟宇，還投入運河的開鑿與其他公共工程。政治秩序是以石材與奇觀來展現。[56]黃金之地的神王端坐在社會的頂端，這些社會則是取法梵文文本，依據以精英階級為主的共同宗教和宇宙觀建構而成，在整個地區廣泛採用。從西元二〇〇年左右開始的一千多年時間裡，這些政權掌控了東南亞大部分海洋、平原與河川流域，統治了大多數人口，直到十一世紀以後宗教與政治發生平民化改革為止。

第四章

權力、信仰與改革

東南亞的宗教信仰極其複雜多樣，幾乎所有「普世」宗教或大眾化宗教都在這裡站穩腳跟，尤其是佛教、伊斯蘭教和基督教（包括天主教與新教），以及儒家、道教和中國民間信仰。[1]在柬埔寨、寮國、緬甸和泰國的城鎮與村莊，披著橙黃色飄逸袈裟的僧侶每天清晨赤腳走過信徒列隊等候的街道。男女老少在僧侶的缽裡裝滿食物與飲水。祈福的信徒誦念禱辭，並得到僧侶的賜福與功德。

而在汶萊、印尼和馬來西亞等沿海國家，每天五次，從破曉的晨禮（subuh）到晚間的宵禮（isyak），喚拜的聲音在城市、鄉鎮與村莊回響。星期五中午，男人會湧進清真寺參加禮拜，聆聽伊瑪目[2]宣講教義。[3]在天主教聖週[4]期間的菲律賓，《受難曲》（*Pasyón*）在全國各地吟誦或演出。《受難曲》是描寫耶穌誕生、經歷與死亡的菲律賓傳統史詩，這種史詩形式在菲律賓存在的時間，比天主教更久遠。在東南亞很多山區村莊和印尼的偏遠島嶼，新教信徒會在星期日早晨上教堂，就跟菲律賓的天主教徒和整個東南亞其他基督徒一樣。

在人口稠密的新加坡，大多數華人主要信奉佛教、道教和中國傳統信仰。政府盡心盡力為全國眾多信仰提供敬神的地點，也用心處理不同宗教之間的關係。在越南，最普遍的宗教行為是民間信仰（Dao Luong），摻雜了儒家思想，並且尊崇祖先和大自然與社區的神靈。越南也有穩固的佛教與天主教團體，另有數百萬越南人信奉道台教（Cao Dai），這是在一九二〇年代創立的教派，追求全世界各宗教的和諧。此外，東南亞各地也有許多印度教、錫克教（Sikh）和猶太教等小型宗教團體。[5]整個東南亞四處可見禮拜與敬神地點的顯眼標示，包括華人商鋪裡的小神龕，以及大城市裡雄偉的清真寺、寺廟與主教座堂。

本章的重點放在十一到十六世紀這五百年，當時大眾化普世宗教開始在東南亞社會生根發芽，尤其是伊斯蘭教和上座部佛教。在這段期間，政治、社會與宗教的改變促成東南亞的轉型，從原本河谷與沿海的低地社會共用分布廣泛、以權貴為核心的梵文社會與神聖體系，到如今以無與倫比的宗教多樣性舉世聞名。第十一世紀之後那五百年，新的族群、語言、信仰與觀念造成東南亞劇烈改革。從十一世紀之前那幾百年起，這一波波變革就開始蓄積力量，最終徹底打造出我們今天所知的東南亞。

試想以下這段對黃金之地時代的描述。在第十世紀晚期之前將近一千年的時間裡，紅河流域是帝制中國最南端的疆域。到了第十世紀末，當地的越族起而反抗，順利取得獨立，擺脫中國朝廷的控制。沿著海岸線往南，占族統治者運用婆羅門佛教的社會秩序和政治宗教等級建立威權。在高山另一邊的湄公河以西、大洞里薩湖北側，高棉統治者同樣自稱濕婆、毗濕奴與佛教菩薩的化身，藉此取得權力。他們掌控的是當時全世界規模最大、凝聚力最強、歷時最久的帝國。

在昭披耶河流域，一個受佛教啟發的文化體系蓬勃發展，那就是我們如今所知的陀羅缽底。在不同時期，吳哥的高棉帝國對這個文化擁有不同程度的控制權。在更西邊的伊洛瓦底江沿岸，驃族的城牆聚落遺跡顯示，裡面的居民也依循印度的政治、社會與宗教組織。半島區以外的黃金之島則有兩個權力中心，一個以蘇門答臘東南部為根據地，另一個在爪哇中部與東部。這兩個權力中心掌控著海岸、主要河流和海運航道，是遙遠的歐亞大陸與非洲廣大商業網絡的命脈。從吳哥與占婆到蘇門答臘和爪哇，第十一世紀的到來，正是當時遍布東南亞的國際性曼陀羅政體婆羅門佛教文化的巔峰時期。

到了一五〇〇年，就在葡萄牙、西班牙和其他歐洲探險家的勢力觸及這個地區之前，東南亞發生急遽變化。高棉統治者放棄了吳哥城，往東南方向遷移到金邊（Phnom Penh）附近，勢力範圍大幅縮小。紅河流域的越族不但脫離帝制中國獨立了將近五百年，還向南擴張，征服了占婆，吸納

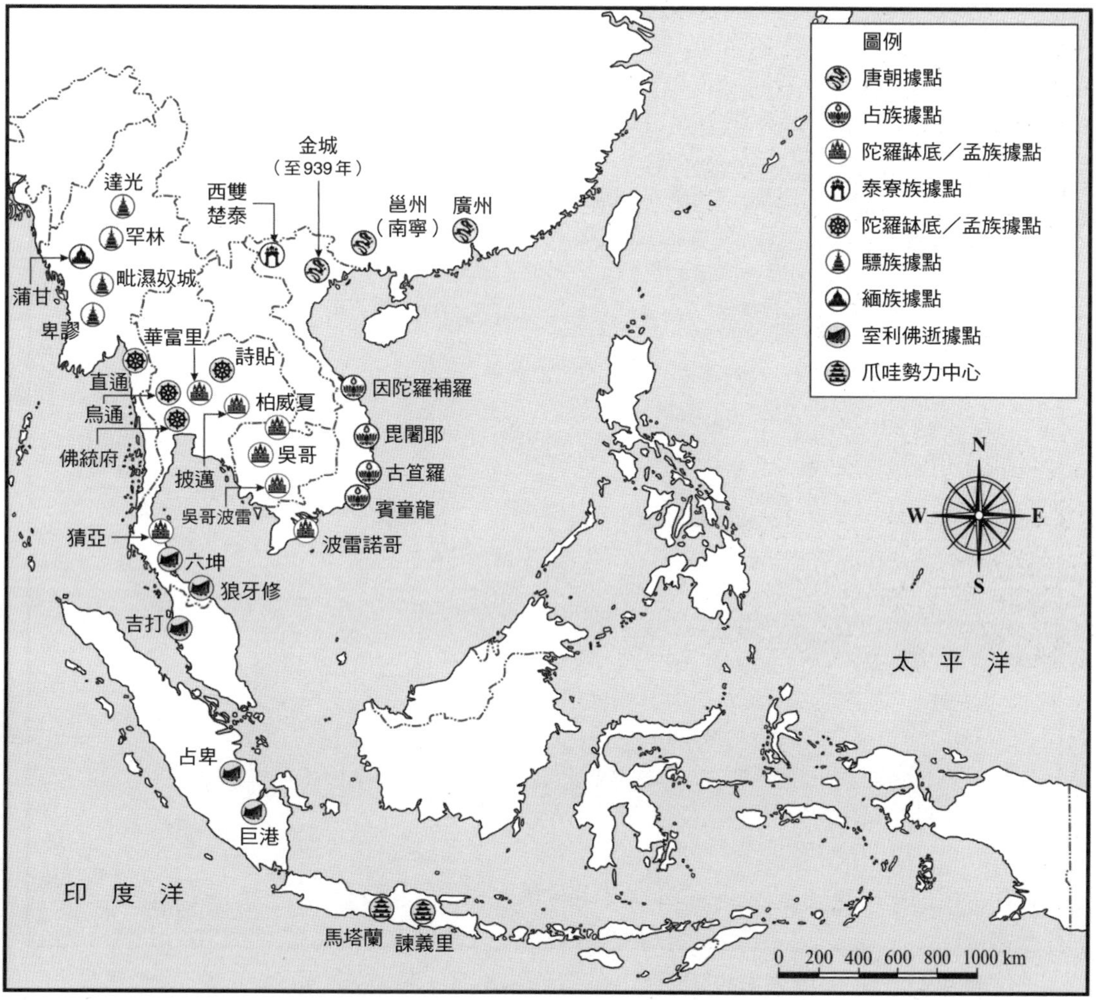

地圖4.1 西元九百年左右的東南亞｜在改革時期以前，驃族社會掌控現今緬甸所在地區。高棉帝國和占婆王國繁榮昌盛，室利佛逝影響範圍廣大。這些都受到梵文文化圈啟發。

大多數占婆人民與領土。泰寮語族群從奠邊府（Dien Bien Phu）谷地周遭的山區大範圍擴散，定居在湄公河沿岸，也進入呵叻高原、昭披耶河上下游和高低起伏的撣邦高地（Shan Hills），往西最遠去到現今印度東北部阿薩姆邦的布拉瑪普特拉河（Brahmaputra）流域。到了西元一五〇〇年，泰寮古國蘭納、瀾滄和阿瑜陀耶都蒸蒸日上，吸收了先前陀羅鉢底和高棉帝國的文化元素。

伊洛瓦底江沿岸的驃語滅絕了，隨著緬族王國興起，被蒲甘王朝的緬

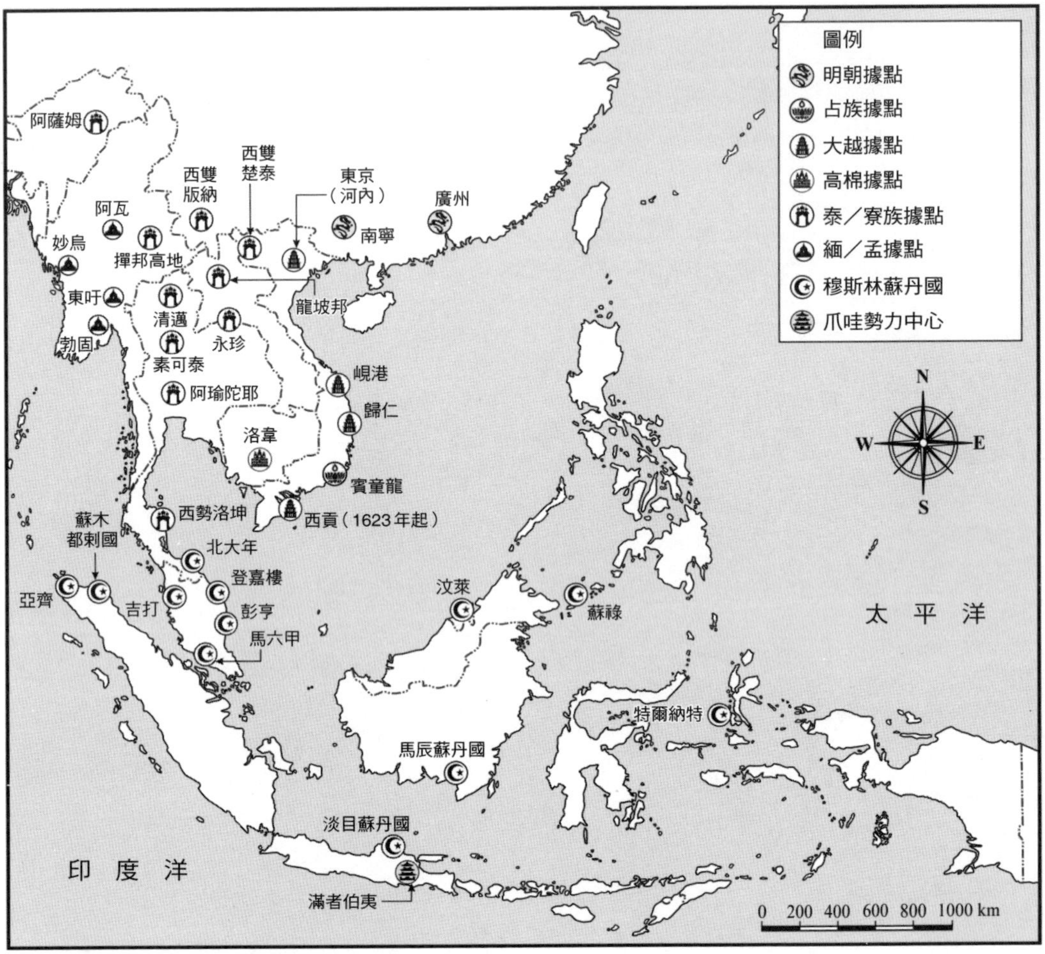

地圖4.2 一五〇〇年左右的東南亞｜到了一五〇〇年，梵文文化圈已經式微。伊斯蘭教通過群島的各港口廣為傳播。緬甸、泰寮和大越的權力都在擴張，侵蝕了驃族、高棉和占族社會。

語取代。從西邊的斯里蘭卡到東邊的湄公河中游，主張苦行的上座部佛教凌駕了大乘佛教和婆羅門教的宇宙觀。黃金之地時代的統治者正是以菩薩或神王自居，藉由大乘佛教和婆羅門教宇宙觀取得權勢與力量。在馬六甲海峽和群島的貿易海港，室利佛逝已經漸漸被遺忘，取而代之的是改頭換面的馬來世界（Alam Melayu）。伊斯蘭教聲勢日壯，越來越多統治者不再以菩薩或神王自居，而是自稱蘇丹。在爪哇島，滿者伯夷這個婆羅門佛教王國也在走下坡，首都在一五二七年被強大的伊斯蘭國家淡目蘇丹國

（Sultanate of Demak）襲擊。

這些就是十一到十六世紀的東南亞局勢，細節上可能有爭議，但大致說法普遍被學者認同。根據這些描述，東南亞社會、文化與政治體制在這五百年內發生重大變革。現代歷史學者如果想以廣大的地區性視角描述這段時期的東南亞，可以說困難重重。其他時期，尤其之前的黃金之地時代和之後的歐洲殖民時代，都在整個東南亞創造出相似性。夾在二者之間的階段，也就是這個改革年代，則創造出東南亞最富盛名的多樣性。

對於現今許多國家，尤其是越南、緬甸、泰國、寮國和馬來西亞，在撰寫國家歷史時，都可以往上追溯到這段時期。第十世紀大越脫離中國而獨立，才有今天的越南；蒲甘王朝在十一世紀的興盛，造就如今的緬甸；十三世紀的素可泰為如今的泰國打下基礎；十四世紀的瀾滄成就後來的寮國；十五世紀的馬六甲成為後來的馬來西亞。有些學者認為這是個「整合年代」，尤其是在半島區。[6]但用回顧的眼光去讀那些歷史，可能會忽略這些早期國家融合了多麼多樣化的觀念與做法，才達到這種程度的整合。在那五百年之間，沒有任何統治者或平民會自認是現今意義上的國家的成員。

聲稱東南亞國家的共通特質就是多樣化，這話聽起來好像自相矛盾。但某種程度上，這五百年之中的歷史事件，事實上是一段創造出社會與文化多樣性的共同歷史。最基本來說，十一到十六世紀這幾百年，舊勢力與舊文化衰微並消失，新勢力與新社會興起。只是，沒有任何單一文化或社會的影響力，比早先的梵文文化或後來歐洲殖民國家帶來的西方觀點滲透得更廣。

地區性歷史通常不會將這個改革年代看成重要時期。法國東方學家喬治・賽岱斯（George Cœdès）在他的劃時代作品《東南亞的形成》（*The Making of Southeast Asia*）裡側重黃金之地時代，敘述到「十三世紀的危機」為止。[7]賽岱斯認為，這是東南亞古典世界瓦解的時期。更近期的學者，比如澳洲東南亞史專家安東尼・瑞德（Anthony Reid）和美國東南亞學者芭芭拉・安達亞（Barbara Andaya）等，將重點放在大約始於一四〇〇年的「早期現代」（early modern），認為這段時期預見歐洲人和現代性（modernity）的到來。[8]這兩種大約同時代的地區性歷史觀點都將十一到十六世紀看成一段「中間期」，某種程度上剝奪了它本身的創造力，也就是創造出如今我們所知的東南亞地區的力量。[9]

宗教與政治改革

對於大多數平民，黃金之地時代的婆羅門佛教觀念帶來的影響或許政治面多於靈性面。婆羅門教的濕婆和毗濕奴信仰，以及大乘佛教「法」（Dharma）的概念，都是以精英階級為主。最高統治者、貴族、婆羅門祭司、佛教僧侶和其他宮廷官員主持儀典，一來祈求王國的昌盛，二來向百姓展示他們的力量。在平民階層，梵文宗教的某些元素融入當地信仰，特別是佛教的元素。但梵文宗教並不是如今我們認知中的大眾化個人信仰。

人類學者在整個東南亞觀察到廣為流傳的在地宗教常規和信仰。這些信仰原則上都高度在地化，但其中某些面向卻散播到整個東南亞。關於一千多年前在地社區的信仰，我們沒有直接紀錄可供說明，但也許可以在某些二十世紀當地社區看到類似信仰，比如不曾改信普世宗教的社區，或即使改信普世宗教也繼續維持原有信仰與常規重要元素的社區。

東南亞許多二十世紀文化相信人類有靈魂，或者普遍相信人類有許多靈魂。根據紀錄，民間相信人有至少三十個靈魂，各自對應身體不同部位。萬物有靈論（animism）普遍流傳，也就是相信所有自然現象（比如樹木、山、河流等）都有神靈。泰國的phi（鬼魂）和緬甸的nat（神靈）只是東南亞自然神靈最知名的兩個例子，各自附帶一套複雜的儀式。同樣地，與豐饒有關的稻米女神和提供保護的龍神或蛇神（naga）在東南亞也十分普遍。東南亞許多文化有各自的祭祖方式，並且以兩階段葬儀埋葬亡者。東南亞地區也相信不安詳的死亡具有危險力量，必須搭配繁複的儀式。這樣的信仰十分普遍，也高度在地化。在東南亞同樣既普遍又有本地獨特性的，是有關自願與非自願神靈附身、通靈與薩滿信仰。[10]

梵文文化圈的婆羅門佛教觀念在西元第一個千年來到東南亞時，是疊加在這些散布極廣卻高度在地化的信仰上。從西元一千年左右開始，有兩種宗教展開一場為期數百年甚至千年的漫長歷程，取代或至少凌駕這些本地信仰與儀式。在半島東南亞，上座部佛教異軍突起。在沿海地區，伊斯

圖片4.1 稻米女神神屋｜直到二十世紀，向稻米女神獻祭仍然十分普遍。稻米女神在印尼稱為Dewi Sri。（攝影者未知，約一九三〇年。照片來自荷蘭世界文化博物館旗下的熱帶博物館，公眾領域）

蘭教取代了婆羅門佛教。這些宗教信仰的興盛與流行，伴隨著東南亞的政治轉型。至高無上的統治者繼續爭奪控制權，大致上持續以曼陀羅模式組織並治理他們的王國和封邑。這些統治者遵循梵文傳統，聲稱他們之所以有權統治，是因為他們的祖先是王朝創始人（在梵語是vamsa，馬來語則是wangsa或bangsa）。

但在某個重要面向，他們統治的意識形態基礎改變了。他們接納並支持上座部佛教或伊斯蘭信仰時，不再以神王身分取得權力，而是以宗教的守護者自居。他們變成政治宗教體系的守護者，而不是這個向外輻射的政治體系的中心。在此同時，在半島與沿海地區，新群體的新統治者也改信上座部佛教或伊斯蘭教，藉以挑戰黃金之地時代的神王體系，比如伊洛瓦底江沿岸的緬族，以及昭披耶河流域與湄公河中游的泰寮族群。他們在各自的區域都是後來者，分別建立上座部佛教王國，吸收或淩駕早先的驃族和孟高棉語族群的王國與社會。沿海地區的統治者則將自己的身分從神王轉變為蘇丹兼伊斯蘭教守護者，取代爪哇的婆羅門佛教精英的政治體系與宇宙觀。大約在同一個時期，獨立後的大越將漢字文化圈的儒家政治與宇宙觀傳播到中部與南部海岸，侵蝕了占婆王國的婆羅門佛教諸侯國。

緬族勢力的興起

第八、九世紀時，散布在伊洛瓦底江流域的驃族聚落反覆遭到南詔國（Nanzhao Kingdom）的入侵。南詔國在現今中國雲南省大理附近。[11]在這種動盪的局勢下，緬語族群在伊洛瓦底江流域的小型根據地蒲甘安頓下來。這一小群緬族究竟從哪裡來到這片以驃族為主的廣大地域，始終是個謎。有人說，他們是多族群多語言的南詔遠征軍的一部分。也有人認為他們是在當地生活已久的少數族群，一直定居在驃族社會的外圍，就在曼德勒（Mandalay）周邊地區，後來趁著南詔入侵導致的權力真空與人口流失，往南擴散到蒲甘。

接下來幾百年，以蒲甘為中心的緬族社會規模與勢力慢慢成長，驃族社會與文化則始終沒能真正恢復，反而漸漸衰退，融入緬族社會。最後一篇驃語碑文的時間是西元一一一三年，出現在翡翠寶塔（Mya Zedi Pagoda）的多語碑文上，這塊碑文還用了緬語、孟語和巴利語。巴利語是南亞語言，與上座部佛教密切相關。蒲甘廣闊的城區坐落在伊洛瓦底江畔，就在欽敦江以南，城裡建了許多寶塔，也併入不少偏遠的小型聚落。這是一種新型城市，有別於過去散布在伊洛瓦底江支流那些附設城牆的驃族聚落。[12]

在阿奴律陀國王（Anawratha，一〇四四～七七在位）統治期間，蒲甘征服並兼併了廣大疆域，變成規模更大、更統一的領土，也比過去的曼陀羅政權更顯赫。在驃族的時代，城邦的運作方式可能比較類似鬆散的邦聯，比如昭披耶河流域孟語族群的陀羅缽底聚落，以及更東邊占婆王國的占族封邑。阿奴律陀跟斯里蘭卡建立友好關係，執政初期就前往朝聖。他宣揚的是上座部佛教，而非驃族時代偏重的密宗大乘佛教（Tantric-Mahayana）的觀念與儀典。當時信仰密宗大乘佛教的不只伊洛瓦底江流域，還有室利佛逝、爪哇、吳哥等王國。據說阿奴律陀在一〇五七年征服下緬甸直通（Thaton）的孟族政權，將孟語族群納入他的蒲甘曼陀羅統治圈，很多匠人和上座部佛教僧侶也重新遷回蒲甘。[13]

經過兩百年，時間來到十三世紀後期，蒲甘控制了伊洛瓦底江流域，勢力範圍大幅擴張，無論面積或規模，都足以跟歷時更久的吳哥高棉帝國匹敵。蒲甘與吳哥大約同一時期，很多方面也有相似點，比如兩地都有眾多壯觀的歷史性建築。其他方面，吳哥是過去的婆羅門佛教社會、政治體系的頂點與最後榮耀，蒲甘則代表上座部佛教體系的爆發。在這方面，蒲甘的歷史類似從第十世紀起漸漸茁壯的泰寮與越族新勢力，以及從室利佛逝的廢墟中升起、改組後的馬來海上勢力。

泰寮聚居地：從勐到曼陀羅

最晚在西元九〇〇年，泰寮語族群從位於芒青谷地（Muong Thanh Valley）的根據地西雙楚泰（Sip Song Chua Tai）往南遷入呵叻高原和昭披耶河流域，其中芒青谷地在現今越南西北部奠邊府。在過去的時代，從西元前三千年孟高棉農耕者在半島擴散、促成東南亞黃金之地時代的各種文化與曼陀羅政權以來，其他很多族群與不同語言群體留在中國與東南亞之間的「天空堡壘」相對孤立的高山與谷地裡。

當吳哥的神王建立他們的高棉人帝國，當唐朝統治著統一的中國，有個越來越複雜、人口也越來越多的社會漸漸在黑水河（Black River）上游形成，距離現今寮國、越南與中國的邊境不遠。這裡的人使用的語言是泰語或泰寮語系，至今依然沒變。這個語系明顯有別於當地其他語系（比如孟語和高棉語等南亞語系，以及占語和馬來語等南島語系，或華語和緬語等漢藏語系），這意味著黑水河流域的泰族做為現今泰國人、寮國人和撣族在人種和語言上的祖先，大多跟周遭比較龐大的種族隔絕，至少十一世紀前那幾百年是如此。

到了某個時間點，至少西元一〇〇到四〇〇年之間，沿著紅河流域擴散的越族和華人切割了泰語族群，將他們分成南北兩個群體。[14]時日一久，北邊的群體變成越南的土族（Tho）、儂族（Nung）和中國的壯族等少數民族（壯族也是中國南方廣西省的主要族群）。在紅河以南的黑水河流域和芒青谷地，泰語族群結合成以村落為中心的原住民酋邦組織，稱為勐（Mueang）。這個地區後來名為西雙楚泰，字面意思是泰族十二州。[15]

泰寮語族群的農耕者與探險家又從西雙楚泰翻山越嶺進入雲南，最遠往西去到緬甸的撣邦高地和現今印度西北端的布拉瑪普特拉河流域。[16]他們也沿著河谷往南，比如從寮國北部的南烏河（Nam Ou River）去到湄公河流域，從那裡繼續擴散，進入呵叻高原和昭披耶河流域。[17]在那之前幾百年甚至幾千年，使用孟高棉語的農耕者就走過類似路徑，接觸並吸收比他們更早抵達的小型採獵族群。

孟族在當地定居已久，他們的佛教陀羅缽底文化在昭披耶河流域和呵叻高原吳哥高棉帝國的封邑繁榮興盛。連續許多世代的時間裡，這些人都迎來一波波泰寮語移民遷入他們所在的地區。新來的人口也許未必不受歡迎。在二十世紀以前，東南亞大多數地區始終地廣人稀。一般認為，泰寮語族群之所以向南遷徙，是為了避開跟帝制中國和北方不同敵人之間的武裝衝突，另一個原因則是嚮往人口相對稀少的南方所提供的機會。泰寮語族群在不同時期遷入這個地區的不同地方，遇見原先的孟高棉語族群和其他泰寮語族群新建立的聚落時，顯然有時是友善的合作，有時則是武裝衝突。[18]

從第九到十三世紀，泰寮語移民在高棉帝國北部與西部邊緣廣大地區定居。吳哥的石碑描述被徵召從軍的泰寮語族群農夫投入與占族的爭鬥，他們的衣著明顯不同，顯然欠缺軍事素養。泰寮語移民定居在當時幾個強國之間或邊緣，包括東邊的吳哥、大越，以及西邊的蒲甘。北方的宋朝（約九六〇～一二七九）重新掌控曾經被南詔（約七三八～九三七）統治幾百年的雲南地區。南詔包含許多族群，使用不同語言，其中包括一部分的泰寮語族群，但統治者極可能是倮倮族（Lolo），也就是使用藏緬語的彝族。[19]在湄公河中游和昭披耶河流域，新來的泰寮語族群散布在更早抵達的孟語族群之間，吸收了吳哥高棉帝國和孟族陀羅缽底文化的觀念和元素。[20]

到了十一、十二世紀，分散的泰寮語族群團結起來，更大、更強的勐制酋邦與首領因此崛起。泰寮語族群運用自己的勐制政治文化，並吸納鄰近的陀羅缽底和高棉宮廷的治國之道、宗教和社會組織等觀念，將自己的勐制酋邦發展成強大的曼陀羅政體。十三、十四世紀時，他們結合成三股龐大又長久的地區勢力。第一股在昭披耶河流域中下游，先後有素可泰（約一二三八～一四三八）、阿瑜陀耶（約一三五一～一七六七），以及更久以後的曼谷（約一七八二年至今）；第二股是以北部平河（Ping River）沿岸清邁為據點的蘭納（約一二九二～一七七五）；第三股是東北部湄公河中游的瀾滄（約一三五四～一五六〇）。這些泰寮族群勢力中心對東邊的高棉和越族統治者造成威脅。西邊的緬族統治者屢次嘗試征服他們，以便擴大自身曼陀羅統治圈的勢力與規模。新形成的泰寮勢力則漸進式地將統治權延伸到馬來半島。

我們可以從當地宮廷紀錄略窺泰寮語族群勐制曼陀羅的早期發展。更廣泛來說，從一五〇〇到一六〇〇年，宮廷紀錄對於整個東南亞歷史的記錄與建構越來越重要，包括泰族與寮族的《清邁紀年》（*Chronicle of Chiang Mai*）和《坤布倫傳》（*Nidan Khun Borom*），緬族的《琉璃宮史》（*Glass Palace Chronicle*），馬來的《諸王起源》（又稱《馬來紀年》）和爪哇的《爪哇史頌》（*Desawarnana*）。[21]對於這些史料，講求事實與客觀性的現代歷史學者即使不至於直接質疑，至少也審慎以對。

我們如今看到的版本，都是複本的複本，是十七世紀或更晚期編寫或記錄下來的。每個世代本著明確的政治目的重寫或修訂這些史書，藉此合理化當時統治者的政權，維護抄寫者所處時代的信念與行事。有時因為發生變化或改革，過去的信念與行事不再符合當前的社會精神，抄寫者通常會壓抑或縮小那些不合時宜之處，或索性刪除。

早期的西方歷史學家，或接受西方教育的歷史學家，通常對這些史料不屑一顧。但近幾十年來，學者漸漸重視這些史料的文學與歷史價值。甚至，有些歷史學家和其他學者殫精竭慮比較特定宮廷史書的不同版本，對照東南亞不同宮廷和語言的史書的內容，再跟同時代的阿拉伯人、印度人、波斯人、中國人和歐洲人撰寫的內容進行比對，配合物質文化、美術史和考古學等方面的證據詳加檢視。[22]因為那些學者的努力，我們才能拼湊出東南亞的歷史。這份歷史具備現代人看重的真實與客觀，不輸以確切日期和歷史事件為基礎的紀錄。現代歷史書籍（包括本書）的存在，要感謝傳統的史書、hikayat（馬來冒險故事）和其他形式的東南亞歷史紀錄。

泰寮版圖

湄公河從喜馬拉雅山流向南海，一路上大致朝東南方向前進。到了現今寮國、緬甸和泰國邊境附近，也就是知名的金三角地區，湄公河拐了幾個大彎。其中一次轉彎的地方在清萊（Chiang Saeng），湄公河在那裡由西向東流，到了龍坡邦又回頭向西流。十三世紀中到晚期，泰阮族（Tai-Yuan，又稱北部泰）的蘭納王國在清萊建立。到了下一個世紀，寮族的瀾滄王國在龍坡邦建立。這兩個王國和統治者，原本都是已經發展數百年的諸侯國。

蘭納、瀾滄和南部的素可泰的建立者都創下功績，成功統治過去各自獨立的眾多泰寮諸侯國或更早的勐制政權，打造出的權力中心超越黃金之地時代所有強大政權，尤其是在昭披耶河下游地區。泰寮語族群的勢力也向西延伸，去到現今緬甸境內的撣邦高地和印度東北部的布拉瑪普特拉河流域，有個泰寮語親王帶著幾千名追隨者在那裡建立多族群的阿薩姆王國（約一二二八～一八二六）。

長達幾世紀的時間裡，泰寮語聚落在高棉人、緬族、越族和中國這四個強大政權與文化之間蓬勃發展，他們往來最密切的是吳哥的高棉帝國。泰寮族領袖融合高棉的婆羅門佛教治國之術和自身領導與組織勐制酋邦的知識，在他們的曼陀羅政體漸漸成形的過程中，引進高棉的觀念和做法。他們的政治領袖和善戰的國王也跟斯里蘭卡新興的上座部佛教政體發展出複雜關係。由於武裝衝突、強大家族的聯姻，以及透過稅收、貿易和劫掠獲得的財富等原因，敵對的泰寮城邦勢力互有消長，最後漸漸走向合併。

泰寮國度的曼陀羅城邦結構始終鬆散，有時彼此貿易交流，有時互相衝突，這種現象一直持續到十三、十四世紀。一二五二年孟萊親王（Prince Mangrai）接替他父親統治北部的清萊，[23]透過一系列的外交與武力手段，幾十年後鞏固在北部的勢力。一二九二年他在清邁建立首都，事後看來，北部的蘭納王國從此奠基。

同一年，昭披耶河中游的素可泰國王蘭甘亨（Ramkamhaeng）下令鐫刻一篇銘文。蘭甘亨掌權之前，他父親已經順利從對手兼軍事盟友吳哥手中搶下素可泰，他進一步擴張素可泰的勢力，以武力和聯姻拿下周遭的小政權。蘭甘亨死後，素可泰漸漸失去在昭披耶河中游的軍事與政治優勢，但在政權移轉到其他地方很久之後，那裡仍然是重要的文化與宗教中心。長達幾百年的時間裡，素可泰是改革後的上座部佛教網絡在發展與擴張過程中的重要節點，這個網絡的起點是一一〇〇年代的斯里蘭卡。

到了十三世紀，像孟萊和蘭甘亨這類崇尚武力的國王在北部和昭披耶河沿岸彼此爭奪，鞏固實力。在南部的昭披耶河三角洲，幾個港市彼此競爭，想取得海上勢力與商業上的優勢。到了十三世紀末，其中一個港市取得勝利，掌控縱橫交錯的貿易、政治與宗教網絡的中心節點。這個地方在中國文獻上稱為暹國，後來的泰國歷史稱之為阿瑜陀耶。暹國可能是歷史悠久的華富里（Lopburi）的分支，而在暹國興起、阿瑜陀耶王朝建立前幾百年，華富里一直是高棉帝國的西方前哨站。

在泰國史書裡，阿瑜陀耶王朝建立的時間是一三五一年，但暹國在一二九〇年代就已經是帝制中國偏好的貿易港。從最早的時期開始，這地方就是個國際化都市，許多泰寮族群、孟族、馬來人、高棉人、華人和南亞人在這裡定居，發揮他們的影響力。北部泰族聚居地的經濟力量主要依靠農業，暹國周遭的環境卻不適合發展農業，貿易與工業更為發達。阿瑜陀耶在十三到十四世紀興起後，一直是東南亞半島與沿海的權力中心，歷時超過四百年，直到一七六七年緬甸軍隊入侵洗劫而後棄置此地。[24]

一三五一年，也就是阿瑜陀耶王朝建立的那一年，寮族親王法昂（Fa Ngum）率領寮族和高棉軍隊征服北邊的寮族勐制政權，最遠去到西雙楚泰和西雙版納。[25]法昂成長階段生活在吳哥的高棉宮廷，娶了高棉公主。一三五三年法昂的軍隊去到寮族歷來的權力中心孟蘇瓦（Muang Sua），那裡的統治者（他的叔叔）自殺，香東香通（Xiang Thong Xiang Dong，即龍坡邦）貴族擁護他統治當地的勐邦。法昂將他的廣闊領土命名為瀾滄，意為「百萬頭大象」，因為大象莊嚴高貴，而且幫助他打下這片江山。

在王后和其他人的推動下，法昂的宮廷有個頗具影響力的高棉派系，但他依然透過外交與軍事手段，擺脫走下坡的高棉帝國的控制，取得獨立。瀾滄變成越來越明確的寮族政權，有別於蘭納的北部泰，也跟中部素可泰和阿瑜陀耶的暹羅泰區分開來。瀾滄在湄公河兩岸的政權持續幾百年之久，勢力範圍到達北邊和東邊的山區和西邊的呵叻高原。

當泰族和寮族統治者取得政權，他們跟蒲甘的緬族統治者一樣，偏好的是上座部佛教這種大眾化宗教，而非精英階級的信仰。比方說，素可泰的統治者以大法王自居，不再自稱神王。這意味著，從都城向外輻射、藉以維持體制的，是威權，而不是神性。相較之下，越族、馬來人和其他族群採用截然不同的世界歷史傳統來組織社會、應對敵人與爭奪權力。不過，他們都不再採用梵文文化圈的婆羅門佛教體制。

大越與南進

西元九三八年，唐朝（六一八～九〇七）已經垮台，帝制中國政局混亂，越族軍事將領吳權帶領一支越族軍隊在白藤江打敗中國遠征軍。[26]從西元前一一一年漢朝征服並吞併位於現今廣州的南越王國開始，紅河流域周邊地區一直是中國最南端的郡。第十世紀以前，越南多次嘗試掙脫中國朝廷的統治，但始終不長久。吳權取得勝利，之後中國的南漢（九一七～九七一）在九三九年承認越南獨立，正式結束中國對越南長達千年的統治，也才有日後越南的獨立建國。

接下來那七十年，紅河流域的歷史出現三個短命王朝：吳朝至九六八年，丁朝至九八〇年，前黎朝至一〇〇九年。前黎朝大行皇帝黎桓登基不久，就擊退試圖擴張的宋朝（九六〇～一二七九）派來的軍隊，再次在白藤江打敗中國，宋朝也因此承認越國是獨立政權。黎桓在位二十四年，但繼位的兒子倒行逆施，兄弟鬩牆，短短五年就被李朝（一〇〇九～一二二五）篡位。李朝的第一任皇帝在佛寺出生，由僧侶養育成人。李朝第三任皇帝聖宗李日尊（一〇五四～七二在位）改國號為大越，這個名稱會繼續沿用八百年以上。

獨立後的越南在李朝與陳朝（一二二五～一四〇〇）統治下，在政治上變成東南亞的強大勢力。在軍事上，大越的軍隊多次抵擋北方中國人和

圖片 4.2　占族戰船｜吳哥窟的浮雕描繪占族戰船跟高棉海軍作戰。占族被擴張中的大越擊敗之前，是相當強大的地區勢力。（作者攝）

蒙古人（元朝）的入侵，跟西邊的高棉和泰寮軍隊屢屢爆發戰事，又跟占婆王國的占族諸侯國爭奪南方的土地。早在九八二年，黎桓派出的遠征軍就攻陷北邊的占族據點因陀羅補羅，殺死那裡的統治者。之後不久，占族就棄守因陀羅補羅，往南遷移到毘闍耶（Vijaya，現今越南歸仁市）。接下來那一百年裡，毘闍耶遭受無數次攻擊，直到一〇七九年左右，占族和大越統治者之間才建立相對長久的和平。為了取得和平，占族割讓廣大土地給大越。接下來幾個世紀，這裡和海岸的越族聚落建立越族的南部根據地，開創遼闊的版圖。[27]

占族和越族運勢輪流轉，尤其是在十四世紀，當時占婆王國重新復甦，大越卻陷入動盪，吳哥也日益衰微。整個十四世紀裡，占族軍隊反覆入侵並掠奪大越的領土，包括首都昇龍（Thang Long，即現今河內）。然而，在歷史的長河裡，大越向南擴張的過程中也征服且兼併不少獨立的占族屬邦。一四七一年占婆王國遭受決定性的一擊。當時黎聖宗（一四六〇～七九在位）帶領大越向南擴張，在毘闍耶擊敗占族。占族貴族和他們的部眾大舉逃進高棉，也有人前往阿瑜陀耶和馬六甲，變成高棉、泰國和馬來王朝的傭兵。到了一八三二年，據守賓童龍的占族最後統治者被越南吞併。

十五世紀時，越族統治者一度重新建立大越與中國朝廷之間的特殊關係。一四〇六到〇七年，統治中國的明朝（約一三六八～一六四四）利用大越王朝內亂揮軍入侵，占領河內，又在一四二七年被黎利（Le Loi）打敗。黎利的根據地在南方，他帶領軍隊，花了十年時間才打敗明朝。[28]明朝戰敗後，承認大越為獨立的附庸國，大越的後黎朝於是建立，這個政權將會延續到十八世紀。

從唐朝開始，東南亞各國統治者積極與中國建立附庸關係。宋朝時中國在東南亞的貿易十分活躍。元朝反覆再三的侵略，對很多地方的權力平衡造成深遠影響，比如伊洛瓦底江的蒲甘走向衰弱，滿者伯夷在爪哇崛起。明朝建立後，中國再次將觸角伸向東南亞，從紅河到爪哇和蘇門答臘，再到伊洛瓦底江和斯里蘭卡。[29]十五世紀前半期鄭和率軍下西洋，前往東南亞各地宣揚國威，重新跟許多王朝建立從屬關係。[30]

明朝雖然在東南亞十分活躍，尤其是在十五世紀初，但它跟後黎朝和大越的關係，比跟其他東南亞王朝更密切。延續來自宋朝、唐朝和更早以前的傳統，大越的地位，以及它和中國的關係，跟馬六甲、阿瑜陀耶、滿者伯夷、勃固（Pegu）、阿瓦（Ava）或其他權力中心都不一樣。

大越的使者和大臣的學識主要以漢字為基礎，他們不只跟中國互動，也跟漢字文化圈其他政權交流，尤其是朝鮮和日本。這麼一來，越族統治者和官員就比同時代的泰寮語族群、馬來人和爪哇人吸收更多漢字文化圈的傳統，比如儒家的官僚政治體系。[31]他們沿著海岸線向南發展與擴張的過程中，便用上漢字文化圈的治國之道。這條海岸線從紅河到湄公河三角洲，一路蜿蜒三千公里。

同樣地，過去那一千年裡，紅河三角洲的越族也沒有加入他們南邊和西邊鄰居所在的梵文文化圈。即使如此，隨著大越版圖向南拓展，接收了占族領土，也掌控了西邊泰寮語和高棉語族群的地界，獨立後的大越漸漸融入東南亞。某些可以追溯到梵文時期的占族傳統融入廣泛的越族文化。甚至，隨著大越向南擴張，中國式的治國之術、儒家觀念、東方的大乘佛教和其他取自漢字文化圈的傳統深入東南亞，越族也因此成為東南亞多樣化不可或缺的一環。

室利佛逝的命運與馬來世界的誕生

在東南亞沿海地區，十一世紀以後的改革年代有兩個重點，一是歷時數百年的室利佛逝瓦解，二是穆斯林馬來世界的出現。室利佛逝的相關資料，比其他很多地方少得多。根據我們所知的證據，室利佛逝是馬六甲海峽沿岸和馬來半島周邊海港結合而成的強大邦聯，彼此之間關係的維繫，靠的是共通的馬來語，文化上以梵文為基礎，偏重佛教，而非信奉濕婆神的婆羅門教，另外就是貿易與聯姻的社會關係。室利佛逝的權力中心，或者說，勢力最強大的據點，最早是在蘇門答臘南部穆西河流域的巨港，那裡有不少石碑證實王朝的建立。大多數學者都認為，以巨港為根據地的室利佛逝從第七世紀晚期開始稱霸東南亞沿海。

一〇二五年，印度南部（現今泰米爾納德邦）的朱羅王派出龐大的海軍攻打並掠奪室利佛逝的港口。[32]受害的港口雖然迅速恢復，但室利佛逝權力中心往北移轉到巴塘哈里河的占卑。占卑的統治者不像巨港的前輩那樣積極宣示主權，也沒有繼續使用室利佛逝這個國名，儘管組織鬆散，卻依然是重要的貿易網絡。單馬令的港口原本屬於室利佛逝在馬來半島北部暹羅灣沿岸的勢力範圍，如今越來越獨立，影響力也漸漸擴大。

爪哇中部和東部是群島區另一個傳統勢力中心，到了十三世紀晚期，這地方開始復興。從一二七五年開始，爪哇國王克塔納伽拉（Kertanegara）派兵進攻蘇門答臘的港口，如今稱為「馬來之地」（Bhumi Melayu）。不久後，諫義里的國王推翻克塔納伽拉，篡奪了他的辛俄薩里王國。一年後，克塔納伽拉的女婿、鎮守滿者伯夷的羅登．韋查耶（Raden Wijaya）跟入侵的元朝軍隊結盟，推翻諫義里的篡位者。隨後他又攻擊元朝軍隊，將他們趕出爪哇。於是，滿者伯夷在一二九三年建立，蘇門答臘諸港、室利佛逝和它的後繼者的政權也就此結束。更準確地說，在這段期間，這個地區的權力從沿海貿易據點轉移到爪哇中部與東部以稻米耕作為主的王國。權力的平衡會再次逆轉，因為一五二七年淡目蘇丹國（如今可判定為穆斯林國家）的軍隊打敗滿者伯夷，滿者伯夷宮廷撤退到巴里島。[33]

一二九三年，滿者伯夷進攻占卑，可能洗劫了占卑的都城。占卑的馬來王室四散逃向蘇門答臘其他港口、馬來半島和淡馬錫（新加坡），淡馬錫變成海峽貿易和權力的新中心。到這時，這些統治者不再提起室利佛逝，而是強調他們的馬來王室傳承。這個時代的「馬來人」指的並不是特定族群或種族，而是王室血脈，也就是巨港的室利佛逝統治者的後裔。[34]整個十四世紀，淡馬錫是馬來王族後裔最強大的勢力。到了世紀末，淡馬錫被北大年（Patani）或滿者伯夷侵略，有個名叫拜里米蘇拉（Parameswara）的馬來親王在北邊建立新宮廷，他稱那個地方為馬六甲。

馬六甲王朝支配那個地區一百多年，跟剛建立的明朝策略聯盟，抵擋來自滿者伯夷的爪哇人和阿瑜陀耶的泰族的挑戰，成為跨歐亞貿易的重要據點。馬六甲王朝的輝煌在一五一一年畫下句點，葡萄牙人攻占這座城，馬來王族再次奔逃，分別在柔佛、霹靂等地建立新王朝。在這段時期，馬來統治者和更廣大的社會開始改信伊斯蘭教。

改信伊斯蘭教的早期證據出現在蘇門答臘東北海岸的蘇木都剌國（Samudera-Pasai），那裡有一座一二九七年的王族墓碑，所刻文字是阿拉伯文。半島東部海岸的登嘉樓則有一塊一三〇八年（未確定）的碑文，是以源自阿拉伯文的爪夷文（Jawi）書寫的馬來語，宣布某位當地統治者的主權，並公布以伊斯蘭詞彙編寫的律法。在此同時，碑文依然採用佛教觀念，明顯受爪哇影響。[35]馬來統治者以及他們的子民是在馬六甲王朝初期改信伊斯蘭教，並且擴展到馬來人統治的其他港口，比如吉打、彭亨、登嘉樓、北大年、亞齊（Aceh）和汶萊。有些統治者改用穆斯林名字，或與梵文名字並用，使用的頭銜是穆斯林的蘇丹，而非婆羅門佛教的神王或菩薩。

後來的幾百年裡，馬來人發展出特有的現代族群身分。[36]在馬來西亞，這個身分涵蓋的不只室利佛逝、巨港與占卑等王朝的直接後裔，還包括爪哇人、布吉人、米南佳保人等。在印尼，除了蘇門答臘南部和廖內群島的馬來人，還發展出不少個別族群身分，比如亞齊人。但從很多方面來說，亞齊人等族群是新形成的馬來世界的一部分，遵循馬來王國的規則，以伊斯蘭教為王族與平民的宗教。

傳播大眾化宗教

根據歷史學的標準說法，統治者和政治精英是傳播上座部佛教、伊斯蘭教、儒家思想、天主教和基督新教的主要推手。一般認為，蒲甘和素可泰統治者的贊助，是上座部佛教盛行的助力。婆羅門佛教君王改信伊斯蘭教成為蘇丹，導致他們統治的社會也皈依伊斯蘭教。大越王朝據說是現今越南信仰儒家理念的功臣。歐洲殖民者是傳播基督教的主力，特別是在那些早先沒有採納佛教、儒家思想或伊斯蘭教的社會。這種「由上到下傳教」的說法，很大程度是受到現有歷史文獻的引導，而這些文獻大多是為掌權者所寫，或由掌權者撰寫。但接納這些「大眾化宗教」的過程複雜得多，其中佛教僧侶、穆斯林宣教使者、村莊的儒家學者和改信基督教的本地信徒，在「由下到上傳教」方面扮演重要角色。大眾化宗教的傳播與採納，尤其是上座部佛教和伊斯蘭教，也跟貿易與商業網絡的開展密切關聯。[37]

在這些宗教之中，上座部佛教在東南亞的歷史最悠久。巴利文碑文證實，上座部佛教從第五世紀到第八世紀已經存在，那時緬甸的驃族和泰國的孟族還沒有建立大規模的中央集權王國。碑文也顯示，上座部佛教在七九二年就已經得到爪哇王室支持，但當時並沒有在當地盛行。柬埔寨最早的巴利文出現在一三〇八年。在高棉族群中，最初上座部佛教並沒有像在驃族和孟族裡那麼流行。[38]緬族與泰族在驃族與孟族地區取得優勢地位時，也明顯採納上座部佛教，尤其是在十一世紀後的蒲甘和素可泰時期。王族的支持固然重要，轉變的過程卻需要大眾改信上座部佛教，其中僧侶厥功甚偉，特別是在村莊層級。[39]

《本生經》[40]描述佛陀的前世，這些故事在十一世紀的蒲甘和十三世紀的素可泰就已經廣為人知。東南亞僧侶撰寫數以百計非正典在地版本生故

圖片 4.3 僧侶接受供養｜上座部佛教僧侶每天早晨走在寮國龍坡邦和其他城鎮與村莊的街道上，接受俗家信眾的供養。（作者攝）

事。[41]這些故事在現今的緬甸、泰國、寮國和柬埔寨等地普遍流傳。雖然這些故事都取材自共通的佛教經典，但在轉述與演出時卻呼應當地社會與政治議題。[42]甚至，東南亞僧侶積極投入上座部佛教教義的詮釋、評論與傳達。[43]

如同上座部佛教一樣，伊斯蘭教在東南亞的傳播也是活力十足的過程，涉及許多行為者。[44]早在伊斯蘭教創教之前（約六二二年）[45]，阿拉伯人已經跟東南亞建立數百年的貿易關係。到了第七世紀中期，早期的穆斯林哈里發[46]已經派遣使者前往中國。到了第九世紀，廣東已經有穆斯林貿易社區，人口多達幾千人。但要到十三世紀，我們才有明確證據證明伊斯蘭教傳播到東南亞，那就是在蘇門答臘出土的統治者墓碑（時間分別在一二一一年和一二九七年）。[47]一三四五到四六年，伊斯蘭法官兼旅行家伊本・巴杜達（Ibn Battuta）造訪蘇門答臘北部繁榮的伊斯蘭蘇丹國蘇木都剌，他說，蘇木都剌以外的王國，都不是由穆斯林統治。[48]

伊本・巴杜達在東南亞遊歷的時間，似乎正是馬來世界和爪哇大規模改信伊斯蘭教的開端。東南亞（尤其馬六甲海峽）是世界貿易的交會點，同樣地，它也是伊斯蘭信仰傳播的交會點。東南亞的伊斯蘭化不是發生在單一起點的單一事件，而是牽涉到與中東、南亞（尤其印度古吉拉特邦〔Gujarat〕）、波斯（現今的伊朗）、土耳其（鄂圖曼帝國時期）和中國的多方面接觸，當時中國來的旅者不乏穆斯林，比如明朝的統帥鄭和。東南亞人也前往上述各地，在那些地方遇見穆斯林。正如東南亞上座部佛教僧侶走訪斯里蘭卡，東南亞的穆斯林也前往中東的聖地麥加（Mecca）朝聖，因而成為通曉伊斯蘭教義的烏理瑪（ulama，意為學者）。[49]到了十五世紀，一群被稱為al-Jawi（意為爪哇的人）的穆斯林在中東定居，成為活躍的蘇菲派信徒。[50]

在爪哇島，十五世紀初「九聖」（Wali Songo）的活動，是學者了解伊斯蘭教如何傳入努山塔拉的關鍵。[51]有些學者主張，songo可能衍生自梵文sangha（僧伽，相當於上座部佛教的僧團）。但學者一致認為，除了九位Wali（意思是守護者）之外，還有更多虔誠信徒致力傳播伊斯蘭信仰。爪哇島的伊斯蘭教吸收並調整島上舊有的宗教儀典，創造出爪哇島特有的伊斯蘭教。馬來世界改信伊斯蘭教的過程，同樣在逐漸伊斯蘭化的社會裡調和了伊斯蘭與前伊斯蘭的信仰。但阿拉伯語對馬來世界有更顯著的影響。值得注意的是，爪哇人直到二十世紀仍然使用前伊斯蘭時期以梵文為基礎的書寫系統，馬來世界卻迅速改用阿拉伯字母衍生的爪夷文。

上座部佛教和伊斯蘭為東南亞社會的男性帶來機會（女性相對較少）。黃金之地時代的婆羅門祭司受到神王支持，上座部佛教的僧團和伊斯蘭教義的研習，成了東南亞社會裡通往權力與地位的另類途徑。僧團和烏理瑪漸漸脫離上座部佛教統治者和穆斯林蘇丹的掌控。同樣地，大越建立儒家科舉制度，成千上萬的少年和男子受到激勵，致力研讀儒家經典，晉身官吏階級。[52]西班牙和葡萄牙的天主教限制比較多，對菲律賓和印尼群島東部的殖民階級設定學習與地位上的門檻。但即使在這些社會裡，東

圖片4.4 清真寺禮拜｜在中爪哇清真寺參與每日禮拜的男性。男性參加週五禮拜是一種義務（wajib），但很多人每天五次到清真寺或禮拜室禮拜。禮拜室馬來文是surau，印尼文是musollah。（作者攝）

南亞人依然積極吸收基督教義，並將這些教義在地化。講述耶穌故事的《受難曲》以殖民前的史詩形式呈現。菲律賓人以本地的債務與義務觀念詮釋天主教的皈依與告解，從而抗拒西班牙人的種種殖民要求。[53]

改革與多樣化的新體制

到了一五〇〇年，梵文文化圈統一的政治與宗教體制在整個東南亞漸漸式微。它的衰亡標記著多樣化新體制的出現。打下這個新體制基礎的，是一場大眾化宗教改革，由北方半島區的上座部佛教和南方沿海地區的伊斯蘭教共同帶動。在半島的沿海地區，大越的擴張帶動儒家制度的推行。

接下來的幾個世紀，在這些「普世宗教」還沒普及的地區，比如菲律賓群島、印尼群島周邊島嶼和整個東南亞的高地，天主教義和基督教義將會普遍流傳。

信奉新的大眾化宗教後，緬族、泰寮族群、越族和馬來人的統治者會以全新方式跟他們的子民連結在一起。東南亞的清真寺與修道院這類機構，將普通人納入這個嶄新社會體制。統治者以體制的維護者和信仰的捍衛者自居，不再是半神聖的神王。在此同時，高棉、占族和孟族等其他統治者和百姓發現自己的領土、權力和威信大幅縮減。輝煌已久的滿者伯夷王朝消失了，但爪哇的傳說聲稱他們撤退到依然維持「印度教」傳統的巴里島。[54]伊洛瓦底江流域的驃族語言和文化則完全消失。

隨著人口遷移到新地點定居，眾多權力中心在這變遷的人文景觀中興起。馬來人的勢力集中在各島和馬來半島的沿海和河岸聚落。越語族群也在幾個世紀的南進過程中定居各處海岸。泰寮語族群在湄公河中游、呵叻高原和昭披耶河流域扎根。緬族則在伊洛瓦底江與鄰近的河谷。從很多方面來說，這些現象呼應第一到十世紀孟語、高棉語、驃語和南島語系（馬來語和爪哇語）族群在東南亞的多據點分布。

隨著人口成長、耕地面積和貿易規模擴大，第十一世紀以後那段時期政權的規模往往比得上黃金之地時代最強大的陸地與海上勢力，也就是吳哥與室利佛逝。歷史學者明智地提醒我們，別輕易將完整清晰的現代國家跟過去的政權畫上等號。比方說，泰國、緬甸、馬來西亞、越南和寮國這些國家，絕不是阿瑜陀耶、蒲甘、馬六甲、東京（河內）或龍坡邦等地統治者建立的政權的必然結果。更準確地說，那些都是複雜的「星系政體」的核心，而星系政體由眾多統治者各自在眾多地點建立的政權組成，這些統治者彼此競爭，都想建立以自己為中心的社會。[55]

然而，這些多樣化社會之間怪異的相似點，來自大眾化普世宗教改變東南亞社會的政治體制時扮演的角色。[56]這些普世宗教包括伊斯蘭教、上座部佛教、儒家和後來的基督教，雖然各自不同，卻都擁有重要的大眾化特質與機構。由於上座部佛教的僧團、穆斯林的清真寺與學校（馬來語稱為pondok）和儒家的科舉等機構或制度的存在，識字率普遍超越黃金之地時代，大眾意識也漸漸提升。[57]

這些宗教各自也在虔誠信徒身上激發出精神力量與道德責任，或者，以儒家而言，讓父權家族成為文明社會的縮影。婆羅門佛教的梵文思想是以至高無上的統治者為中心。在伊斯蘭教和上座部佛教（以及一五〇〇年以後的基督教），每個人最終都要為自己在天堂的救贖負責（伊斯蘭教與基督教），或靠自己超脫生死輪迴，證入涅盤（佛教）。儒家提供一個大不相同，卻十分大眾化的社會模型，讓個人（或至少家族族長）跟更廣大的社會體制概念連結起來。更廣泛來說，在幾百年的時間裡，這些更大眾導向的政治與宗教文化取代了梵文文化圈更獨占性、以精英為核心的政治體制。

這些宗教有哪些相對優勢？也許是因為大眾化的特質，它們讓東南亞的百姓跟宗教與政治體制的關係更緊密。簡單來說，比起古典曼陀羅政體的婆羅門佛教教派，他們激發出更多個人對龐大政體與社會的忠誠與情感。不管終極原因是什麼，大約從第十一世紀早期之後那五百多年的時間裡，東南亞的統治者與百姓都接納並調整了這些大眾化宗教（或儒家哲學）的常規與信仰。

在性別經驗方面，改革時期既深且廣地改變了男女兩性的生活。[58]這段時期對這個世界和下一個世界建立豐富多樣又長久的定位，也為東南亞做好準備，去面對一波波的西方殖民，而後透過民族主義找回主權，並且在二十世紀中期之前那幾百年打造出嶄新的國家社會。

第五章

變動中的家庭與性別

做為社會的一分子，你我生命的所有面向，都受到性別的角色與期待影響。比如我們在家庭裡扮演的角色，外界對我們投入生產、供養自己和他人的期待，我們與靈魂和超自然力量的關係，以及我們在政治體制裡的力量與位置。關於性別，東南亞有兩方面在全世界眾多地區與文化區之中最為突出。首先，這個地區傳統上賦予女性比較高的地位。在東南亞，女性雖然沒有普遍凌駕男性，但很多地方性別相對平等，或者至少女性跟男性的地位差距不像其他大多數社會那般懸殊。[1]其次，東南亞社會對跨性別行為的接受度，也相當於性別的平等程度。所謂跨性別行為，是指生理男性的個人生活與表現偏向陰柔，或生理女性表現出陽剛的行為舉止。

從巽他古陸的初期，小規模採獵群體在東南亞各處移動，而後農耕聚落和越來越大的都市商業中心發展出來，到以梵文文化為基礎的龐大王國興起，人與人之間的關係已經發生劇變。在小規模社會裡，幾乎所有關係都高度個人化。個體之間的互動，是以各自的特質為基礎。英勇的人是眾人仰望的領袖，他們的崛起是基於群眾魅力、聰明才智或個人不管身體或情感的力量。隨著社會越來越龐大且複雜，在決定個體之間的關係時，社會制度與個人在文化上的分類變得越來越重要。以世系、富足程度、儀式化力量、經濟上的職位等為依據的等級劃分，變得越來越顯著與牢固，尤其是在性別關係、家庭與親屬關係方面。

所有的社會，從規模最小、各自孤立的採獵者族群，到人口以百萬計的國家，一定程度上都是以性別與親屬關係組織起來的。所謂親屬關係，是指我們以一定方式組織自己的家庭，並且基於婚姻與血緣判定彼此相關。性別是對性徵差異的文化詮釋。在生物學上，我們的身體大致上分成兩種性別：男性與女性。[2]但性別並不是直接取決於基本的生物性徵。更準確地說，性別是我們對性徵差異的文化詮釋。所有社會都以性別為基礎，為成員指派角色、判斷他們的行為、為他們創造機會，並且對他們施加限制。雖然性別特徵與差異大致上不會因為社會有所不同，人類的文化卻製造出不計其數的親屬與性別系統。在這方面，沒有任何地方比東南亞複雜多樣的文化更明顯。

當東南亞從十五世紀左右的早期現代發展到當前，不管是女性相對較高的地位，或對跨性別族群的寬容，都在下降。這個現象原因複雜，與本書到目前為止討論到的許多領域都有關聯，比如家庭與親族內部的組織與人口的增加，貿易與謀生活動的執行，以及女性、男性和跨性別個體在宗教生活裡的角色。

我們想要了解這些關係變動的本質，可說困難重重。大約五萬年或更長的時間裡，也就是第一波人類定居巽他古陸至今大約兩千個世代，生活在東南亞的大多數人的生命歷程都沒有留下紀錄。東南亞的許多種族和文化都沒有書寫系統，即使有，熱帶氣候會迅速腐蝕用來書寫的樹皮、紙張或棕櫚葉。東南亞最早的本地文字紀錄是石碑上的銘文，時間在西元最初幾百年，距今不到兩千年。我們幾乎可以確定，東南亞最早的手稿或其他文獻的日期也在那個時候，甚至更早。但我們目前看得到的文本，最早的卻是寫於西元一千年左右，其中最古老的文件都是反覆謄抄的手寫文稿，而且通常經過抄寫者的修潤，以迎合她或他的時代。十八世紀或更早的紙張或棕櫚葉手稿極其稀有。不管是石碑銘文或早期手稿，記錄的都是統治者的作為和宗教儀式，很少提及日常生活和普羅大眾。

另一方面，從第十九到二十世紀，人類學家、歷史學家和其他學者編纂出越來越廣博精細的紀錄，呈現東南亞社會與文化的多樣性。至於更早的年代，我們有來自中國朝廷的觀察員、穆斯林和佛教的旅人，以及歐洲殖民者留下的珍貴紀錄，保存在他們祖國更有利的氣候裡。但這些文獻也跟古代手稿一樣，必須審慎以對。它們跟所有文字一樣，夾帶著創作者的各種偏見。再者，撰寫這些文獻的是外來者，而不是生活在東南亞多樣化文化裡的人們。

關於族群誌（ethnography）的最新研究，更重要的或許在於，過去兩個世紀觀察到的文化與社會條件，並不能直接投射到無限久的過去。無論任何地方，社會與文化都不斷在變化。我們任何時間在任何社會觀察到的社會關係，特別是家庭、親屬和性別這類關係，無庸置疑會隨著時間改變。在那些保有充足歷史紀錄的任何地方、任何社會，我們看到性別、家庭和文化的其他面向始終都在變動，不可能不變，而且通常在幾個世代裡就快速變遷。思考接下來關於東南亞的性別與家庭的描述時，必須謹記上述提醒。這段描述會先討論東南亞現在與過去各式各樣的家庭、親屬和性別體系，而後探討從十五世紀至今，這些體系如何演變與發展，尤其是女性地位的下降，以及對跨性別行為的限制。

親屬關係與家庭價值觀

那些涉及親屬、家庭和婚姻的規則與期待，通常是人類關係的最基本元素。這些規則與期待塑造性別觀念，也被性別觀念塑造。過去五百年來，甚至我們擁有現存文化的書面紀錄的近幾十年來，東南亞社會在親屬與婚姻方面的常規，跟世界其他地區一樣複雜多樣。從過去到現在，東南亞很多社會裡的親屬關係一直是比性別更重要的組織原則。換句話說，以社會關係而言，人們因為血脈與婚姻跟誰建立什麼樣的關係，比他們被劃分為女性、男性或其他性別更重要。[3]

菲律賓民都洛島（Mindoro）的布伊德高地人（Buid highlanders）是個罕見例外，他們的社會並不是明顯依據婚姻與親屬關係組織而成。傳統上，布伊德人的社會階級也沒有強烈偏向男性或女性。布伊德人高度重視個人自主與社群分享。[4]他們採用燒墾游耕，主要作物是玉米，收成後賣給低地的基督徒換取現金。家禽家畜都是私有，但宰殺食用時會與整個群體分享。人們宰殺豬或雞之後，會平均分配給群體所有人。群體的人一起採收個人的農作物時，農作物的所有人並不參與，而是專門為所有人準備米飯或肉食。事後，每個人可以得到自己採收總數的三分之一。布伊德人不遺餘力避免任何可能牽扯到債權與債務的關係。

布伊德人也不舉辦任何形式的婚禮。男女雙方只要住在一起，共同承擔或分享農務、家事、飲食和性關係，就成了丈夫（indugan）與妻子（babay）。年輕男子進入青春期後，會搬離父母的家，搭建自己的房屋，開始照料自己的耕地。青春期的女孩通常也會離開父母，去跟年長的單身婦人同住，直到搬進某個男子的家，跟對方成為妻子與丈夫。不過，這並不代表他們對彼此擁有丈夫或妻子的專屬權。事實上，夫妻經常解除關係，而後跟群體之中另一個男性或女性住在一起。布伊德男性和女性一生中通常會擁有大約五名同居伴侶。

布伊德高地族群強調個體自主，判定社會階級時相對忽略性別，這種情況跟東南亞許多傳統社會相呼應。不過，布伊德人在婚姻與親屬關係方面幾乎欠缺文化規範，這種現象絕非典型。在社會地位與財產權方面，親屬關係通常特別重要，尤其涉及農耕群體的土地與房屋時。資產與地位通常是基於血緣繼承而來，或者透過婚姻取得與保持。這些關係普遍以三種方式展現：透過男性傳承（父系繼嗣）、透過女性傳承（母系繼嗣），以及無關性別、從父母到子女的雙系繼嗣（或稱血親繼承）。

雙系、母系與父系繼嗣這三種做法，在整個東南亞都找得到。跨文化研究顯示，雙系繼嗣[5]在東南亞歷史上特別普遍。[6]母系文化與規範也十分常見。但過去一千年來，隨著大眾化普世宗教的傳播，父系習俗和價值觀在東南亞很多地區越來越盛行。因為那些宗教起源與發展的地方，都是極端父權的社會，比如南亞的上座部佛教、中東的伊斯蘭教、歐洲的基督教，以及中國的新儒家。[7]

普世宗教在東南亞的擴張與採納，似乎並不是父系繼嗣與父權體制的唯一來源。[8]因為普世宗教擴張已經超過一千年，而來自印度與中國傳統父權文化的影響至少可以回溯到兩千年前。關於東南亞與這些外來影響接觸之前的文化規範，我們無從確知。不過，某些高地與島嶼族群存在父系傳承與父權體制，很多人認為這些都是「固有的」，而非吸收而來的文化模式。[9]

阿卡人（Akha）居住在泰國、緬甸與寮國邊境高地，他們的親屬關係與社會結構屬於父系繼嗣。[10]女性結婚後融入丈夫的家族；兒子比女兒更受喜愛。離婚的時候，子女屬於丈夫，受夫家祖先的庇佑。阿卡族女性通常只在男性家主吃過飯後才上餐桌。當人們移居到低地，跟低地的佛教徒接觸更密切，這些規則就會軟化，但在某些社會角色上，性別等級依然明顯。類似的父系繼嗣模式，也出現在半島東南亞北部這些高地的其他族群，比如傈僳族（Lisu）、勉族（Mien）和赫蒙族（Hmong）。[11]上述案例中，婚後的住所都從夫居，也就是妻子搬進夫家，融入丈夫的家族、家庭和社群。

在蘇門答臘北部和印尼群島東部的傳統社會，父系繼嗣和父權文化規範也十分常見。這些地區很多社會的親屬關係是由「嫁女」（wife-giving）和「娶妻」（wife-receiving）的父系宗族組織而成。[12]托巴巴塔克族（Toba Batak）有三種概念式群體：一是跟你同姓氏的人（dongan sabutuha），跟這些人結婚就是亂倫；二是你的宗族將女兒嫁給他們當妻子的人（boru），這些人社會階級比你低；三是你的宗族迎娶他們的女子為妻的人（hulahula），社會階級比你高。[13]這種宗族之間的階級觀念，未必延伸到性別的高等或低等。在很多這種社會裡，女性與男性被視為兩者並存，彼此互補。[14]不過在實務上，男性在繼承方面擁有較多權利，而且兒子也許比女兒更受看重。[15]

其他很多東南亞社會則是母系繼嗣與傳承，親族身分、財產和地位由母親傳遞給兒子和女兒，夫從妻居，也就是婚後丈夫與妻子的原生家庭同住，或住在附近。其中最著名，也最複雜的是西蘇門答臘的米南佳保文化。米南佳保人是虔誠的穆斯林，在此同時又維持母系繼嗣傳統。米南佳保的亞達特體系（adat）大屋有三到二十個房間或臥室（bilik），另有寬敞的客廳和廚房。[16]這些房間的主人是家裡的姊妹和她們的丈夫。男人與女人都屬於他們母親的世系。丈夫夜晚回妻子的住處，白天則前往母親和姊妹的亞達特房屋，在他們自己和姊妹從母親那裡繼承來的土地上耕作。

男人負責養育的主要是姊妹的孩子，而不是他自己的。他在群體裡的社會地位與權力取決於他在母親家族裡的位置。在二十世紀中期的米南佳保村莊裡，男孩從六、七歲起到結婚前，就睡在穆斯林禮拜室，婚後才開始住進妻子的亞達特大屋和bilik。亞達特大屋是女性的領域，亦即母親、女兒和姊妹的領域。男孩子和成年男性在禮拜室、清真寺、咖啡館、市政廳或稻田裡的小屋短暫棲身。

米南佳保的男性如果選擇梅蘭陶（merantau），是男子氣概的表現。所謂梅蘭陶是指離開村莊和米南佳保聚落，前往廣大的世界尋找機遇。事業有成的男人會衣錦還鄉，用梅蘭陶期間取得的財富，壯大母親和妻子透過繼承取得的財產。在整個印尼群島和馬來半島，米南佳保男人以擅長貿易和成功商人著稱。

在現今泰國北部、東北部和寮國低地的泰語和寮語族群之中，也有不少架構不那麼正規，卻也屬於母系社會的群體。傳統上，尤其是在泰國北部，這些母系社會的核心是祖靈祭祀，而女性是這些祭祀的主要角色。[17]女性能不能參與或進入某個特定群體，取決於她的母系血統。男性最初是他們母親的家族成員，但婚後可以進入妻子的家族。不過，男性在母族或妻族裡的地位可能各有不同，視種種個別情況而定。

泰國北部和東北部的泰族、低地寮族和附近許多族群語言群體偏好母系傳承和夫從妻居。女兒多半留在村莊裡，離父母不遠。兒子婚後通常搬進妻子的家，或住在妻族附近。最小的女兒和她們的丈夫通常負責照顧年邁的父母，在父母過世後繼承房屋和土地。相較於米南佳保人，這些群體沒有詳盡的文化規則，而是比較非正式的習俗，可以配合個人和家庭情況彈性調整。[18]這些女性導向的居住與血統模式也附帶某些男性化觀念，比如兒子們進入僧團為父母累積功德，比如「豪俠」（nak leng）的男性刻板印象，也就是魅力十足卻處處留情又不可靠的混混。同樣地，「盡責的女兒」這個強烈的文化概念塑造了女性氣質。

在現今越南沿海地區，京族（即越族）和占族有過夫從妻居的歷史。過去的時代，京族的新郎通常搬進妻子的家族試婚二到三年，方便女方的父母在婚事確定前評估他是否合格。十五世紀以後，新儒家朝廷以官方命令正式禁止這種習俗。[19]只是，直到如今，某些家族還是沿襲這種做法，而且南方多於北方。[20]現今越南中部與南部的占族人更符合母系傳承與夫從妻居習俗，存在著類似米南佳保人、北部泰族和寮族的母系家族。占族的母系傳統雖然也受到日益擴張的越族新儒家朝廷勢力威脅，卻仍然持續到二十世紀中後期。[21]

除了各地普遍存在的父系與母系制度，東南亞社會傳統上也看得到不同形式和程度的雙系繼嗣。在雙系繼嗣制度裡，血統與傳承由母親與父親

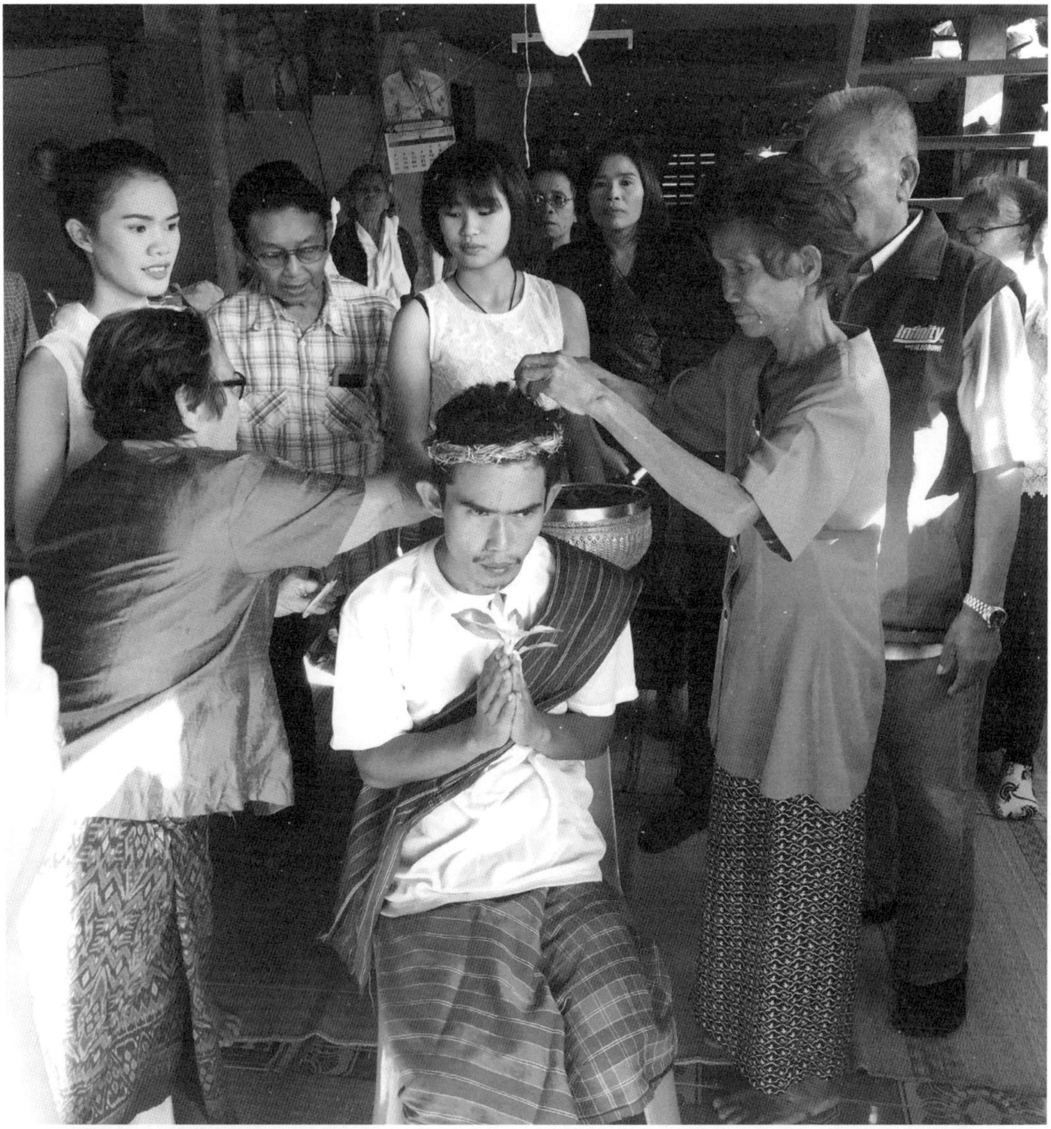

圖片 5.1 落髮儀式｜泰國東北部家族成員參與落髮儀式。這種儀式是男子短期出家流程的一環。（作者攝）

雙方共同延續。前面提到過的很多社會都存在這種制度，那些社會或許基於某種特殊目的選擇父系或母系繼嗣，但更普遍的情況是承認一個人同時擁有父親與母親的血統，而不是排除其中之一。比如居住在現今緬甸與泰國邊境的克倫族（Karen），丈夫與妻子的家族同住，重要儀式由女性傳承，其他方面則是雙系繼承。[22]

二十世紀大多數時間裡，人類學者為東南亞的親屬與親屬詞語感到困惑，因為他們想從這些詞語裡找出親屬與血統的「系統」，卻沒發現東南亞大多數社會使用這些詞語的情感面與實用性。[23]在東南亞大多數地區，親屬稱謂可以用來創造群體連結與友伴情誼，以親密感將人們拉攏在一起，而不是用來辨識血統，設定排除的界限。例如當前的新加坡，年長的人無論有沒有真正的親屬關係，通常被稱為「叔伯」或「阿姨」。在馬來村莊，除非確知彼此具有更特定或更親近的關係，否則每個人都是sepupu（堂表兄弟姊妹）。[24]在泰語對話中，兩個初面見的人稱呼對方pi（兄／姊）或nong（弟／妹），顯示長幼關係比性別更重要。在很多地區，手足關係跟婚姻或親子這類決定血緣的關係一樣重要，也許更重要。[25]政治圈也常使用親屬用詞建立等級分明卻不失家族親切感的階級關係。[26]東南亞各地普遍重視家庭與親屬關係，但在很多地方，這種關係結構卻並不僵化。

性別多元論

每個文化對性別的認定，不外乎個人、角色、期待、禁令與慣例。性別會設定期待、增進可能性，並且限制每個文化裡每個人的生活。世界各地如此，東南亞也是如此。只是，在東南亞許多文化裡，性別的限制比世界其他文化來得少。不管在哪裡，性別最低限度是二元的，也就是說，每個文化至少設定了關於男性和女性的標準與期待。在這種男女兩性的二元文化之外，社會與整個社會對性別的文化認知，會依性別的多樣性與跨性別行為有所差異。性別多元論這個詞，是指文化對具體命名為「第三性」的多重（大於二）性別分類，以及各種不管是否命名的跨性別行為的接受度。東南亞文化以普遍（卻未必全面）承認三種或更多性別，並且相對包容跨性別行為著稱。甚至，在過去的年代，跨性別者主持的儀式在很多社會受到重視。

除了承認「第三性」（兩種基本性別以外的特定分類）之外，東南亞文化通常容許跨別性行為，相對比較能接受女性選擇陽剛角色或男性選擇陰柔角色。在世界上很多文化裡，尤其是高度父權的文化，女性直截了當被排除在權位和教育之外，通常也無法參與公共事務。在東南亞，對性與性別的認知，通常不是基於與角色有關的限制，而是對男性和女性在宗教、政治與經濟活動中高度扭曲的期待。當女性以陽剛角色取得權力與聲望，她們成功的關鍵不在打破規則，而在克服困難。[27]

在一四〇〇到一八〇〇年的早期現代時期，東南亞很多文化敬重跨性別儀式師（ritual specialist）。[28]在很多情況下，這些儀式師可以是生理女性或生理男性，扮演的角色與業務行為偏向陰柔。在其他情況下，這是跨性別行為者的專屬領域，也就是由陰柔男性負責執行。跨性別儀式師在以下三個不同社會的靈性與政治生活中扮演重要角色：婆羅洲的伊班族（Iban）和恩加尤達雅克族（Ngaju Dayak），以及蘇拉威西的布吉族（Bugis）。[29]

傳統的伊班族社會高度平等，沒有固定的政治階級。伊班族的儀式師稱為孟南（manang），可以是男性、女性或跨性別者（通常是「陰柔」的跨性別男性）。在三者之中，跨性別儀式師（稱為manang bali）最受推崇，因為他們能體現並表達男性與女性的本質。這些跨性別儀式師有資格擔任村莊的首領或政治領袖。在日常生活中，他們選擇順性別（cisgender）的男人做為丈夫，生活上沒有太特殊的活動，普遍參與社區尋常的社會與經濟活動。同樣地，在殖民時期以前的菲律賓維薩亞斯群島和呂宋島，負責主持儀式的是跨性別「陰柔」男性（稱為asog或bayloc）和順性別女性（稱為catolonan或baylan）。[30]

恩加尤達雅克族在族群和語言上與伊班族關係密切，社會階級卻比較明顯，個體出生後就分別屬於「貴族」或「平民」。他們的女性儀式師（balian）和「陰柔」男性儀式師（basir）擔任人與神靈之間的媒介，其中陰柔男性儀式師代表「神聖雙性」的概念。女性儀式師和陰柔男性儀式師通常來自平民階級，他們會在神聖場合與節慶活動時，為精英階級男性贊助者舉行性儀式，有時贊助者也參與其中。這些儀式師在社會上的角色，比伊班族的孟南更專門化。他們雖然不是政治精英，卻可以憑藉精英的資助獲得財富與影響力。

布吉族的社會是依照梵文文化曼陀羅政體的原理組織而成，他們在

圖片 5.2 瑪吉里舞蹈 | 瑪吉里(Ma'giri)舞蹈是一種激烈的儀式，表演者是南蘇拉威西布吉族的比蘇。比蘇在神靈附身的情況下，用鋒利的克力士短劍(keris)證明自己刀槍不入。比蘇具有神聖力量，是因為他們同時體現陽剛與陰柔兩種特質。(Rudy Rustam, 2015, Wikimedia Commons, CC BY 3.0)

政治上比恩加尤達雅克族更複雜，階級更分明。[31]一般認為，布吉文化的特色是劃分出五種性別：女性、男性、恰拉萊(calalai，陽剛女性)、恰拉拜(calabai，陰柔男性)和比蘇(bissu)。比蘇是生理男性跨性別儀式師，他們負責保存神聖手稿與史書。其中最重要的是《加利哥的故事》(*La Galigo*)，可能是史上篇幅最長，也最複雜的史詩。[32]比蘇經由入會儀式成為儀式師，角色有點像祭司，過著高度特殊且隔離的生活，但他們通常有個順性別男性丈夫。另一方面，恰拉萊和恰拉拜雖然跨性別，在布吉社會裡卻是過著普通男性和女性的生活。[33]

馬來王朝也是遵循梵文政體的架構，後來漸漸納入伊斯蘭理念，他們的宮廷裡有跨性別陰柔男性儀式師，稱為sida-sida。吉蘭丹的宮廷資助一整村的瑪蓉(mak yong，傳統舞蹈)跨性別表演者。而在平民的村莊，帕旺(pawang，儀式師)通常是跨性別者。直到二十世紀中期，馬來半島仍然找得到這些傳統第三性。在其他地方，比如緬甸，跨性別「陰柔」男性和女性扮演納加杜（nat kadaw，意為神靈的妻子），是凡人與緬族傳統神靈「納」之間的溝通媒介。

在東南亞其他很多社會，類似布吉人的恰拉拜和恰拉萊等的第三性也被承認，卻未必與任何特定的儀式專業相關。當前最知名的或許是泰國的嘎推[34]（更通俗卻帶點貶義的名稱則是「變性人」）。但類似的跨性別類別在其他國家也很常見，比如馬來西亞的pondan和mak nyah，印尼的waria或banci，菲律賓的bakla。時至今日，這些詞彙都是日常用語。比方說，印尼有一份現代穆斯林每日禮拜指南內容提到，在男性、女性和跨性別（banci）群體中，該由誰領導禮拜。[35]在菲律賓，跨性別陰柔男子（bakla）是選美比賽的常客。[36]上面這些詞彙指的都是陰柔男性，指稱陽剛女性的詞彙比較少見。不過，近年來衍生自英語tomboy的tom或tombi也在各地日益普遍，從泰國到印尼都有。[37]

性別、權力與政治

當東南亞採行曼陀羅政體原理（以及大越的儒家理念），發展出越來越複雜的社會與王國，東南亞社會在權力與政治上也越來越偏向父權制度。在很多東南亞社會裡，傳統上決定社會地位時，年齡、出生排行、輩分、血統、個人能力與領袖特質等，都比性別更重要。[38]即使在男性而非女性得到權位與聲望的情況下，男女雙方的差異多半源於偏向男性的制度與聲望標誌，而不是基於性別角色分類上的規則。[39]在東南亞各地的傳統式小規模非階級社會，社會與政治力量通常是靠英勇行為和領袖特質累積而來。在大多數情況下，這些判定標準偏男性化，即使沒有明顯排擠女性，仍然對男性有利。

比方說，在印尼南加里曼丹的梅拉圖斯達雅克族（Meratus Dayak）和松巴島（Sumba）的威耶瓦族（Weyéwa），在處理紛爭時，令人信服的口才既有影響力，也因性別而異。梅拉圖斯達克族的男人從事從狩獵到伐木的各種活動，博得英勇的美名，他們在解決紛爭時的發言也因此更被看重。[40]威耶瓦族的男女都有機會發表意見，陽剛風格的演說卻比女性化風格更受重視。[41]

跟外界的交流是取得權力與聲望的另一種管道，同樣也因性別而異，男性的機會通常比較多。比如米南佳保人的梅蘭陶文化鼓勵男性外出尋找機遇，再如蘇拉威西中部的瓦納族（Wana）男人前往海岸聚落從事貿易。[42]在某些社會，男性憑藉侵略與暴力行為贏得聲望。獵頭是一種特別激烈的男性化暴力，過去東南亞許多文化都存在這種行為，從緬甸北部的佤族（Wa），到呂宋島東部高地的伊隆果族（Ilongot），以及婆羅洲島的伊班族等多個族群。[43]

從西元初期開始，遍及東南亞的梵文文化神王概念和階級化的曼陀羅政體，都有明顯的陽剛屬性。至高無上的統治者是濕婆神或佛菩薩的化身，這種觀念設想的是男性化領袖。以世俗的語彙來說，國王應該是自己國土的守護者，還要征服並掌控鄰近的國度。這些描述要求領袖具備強壯、半神、尚武精神等特質，女性因此被邊緣化。

雖然那些古早年代的事蹟並沒有留下多少證據，梵文文化時代的石碑銘文往往證明，擔任統治者的人即使未必都是男性，但至少以男性為主。然而，也有證據顯示女性以王后、太后或後宮嬪妃等身分，在曼陀羅政體中扮演重要角色。有個稍微晚期的例子，正是爪哇最後的婆羅門佛教王國之一的滿者伯夷攝政女王特麗布瓦娜（Tribhuwana Wijayatunggadewi，一三二八～五〇在位）。她本名德亞．吉塔爾查（Dyah Gitarja），是滿者伯夷第一任國王羅登．韋查耶的女兒。她的異母弟弟查亞涅加拉（Jayanegara）被刺身亡，她從母親手中接過統治權。一三五〇年她母親過世，她傳位給兒子哈亞姆．武祿（Hayam Wuruk），自己升任太后。她在位時，在親近的幕僚兼宰相加查．瑪達（Gajah Mada）的輔佐下開疆拓土，對鄰近統治者發動侵略，有時也掛帥親征。[44]

東南亞還有很多地方也找得到女性上戰場的證據。[45]《元敗》（*Yuan Phai*，又名《蘭納之敗》）是泰國文學史上現存最古老的文本之一，歌頌率軍防守清泉（Chiang Chuen）的「城主夫人」。這首史詩描寫十五世紀晚期南方阿瑜陀耶軍隊打敗北方蘭納軍隊（元人）的經過。[46]詩中描述大象（「長牙」）、騎馬的騎兵和來自中國與土耳其的火炮的精彩戰鬥，記錄蘭納攻占清泉市、阿瑜陀耶反擊並打敗蘭納軍隊的過程。

長牙聚集，金盾在陽光下閃耀，
披耶勞蓬和他的全體戰士，
恢復統御全城的她展現的美德。
她對國王的真誠勝過廣闊的天地。
——《元敗》，貝克（Chris Baker）與蓬拜集（Pasuk Phongpaichit）譯，
第七十四頁

這首詩，以及東南亞歷史上其他所有證據都顯示，戰爭幾乎可說是男人的主場。但也有女人募集軍隊拿起武器去支持另一半，守護他們的百姓。在《元敗》描述的戰事中，清泉城的統治者孟東納空（Muen Dong Nakhon）奉召去向蘭納國王提洛卡（King Tilok）致敬，卻在清邁的蘭納宮廷被處死。緊接著提洛卡王的軍隊向清泉進攻。孟東納空的遺孀「城主夫人」號召百姓捍衛清泉，拒絕向蘭納的提洛卡王效忠，並向阿瑜陀耶國王戴萊洛迦納（Trailokanat）求援。雖然城主夫人率軍英勇抵抗，清泉還是淪陷了。後來戴萊洛迦納國王的將領披耶勞蓬（Phraya Lao Phueng）率領戰士反擊，回想起「統御全城」的城主夫人的美德與忠誠。[47]

儘管《元敗》因為年代久遠版本眾多，有太多地方難以理解，卻反映出十五世紀戰爭的重要面向。長期以來東南亞不乏各種形式的劫掠，《元敗》代表的卻是大規模領土戰的發展。東南亞其他地方也出現過這類型戰爭。比方說，西元四〇到四二年，出身本地貴族家庭的徵氏姊妹（Trung Sisters）率領軍隊擊敗入侵的漢朝軍隊，短暫統治現今的越南北部。[48]到了十五、十六世紀，戰爭規模普遍擴大，大象和火藥等更精良、更致命的武器也更常見。

在幾百年的時間裡，東南亞的戰爭形態從掠奪戰演進到領土戰。傳統的掠奪戰目的在奪取拿得走的財物、宗教與政治遺物，另外就是人員。勝方會將捕獲的人帶回自己的領土。在沿海地區的港口城市，強大的統治者通常會派出艦隊展現武力，要求弱勢的港口效忠自己，或擾亂他們的貿易。直到曼陀羅王國規模變大，也更緊密結合，比如吳哥的高棉帝國，統治者的目標才會轉向爭奪領土與直接控制城市。

雖然我們沒有直接證據，但各種獵人頭和戰鬥傳統，可能比統一的王

圖片 5.3　素里育泰王后｜泰緬戰爭（約一五四七～四九）期間，阿瑜陀耶的王后素里育泰（Suriyothai，圖片中央）在一場騎象戰鬥中為保護丈夫瑪訶・查克臘帕王（Maha Chakkraphat）喪命。（暹羅納里薩拉・努瓦迪翁親王〔Narisara Nuwattiwong〕一八八七年繪，公眾領域）

國或國家的發展早得多。所有證據都顯示，不管在什麼地方，劫掠一直都由男人執行，受害者則有男有女。正如很多當地史書記載，獲勝的領袖經常會把戰敗方被擄的女人送給貴族和戰士當妻妾，藉此展現他的本領和慷慨。[49]不過，東南亞女性在戰場上也十分活躍，尤其是為了捍衛家園，或為死去的丈夫、父親或兄弟復仇時。廣大的王國也利用徭役大舉徵用免費勞力投入戰爭或公共工程。這種百姓對君主的義務大多數都落在男人身上，只是，男人離開後，地方上和家裡的重擔通常都轉移到他們的妻子、母親、姊妹和女兒身上。

長時間的戰爭造成巨大損失，不論男女都躲不過。這些戰爭也影響與性別有關的期待和行為。到了二十世紀中期，法國拒絕放棄殖民統治的最後階段（約一九四六～五四），柬埔寨、寮國和越南承受苦難，緊接著又遭受美國的密集轟炸，村莊被燒毀，而後是其他伴隨冷戰敵意而來的暴行（約一九五五～七五）。戰爭結束後，合適對象太少，越南女性只好「借種生子」（xin con），未婚懷孕，走上單親媽媽的路。她們採用這種務實手段解決困境，既利用，也重新塑造了關於性別、性與家庭某些根深蒂固的期待。[50]很有可能的是，在那些我們沒有最新詳盡資料的時代與地方，東南亞的男性和女性經歷戰亂後，都以各種不同方式調整了他們在性別方面的期待與行為。

除了汶萊和新加坡，幾乎所有東南亞國家都在二十世紀經歷過武裝衝突、游擊隊動亂和其他形式的大規模政治暴力。一九七〇年代晚期，赤柬時期的柬埔寨發生二十世紀最慘絕人寰的大屠殺（約一九七五～七九），反映出當地長達數百年的武裝衝突造成的社會動盪，就像大越的鄭朝（Trinh）和莫朝（Mac）戰爭期間，一名女性以詩歌哀嘆她的丈夫總是在高平（Cao Bang）打仗。

我像河畔辛勤覓食的母鸛鳥，
為我的夫君扛起稻米。
我的哀號是那麼響亮清脆，
我該回去哺餵我的子女，
好讓我的夫君去平定開平的山川。
——十六到十七世紀越南鄭莫戰爭期間的詩歌（Tran 2018, p. 36）

從梵文文化圈的時代以來，征服者的特質讓領袖這個角色披上陽剛色彩，以致這類統治者經常變成令人畏懼的專制暴君。在某些情況下，這也導致體驗過男性的殘暴的社會偏好女性統治者。這類好戰君王之中最出名的是亞齊的蘇丹伊斯坎達．慕達（Iskandar Muda，一六〇七～三六在位）。經過他的恐怖統治後，接下來將近六十年（一六四一～九九）的時間連續出現四位女性蘇丹，統治這個繁榮的穆斯林商港。[51]馬來半島古國北大年做為跟中國貿易主要轉口港的一百多年時間裡（一五八四～一六八八），也是四名女性蘇丹連續統治。[52]

大約同一段時期，不少港口政體也由女性統治，包括爪哇北部海岸的加帕拉（Japara，十六世紀晚期），婆羅洲（約一六〇八～二二），蘇門答臘的占卑（約一六三〇～五五），馬來半島的吉蘭丹（一六一〇～七一），以及弗洛雷斯島（一六五〇～七〇）。另有兩名更早期的女王連續統治蘇木都剌國（一四〇五～三四），這是最早的穆斯林港口政體。很多例子顯示，這些商港的商人和精英好像偏好女性統治者，因為女性統治者的統治風格更注重實效。相較之下，男性統治者往往礙於男性尊嚴，容易被激怒，較難即時和平解決紛爭。

根據歷史學家的研究，從一三〇〇到一九〇〇年，東南亞各地至少出現過二百零九位女王。其中包括南蘇拉威西的一百零五位布吉族女王。布吉族推選君主時，顯然覺得貴族出身與血統比性別更重要。另外，印尼群島東部的帝汶島也有過六十九位女王。一般來說，推選女性為最高統治者的，多半是沿海的南島語族群。半島東南亞由女王統治的情況極為罕見，其中最知名的例子是下緬甸勃固族強大的女王信修浮（Shinsawbu，一四五三～七二在位），以及相對弱勢的柬埔寨女王安眉（Ang Mei，一八三四～四〇在位）。[53]柬埔寨的君王也自稱是柳葉的後裔。柳葉又稱紹瑪女王，跟她的外籍夫婿商人戰士混填共同創建扶南國。王室的太后掌握權柄的情況倒是比較常見，比如中緬甸的蒲甘王朝、下緬甸的勃固王朝，以及泰國中部的素可泰王朝。[54]

大約十八世紀以後，除了蘇拉威西和帝汶之外，東南亞沿海政權的女王越來越少見。這種趨勢顯然受到外來勢力的影響。根據當地史書，亞齊四位女性蘇丹的最後一位之所以被罷黜，至少有部分原因在於一六九九年來自麥加的教令。這份教令聲稱，穆斯林王國不該由女性統治。[55]同樣具有影響力的，是在東南亞日益壯大的歐洲勢力。這些歐洲勢力偏愛並推舉男性領袖。歐洲殖民官員、穆斯林貿易商和中國使者跟東南亞社會互動時，都支持以男性為中心、將女性邊緣化的規則。[56]到了十九、二十世紀，從村莊到宮廷到總統府，如果還有女性在發揮政治影響力，大多隱藏在幕後。[57]不過，為了與近來的全球女性主義運動步調一致，到了二十世紀晚期和二十一世紀早期，東南亞女性在國家或地方層級擔任領導人的現象，在某些地區已經更為明顯，也更被接受。

宗教改革與性別重新排序

在貿易與交流過程中影響東南亞的外來文化，比如東亞、南亞、中東和歐洲等，多半是父系繼嗣與父權制度。這些文化裡，地位、身分、遺產和權力都是透過男性流動，並且男性優先。另外，在這些文化裡，統治者大多是男性，女性被排除在外。比如基督教與希臘羅馬帝國塑造的歐洲，阿拉伯與土耳其伊斯蘭哈里發王國掌控的中東，儒家的中國，以及南亞的婆羅門佛教王國和蒙兀兒帝國（Mughal Empire）。長達幾千年的時間裡，在所有這些文化裡，女性的地位向來是從屬且卑下。

在羅馬和後來的歐洲法律裡，妻子被視為丈夫的法定財產。伊斯蘭教推動改革，立法禁止阿拉伯人殺害女嬰的行為，並確保女性的繼承權，但也維持一般性的父系親屬關係與父權。在儒家盛行的東亞和信奉印度教的南亞，男孩受到高度偏愛，生出女孩通常帶來失望。過去兩千多年來，這些文化裡的女性受到的管束、隔離、制裁與次級地位是常規，只有偶爾出現例外。

這些所謂的「偉大文明」裡的女性的從屬地位，跟東南亞文化裡女性相對較高的地位形成鮮明對比，尤其是十三世紀左右政治與宗教改革之前的東南亞。梵文文化圈時代（大約二〇〇～一二〇〇）婆羅門佛教觀念的傳播，並不要求改變信仰，也沒有大幅度改變東南亞社會的性與性別次序，尤其是在非精英的大眾之間。[58]相較之下，上座部佛教、伊斯蘭教、基督教和儒家觀念的散播與確立，對東南亞各地性別與性概念的重新排列產生普遍性的影響。早期的信仰和常規雖然因地區而不同，卻都強調男性與女性、陽剛與陰柔的對稱與互補。某些情況下，在儀式與靈性活動方面甚至偏重陰柔力量。相較之下，在上座部佛教、伊斯蘭教、基督教和儒家的教義裡，都明確主張男性在宗教與世俗事務上擁有優勢地位。

相較於大乘佛教或密宗，上座部佛教認為女性的輪迴層級低於男性，而且建立的僧團只有男性出家眾。[59]伊斯蘭教賦予男性更多權力，卻也要他們承擔更多責任。伊斯蘭教和上座部佛教會在清真寺或僧團周遭建立各種機構，主要由男性組成或專屬男性。另外，女性在宗教事務中的傳統位置也普遍邊緣化。在基督教，不管是天主教或新教，負責督導的教士清一色是男性，至少二十世紀以前是如此。之後某些新教教派慢慢接受女性領導人。至於儒家，尤其是早期現代的越南採納的新儒家學說，強調以父權為主的社會關係，更看重社會本身，家庭則是社會的縮影。[60]這些教義在東南亞擴散並扎根的時間點各有不同，上座部佛教大約一〇〇〇到一三〇〇年，伊斯蘭教一三〇〇到一六〇〇年，新儒家一四〇〇到一七〇〇年，基督教一六〇〇到一七〇〇年。[61]

在上座部佛教和伊斯蘭教方面，雖然這兩種宗教目前都已經是東南亞社會在信仰上最主要、最大眾化的選擇，但一般認為當初東南亞社會接納這兩種宗教的過程相當緩慢。在梵文文化圈時代大多數時間裡，上座部佛教似乎跟更盛行的婆羅門佛教教義並存，尤其是在緬甸和現今泰國中部的陀羅缽底文化區。[62]到了蒲甘的緬族國王阿奴律陀（一〇四四～七七在位）、吳哥晚期的闍耶跋摩七世（一一八一～一二一八在位），以及新興的素可泰王國（約一二三八～一四三八）時期，上座部佛教開始超越早期以精英為核心的婆羅門佛教。

在梵文文化圈時代，只有一部分男性可以成為婆羅門佛教的精英祭司，上座部佛教則期待所有成年與未成年男性都短期進入僧團，這段期間他們得到姊妹們無法擁有的讀書識字機會。流傳甚廣的本生故事敘述佛陀開悟前的前世經歷，強調女性與女性特質分歧的本質——不是貞潔、忠實、和善，就是性慾旺盛、追求物質享受，類似天主教與基督教的「聖母／蕩婦」情結。[63]

女性通常是伊斯蘭教與上座部佛教的重要支持者與推廣者。可以說，這兩個宗教雖然以讀書識字與地位增進男性的權力，卻也禁止男性道德沉淪、飲酒無度、沉迷女色或其他惡習。比方說，伊斯蘭教雖然允許一夫多妻，卻設定上限（最多四個妻子），並且建議一夫一妻，強調公正平等地對待每個妻子。

上述這些，以及其他有關性放縱的禁令，對於女性可以說是正面的改革，畢竟在梵文文化圈時代，男性經常擁有數十甚至數百名正妻、妾室、如夫人與奴僕，藉此展現他們的財富與權力。伊斯蘭教的通俗故事也提供正面的女性典範，特別是先知穆罕默德珍愛的女兒法蒂瑪（Fatimah）和妻子阿伊莎（Aisyah）。同樣地，上座部佛教的僧團雖然排除女性，但如果兒子出家受戒，母親可以得到特殊功德。女信徒如果奉獻食物、僧袍和其

圖片 5.4 墳前祈禱｜中爪哇穆斯林女性參加墳前祈禱。雖然東南亞大多數地區的普世宗教都強化父權規範，但女性一直是這些宗教活動重要的參與者與支持者。（作者攝）

他物品支持僧團，也能得到功德與地位。[64]

伊斯蘭教和上座部佛教進入東南亞最初那幾百年，建立的新團體只針對男性，對於女性和跨性別行為多半予以忽略。在菲律賓，西班牙天主教更直接、更積極與傳統的女性與跨性別靈媒對抗。一五二一年麥哲倫（Magellan）初次登陸維薩亞斯群島後那一百年內，大約有五十萬名菲律賓本地人在西班牙教堂受洗。但天主教教士發現自己無法認同菲律賓群島通行的性別、性與靈性常規。在西班牙人管轄的地區，萬物有靈論的信仰行為主要由女性或跨性別陰柔男性負責，前者稱為貝蘭（baylan）或凱托洛南（catolonan），後者稱為貝洛克（bayloc）或阿索格（asog）。離婚條件寬鬆、輕鬆看待性、女性主導各種儀式、偶像崇拜，在在都令西班牙人厭惡。

到了十七世紀晚期，西班牙宗教法庭努力不懈地搜查並壓制貝蘭和貝洛克的儀式活動。菲律賓本地人如果被發現參與這類活動，可能會被送上火刑柱燒死。[65]在馬尼拉以北的博利瑙市（Bolinao），從一六七九到一六八四年，宗教法庭的執法人員審問了兩百一十七名女性和十九名男性，沒收了超過一千件傳統儀式使用的物品。[66]天主教道明會（Dominican Order）的成員吸收本地男孩和成年男性，改造過去的貝洛克，大幅整頓菲律賓人的宗教生活。原本偏向女性化的靈性活動，變成以教會與修士為中心。在此同時，他們為貝蘭貼上「女巫」的標籤，灌輸全新的西班牙天主教道德觀，以「善良」的貞潔女性與「邪惡」的蕩婦這種鮮明的二分法為基礎，提倡女性美德。

天主教教士和後來的新教教徒也以同樣的激烈手段對抗東南亞其他地方的本土靈性活動。在印尼群島東部，葡萄牙的耶穌會（Jesuit）信徒和後來的荷蘭新教徒採取行動對抗「魔鬼崇拜」。比如說，荷蘭人在安汶島（Ambon）燒毀數百間神壇，聲稱要處死敬拜偶像的人。[67]

傳播伊斯蘭教和上座部佛教的人通常不會採取這麼激烈的行動，但在推行各項改革時，也執行淨化活動，致力消滅傳統的神靈信仰。在蘇門答臘的帕德里戰爭（Padri War，一八〇三～三七）中，帕德里的穆斯林受到瓦哈比[68]的啟發推動改革，企圖以暴力的聖戰壓制米南佳保族的亞達特母系傳統。不過，最知名的帕德里改革者伊瑪目朋佐爾（Tuanku Imam Bonjol）最終選擇跟亞達特首領和解並結盟，共同抵抗荷蘭的殖民壓迫。[69]同樣地，一六一一年布吉族統治者接納伊斯蘭教後，伊斯蘭教週期性地採取行動，試圖讓比蘇儀式師邊緣化。到了二十世紀，伊斯蘭教改革者大肆追捕、折磨並殺害比蘇，系統化地將他們屠殺。[70]

在早期現代的越南，天主教會扮演的角色跟菲律賓天主教會截然不同。十七世紀時，葡萄牙、西班牙和法國天主教傳教士活躍在北部的東京和南部的交趾支那（Cochinchina）。從十五世紀到十八世紀，黎氏、莫氏、鄭氏和阮氏王朝動用官方力量，連續多次推動新儒學的拓展。主動抗拒（或被逐出）新興儒家體系的女性，有人躲進提供住宿的天主教姊妹之家，也有人變成大乘佛教信徒，虔誠信奉據說是送子觀音轉世的觀音氏敬（Thi Kinh）。[71]尤其是天主教的姊妹之家，變成女性逃離漸漸偏向父權制度的新儒家規範的庇護所。

性別經濟

所有已知社會在勞務分配上都存在一定程度的性別劃分，最起碼在嬰幼兒照顧方面是如此。另外，各種形式的生產性勞務或多或少也是，比如狩獵、烹飪，以及從編織到房屋建造等物質文化上的製造活動。我們從考古研究得知，東南亞的勞務性別分工現象可以回溯到信史時代之前很久。在西元前二〇〇〇到一五〇〇年的科帕農底（現今曼谷以南兩百公里處），男性會出海捕魚，女性留在陸地上專門製作陶器。在這五百年裡，聚落的女性因為擁有製陶技藝和貿易能力，財富和地位都水漲船高。[72]

東南亞其他很多地方也有女性擅長編織與製陶，出售給本地或海外市場。男性通常擅長金工與細木作，以及建築與木工。[73]自從引進火耕與定耕，土地的清理與耕耘等耕作準備，禽畜的飼養照料等，通常分配給男性。種植、收割、烹飪等多半是女性的工作。不過，男性參與這類事務的情況也不少見。

從最早的書面紀錄到現代，外國商人（尤其華人與歐洲人）屢屢提及東南亞女性在市場與貿易上扮演重要角色。中國與歐洲的評論提到的包括十三世紀的吳哥、十五世紀的阿瑜陀耶、十六世紀的馬六甲和摩鹿加、十七世紀的亞齊和東京（在越南北部）、十八世紀的暹羅（曼谷），以及十九世紀的緬甸、爪哇和交趾支那（在越南南部）。在本地市場與小型交易方面有個共通的文化模式，那就是將討價還價和買賣交易這些俗務指派給女性，而男子氣概的評定標準讓男性遠離這類活動。在某些地區，這種文化規範一直延續到二十世紀之後很久，比如中爪哇梭羅（Solo）的紡織品交易。那裡有關家庭體面的規範要求妻子親自參與貿易，丈夫則專注在靈性事務上，避免世俗市場的汙染。[74]

另一方面，大規模的長程貿易通常由男性操持，而且隨著時間過去，這種傾向日益明顯。來自中國、南亞、中東和歐洲的外國商人、代理人和水手幾乎都是男性。掌控東方與西方之間轉口港貿易的東南亞精英，則是本地富商（馬來語稱為orangkaya）和宮廷官員，這些人通常是男性。但在這些商人與官員的精英圈子裡，女性通常也相當活躍。比方說，一五〇〇年左右有個名叫妮艾・格德・皮納特（Nyai Gede Pinateh）的女性，是格雷西克（Gresik，現今泗水）的港務長，統轄一支規模龐大的商船隊。

圖片 5.5 女創業家｜馬來半島北部婦人在路旁擺攤賣小吃。在東南亞各地，女性在小規模生意和市場舉足輕重。（作者攝）

同樣地，十五到十七世紀在東南亞各地擔任統治者的女性，在自己領土的商業繁榮期顯然也做這樣的事。[75]其他東南亞女性普遍跟外國商人變成親密的商業夥伴。這種模式呼應本地公主與外國探險家結合，共同創建王國與王朝的傳說，比如湄公河三角洲的扶南，以及蘇門答臘的馬來王族。那些外國丈夫負責長距離貿易，本地妻子則在特定港口管理與協商。

即使來自基督教歐洲、穆斯林世界、上座部佛教和新儒家的父權規範導致女性漸漸邊緣化，無法直接取得權力與經濟上的富裕，很多女性還是找到辦法在這樣的體制裡發展得有聲有色。比如在早期現代的越南（約一四六三～一七七八），男人都投入持續中的王朝內戰，遠離本地的村莊經濟。女性於是拓展自己在農業、市場和貿易等方面的角色，出資維護戰爭期間因男性領袖無暇他顧而失修的基礎建設，變成本地備受尊重的重要贊助人。女性也捐款給在地社區，爭取死後尊榮，藉此規避新儒家嚴格的父系繼承法對她們的排擠。[76]

從全球的角度來看，到了二十一世紀早期，東南亞女性在貿易與市場上扮演的角色，依然比世界上其他地區更顯著，尤其是擔任商業領導時。[77]特別是菲律賓，女性擔任中高級主管的比例，通常在全球名列前茅。[78]只是，現代化、都市化與工業化的普遍趨勢，往往對男性有利，方便他們在國家事務、宗教與軍事等公共機構居主導地位的同時，也在經濟領域占優勢。

走過整個殖民時代，到如今的民族國家時代，受到歐洲文化規範的影響，在考量親屬關係與經濟參與時，漸漸偏向核心家庭與「男性家長」模式，往往損害以女性和母系親屬關係為核心的傳統文化模式。暹羅（泰國）雖然獨立於歐洲殖民勢力之外，但他們追求現代化的改革派君主仍然推行以男性為家長的核心家庭模式。[79]

二十世紀晚期，東南亞的工業化以出口為導向，依靠的是工廠裡不穩定的年輕女性勞力。負責監督這些女工的，主要是本地或外國男性組成的經理階級。[80]東南亞女性與外國男性之間的親密關係，漸漸演變成性交易，而不是商業夥伴關係。[81]不過，在某些地方，尤其是泰國東北部的伊善地區（Isan），這種關係偶爾會發展成婚姻，將外國男性拉進傳統的夫從妻居和母系親屬關係裡。[82]

現代性與邊緣化

現代性（modernity），尤其是二十世紀中期以來的現代自由主義，通常被形容為幫助女性脫離父權與傳統的枷鎖。全球的女權運動人士花了至少幾十年時間，為女性爭取更多教育、工作與其他方面的機會。然而，所謂的擺脫傳統束縛，主要是從西方的視角來解讀，其次是東亞、南亞或中東社會的歷史視角。站在東南亞的角度，現代性對女性地位的影響，顯然大不相同。[83]普世宗教、歐洲殖民主義、軍國主義、漸趨強化的社會階級和變遷的經濟狀態（全都越來越「現代」）帶來的影響，共同侵蝕了東南亞傳統的多樣性。那些傳統對女性相對是有利的（尤其在家庭與親屬關係上，但也包括經濟與政治角色），至少跟其他地區的父權制度比較起來是如此。

東南亞女性的命運在早期現代、殖民時代和後殖民時代普遍走下坡，淪為從屬地位。同樣地，東南亞各種「第三性」和跨性別活動也處於劣勢，日漸邊緣化。到了二十世紀晚期，早期的跨性別儀式師越來越罕見。[84]很多跨性別個體發現自己的職業面臨危機，比如馬來西亞的新娘化妝師（mak andam），或泰國的變性人表演者嘎推。社會的歧視和原生家庭的排斥，常常導致這些個體為了謀生成為性工作者。

比起世界上大多數地區，現今東南亞的女性和「第三性」跨性別個體擁有更高的地位與自主權，社會對他們也更包容。但從早期現代的商業時代（約一四〇〇～一七〇〇），經過歐洲殖民擴張時期（約一五〇〇～一九五〇），一直延伸到當前，這些人的運氣持續走下坡。歐洲、北美等地的性別關係傳統上偏向父權制度，二十世紀晚期女權運動和女權觀念出現後有所調整，這股潮流也跟其他全球趨勢一樣，延伸到東南亞。東南亞社會持續以不同方式採納、調適或抗拒這些趨勢，正如同千百年來他們面對其他潮流時一樣。關於男性、女性和「第三性」合適的角色、權利、義務與地位等問題，依然在現今東南亞的多樣化社會引起爭議，也持續演變。

第六章

新興的身分

在寮國，國家建設陣線（Lao Front for National Construction）整理出一份官方族群表單。從一九九五到二〇〇五年，國家建設陣線修訂並擴大這份表單，從原本的四十七個主要族群、一百四十九個次族群，增加到四十九個主要族群、一百六十個次族群，以便在這個高度多樣化的小國家展現更高的包容性。[1]二〇一八年新加坡政府推出新加坡數位個人身分應用程式Singpass，方便國民順暢地連接六十個政府部門。使用者設定應用程式時，需要從九十一個選項中選定自己的「種族」。同樣地，越南的官方表單有五十四個族群。

二〇〇三年，兩千名穆斯林有意前往麥加朝聖，登記過程中不得不跟胡志明市的官方機構展開棘手的協商。[2]為了申請身分證，他們必須先選定自己的族群（dan toc）。當地官方建議他們選擇表單上最龐大的穆斯林族群「占族」，或越南最大的官方少數族群「華人」。請願者自認是「巴韋安人」（Bawean），因為他們的祖先來自爪哇外海的巴韋安島。根據口述歷史，他們在一九〇〇年以前經由新加坡移民到當時由法國管轄的西貢市（Saigon）。他們不喜歡被納入「占族」，因為擔心他們引以為榮的文化傳統會被抹殺，更不願意歸類為「華人」。當地官方基於仁心彈性處理，最後發給申請人的身分證標示的族群是「印尼人」，雖然官方的族群分類上並沒有這個選項。「巴韋安人」這個詞實在太冷僻，官方不予考慮。

到了二十一世紀初，除了極少數例外，幾乎所有東南亞人都自認或被認定屬於某個族群或種族。很多人覺得用這種方式看待自己非常自然，甚至對他們的自我意識很重要，也有人覺得族群身分給人壓迫感。對於大多數新加坡人，在Singpass上輸入種族是一種反射動作，幾乎不假思索。偶爾，如同胡志明市的巴韋安人，東南亞每個國家都會有國民對政府的官方族群或種族表單提出質疑。更常見的情況是，在日常生活中，東南亞人經常跨越這種透過文化分類與社會常規集體想像出來的假想邊界，跟相同或不同族群與種族的人互動。

根據十九世紀後對「種族」(race)和二十世紀後對「族群」(ethnicity)的定義，種族是擁有明確共同血統的假想群體，族群則是擁有明確共同文化的假想群體。[3]社會學家通常主張，族群（文化）比種族（生物學）更能充分說明人類的多樣性。[4]東南亞人跟世界其他地區的人們一樣，給人類學家和其他社會科學家上了一課，將他們對「種族」的理解轉移到「族群」。甚至，認識東南亞的多樣性，有助於增進對「族群」的了解。[5]

族群通常跟長遠的傳統文化傳承聯繫在一起。諷刺的是，種族和族群都是非常現代的概念，過去兩三百年來才發展成目前被視為理所當然的樣貌。在當前的觀點裡，族群身分主要是一種現代現象，在歷史、社會、文化與政治的進程中浮現。這些近期浮現的身分認同，是抱持事後的認知追溯到古老王國，連結祖先的故鄉，或跟語言多樣性建立關聯。

上面說族群與種族的現代形式只有兩三百年歷史，並不是漠視族群名稱與身分認同經歷過漫長的社會與文化轉變的事實。東南亞一千多種語言的發展與散布，透過貿易交流網絡形成的關係，經由這些網絡流動的觀念，人們的遷徙與移動，王國與現代民族國家集中的權力，宗教群體在地理上的分散，以及世系與親屬關係如何被看待，這些都催生了族群的現代概念。

在梵文文化時代以前（大約第三世紀初以前），東南亞的人們用什麼樣的詞彙稱呼自己和別人，我們無從得知。石器等物質文化和人類聚落的考古證據顯示，那時的人們並不是各自孤立，而是透過長距離貿易網絡跟鄰居交流。這樣的網絡可以從現今的越南北部連接到蘇門答臘島，我們不知道這些鄰居怎麼稱呼彼此。

我們如今認知中的身分認同，幾乎可以確定是以當地的地區和親屬關係建構的群體感為基礎，不太可能等同於現代世界的族群或種族分類。甚

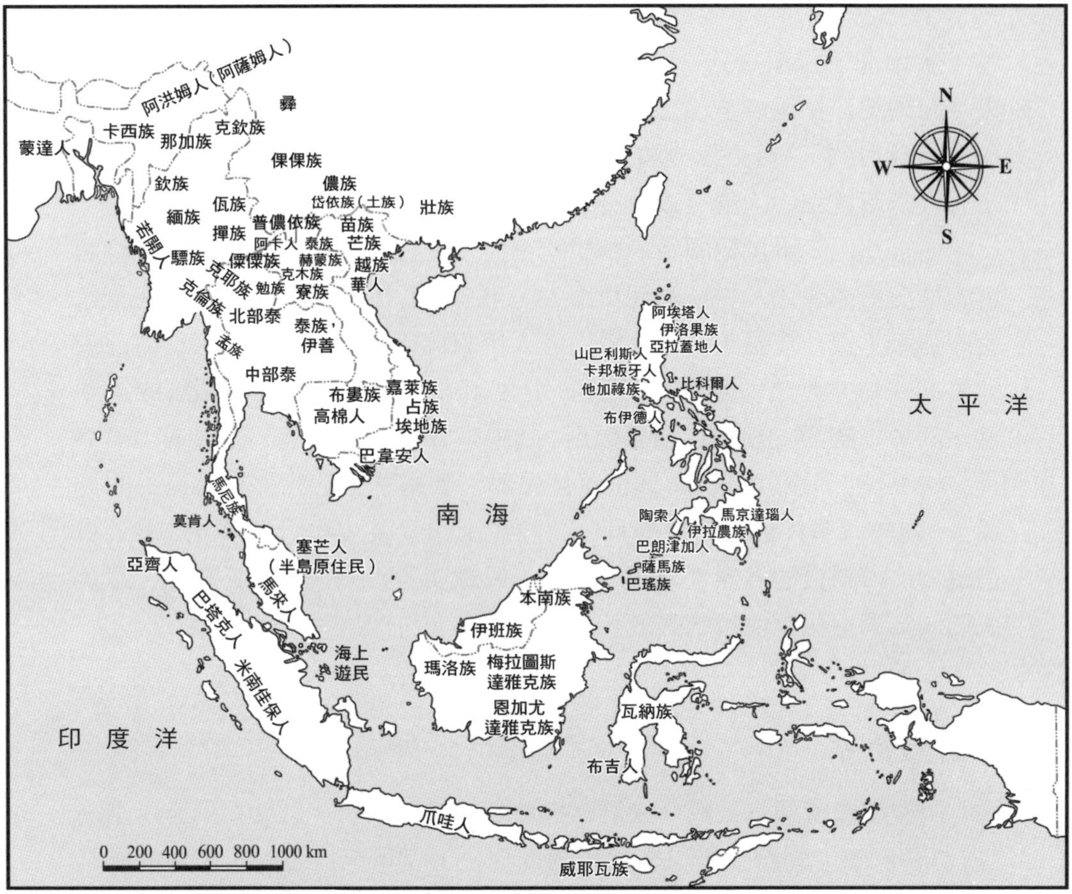

地圖6.1 本書提及的族群｜本書提到的族群有不少都在東南亞分布極廣，這裡標示的名稱指的是書中特定群體傳統上的故鄉或與他們相關的地點。

至，即使沒有生物學或婚姻上的真實關係，也可能用親屬關係的稱謂來跟他人建立象徵性的關係。直到梵文文化時代以後，我們才有具體證據，確知東南亞人怎麼稱呼彼此。族群名（ethnonym）的普遍使用，是個非常緩慢的過程，沒有幾千年，也有幾百年。

族群和族群分類不是決定身分認同與社會凝聚力的既存事實。相反地，它們是文化標記，通常是相當現代的產物，會在特定條件下發揮作用力。[6]東南亞國家基於行政需求採用族群標籤的時間點，是在早期現代。在一六二〇年代的阿瑜陀耶，官員使用族群標籤來辨識來自不同地域的商人、傭傭兵、貿易商、工匠和其他人。在那之前一百年，族群標籤雖然存在，使用卻不那麼普遍，而且多半用來區分個體，而非區分不同類別的人。阿瑜陀耶採用族群標籤後不久，高棉的宮廷官員也開始使用，同樣是基於行政目的。[7]有更早的證據顯示族群標籤使用在行政與法律上，比如十五世紀新儒家的大越，以及一〇五〇年的一篇占婆碑文。[8]

從十九、二十世紀開始，殖民國家與後殖民國家在行政上使用族群類別的情況更加普遍，方便治理更龐大、更多樣化的人口。這些類別在國家管理體系下進一步強化，教導東南亞人用族群或種族的角度去看待自己或他人。在特定地方，比如菲律賓，宗教和「原住民」這兩種類別的重要性，高於更嚴謹的族群或種族類別（其中宗教類別指的是天主教或「莫洛人」〔Moro〕，也就是穆斯林；原住民類別則指基督徒和穆斯林以外的群體）。關於各個族群和相似的身分認同類別的發展，我們可以循以下管道追蹤，比如語言的多樣性、人的遷移、奴隸與勞役制度、貿易關係，以及人們成為東南亞原住民的方式。

語言與世系

語言和血統通常被視為族群與種族多樣性的基礎。社會科學家所謂的「族群語言學」群體，是以文化和語言劃分。在東南亞各地，這樣的語言群體複雜得叫人眼花繚亂。語言學家將東南亞的語言劃分為五大語系：南亞語系、南島語系、赫蒙勉語系、藏緬語系和泰卡岱語系（Tai-Kadai）。[9]不過，這些分類跟人們的自我身分認同關係不大。

南亞語系又稱孟高棉語系，包括高棉語、孟語、越語和其他超過一百六十種語言。[10]這個語系會這麼龐大，一般認為跟四到五千年前稻米耕作在半島東南亞的擴散有關。南亞語系可能是從稻米的發源地長江地區往南傳播，也可能是慢慢出現在湄公河中游，從那裡往外散布。[11]除了柬埔寨和越南的官方語言高棉語和越語之外，東南亞和南亞很多少數族群也使用南亞語系的語言。

在泰卡岱語系和藏緬語系擴散以前，孟語顯然是昭披耶河與伊洛瓦底江流域使用最廣的語言。如今在泰國和緬甸，孟語使用者已經是少數族群。南亞語系包括居住在柬埔寨、寮國、緬甸和越南交界處山區眾多族

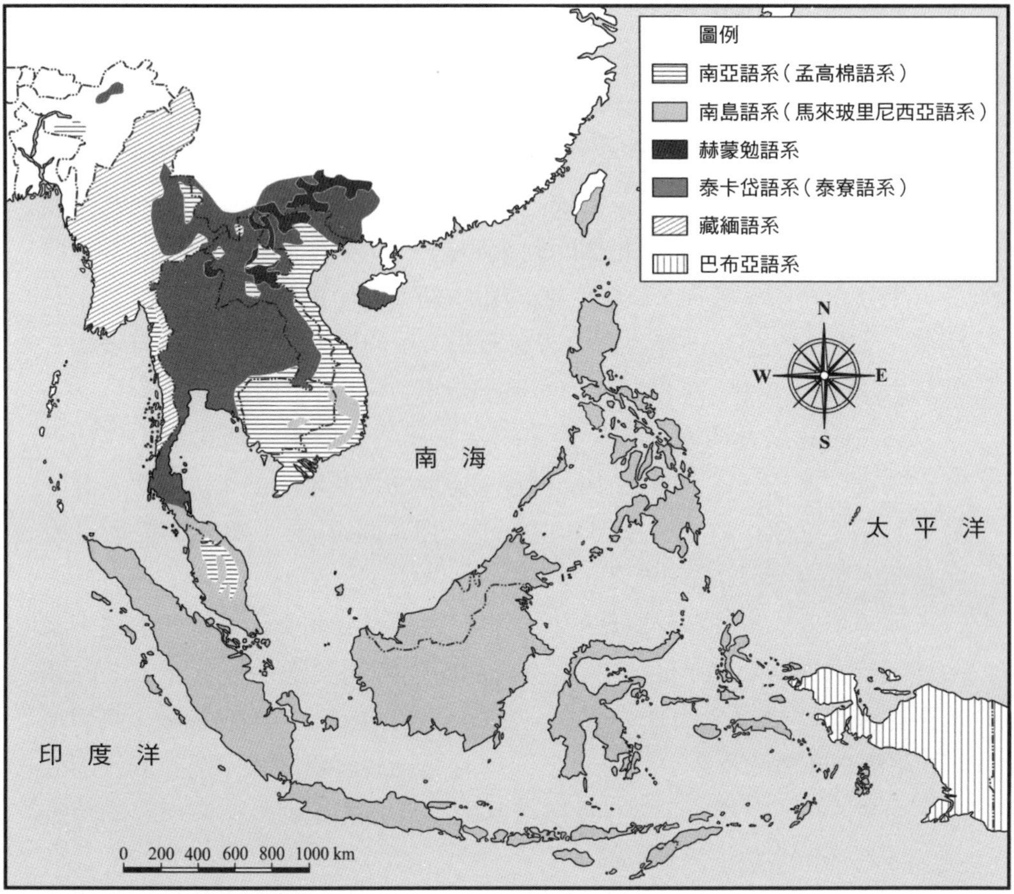

地圖6.2 東南亞語言地圖｜本地圖呈現東南亞主要語系大致上的分布情況，很多地方同時使用屬於不同語系的多種語言。

群使用的語言，還有更西邊印度和孟加拉邊境的卡西族（Khasi）和蒙達人（Munda）的語言，馬來半島大多數原住民的語言，以及孟加拉灣尼科巴群島（Nicobar Islands）的語言。

南島語系又稱馬來玻里尼西亞語系，同樣跟稻米耕作在菲律賓和印尼群島的傳播有關。語言學家辨識出超過一千二百五十種南島語系語言。[12] 汶萊、印尼、馬來西亞和菲律賓的所有語言，除了原住民語和晚期進駐的華語、歐洲語言和南亞語言之外，都屬於馬來玻里尼西亞語系。馬來玻里尼西亞語系是世界上種類最多、分布最廣的語系，包括非洲外海的馬達加斯加島的語言，以及太平洋各島使用的玻里尼西亞語系。柬埔寨和越南的少數族群使用的占語等語言，也屬於馬來玻里尼西亞語系。

泰卡岱語系和藏緬語系在半島東南亞傳播的時間比較晚，大約在過去兩千年裡。卡岱（Kadai）語系的使用者主要是中國南方和中越邊境的少數族群。泰國和寮國的官方語言泰語和寮語，是泰寮語系最主要的兩種語言。緬甸的撣語、印度東北部的阿薩姆語，以及其他很多少數族群的語言，尤其在寮國、緬甸、泰國、越南和中國南方使用的語言，都是泰卡岱語系。[13]緬甸的官方語言緬語，是藏緬語系中使用最廣的語言。克倫語、欽語（Chin）、克欽語（Kachin）和緬甸其他許多語言也屬於緬語。[14]

赫蒙勉語系是東南亞規模最小的特殊語系，使用這種語言的包括寮國、泰國、越南等國北部和中國南部（當地稱為苗瑤語系）的少數族群。赫蒙勉語系之所以特殊，是因為它有十二種不同聲調（相較於泰語的五聲和越語的六聲）。[15]

語言是現代族群身分概念的重要標記，也是共同文化傳統的渠道。東南亞語言被劃分為五大語系，這五大語系之間的共通性具有歷史上的關聯，卻未必符合現代的身分概念。比如京族（越南人）、高棉族（柬埔寨人）和馬來西亞的半島原住民，不太可能認為彼此屬於同一個族群。同樣地，血統（亦即同樣的祖先）也被視為種族身分的基礎，但東南亞的情況顯示，語言和血統也經常偏離。

越南中部和南部的占族就是最好的例子。占語顯示跟蘇門答臘的馬來人口有共同祖先。長久以來，人們一直認為占族的祖先是從東南亞的群島地區遷往半島沿海的移民。但近年來的基因學研究發現，在生物學血統上，占族跟高棉人和越南人的關係，比跟馬來人或印尼人更近。基因學證據顯示，這跟語言的轉換有關，跟人口遷徙無關，占族的祖先並非來自群島的移民。

占族跟群島之間的貿易關係由來已久，最早可以追溯到西元前一千年左右的東山文化和沙黃文化時期。在某個時間點，他們改用某種南島語（馬來語），最終放棄早先的語言。來自群島地區的占族祖先是一群為數不多的男性，可能透過結盟或通婚加入當地家族。大多數占族可能都來自半島區，在轉換成當地的馬來語之前，使用的可能是孟高棉語系。[16]

東南亞有不少族群在時間的長河裡轉換新語言和文化，占族只是其中之一。[17]東南亞所有地方的遺傳基因檢測都證實，不同血統之間存在混合與交流的現象。華人、印度人、阿拉伯人和歐洲人這些比較近期的基因主要來自男性，跟外來男性旅居東南亞，透過通婚融入當地人口的歷史事實相符。至於農耕前與農耕時期人口向半島與群島擴張的早期遷徙中，牽涉到的有女性也有男性。[18]

近幾十年來基因分析大行其道，至今已經建構出許多東南亞內外人口遷徙與混合的模式，這些模式各有不同，卻未必互相排擠。[19]這些研究都證實，十八世紀晚期歐洲發明來描述人類多樣性的現代概念，也就是主張「種族」是一致性的、生物學相關的獨特群體，並不正確。促成東南亞現今的多樣性的，主要是移居、遷徙和混合，而不是隔離。

移居與遷徙

一群群移居者在不同時間經由不同路線，陸續遷入或路過半島東南亞的山丘和谷地，並且跨越群島，形成不同的聚落模式，這些模式定義了族群差異與身分認同。直到不久以前，東南亞一直地廣人稀。在群島區，一種賦予創始人特殊地位的「創始人中心」意識形態產生，激勵人們向外開拓新領土，前進太平洋，並橫渡印度洋到達馬達加斯加。[20]而在半島區，北邊的戰鬥和政治擴張（主要但不全然源於帝制中國）導致人口向南遷移。在西元後第一個千年裡，來自西藏高原的藏緬語族群和長江以南山區的泰寮語族群，在不同時期走不同路線翻越高山，抵達東南亞的丘陵與谷地，走進孟高棉語（南亞語系）族群生活了幾千年的地域。[21]

隨著時間過去，很多不同的詞語出現，用來指稱各式各樣的群體。越南的族群名稱起源就十分複雜，這是東南亞的共通現象。紅河流域主要的低地人口稱為「越族」，帝制時代的中國用這個字來指稱南方的非漢族。尤其，這個詞指的是漢族眼中有潛力邁向文明的非漢族。[22]早期中國朝廷認為雒（Lac）與甌（Au）是越族的兩種類型，但時日一久，這些名稱都淘汰了。越南人只使用「越」這個詞。

定居在紅河流域周遭低地的族群也自稱「京族」，亦即城市的人。

「京」字來自漢語，意思是首都，比如東京和北京。在現代越語裡，「越」和「京」是通用字。低地人使用「京」字，尤其在都會中心，以示與山村居民（Nguoi Muong）區別。Muong這個字是從泰語借來的，意思是山村。在泰語裡，mueang（勐）的意思接近「被統治的群體」。如今Muong也指越南第三大族群芒族。雖然族群名稱是從泰寮語借來的，芒族使用的語言屬於南亞語系，跟越語十分相近。現代越南的五十四個族群之中，芒族的語言和風俗跟越（京）族最相似。

京族很少遷移到河內西北方的山區。真正遷過去的，主要是宮廷派過去治理高地的官員，或逃離頻繁內戰與動亂的難民，以及尋找商機的商人。這些京族很多都因為婚姻融入當地群體，尤其是使用泰寮語的岱依族（Tay）。[23]京族官員和當地岱依家族的後裔成為當地的世襲權貴。如同半島東南亞其他高地一樣，各種孟高棉語族群和泰寮語族群幾千年前開始在紅河流域的丘陵和高山地帶定居，過去幾百年才有赫蒙勉語族群的到來。

在滿清時代（一六四四～一九一二），一個自稱塔納木（Ta Na Mu，意為木族人）的族群移居到河內西北邊的山區，並且繼續往西，去到寮國和蘭納境內（現今泰國北部）。他們的出逃，是因為清朝入侵他們在北邊的家園。這些木族後來變成西邊比較廣為人知的赫蒙族。在河內西北山區定居的人自認為苗族。越南官方和語言學家將他們歸類為赫蒙族的一支，但苗族多半不認同這種分類，自認與赫蒙族沒有關係。苗族跟赫蒙族一樣，也承認父系宗族。京族、岱依族和泰族各自透過婚姻融入苗族社會，他們建立的宗族也得到苗族承認。[24]

同樣複雜的移居、互動與同化模式，也發生在更西邊的半島東南亞。到了二十世紀，藏緬語族群的後裔發展出欽族、緬族、克欽族、克倫族、克耶族（Kayah）、拉祜族（Lahu）、傈僳族、那加族（Naga）、普儂依族（Phunoy）、若開族（Rakhine）和其他許多的族群標籤。泰寮語族群也分屬同樣龐雜的族群標籤，比如阿洪姆族（Ahom）、傣族（Dai）、寮族、撣族、泰丹族（Tai-Daeng）、泰儋族（Tai-Dam）、泰皓族（Tai-Khao）、泰族和壯族。

這些藏緬語和泰寮語族群移民的後裔有一部分透過婚姻融入南亞語系族群，如今認同孟族和高棉族等族群標籤。同樣地，很多南亞語系族群的

圖片 6.1 泰寮新兵｜吳哥窟一幅浮雕作品，內容描繪非正規泰寮族新兵走在高棉士兵前面。（作者攝）

後裔也透過婚姻融入藏緬語系和泰寮語系各族群。到了更近期，也就是過去幾百年來，赫蒙勉語族群遷移到上述地區，複製早先藏緬語系和泰寮語系族群的同化與分化過程。

泰寮語族群主要沿著現今寮國境內的烏河往下抵達湄公河，越過現今泰國東北部的呵叻高原，慢慢往西推進，最遠去到現今印度東北部的阿薩姆邦。其他人南下馬來半島，跟那裡使用南島語系的馬來人混合。[25]強大的吳哥高棉帝國招募這些泰寮語族群做為傭兵，對抗居住在現今越南沿海的占族。大多數泰寮語族群都變成高棉帝國的百姓，在呵叻高原和昭披耶河流域定居，種植稻米。隨著時間過去，泰寮語族群建立自己的權力中心，囊括這些地域和更遠的範圍，部分採用高棉的治國原則。

緬語族群經由薩爾溫江和恩梅開江流域（Nmai'kha River Valleys），遷入伊洛瓦底江和阿拉干（Arakan，或稱若開）地區。有些人就留在伊洛瓦底江流域，隨著蒲甘王朝建立（約一〇四四），聲勢漸漸壯大。也有人朝若開山脈以西前進，到達孟加拉灣沿岸。他們在那裡建立一系列王國，有時成為蒲甘和後來的緬族王國的藩屬，或臣服於東邊的孟加拉蘇丹國。其他時候，阿拉干的統治者自行掌權，建立羅耶（Lauggyet，約一二五一～一四三〇）和妙烏（Mrauk-U，約一四二九～一七八五）等獨立王國。他們藉著佛教和伊斯蘭教的啟發，處理自己的宗教與政治事務。[26]

其他藏緬語族群移居到胡康河流域（Hukong Valley），或繼續向西邁進。留在胡康河流域和鄰近山丘的人後來成為克欽族。往南進入欽敦江流域的人（第八世紀以前）則是後來的欽族，這些人最初定居在欽敦江東側和伊洛瓦底江之間的谷地。一般認為「欽族」這個名稱源於「人」這個漢字。當強大的蒲甘王國向外擴張，吸收了孟族、驃族等群體（約一〇四四年後），欽族仍然享有極大程度的自主權。蒲甘統治者建造的石碑稱欽族為朋友兼同盟。[27]

長達幾百年的時間裡，欽族廣泛地散居在卡巴谷（Kalè-Kabaw Valley）西邊丘陵和更遠的地方。這些社群發展出專屬本地氏族（tual）的方言和文化常規，在權力和群體方面的儀式強調排外。舉行這類儀式需要投入龐大勞力，為了滿足這種勞力需求，欽族經常抓捕低地的緬族、撣族和其他族群充做奴隸。欽族也經常成為低地族群掠奴的對象。有些高地族群（尤其是克欽族）也會抓捕其他高地族群，賣到低地的奴隸市場。[28]

掠奴與其他迫使人口移居的行為，是東南亞各地人口重組的重要因素。有時抓捕者與被俘者之間發生同化，也有些時候掠奴和戰爭激發族群之間的長久敵意，牢牢埋藏在集體記憶裡。從信史時代初期開始，這種強迫性的遷徙和同化就是東南亞社會關係的特色，而且幾乎可以確定更早以前就存在。隨著社會規模擴大，階級更明顯，這種現象的強度與廣度都會增加。

奴隸、子民和僕役

西元一七六五年，民答那峨島的馬卡圖林火山爆發，帶來毀滅性的衝擊。火山灰覆蓋了拉瑙湖（Lake Lanao）周邊伊拉農族（Iranun，意為湖民）的田地，將那個地區變成實質上的荒漠。倖存者被迫從他們的山區村落遷移到沿海地區，靠近那裡的「沖積平原族群」（又稱馬京達瑙人〔Maguindanao〕）。[29]伊拉農族失去農耕這個謀生手段，只好另尋生計。很多人選擇出海，捲入馬京達瑙人和陶索人（Tausog）爭奪貿易、權力與威望的長期對抗。陶索人又稱「潮民」，定居在婆羅洲島北部和蘇祿海周邊島嶼。正如越南的京族等族群，這種因居住地而得的族群名稱，成為現代的族群身分，但那些社會的成員本身卻是來自遙遠的他鄉。

伊拉農族乘著大船在東南亞沿海大肆劫掠，惡名遠揚令人畏懼。[30]他們的主要目的是抓捕村民和漁民，滿足馬京達瑙人和陶索人的蘇丹國與港口日益成長的勞力需求。被抓的人變成值錢的商品，在霍洛島（Jolo）等地的奴隸市場買賣。伊拉農族的抓捕行動越過馬六甲海峽去到孟加拉灣，沿著半島東南亞海岸，北到菲律賓維薩亞斯群島和呂宋島，南到爪哇海，東到摩鹿加島和更遠處。在整個東南亞，被伊拉農族抓捕的男人、女人和孩童成千上萬，長期下來也許多達數十萬。

靠突襲和掠奴來增加社群的人口和勞力，在東南亞很多地區相當常見。幾千年來，捕捉並納入其他族群的行為，在定義東南亞族群身分和重塑族群成員方面扮演重要角色。俘虜的命運往往有天壤之別。很多地方傳統上會讓被抓的人融入抓捕者的社會。時日一久，被抓的人或他們的後代可以變成自由的平民，有些人甚至有機會創造財富或登上高位。但也有人淪為悲慘的奴隸。十八、十九世紀受到歐洲殖民經濟體的影響，這種現象更加普遍，尤其在荷屬東印度（現今印尼）。

突襲和戰爭得來的俘虜重新配置東南亞各地的人口、文化與社會。一八三六年，蘇祿海另一個掠奴據點巴朗津加（Balangingi）的男性人口之中，只有十分之一是本地巴朗津加薩馬族（Balangingi-Samar）的後代。俘虜通常會吸收抓捕者的語言、習俗和宗教信仰，也會跟當地人通婚，融入當地社會。不過，正如十一世紀中期孟族融入緬族蒲甘王朝，以及十八世紀晚期寮族和馬來族戰俘被帶到曼谷的例子，被抓捕的人對他們融入的社會的文化也可能產生顯著影響。[31]半島東南亞的掠奴行為也跟蘇祿海一樣普遍，因此，這裡的抓捕行動與被迫移居也大幅度改造社會。[32]

俘虜加入後，東南亞社會的結構並不是簡單地劃分為「奴隸」與「自由人」兩大類。某些情況下，本地家庭會依照親屬關係對待融入的俘虜，

圖片 6.2 荷蘭人採買奴隸｜阿拉干人將奴隸賣給荷蘭人。（Wouter Schouten, 1663 CE, Public Domain, from Allen 2020）

比如當成子女、妻子或丈夫。另外一些情況是，如今英文稱為slave（奴隸）的人，是奴役與義務的複雜等級下最不自由的人。社會身分主要取決於人在這些義務網絡裡的位置，而不是取決於人的「族群」。緬族和泰寮族的王國，以及他們之前的高棉人，都發展出複雜的主僕體系。

在緬族的王國裡，原則上每個人都是受制於國王的克允（kyun，意為奴僕），國王可以將克允賞給宗教組織和私人，也可以隨意收回。在實務上，緬族王國的政治，就是君主、僧團和其他權貴之間爭奪克允的持久戰。個人可以自願或非自願成為克允，比如宣誓成為克允，以換取高位者的保護或償還債務。戰俘是最普遍的非自願克允。君主想要透過抓捕克允增加財富與權力，是戰爭的主要動機。

不是所有人都被歸類為克允，也有人是阿提（athi），傳統上這類人被稱為「自由人」（相對於受束縛或被奴役的克允）。不過，阿提仍然是國王的克允。差別在於，阿提並非隸屬特定個體或機構，並且有繳稅和服役的義務。阿提的地位未必高於克允，這兩種名稱只是用來表明個人對君主的義務，而非自由或被奴役。直接服侍君主的克允，有可能是王國地位最高的個體。[33]

暹羅王國（現今泰國）同樣設有複雜的奴隸與僕從制度。採行傳統高地勐制的泰寮政體不足以治理漸趨龐大多元的王國。素可泰國王蘭甘亨（一二七九～九八在位）試圖將他廣闊的王國建構成龐大的勐制政體，但他過世以後，他掌控的人民和領土迅速瓦解，素可泰又變回相對次要的泰族諸侯國。[34]

十六到十七世紀，阿瑜陀耶的統治者將徵兵制改為和平時期的徭役制度。[35]男性被登記為庶民（phrai），接受頭目（nai）管理，頭目可以代表國王動員數十、數百或數千人。在和平時期，同樣數量的人可以動員來投入建設計畫、灌溉維修和其他公共工程。也有人被歸類為奴隸（that），這些人可能是戰俘，也可能是積欠債務。這種身分是世襲的，不過欠債的奴隸只要清償債務，就可以擺脫奴隸身分。有些人自賣自身，也許是為了規避庶民的兵役，或籌措經商資金。大多數戰俘都是在低地諸侯國和王國的戰爭中被俘，但高地的人口也可能被抓捕淪為奴隸。

十九世紀初期，桑河（Sesan River，從安南山脈流向湄公河下游）周遭的高地有一群遷徙中的火耕農民尋求當地強大奴隸主杜赫林（Du Hrin）的庇護。這群人為了避免成為別人的奴隸逃向西邊，因為那些抓捕他們的人可能會將他們賣到剛統一的大越的奴隸市場。杜赫林效忠的是以曼谷為據點的暹羅卻克里王朝（Chakri Dynasty）。這些新移民成為杜赫林的忠誠子民，在周邊的群體和聚落大肆抓捕奴隸。他們有一部分後代變成如今的嘉萊族，定居在柬埔寨和越南邊境，住著長屋，蔑視鄰近聚落的居民。以族群來說，那些居民也是嘉萊族，但他們的祖先是杜赫林的奴隸（hlun）。[36]

從十七世紀開始，來自嘉萊族等高地族群的俘虜，是阮氏王朝所占港口奴隸市場的重要貨源。南方的越族密集使用奴隸耕作，尤其是湄公河三角洲發展的大規模農業。阮氏王朝宮廷和官員大量使用奴隸，其中有些奴隸會變成他們的重要幕僚。越族和其他低地族群同樣也會被高地人掠奴，高地人會將他們併入群體、販賣，或當成禮物獻給西邊的高棉、暹羅和寮族統治者。[37]

在大越北部，奴役現象並不那麼普遍。占族和其他非越族戰俘偶爾也會淪為奴隸，卻很少融入越族社會。黎朝（一四二八～一七八九）從中國新建的明朝手中取回主權後，朝中的新儒家文人格外重視越族的族群特色。正如一名文人在一四三〇年代寫出的一段話，展現出早期現代的「族群」情感：「我們越族不能仿效華人、占族、寮族、暹羅人或柬埔寨人的語言和服飾風格，那會擾亂我們自己的習俗。」到了十五世紀末，越族與非越族的通婚禁令越來越嚴格。[38]

另一個高地族群布婁族（Brao）住在嘉萊族的北邊和西邊，至少一千年前就開始被抓捕為奴隸。[39]十九世紀掠奴行動加劇，他們於是在聚落周遭築起防禦工事加強防衛。直到法國軍隊控制高地，他們才不得不放棄加固的村莊，重拾游耕生活。法國人自認控制高地是結束奴隸買賣的「教化使命」。從十九世紀晚期開始，法國人終結了高地的掠奴傳統，帶來一段相對和平的時期。在此同時，他們廢除了寮族與暹羅傳統的納貢關係，以殖民時代的稅賦與徭役取代。

大約同一個時期，英國人也嘗試在緬甸的殖民地廢除奴隸制度，為高地帶來和平，只是成效不如法國人。[40]一八六〇年代，比東南亞其他殖民者更依賴奴隸的荷蘭人也下令禁止荷屬東印度的奴隸買賣。[41]致力改革的暹羅國王朱拉隆功（Chulalongkorn）在一八六八年登基後，逐步廢除奴隸和債役制度。[42]從十九世紀起，西班牙是殖民時代最早廢除奴隸制度的殖民者之一。[43]

到了二十世紀，強迫性的束縛和奴役在東南亞已經相對稀少。但直到最近幾百年前為止的幾千年時間裡，奴隸交易塑造了東南亞各地人口的移動與同化，它同時也是東南亞規模逐漸擴大的社會裡身分等級發展的一環。儘管親屬關係依然重要，但王國、蘇丹國與帝國採用的組織原則，不再像過去以親屬關係為基礎。親屬關係經常被用來比喻這些全新等級關係，比如儒家制度以孝道來建構帝王和子民之間的關係。只是，想要控制越來越複雜的社會，重點不在親屬關係，而在軍事力量和外交，既是社會契約，也是高壓手段。

多樣化與差異性的交換

社會身分意識的發展過程有時也比較平和。這種過程跟群體內部和群體之間的貿易和政治有關係，也跟不同文化常規的發展（也就是後來人們認知中的「族群」）有關係，但跟來自不同祖先的「種族」血統沒太大關係。比方說，在連接蘇門答臘島和馬來半島的馬六甲海峽沿岸，現今所謂的馬來人、米南佳保人、巴塔克人、亞齊人、海上遊民、原住民或孤立部落（Suku Terasing）的族群身分意識，都是在貿易、政治同盟與通婚的複雜網絡中產生的，時間至少一千年以上。[44]

在一三四七年的蘇門答臘高地，有一篇碑文被鐫刻在一尊三公尺高的密宗佛教雕像背後。[45]這篇碑文向新上任的王者之王（Maharajadiraja）阿迪亞瓦曼（Adityawarman）致敬。阿迪亞瓦曼有爪哇和蘇門答臘血統，在爪哇的滿者伯夷宮廷長大，被爪哇宮廷派去統治巴塘哈里河流域的達瑪斯拉亞（Dharmasraya）。[46]爪哇宮廷史書稱那個地區為「馬來領土」。滿者伯夷的統治者在群島各地建立威權的方式，是將女兒嫁給當地權貴，再指派他們的後代（比如阿迪亞瓦曼）負責治理，成為附庸國。然而，這樣的統治者也許會順從爪哇人的威權，卻也可能會跟他們母族所在的當地人結盟，抵抗爪哇人的霸權。

阿迪亞瓦曼把馬來權力中心移向遠方的高地，靠近現今的武吉丁宜（Bukittinggi），在那裡建立帕加魯容（Pagaruyung）政權。下游馬六甲海峽周遭貿易中心的統治者漸漸受爪哇習俗影響，臣服於爪哇的勢力。帕加魯容的統治者和高地的人們則抗拒爪哇的勢力。他們掌控整個高地的貿易路線，強調母系繼嗣與男性外出遊歷的文化慣例，這些變成米南佳保身分認同的標誌。[47]隨著米南佳保的百姓遷移到低地和海峽對岸，帕加魯容的統治者就以神聖與世俗權力統治廣大的米南佳保世界。他們跟馬來人關係密切，卻又有所區別。

同樣受到泛亞貿易網絡影響的，還有米南佳保高地北邊的人。這些人被稱為巴塔克人，[48]他們的祖先至少在十一世紀以前就定居在托巴湖（Lake Toba）周邊。西元五〇〇年，他們已經在為馬六甲海峽沿岸的港口提供亞洲和歐洲需求的商品，尤其是樟腦和安息香。一〇二五年強大的朱羅王朝洗劫室利佛逝的港口後，泰米爾貿易協會更積極在東南亞活動。接下來那幾個世紀，巴塔克人跟泰米爾商人互動，在文化上明顯受影響，至少有一支巴塔克宗族據說大部分具有泰米爾血統。[49]

巴塔克人除了參與貿易之外，也發展政教制度和文化習俗，讓他們跟馬來人、米南佳保人、亞齊人和其他鄰居區分開來。相較於採用繁複母系制度的米南佳保人，巴塔克人發展出繁複的父系制度、宗族通婚（marga）和獨特的石棺殯葬方式。馬來人、米南佳保人和亞齊人的政教權威體系來自梵文文化，後來又發展成伊斯蘭蘇丹國。巴塔克人的政教權威屬於高級祭司和他們指定的官員（parbaringan）。雖然巴塔克人確實接收了濕婆教和密教的元素，他們的信仰和常規卻以「人類靈魂崇拜」（perbegu）為核心。馬來王公或蘇丹擁有武裝民兵或海軍來捍衛世俗權力，巴塔克高級祭司卻沒有。相反地，他們的權威來自靈性力量和超自然制裁。

巴塔克人也會向外來者宣揚吃人肉的傳說，藉此保護自己的領土。這種做法好像並沒有大範圍流傳。巴塔克人喜歡傳誦吃人肉的故事，應該是為了嚇阻強大的鄰居，避免自己的領域遭到入侵。有一點倒是證據明確，那就是巴塔克人擁有島嶼東南亞最悠久的書寫歷史（樹皮書）。四處遊歷講學的教師（稱為達圖〔datu〕或古魯〔guru〕）有效提升巴塔克領域內的識字率。教師、高級祭司與鬼神信仰perbegu，是發展巴塔克身分意識的關鍵元素。十四世紀後伊斯蘭教傳到東南亞，巴塔克人比鄰近的馬來人、米南佳保人和亞齊人更抗拒成為穆斯林。相反地，伊斯蘭教漸漸變成馬來身分認同的核心。

十三世紀晚期，強大的爪哇統治者派出遠征軍，企圖影響蘇門答臘歷

圖片 6.3 阿迪亞瓦曼國王 ｜ 這尊阿迪亞瓦曼國王的佛教雕像在西蘇門答臘出土，目前收藏在印尼雅加達國家博物館。（Gunawan Kartapranata, 2010, Wikimedia Commons, Creative Commons, CC BY 3.0）

史悠久的海上貿易與勢力中心，偶爾也發動攻擊。阿迪亞瓦曼遷入高地的那段時期，其他馬來統治者和他們的追隨者四散逃逸，前往其他地方定居。其中最知名一批在一二九九年左右定居淡馬錫（新加坡），大約一個世紀後轉往馬六甲。到了十五世紀，馬來人對伊斯蘭教的認同更為強化，當時馬六甲是海峽最重要的港口，與信奉婆羅門佛教的滿者伯夷和認同上座部佛教的阿瑜陀耶暹羅宮廷敵對。

一五一一年之後大約一百五十年的時間，亞齊接替馬六甲，成為馬來的權力中心，馬來身分認同又進一步趨向伊斯蘭教。包括四名蘇丹女王在內的亞齊統治者將他們的宮廷變成知名的伊斯蘭教研習中心。十七世紀晚期，柔佛蘇丹國重新掌控馬六甲海峽，奪回馬六甲王室傳承的衣缽。亞齊的權力從蘇丹國和沿海港口轉移到掌控農業地區的內陸領袖手上。從那以後，亞齊開始強調亞齊身分的特色，將自己跟馬來世界區分開來。

馬來權貴跟海上遊民和各種內陸族群之間的關係，對他們的權勢與野心至關緊要，那些內陸族群就是馬來西亞的半島原住民和印尼的孤立部落。海上遊民非常敬仰馬來蘇丹，對他們極度忠心，這份忠心通常超過蘇丹自己的子民。[50]海上遊民引領商船通過海峽的航道，為他們效忠的蘇丹保護海上航線。如同巴塔克人，不同族群的原住民和孤立部落也為馬來港口供應珍貴的森林商品。海上遊民和原住民都透過通婚鞏固跟馬來人的關係，通常是將他們的女性嫁給蘇丹或馬來貴族的兒子。海上遊民有機會成為馬來宮廷裡的重要人物，比如知名的馬來英雄兼海軍統帥漢都亞（Hang Tuah）。根據《漢都亞傳》（*Hikayat Hang Tuah*）的描寫，他是海上遊民（Sakai）出身。

馬來人、海上遊民和原住民之間的緊密聯繫，是以互利為前提，每個族群都有益其他族群。海上遊民保護航線，趕走從海上入侵的敵人；馬來人提供宗教與政治權威，管理港口經濟；原住民為馬來港口提供商品和勞力，偶爾也成為士兵，保護陸地上的馬來人。[51]這種關係鼓勵這些族群維持自己特有的生活方式，不鼓勵同化。但他們之間的界限並非絕對。很多人在不同族群之間轉移，也許透過婚姻，也許只是以貿易商或使者的身分，成為不同族群相互接觸的關鍵節點。

到了十九世紀，這種互惠互利的關係瓦解了。英國人與荷蘭人控制了海域，馬來人對貿易的控管隨之崩潰。大農場取代森林，成為經濟作物的主要來源。接下來兩個世紀裡，這些族群之間長久以來的相互尊重消失了，海上遊民和原住民漸漸被數量占優勢的馬來人視為「落伍」族群。[52]

馬六甲海峽周邊族群因為貿易與政治權威形成複雜關係，衍生出分歧的族群身分意識，在東南亞並不是特殊現象，反倒可以說明對族群差異的感知是如何出現的。貿易、政治與半島東南亞群體之間的各種結盟等因素，也催生了現代所謂的「族群」身分認同。

泰寮語系族群在十四世紀擴張政治影響力，創立瀾滄、蘭納和阿瑜陀耶等上座部佛教王國，在此同時，包括克木族（Khmu）在內的多個孟高棉語系族群也向高地推進。在肥沃的南塔谷地（Nam Tha Valley），高產的克木族從事火耕，成為低地寮族成長中的人口重要的稻米來源。寮族的船民在高地聚落周遭建立貿易站，跟克木族或其他高地女性結婚。時日一久，這些聚落規模擴大，鼓勵人們建立更多寮族根據地。隨著佛塔的建造，寮族身分認同越來越鮮明。[53]

克木族跟泰寮語族群交流後，發展出一種名為特莫依（tmoy）的複雜次族群系統。特莫依是克木族社會與文化的標誌，但它的發展跟瀾滄王國和其他泰寮語族群的勐邦不無關係。克木族的特莫依和泰寮語系族群的勐邦，都帶有政治、社會、文化與疆域等涵義。[54]在某些區域，特莫依發展成輪廓清晰的疆域型政治單位，領導者得到泰寮統治者賜給的王室封號。在此同時，克木族強調特莫依身分認同，以便區隔克木族和泰寮勐邦的居民。類似這種透過跟泰寮政治體系的貿易與政治交流發展出獨特文化的情況，也發生在高地其他地區，比如藏緬語系的普儂依族群。[55]

越族人口向南擴張，也創造出類似的關係與身分認同。到了一七〇〇年，越族的阮氏王朝領主已經有效控制淨江（Gianh River）以南的海岸。阮氏王朝軍隊透過一系列征戰占據這些領土，越族人口緊隨他們的腳步遷移到中部海岸，並進入湄公河三角洲：中部海岸原本由占族統治者組成的鬆散聯盟掌控；早在吳哥帝國達到鼎盛期以前，湄公河三角洲就已經是高棉的勢力範圍。阮氏王朝和他們的越族百姓帶著儒家和越族觀念與常規南下，也吸收並調整之前的占族、高棉和其他族群的許多常規。這些常規之中包括蓄奴，但對貿易與結盟的態度卻比較開放，比如跟占族、高棉人、日本人等經常往返沿岸港口的人通婚。[56]

阮氏王朝和其他越族權貴不常與高地人通婚。這種通婚行為在占族倒是比較常見，他們跟高地人的關係類似馬來人和原住民群體的關係。從十五世紀開始，黎朝法典規定，與高地族群通婚的國家官員將受到懲處。[57]只是，越族人口成長，阮氏王朝對港口經濟興趣加深，刺激了高地與低地之間的貿易關係。低地的占族跟高地人長久往來，便扮演雙方的中間人。阮氏王朝本身也採用占族傳統儀式，發展出跟高地人之間的儀式關係。他們在出發執行貿易任務之前，會在南部的阮氏王朝都城順化（Hue）的寺廟祭祀，祭拜對象包括香木守護者「王國之母」（占語稱為婆納加〔Po Nagar〕；越語稱為天依阿那〔Thien-Y-A-Na〕），以及高地人的祖先，因為他們的神靈負責管理上游河岸。

對於阮氏王朝，北方的鄭氏和南邊的占族與高棉都是焦慮與衝突的來源。東邊的海岸和西邊的高地則是機運所在。阮氏王朝走外交路線，與哀牢隘口（Ai Lao Pass）另一邊以永珍為根據地的寮族瀾滄王國統治者建立納貢關係。更南邊的巴江（Ba River）是貿易的主要通道，連接越族、占族等低地族群和嘉萊族等高地族群。正如馬六甲海峽和其他地區的情況，高地族群為海岸的阮氏王朝貿易港提供沉香木、檳榔、蠟和蜂蜜等珍貴商品。他們也掌控通往湄公河的山區隘口。[58]

成為本地人

當來自阿拉伯半島、中國、歐洲和南亞等地區的異鄉人跟東南亞社會互動，東南亞各地便發展出各式各樣的群體。在馬來世界，混血後裔（Peranakan，字面意思是變成某個地方或社會出生的孩子）這個詞是用來指稱這類混合的文化傳統，以及本地與外國的混合血統。但這種現象絕不只發生在馬來世界，東南亞半島和群島各地都找得到。

一般來說，當商人、傳教人員或其他類型的異鄉男性跟本地女性成婚並共組家庭，就會發展出混血後裔群體。但也可能有來自外國的女性跟本地男性結合。比如馬來文獻記載，十五世紀中期明朝派遣漢麗寶（Hang Li Po）公主和親，下嫁馬六甲王朝蘇丹曼蘇爾（Sultan Mansur Shah）。據說漢麗寶公主帶著五百名隨從抵達，那些人定居的地方名為武吉支那（Bukit Cina，意為中國山），是蘇丹撥給新娘使用的區域。[59]

早在東南亞普遍改信伊斯蘭教之前，來自阿拉伯半島和廣大阿拉伯世界的商人就已經展開跨印度洋貿易，買賣樹脂等商品。這些異鄉人雖然來自阿拉伯世界的不同地區，但以阿拉伯半島東南沿海的哈德拉毛

（Hadhramaut）居多數。[60]隨著馬來宮廷改信伊斯蘭教，阿拉伯的賽依大人（Tuan Sayyid）成為各地蘇丹敬重的重要顧問。[61]婆羅洲島的坤甸（Pontianak）有個賽依家族創立自己的王朝，蘇祿蘇丹國也是由賽依家族創建。在這些案例裡，阿拉伯人輕而易舉「變成馬來人」。[62]

大約從十八世紀起，東南亞的哈德拉毛人數量明顯增加。從一七五〇到一八八〇年代這一百多年裡，哈德拉毛商人在越洋帆船運輸領域特別活躍。一八八〇年代帆船漸漸走入歷史，哈德拉毛人轉向地區貿易、都市房地產和融資。規模最大的哈德拉毛混血群體出現在爪哇，但新加坡、檳城、群島地區與馬來半島也有他們的社群。在那些地方，他們漸漸「變成阿拉伯人」。

混血華人群體在東南亞更是普遍。華人跟哈德拉毛人和其他來自阿拉伯世界的人一樣，跟東南亞人的往來可以追溯到梵文文化圈時代以前。東南亞的統治者通常歡迎也鼓勵中國商人來到他們的國際化港都和都城經商或定居。東南亞各地的統治者也積極跟帝制中國建立外交關係，認為那是海上絲路的重要貿易管道。到了一二九六年，中國船員已經在吳哥定居，娶當地女子，建立貿易社群。[63]至少從馬六甲蘇丹國時代（約一四〇二～一五一一）開始，這類中國商人已經在馬來世界建立混血後裔社群，習俗上則兼具中國與馬來元素。[64]

幾百年的時間裡，中國朝廷有時鼓勵與東南亞的公開貿易，有時禁止海外貿易，有時規定只有東南亞藩屬國統治者直接派遣到中國朝廷進貢的使節可以從事貿易。雖然朝廷從來沒有強大到足以完全禁絕貿易，但禁令一旦取消，中國的貿易商和移民就會大舉湧向東南亞。中國內部發生動亂，難民也會逃往東南亞。一六七九年滿清打敗明朝，幾千名忠於明朝的百姓逃到湄公河三角洲。在越南阮氏王朝的庇護下，這些人建立了農耕聚落，引來更多中國移民。

早期的明朝遺民在十七世紀中期就定居在阮氏王朝都城順化附近。一六八一年，第三批中國移民越過湄公河三角洲，在暹羅灣的河仙（Ha Tien）建立繁榮的貿易城。這個聚落的領袖是明朝遺民鄭玖，他後來變成金邊高棉朝廷的勳爵（oknha）。擴張中的阿瑜陀耶對河仙的繁榮構成威脅，鄭玖尋求阮氏王朝的庇護，獲得應允，阮氏王朝因此陷入與阿瑜陀耶

圖片6.4 混血後裔的大宅｜馬六甲、檳城和新加坡的華人混血後裔融合中國與馬來元素，形成獨特的混種文化。檳城這座混血後裔大宅如今是博物館，也是聯合國教科文組織（UNESCO）認定的世界文化遺產。（Shankar S., 2013, Wikimedia Commons, CC BY 2.0）

和高棉的衝突。如同馬來港口的混血後裔社群一樣，中國移民在阮氏王朝領土上發展出龐大的「明鄉」（Minh Huong）族群，是中國與越南的混血後裔。[65]

中國移民也廣泛地融入其他東南亞社會，尤其是國際化貿易港和城市，比如阿瑜陀耶、馬尼拉和巴達維亞（Batavia，雅加達舊稱）。在馬尼拉和西屬菲律賓（Spanish Philippines）大部分地區，華人和華人混血兒（mestizo）在社會身分認同的發展上扮演重要角色。這種身分認同的基礎是商業、土地所有權和職業，而非宗教和族群。[66]一七九九年荷蘭東印度公司解散以前，在巴達維亞的華人被視為本地人，而望加錫、巴里島和群島東方其他島嶼的本地人則被視為「外國東方人」（Foreign Orientals）。一八一八年，荷屬東印度的殖民政府重新將「華人、摩爾人、阿拉伯人和其他非歐洲人的外國人」劃分為「外國東方人」，與之相對的是「群島本地人」。[67]整個十九世紀，英國與荷蘭在東南亞的殖民官員逐漸執行居住隔離措施，並且限制這些「外國東方人」的移動。

泰米爾人和其他南亞人遷居東南亞的歷史也十分悠久，考古學研究顯示，他們在東南亞定居的時間早於梵文文化圈時期。朱羅帝國（約九〇七～一二一五）興起後，泰米爾商會在東南亞很多地方都十分活躍，在馬六甲海峽沿岸和其他地方建立貿易港，與當地權貴家族通婚。十五世紀晚期馬六甲貿易達到巔峰時，泰米爾穆斯林在馬六甲蘇丹國擔任重要官員。其他來自南亞等地的人（比如印度古吉拉特邦和波斯）跟東南亞社會發展出緊密關係，影響並偶爾融入當地社會。[68]

東南亞的不同群體同樣也會四處移居，形成新的混種群體，其中特別成功的案例是布吉人。布吉人在十七世紀晚期逃離布吉人和望加錫各王國與蘇拉威西的荷蘭人之間的暴力衝突，投入馬六甲海峽的貿易與政治關係。他們在柔佛蘇丹國、亞齊與荷蘭的三方戰爭中擔任傭兵，為不同勢力服務。

一六九九年，柔佛蘇丹王馬穆（Mahmud）遭到敵方貴族暗殺，他是馬六甲蘇丹王最後一個直系血脈。在接下來的爭鬥中，有一群布吉人打敗一群海上遊民，[69]獲頒王室爵位，建立新的柔佛王朝，並且透過聯姻跟許多馬來世界的貴族建立關係。一七二七年，布吉人的王朝成功掌控亞齊蘇丹國。[70]一七六六年，有個柔佛蘇丹國布吉人後代變成雪蘭莪蘇丹國的第一任蘇丹王。在不同時期，這些布吉人的後代在不同人眼中有著不同身分，有時是布吉人（有別於馬來人），有時是布吉人混血後裔，有時只是擁有布吉人血統的馬來人。[71]

十六世紀以後，隨著歐洲人勢力漸漸深入，東南亞各地出現許多歐亞混血社群。一五一一年葡萄牙人占領馬六甲後，當地出現一個葡萄牙歐亞混血社群，歷經荷蘭、英國和馬來西亞的統治，依然存在。[72]西班牙統治菲律賓最初幾百年，強硬隔離西班牙修士和菲律賓本地人（indio）。從十八世紀晚期到十九世紀，修士會的權力受到充滿活力的商業社會質疑。新來的西班牙移民在殖民地尋找致富之道，也分散到群島各地。西班牙混血兒跟其他擁有華人、日本人和菲律賓本地人血統的混血兒漸漸被認定為菲律賓人。在這個社會裡，決定地位和身分的，是財富和教育程度，而不是族群。[73]

荷蘭東印度公司限制荷蘭女性移民到巴達維亞與荷屬東印度其他地方，他們鼓勵來自荷蘭的男性跟亞洲女性結婚，在殖民地定居下來。這種婚姻下生出的孩子從父姓，擁有荷蘭國籍，但由母親依照亞洲習俗撫養。一開始，這些女性大多是解放的奴隸，是荷蘭東印度公司為職員安排的配偶。漸漸地，荷蘭男性轉而偏好娶歐亞混血新娘。在荷蘭東印度公司時期，混血歐亞人最終變成巴達維亞的管理階級。但到了十九世紀，荷蘭東印度公司解散後，荷蘭殖民者系統性地貶低混血歐亞人的地位。新秩序形成，越來越多荷蘭女性跟隨她們的丈夫來到殖民地，歐洲人與其他人之間的種族界限逐漸強化。[74]

殖民時期的分類

對於東南亞現代族群（或種族）概念的產生，殖民政府是關鍵推手。羅馬式微後，歐洲變成歐亞大陸上相對孤立的偏遠地帶。[75]當歐洲人脫離孤立狀態，大約一五〇〇年左右開啟他們的探索時代（Age of Exploration），他們對自己探索的未知地域（terra incognita）的人們一無所知。葡萄牙和西班牙探險家帶著天主教會的權威渡海而來，基本上將他們遇見的本地人視為非基督信仰的異教徒。到了十九世紀，試圖以科學方法為人群分類的「種族」概念漸漸在歐洲人的思維中成形。種族偏見為歐洲殖民勢力提供白人優越主義的意識形態堡壘，合理化他們的教化使命。[76]種族分類變成殖民國家管理他們統治的多樣化人口的主要手段。

一八七一年英國殖民政府首度在海峽殖民地（Straits Settlements）馬六甲、檳城和新加坡實施第一次現代人口普查。[77]調查項目繁多，其中之一是海峽殖民地居民所屬「民族」（nationality）。歐洲人和美洲人（共十八個子類）位居表單最前端，緊隨在後的是亞美尼亞人（Armenian）和猶太人。[78]接著是排在中間位置的歐亞混血種，之後還有二十三個類別，依照字母順序排列，從阿比西尼亞人（Abyssinian）、亞齊人和非洲人，到波斯人、暹羅人和僧伽羅人（Singhalese）。

從一八八一到一九三一年，這種人口普查每十年執行一次，後來的普查納入半島地區更廣大的人口。每次普查時，這些「民族」類別都會擴大、調整並重新命名。整個殖民時期裡，歐洲人和歐亞混血種一直停留在表單最前端。非歐洲人的類別在六次普查中變化極大。

一九〇一年，普查表單製作者加了註記，言明「民族」這個詞應該以「種族」取代，並詳細說明以「種族」取代「民族」的意義。這兩個詞都不完全契合他們想表達的意思，殖民地百姓對這個身分問題的回應始終不一致，令他們十分困擾。他們不得不承認，所有的答案，都是對「你是哪一種人？」這個問題高度主觀且在地化的解讀。

一六一九年荷蘭東印度公司攻占賈雅加達港（Jayakarta），將它改名巴達維亞，做為他們在東南亞的行動據點。經過幾個世紀，巴達維亞規模擴大，荷蘭人於是基於他們對種族、族群和宗教的認知，採行各種形式的居住隔離措施。在東南亞的多樣性國際化港口和城市，比如阿瑜陀耶和馬六甲，居住隔離不是新鮮事。但荷蘭人將這些隔離措施制度化的方式，強化了他們統治的人口的差別意識。

巴達維亞時代早期，所有人為了安全，都住在防禦城牆裡，城裡劃分不同區域，供特定族群居住，比如班達人（Bandanese）、爪哇人和馬來人。[79]時日一久，荷蘭人基於安全考量，將許多人驅趕到城外居住。一六五六年以後，荷蘭人跟附近的萬丹蘇丹國（Banten）發生戰爭，爪哇人被逐出內城。由於戰亂的關係，很多人從群島地區（尤其是摩鹿加和蘇拉威西）湧向巴達維亞，有人在城裡謀職，也有人被迫成為奴隸。荷蘭人在城外劃分不同區域給這些人居住，各安排一名首領負責管理，劃分的依據包括出生地和宗教，比如基督徒和穆斯林。非基督徒亞洲人正式被排除在內城之外。

荷蘭人根據出生地和血統，制定一套複雜的法律多元化系統（legal pluralism）。[80]他們透過從各個群體中選出來的首領，對亞洲人口執行間接統治。荷蘭人發給每個居民一枚金屬憑證，上面標註所屬群體，算是現代身分證的前身。他們以行政命令禁止不同群體通婚，要求人們穿著符合自己習俗的服飾，並且居住在指定區域。這套制度目的在維持秩序與安全，同時方便荷蘭人在整個群島地區招募傭傭兵，徵收稅金和徭役。

這套制度雖然持續更新與強化，實務上卻從來無法完美執行。[81]儘管官方禁止，歐洲人、華人和來自群島的其他群體依然經常跨越種族或族群界線通婚。在巴達維亞，歐亞混血族群規模擴大，枝繁葉茂。到了十八世紀晚期，荷蘭東印度公司職員大多數都是歐亞混血種，但最高行政官員的位置都保留給歐洲的荷蘭人。

在巴達維亞和其他國際化城市，移民的出生地並不是很重要。其他身分認同占優勢，尤其是宗教。很多人改信天主教，特別是在殖民時代前的爪哇與馬來中心體制下被邊緣化的群體，比如蘇門答臘的巴塔克人。也有人改信伊斯蘭教，或重新重視他們的穆斯林身分。比起出生地、種族或族群，穆斯林身分構成更堅實的反殖民基礎。

十九世紀後半，法國殖民官員逐漸加強他們對越族、高棉人和寮族統治的領土的掌控。他們以「教化使命」合理化自己的行動，尤其是在高地區域。法國人認可越族為豐富文明遺產的繼承人，對越族實施的「教化使命」則美其名為「現代化行動」。[82]一八八三年法國人占領越南北部，最初只劃分越族與華人。

當法國人漸漸直接控制河內西北部的山區，便對高地族群展開大規模族群誌調查。[83]對於民政和軍事當局，這種詳盡資訊都是必要的，有助於治理高地不同族群、監督殖民地重要經濟作物鴉片的生產，以及傳揚天主教。如同英屬馬來亞與荷屬東印度，法國人對他們統治的人口灌輸種族等級意識，他們自己在最頂端，之後是越族、高棉人和寮族，高地的各種「蒙塔尼亞」（Montagnard，法語意為山區的人）在最底層。

在西屬菲律賓，族群制度化的程度沒有其他殖民政權那麼明顯。以英國在馬來半島和緬甸的殖民地為例，族群身分或「種族」成為主要的身分標誌，總是做為社會、政治甚至經濟生活的所有面向的前提。反觀菲律賓，在描述與理解菲律賓社會時，相較於其他更顯著的群體身分，比如宗教身分認同和以教育和經濟地位為依據的階級身分，族群身分通常居次要地位。

比方說，一本二十世紀出版的菲律賓歷史書籍以西班牙的接觸為探討重點，依地區編排：維薩亞斯群島、呂宋島和民答那峨島。[84]其中對於維薩亞斯社會的討論，依據的並不是族群（文化）、語言差異和身分認同，而是階級結構：統治階級達圖；雖自由卻隸屬於達圖的提馬威

（timawa）；以及「不自由的」債奴阿里平（oripun，意思是「被允許活著的人」）。人們通常被稱為「菲律賓人」（Filipino），偶爾才會提及維薩亞斯的許多不同語言和文化，比如宿霧語（Cebuano）。

討論到民答那峨時，作者提及各個貿易港和住在島嶼北部地區的維薩亞斯族群，至於島嶼南部則是從穆斯林蘇丹國的角度描述那裡的社會。[85]對呂宋島的描述看起來依據的是族群身分：比科爾（Bikolano）、他加祿（Tagalog）、卡邦板牙（Kepampangan）、亞拉蓋地（Alaguetes）、伊隆果（Ilongots）、尼格利陀（Negritos）和山巴利斯（Zambals）。只是，在這種以歷史角度為主的敘述裡，很多「族群」名稱的起源都早於「族群」本身，而且依據的是地域，而非「族群」身分。

十六世紀居住在呂宋島的人似乎自認是「河濱居民」（taga ilog），以及「人」或「本地人」（tawo）。時日一久，taga ilog演變成族群名Tagalog（他加祿），tawo卻沒有。這些河濱居民稱呼北邊的人為「山區的人」（Igolot），稱其他住在山裡的人為阿埃塔（Ayta或Agta），這些都變成現代的族群名稱。住在邦板牙河（Pampanga，注入馬尼拉灣）流域的人被稱為Kapampangan，意思是「邦板牙的」。根據各種說法，菲律賓大約有一百七十五個族群，它們的名稱和身分認同分別來自地方、宗教身分和語言，有時甚至只是當地語言裡指稱「人」的字眼。但在行政上，菲律賓的族群身分始終不像在印尼、寮國、馬來西亞、緬甸、新加坡或越南等國家那麼重要。

族群的誕生

一九九三年馬來西亞作者里曼．拉席德（Rehman Rashid）在他的祖國四處遊歷時寫道，「旅途中最常被問到哪些問題？『你是馬來人或印度人？你是歐亞混血兒嗎？你是穆斯林嗎？你到底是哪一種人？』接下來的談話，所有的評論、看法和回應，都取決於我給出的答案。」[86]在馬來西亞和東南亞其他地方，當初困擾殖民時期普查人員的問題，已經成了社交互動的基礎。對於很多東南亞人，族群身分或「種族」已經變成看待自己和他人最自然的方式。如今的批評家偶爾會認為，族群或種族純粹只是歐洲人強加在東南亞人身上的東西。但族群和宗教或階級等現代社會身分的誕生，其實複雜得多。

殖民主義的確推行種族分類，也讓許多群體之間的緊繃關係惡化，但這樣的分類是為了行政運作，方便逐步現代化的國家治理龐大的人口。早在殖民時代之前，阿瑜陀耶、大越的黎氏王朝和其他官員，都以自己的方式執行過這樣的措施。甚至，東南亞語言的多樣性，遷徙後產生的故鄉，戰爭、掠奴、貿易與通婚造成的同化與敵意，以及混血後裔的本地化，都預示了現代族群的形成。如果沒有殖民主義，這些會有什麼不同，很難說得清。

到了二十世紀，殖民現代性在東南亞各地達到政治與文化力量的巔峰。英國、荷蘭或伊比利亞（Iberia，西班牙與葡萄牙）的殖民勢力，以及被捲入殖民霸權的東南亞人，漸漸接受以族群或「種族」的角度解讀身分。在此同時，東南亞人學到的不只是族群類別，還有過去一個世紀以來慢慢在歐洲和其他地方成形的新形態政治組織，亦即民族國家（nation-state）。

民族國家本身是以歐洲的種族或族群概念為前提。當封建社會退場，換成越來越都市化與迅速工業化的社會，一般認為每個「種族」或「民族」（比如日耳曼人）都應該擁有自己的國家。而且依照法國、美國和其他國家革命人士的提議，每個民族的人都應該對自己國家的治理擁有發言權。東南亞人會根據自己的情況，採納並調整這些民族主義與民族自決觀念，以做為抵抗歐洲殖民統治的強大動員力量，並在二十世紀中期將他們推翻。

第七章

爭奪主權

二十一世紀初，吉隆坡和馬來西亞各地大城小鎮經常飄揚著黃色旗幟，上面寫著「吾王萬歲」(Daulat Tuanku)。這些旗幟在向「吾王」(Tuanku)致敬，主要對象是國王(Yang di-Pertuan Agong，意為最高元首)，但也包括馬來西亞的九位蘇丹，國王就是從他們之中推選出來的。[1] Daulat這個字源於阿拉伯文，有著悠久又複雜的歷史，在波斯語、印度語、爪哇語和他加祿語之中都有同源單字，它的意義甚至比它的歷史更複雜。特別用來指涉蘇丹時，它隱含跟權力、主權和正統性相關的超自然本質。[2]在馬來語裡，它跟durhakha(叛亂)對立。這些只是這個關於主權、權力和政治的複雜字彙在史書裡傳達過的一部分意義，比如一六一二年的《馬來紀年》，以及最古老的馬來碑文(大約六八〇年代在巨港的室佛利逝)。

馬來語之中跟統治與主權相關的字彙與概念不少，Daulat只是其中之一，東南亞無數語言之中還有更多，比如緬甸語、爪哇語、高棉語、寮語、泰語、越南語等。東南亞關於權力、政治、統治權和統治者的期待與職責的語彙相當古老。[3]現代學者花了幾十年時間，想要解釋這些概念，為它們建立理論，從中探討東南亞的權力與社會秩序的關係。[4]對於早一點的時期，我們很少找到解釋這些抽象概念的文本，部分原因在於，東南亞相當欠缺現代以前的書面資料。大多數的書面資料只是陳述東南亞本地關於權力的字彙，而非解釋。這些字彙通常出現在早期揭示政令與捐獻的碑文，或十五世紀的《馬六甲法典》(*Undang-Undang Melaka*)和一八〇五年曼谷王朝國王拉瑪一世（Rama I）的《三印法典》（*Three Seals Code*）。

馬來語等南島語系的「達圖」和泰語的「勐」這類詞彙，呼應某些非常古老的權威與統治概念。我們先前討論過，最早期的國家、王國和帝國是依據梵文的神王概念建立的。同樣地，越族統治者和官員運用儒家理念建構大越王朝。到了十一世紀之後，伊斯蘭教和上座部佛教引進更多主權與統治觀點。隨著時間逐漸來到現代，我們終於能更清楚看出國家統治之下的社會關係，比如緬族與泰族王國債務、義務與奴役的複雜形式，或爪哇的滿者伯夷以婆羅門祭司與佛教僧侶為特使。

主權這東西從來不曾安定下來，而是不斷被主張，被爭奪。主權的擁有與失去，是因為征戰。它的維持與經營，則是透過貿易、交流和外交。二十世紀東南亞現代歷史出現一個論點，認為東南亞的現代民族主權和現代民族國家是歐洲殖民統治的產物（彷彿憑空冒出來）。歐洲勢力深入東南亞的時期，正好是早期現代過渡到現代的時期，封建政治體系也在那時演變成現代民族國家。[5]

但在這個過程中，東南亞並非消極被動。相反地，東南亞的統治者以及他們統治的廣大社會積極主動，塑造整個地區國家的演進與主權的狀態。直到十九世紀晚期，東南亞大多數地區才普遍屈服於歐洲霸權。即使到那時候，直到二十世紀中期之後那近百年的時間裡，東南亞人陸續奪回主權，使用的語彙越來越現代。從大約一五〇〇年到二十世紀中期這幾百年，是一段複雜的歷史，許多短命國家興起又滅亡，擴張又消失。這幾個世紀的少數細節透露，東南亞人如何在協商與爭奪主權中付出代價，建立如今的現代民族與國家。

摩鹿加的權力協商

一五一二年，特爾納特（Ternate）的蘇丹王阿布・里亞斯（Abu Lias）聽說有一批船難的水手獲救後被帶往安汶。安汶是他強大蘇丹國的附庸國。阿布・里亞斯掌控的眾多貿易港遍及整個摩鹿加群島和其他地方，西到蘇拉威西，東到巴布亞。摩鹿加群島是世界知名的「香料之島」，出產丁香等稀有香料，早在梵文文化圈時代以前，就已經是世界市場上的珍貴商品。阿布．里亞斯的王族血脈已經傳承超過兩百年。

根據當地傳說，他的祖先西科（Cico）是當地海岸聚落的首領，有個高地聚落的首領古納（Guna）將他找到的黃金研缽和杵送給西科。從那時起，西科和他的後代就成為特爾納特公認的「國王」（kulano），也就是最高統治者。[6]隨著伊斯蘭教的影響力越來越大，阿拉伯與其他穆斯林商人在馬來世界港口政體的地位也日益重要，阿布．里亞斯的祖父改信伊斯蘭教，他父親則自稱「蘇丹」。

蘇丹阿布．里亞斯統治的領土的勢力、威望和繁榮，都依賴香料貿易。一年之前有個外國艦隊攻擊並征服馬六甲的馬來蘇丹國，香料貿易嚴重受阻。阿布．里亞斯一直積極設法與馬六甲的新統治者建立關係。他收到消息，得知這個名為葡萄牙的外國勢力指派的代理人正好航行到他的領土南部邊境，在那裡從事貿易，其中有幾個外國人發生船難，在安汶島外海獲救，於是派自己的弟弟去將那些人帶回宮廷。他將那些人迎到特爾納特，跟他們展開協商，爭取讓自己的代理人在葡萄牙統治下的馬六甲做貿易，也要求葡萄牙在特爾納特建立摩鹿加群島唯一的基地。

阿布．里亞斯跟葡萄牙人商談排外貿易條款的做法，是一套權力與威望的複雜遊戲，特爾納特和它的宿敵蒂多雷（Tidore）已經在摩鹿加群島上玩了至少幾百年。這兩個王國是摩鹿加群島的兩大權力核心，他們所在的島嶼隔著一道寬度不到三公里的海峽。兩國都知道彼此既是敵人，卻也關係緊密。特爾納特的勢力在北部和西部，蒂多雷則在南部和東部。特爾納特的統治者經常迎娶蒂多雷王族的女性。蒂多雷做為「嫁女的一方」，占有象徵意義上的優勢。但特爾納特通常比較富庶強大。

特爾納特和蒂多雷都跟群島的附庸港口政體貿易，也透過以親屬用語為基礎、複雜的儀式化關係跟高地各聚落往來。港口的統治者提供布匹和鐵等貴重外國商品，上游的內陸聚落則提供丁香、奴隸和其他商品，這些商品透過特爾納特和蒂多雷的港口流向世界各地的市場。[7]

阿布．里亞斯拉攏葡萄牙人又過十年後，一支西班牙船隊在北邊的維薩亞斯探險遇難，幸運生還的隊員抵達摩鹿加，蒂多雷的蘇丹滿速爾（Mansur）把握機會跟西班牙國王結盟。西班牙人抵達蒂多雷，他們的競爭對手葡萄牙人於是依照阿布．里亞斯的提議，在特爾納特打造雄偉堡壘和貿易據點。這些彼此競爭的聯盟啟動長達百年的爭奪，多方人馬爭相獨占香料貿易，先是葡萄牙與西班牙，後來荷蘭加入，還有特爾納特、蒂多雷和摩鹿加群島其他港口彼此敵對的統治者。特爾納特、蒂多雷和他們的附庸國跟摩鹿加普通百姓之間的關係長久以來有效調節當地與外國商品的流動，如今徹底瓦解。[8]

歐洲勢力堅持壟斷貿易，下令摧毀不是由他們直接控制的地區的丁香和其他作物農場，並且收買當地統治者。被收買的統治者發了一筆橫財，群島的百姓卻陷入貧窮。敵對的統治者和漸漸改信伊斯蘭教的摩鹿加本地人則頻頻反抗歐洲基督徒的入侵。也有人改信基督教，摩鹿加群島因此形成穆斯林與基督徒群體長期比鄰而居、彼此敵對的態勢。到了二十世紀早期，特爾納特的蘇丹穆罕默德．烏斯曼（Muhammad Usman）帶頭反抗荷蘭的殖民統治，一九一四年被捕，被放逐到爪哇的萬隆（Bandung），特爾納特蘇丹國就此滅亡。

很多方面來說，特爾納特和蒂多雷的命運，是十六世紀到二十世紀中期東南亞經歷的縮影。東南亞宮廷和港口在國際貿易和外交上經驗豐富，東南亞人跟外國勢力和外地商人貿易、往來和交流的時間就算沒有幾千年，也有幾百年。這些互動影響東南亞地區已經有一千多年之久。

有時強大的外國政權會將軍事力量推展到東南亞，比如十一世紀南亞的朱羅帝國、十三世紀中國元朝的軍隊，以及十五世紀明朝初建時。但大致說來，中國人、南亞人、波斯人、阿拉伯人和其他地區的人從事貿易時，都是遵行東南亞勢力訂定的規則。從十六世紀中到二十世紀中這四百年的時間裡，新來的歐洲勢力漸漸在東南亞壟斷貿易與政治權威。

來自遠西

大約在一四二一年，義大利人尼科洛．康提（Niccolò de' Conti）從南亞前往蘇門答臘，在那裡停留一年。接下來那十年，他走過緬甸、馬來半島、爪哇和占婆，一四四四年經由南亞和中東返回威尼斯。他在埃及西奈山（Mount Sinai）附近一座修道院對一名西班牙貴族敘述他的旅遊見聞，也在佛羅倫斯跟教宗的義大利籍祕書分享旅途上的經歷。貴族和教宗祕書都命人寫下康提敘述的內容。[9]這些故事描述的富饒景象和興隆貿易，吸引更多歐洲探險家前往印尼群島尋找香料之島。

一五〇九年，狄奧戈・洛佩斯・塞凱拉（Diogo Lopes de Sequeira）奉葡萄牙國王命令抵達馬六甲，當時馬六甲已經在過去一百年內成為海峽最重要的貿易港。起初蘇丹馬末（Mahmud）的宮廷熱忱歡迎塞凱拉，但穆斯林與基督徒在中東與南亞的敵對，導致他們關係惡化。不到兩年，葡萄牙海軍將領阿方索・阿爾布克爾克（Afonso de Albuquerque）率領的葡萄牙軍隊就攻下馬六甲。

一五二一年三月，一支由西班牙國王資助的船隊經過三個月的跨太平洋航程，抵達維薩亞斯東部邊緣。維薩亞斯是菲律賓群島中部那數千座島嶼。不到一個月的時間，船隊的指揮官麥哲倫就在戰鬥時中毒箭身亡。這場衝突一方是宿霧酋長胡馬邦（Rajah Humabon）的追隨者，一方是麥克坦島（Mactan）的達圖（酋長）拉普拉普（Lapulapu）率領的戰士。麥哲倫跟他的西班牙傭兵與胡馬邦結盟，有意向胡馬邦展示西班牙盔甲和武器的優勢。可惜，拉普拉普達圖身手靈活的戰士憑著弓箭和長矛，狠狠地打敗穿著笨重鋼鐵盔甲、行動遲緩的西班牙士兵。[10]

馬六甲的恩里克（Enrique of Malacca）是麥哲倫探險隊的一員，他是東南亞的馬來人。[11]麥哲倫死後，他的繼任者拒絕放恩里克自由。持續被奴役的恩里克心生憤怒，鼓動西班牙在當地的盟友造反，促使剩餘的西班牙人加速離開菲律賓群島。船隊航向蒂多雷，恩里克順利逃走。麥哲倫在維薩亞斯遇難後，恩里克如果成功回到故鄉馬六甲，就會是第一個環繞地球一圈的人。麥哲倫在麥克坦島的衝突中喪生以前，曾帶著船員跟維薩亞斯居民一起望彌撒，昭示天主教正式抵達菲律賓。

康提的旅行和回歐洲之後的彙報，阿爾布克爾克征服馬六甲，麥哲倫在菲律賓群島探險的不幸結局——這些事件是歐洲在東南亞殖民的起點。歐洲在東南亞的殖民統治大約長達四個半世紀，從十六世紀早期開始，到第二次世界大戰後一九四五到七五年之間終止。「殖民高峰」，也就是歐洲穩穩控制東南亞大多數地區的時間點，要到十九世紀晚期才出現，而且持續不到一個世紀。

歐洲殖民者在東南亞探路那最初三個世紀，歐洲人直接統治的情況不多見，比如葡萄牙從一五一一年起控制馬六甲，西班牙從一五六五年起統治馬尼拉。十九世紀以前，歐洲人在東南亞的活動主要是結盟、貿易協定，以及接受東南亞晚期王國和早期現代國家敵對勢力的僱傭，為他們作戰。到了一九〇〇年，歐洲勢力在東南亞取得支配地位。十六世紀到二十世紀這段期間，不管是東南亞統治者或歐洲來的入侵者，都在爭奪與鞏固統治權。

馬六甲之後的海上策略

一五一一年馬六甲落入葡萄牙人手中，原本的馬來統治者採取跟過去相同的對策，將權力中心轉移到別處。[12]一五二八年馬六甲最後一位蘇丹過世後，他有個兒子遷往半島北部，在霹靂河流域建立霹靂蘇丹國。另一個兒子往南部去，建立柔佛廖內林加蘇丹國（Johor-Riau-Lingga）。葡萄牙人接管馬六甲後，因為不擅長管理東南亞貿易港，馬六甲的貿易衰退了。馬六甲變得落後封閉，唯一的重要性就是先後做為葡萄牙、荷蘭和英國封建領主的行動基地。

原本的海峽貿易移轉到其他地方。在蘇丹阿里・穆哈亞・沙阿（Ali Mughayat Syah，一五一四～三〇在位）的擴張主義統治下，亞齊蘇丹國變成馬六甲最重要的港口政體，與柔佛廖內林加蘇丹國敵對，也在接下來幾世紀抵抗葡萄牙人與荷蘭人。從十六世紀到十七世紀，亞齊蘇丹國、柔佛蘇丹國和葡萄牙持續進行「三方對抗」，時而結盟，時而開火。從一六二七年開始，亞齊對馬六甲展開為期兩年的圍攻，最後被來自印度果阿邦（Goa）的葡萄牙艦隊擊敗。那支葡萄牙艦隊跟他們當時的柔佛盟友合作，摧毀亞齊艦隊，亞齊的國力在這次戰役後逐步衰弱。

一六四〇年，來自歐洲的新興勢力荷蘭跟柔佛結盟，從葡萄牙人手中奪下馬六甲。緊接著荷蘭人居間調停，促使亞齊與柔佛簽訂和平協議。從那時起到十七世紀末，柔佛的海軍比亞齊強大。亞齊的運勢雖然起起伏伏，一直到十九世紀後期，它都是重要的貿易中心。一六九九年柔佛最後一個出身馬六甲王族的蘇丹遭刺殺身亡，柔佛廖內林加蘇丹國由另一個

圖片 7.1 海上戰鬥 ｜ 這幅十九世紀的石版畫描繪東南亞式帆船（prahu）與歐洲船艦的戰鬥。歐洲海軍從十六世紀起就相當強大，卻到十九世紀才稱霸東南亞海域。（W.H.G. Kingston, 1878. Public Domain.）

新血統繼承，但國力已經衰頹。亞齊和柔佛蘇丹國地位依然重要，但相較於過去某些時代，馬來王朝的勢力進一步分散到群島的眾多宮廷，比如吉打、吉蘭丹、彭亨、北大年、霹靂和登嘉樓，以及蘇門答臘的其他政權，比如又稱棉蘭（Medan）的德力（Deli）、錫亞（Siak）、占卑和巨港，和更遠的汶萊等。[13]

從十七世紀開始，荷蘭人和英國人主要透過荷蘭東印度公司和英國東印度公司運作。在貿易和與當地人的交流方面，他們的方法並不是直接的殖民統治，而是透過協商跟當地統治者建立關係。一六一九年荷蘭人攻占爪哇西北岸的港口城市賈雅加達，改名為巴達維亞（後來會變成雅加達）。接下來三百三十年的時間裡，這裡就是他們的主要運作基地。荷蘭人來到東南亞探索的最初幾十年，最大的興趣是圍攻葡萄牙人和西班牙人在當地的據點。[14]

荷蘭東印度公司在東南亞的第一波行動，就是攻打摩鹿加群島安汶島上的葡萄牙基地（一六〇五年）。[15]這是荷蘭對抗西班牙王室的獨立戰爭（一五六八～一六四八）的延伸，而獨立戰爭本身又演變成天主教徒與新教徒之間的三十年戰爭（一六一八～四八），凶猛戰火席捲整個歐洲。最後這場戰爭在簽訂〈西發里亞和約〉（Peace of Westphalia）後終止。這份和約被視為現代領土型民族國家政治規範的藍本，而現代領土型民族國家則是二十世紀東南亞與世界各地現代國家的典型。

一五二七年，爪哇的淡目蘇丹國征服滿者伯夷（約一二九三～一五二八），結束滿者伯夷在爪哇海周遭長久以來的統治。大約一五七〇年，全新的馬塔蘭蘇丹國在爪哇中部建立，地點接近現今印尼日惹市（Yogyakarta）。[16]在蘇丹王阿貢（Agung，一六一三～四三在位）帶領下，馬塔蘭變成爪哇最強大的勢力，但掌控的海域卻不如滿者伯夷廣大。一六二八和二九年，蘇丹王阿貢兩度進擊荷屬巴達維亞，幾乎攻占下來。

蘇丹王阿貢改稱蘇丹的時間比較晚（一六四一），改信伊斯蘭教是為了宗教與政治力量，並推動伊斯蘭化的改革。這些改革的目的並不是廢除舊習俗，而是將新的伊斯蘭常規與當地傳統和梵文文化傳統融合。滿者伯夷的後裔繼續在鄰近的巴里島和東爪哇的騰格里高地（Tengger highlands）維持婆羅門佛教傳統，在接下來幾個世紀保有一定程度的獨立，抗拒席捲群島區的伊斯蘭化趨勢。

蘇丹王阿貢的後代捲入跟其他當地統治者之間的宮廷陰謀和權力爭鬥，他們和他們的對手於是經常尋求荷蘭人的支持。荷蘭人、葡萄牙人、英國人和其他歐洲人兵源不足，但他們能提供海軍給東南亞統治者，也能幫助他們取得大炮、毛瑟槍和火繩槍。接下來那一百年，荷蘭人建立了一套調停馬塔蘭和爪哇其他權力中心的模式，爪哇統治者於是越來越依賴荷蘭東印度公司。反抗荷蘭東印度公司的行動都披上宗教色彩，漸漸認同穆斯林的當地統治者和當地人口藉此反抗信仰基督教的荷蘭人。

群島區部分統治者設法跟荷蘭東印度公司結盟，而強烈偏向伊斯蘭教的統治者則變成荷蘭東印度公司最難纏的對手。十六世紀晚期，戈瓦（Gowa）的望加錫王國變成蘇拉威西島最大勢力和貿易中心。一六〇五年，望加錫王國的統治者阿拉烏丁（Alauddin，一五九三～一六三九在位）改信伊斯蘭教，冠上蘇丹頭銜。接下來幾年，蘇丹王阿拉烏丁發動一連串戰爭攻打周邊政權，將蘇拉威西的布吉人和望加錫族的土地納入版圖，並且要求他轄下的人口改信伊斯蘭教。

從一六一五年開始，戈瓦與荷蘭東印度公司之間的武裝衝突趨於頻繁，雙方都想獨占香料貿易。到了一六六〇年代，荷蘭人跟布吉親王波尼的阿朗・帕拉卡（Arung Palaka of Bone）結盟。帕拉卡得到荷蘭東印度公司的支持，在一六六九年拿下戈瓦，納入統治範圍。在他的殘暴統治下，許多布吉人和望加錫人逃離蘇拉威西，尤其是王族血脈。這些人後來融入柔佛、亞齊和其他馬來蘇丹國的宮廷，成為位高權重的人物，甚至登上王座。一六九九年柔佛君王被刺殺後，一支布吉勢力建立新的蘇丹王族。也有布吉人逃到遠處，比如阿瑜陀耶（暹羅）的宮廷。[17]

葡萄牙人占領馬六甲造成貿易中斷，有個馬來勢力也跟亞齊一樣繁榮起來，那就是汶萊蘇丹國。從十四世紀晚期開始，汶萊的統治者就改信伊斯蘭教，改稱蘇丹，又跟新加坡和馬六甲逐漸穆斯林化的馬來統治者聯姻結盟。馬六甲王朝滅亡後，汶萊在海上與香料貿易網絡的優勢更上一層樓。整個十六世紀是汶萊的黃金時代，控制了蘇祿海和更北邊菲律賓群島的民都洛島和呂宋島的港口。

十六世紀晚期西班牙人到來，汶萊的勢力受到挑戰。一五七〇年代，西班牙人攻占他們在呂宋島的港口，一五七八年又攻擊並掠奪了汶萊本身。西班牙人只占領汶萊兩個多月，之後就撤回他們在馬尼拉的基地。到了十七世紀，汶萊的蘇丹跟荷蘭東印度公司合作對抗西班牙人，又支持亞齊對抗柔佛。十七世紀中期，汶萊每年派特使前往巴達維亞。只是，荷蘭與西班牙的衝突在一六四八年簽訂〈西發里亞和約〉後結束，荷蘭人對汶萊的支持就減少了。到了十八世紀，汶萊的勢力和地位進一步衰退，因為他們成為東南亞各地宮廷裡日漸強大的布吉勢力的敵人。[18]

逐漸成形的菲律賓

不管是梵文文化圈，或儒家導向的漢字文化圈，對菲律賓群島的影響，都不如對東南亞其他地區的影響來得深遠。除了蘇祿海部分地區，菲律賓各島沒有任何統治者採用梵文文化或儒家的治國之道來建立大型國家。蘇祿地區的統治者至少從一三四九年就開始跟中國貿易，也派人前往明朝貿易並納貢。十五世紀時，蘇祿蘇丹國建立。米南佳保族巴金達邦主（Rajah Baginda）的女兒跟在柔佛出生、擁有阿拉伯人血統的阿布・巴卡爾（Sayyid Abu Bakar）成婚，兩人從馬六甲海峽去到蘇祿，憑藉他們的馬來王族血統和伊斯蘭威權，阿布・巴卡爾成為蘇祿蘇丹國第一任蘇丹謝里夫・哈希姆（Sharif ul-Hashim）。[19]

其他地方的統治者，比如宿霧的胡馬邦，採用的是梵文頭銜，跟中國、半島東南亞、爪哇和蘇門答臘有長期貿易往來。不過，幾乎沒有證據顯示這裡曾經建立類似室利佛逝、滿者伯夷、吳哥或蒲甘那種複雜的階級化社會關係，或曾經採用婆羅門佛教的儀式。伊斯蘭教似乎十五世紀才開始在南部島嶼傳播。低地的政治中心高度在地化，以呂宋和維薩亞斯的巴朗蓋（意為「村落」，字源是「船」）酋邦為基礎。高地的社會大多獨立，跟東南亞其他地區的高地一樣，以燒墾游耕為主。

十六世紀，強大的汶萊蘇丹國已經掌控群島區幾處港口，包括呂宋島上的梅尼拉（Maynila，馬尼拉的他加祿語拼寫法）。梅尼拉和附近的湯都（Tondo）由來自汶萊的貴族統治，這些貴族跟當地的他加祿權貴聯姻。一五七一年，西班牙軍事探險家米格爾・洛佩茲・雷加斯皮（Miguel López de Legazpi）率領六百名遠征軍從維薩亞斯過來（他在維薩亞斯建立據點已經六年）。汶萊與他加祿統治者無力退敵，雷加斯皮占領主要港口，以西語拼音重新命名為馬尼拉，並且將這個地方建立成西班牙從事貿易與征服其他島嶼的根據地。早在幾十年前，西班牙人就已經將那些島嶼命名為菲律賓（Las Filipinas），藉此向國王菲利普二世致敬。

在天主教修士會主導的西班牙政權下，新秩序建立了；在群島區未曾出現過的中央集權統治下，菲律賓漸漸成形。信仰基督的本地人被貶稱為土著（Indio，西班牙文意為沒有受教育的農民），穆斯林則是莫洛人（Moro）。西班牙人用「莫洛人」指稱不久前被他們趕出歐洲伊比利半島的穆斯林。呂宋和維薩亞斯的本地天主教徒改用西班牙文教名，南邊信仰伊斯蘭的人則使用阿拉伯名字，進一步標示出宗教身分。

修士會採行集中安置政策（reducción），將分散的聚落居民搬遷到城

圖片 7.2 聖奧古斯丁教堂 ｜ 馬尼拉這棟石造聖奧古斯丁教堂是菲律賓最古老的教堂，一六〇七年完工，取代原本以竹子、棕櫚、木材和泥磚搭建的教堂。（Ralff Nestor Nacor, 2019, Wikimedia Commons, CC BY 4.0.）

裡，住在教會建築周遭。集中安置方便課稅與獻禮的統計，也方便教會權威的施展。這些政策激發當地基督徒、穆斯林莫洛人和群島高地的非基督徒之間的敵意。

跟西班牙人合作的傳統當地領袖達圖被納入新秩序，成為「小總督」和村長。這些前達圖變成菲律賓這個新興國家的貴族階級，稱為principale。拒絕合作的達圖被邊緣化，失去傳統形式的權威與財富。

西班牙人也仰賴居住在馬尼拉和其他港市的華人發展貿易，尤其是和中國的貿易。在此同時，他們不信任華人（sangleyes，意為生意人，源於閩南語），導致經常發生鎮壓、反叛與驅逐等事端，並且對群島區的華人聚落和華人的移動多加限制。[20]西班牙人統治的最初兩百年，華人改信天主教，跟菲律賓女性結婚，創造出龐大的華裔混血群體，尤其是在馬尼拉和其他港市。

馬尼拉在一七七四到一七七六年被英國人占領，而後從十八世紀晚期開始，西班牙當局實施重大改革，改變殖民地的經濟與現狀。菲律賓與西班牙美洲殖民地之間限制頗多的大帆船貿易結束後，發展出更開放的自由貿易系統。馬尼拉變成繁榮的國際化港口。十九世紀後半期，西班牙的世俗政府計畫在菲律賓殖民地施行土地改革和民政現代化。

這樣的改革受到位在鄉間的修士會強烈反對，推行並不算成功。[21]改革派西班牙政府有意為所有本地人提供基礎教育，同樣遭到宗教當局反對。儘管如此，教育依然迅速普及，主要是因為本地人自立自強，開設許多私立學校。在南方，西班牙憑藉蒸汽炮艦的威力，征服直到十九世紀後半期還相對獨立的穆斯林人口。

在西班牙人統治下，鄉村地區變得貧窮，但到了十九世紀，馬尼拉和其他都市中心變成興盛富庶的國際社會。大批西班牙人為遠離西班牙的社會與政治動盪，前往菲律賓殖民地碰運氣。這些新來的人安頓下來，結了婚，融入當地社會。早期的殖民社會依種族劃分西班牙裔歐洲人、華人和本地人，如今變成以混血後裔為主的社會，劃分的依據換成以土地持有為基礎的階級地位與財富。[22]

這些新興精英階級漸漸以「菲律賓人」（Filipino）自居，向頑固的殖民政府要求更多社會與政治權利。到了世紀末，菲律賓統治權在一八九八年的美西戰爭[23]後移交到美國手中。菲律賓人在反抗西班牙統治的三百多年中，已經對自己身分產生全新感知。東南亞其他地方的情況大不相同，尤其是半島地區，歐洲人的殖民統治在那裡遭遇的是規模龐大、相對完整的王國。

世界征服者的交鋒

在半島東南亞安南山脈以西的地方，十四世紀到十八世紀的政治狀態，是眾多統治者爭相自稱「轉輪聖王」（或「世界征服者」）。[24]統治者設法將自己塑造成伊洛瓦底江和昭披耶河流域甚至更廣大地域的最高君主。根據上座部佛教的政治思想，統治者只要將龐大人口納入自己的領地，就可以自稱轉輪聖王。他的戰車的車輪能滾向四面八方，不受阻撓。[25]在此同時，上座部佛教統治者也必須是法王，也就是公正的君主，承擔起百姓的福祉。

吳哥和蒲甘政權衰弱後那幾百年，半島區各王國進入一段戰亂期，牽涉其中的有阿瓦、勃固和東吁（Taungoo）的緬孟王朝，阿瑜陀耶和蘭納的暹羅族國王，瀾滄的寮族國王，金邊周遭的高棉統治者，以及其他許多小型政權。半島東南亞的統治者受到轉輪聖王思想的啟發，經常發動殘暴的侵略戰爭，戰亂停歇後就會迎來一段相對和平富庶的時期。雖然戰爭頻仍，半島區的港口和政治中心在這段時期規模變大，勢力變強，也趨向國際化，偶爾戰火也會助長這樣的趨勢。半島區可觀的財富和戰利品，吸引來自亞洲各地的傭兵和探險家，比如土耳其人、阿比西尼亞人、摩爾人、馬拉巴爾人（Malabari）、亞齊人、爪哇人、馬來人、呂宋人、汶萊人、占族和米南佳保族。這些世界征服者彼此對抗時，也得到葡萄牙或歐洲其他地方的傭兵或武器的支援。[26]

一三〇〇年左右，由於內部政治衰弱和元朝（蒙古）的入侵，諸王停止征戰，緬族統治者放棄建都已久的蒲甘。到了一三六四年，原本的蒲甘宮廷沿著伊洛瓦底江往上遷移，在阿瓦（靠近曼德勒）重生。[27]阿瓦王朝的勢力受到其他在蒲甘衰亡後興起的政權挑戰。東邊的山區是使用泰語的撣邦領主（稱為蘇巴，泰語Saopha，緬甸語Sawbwa），這些人幾百年前就遷到這個地區，在這裡建立他們自己的公國。西邊的孟加拉灣則有妙烏，過去是蒲甘王朝的附庸，如今阿瓦人承認他們是若開人的獨立王國。[28]

南邊原本屬於蒲甘王朝的多處領土，如今各成獨立政權。蒲甘滅亡後，這些政權成為素可泰的暹羅王國的附庸。一三八五年，勃固河流域的勃固王國也尋求獨立，統治者自稱是孟族或撣族（暹羅人）後裔。勃固與阿瓦之間的爭鬥，經常被視為孟族王朝和緬族王朝之間的族群衝突，但這兩個王國都是國際化的多元社會，尤其是貿易導向的勃固王國。阿瓦的人口也十分多樣化。阿瓦和勃固之間的關係，比較偏向內陸上游與海岸下游的貿易關係，在東南亞十分普遍。

勃固國王亞札底律（Yazadarit，一三八五～一四二三在位）統治期間與阿瓦王國戰事不斷，因為雙方都想奪回蒲甘原有的領土。一四二四年之後那一百年，即使阿瓦、勃固和他們的鄰居之間戰火未必完全止息，大致上還是繁榮興盛。上座部佛教的教義與文獻普遍流傳，進一步在阿瓦與勃固王朝扎根。[29]

一三五一年暹羅的權力中心從素可泰移轉到阿瑜陀耶。阿瑜陀耶在昭披耶河下游靠近暹羅灣，是個兼具港口功能的城市。一四三一到三二年，阿瑜陀耶的軍隊進攻高棉帝國首都吳哥，俘虜大批僧侶，也掠奪珍貴的宗教文物。傳統上將這次戰爭視為高棉帝國的終結。到了十五世紀晚期，高棉統治者放棄吳哥，遷移到金邊附近。一四四〇年代阿瑜陀耶同樣向清邁出兵，這場戰爭雖然沒有徹底攻占蘭納王國的首都，但到了世紀末，阿瑜陀耶的勢力已經比蘭納強大。[30]

一五三〇和四〇年代，阿瑜陀耶向伊洛瓦底江流域的阿瓦和勃固發動大規模攻擊。一五三九年，新建立的東吁王朝消滅衰弱的勃固王國。[31]在這段期間，高棉統治者趁著阿瑜陀耶忙於西邊的戰事，重新在洛韋（Longvek）建立政權。洛韋是跟阿瑜陀耶競爭的貿易口岸，幾十年來吸引來自東南亞群島區的華人、日本人、阿拉伯人、西班牙人、葡萄牙人和其他商人。只是，一六〇二年以後，阿瑜陀耶扶植被俘的高棉親王統治洛韋，洛韋從此變成阿瑜陀耶的附庸。

東吁統治者達彬瑞蒂（Tabinshweti，一五三〇～五〇在位）和莽應龍（Bayinnaung，一五五〇～八一在位）對阿瑜陀耶發動無數次攻擊。一五六九年莽應龍的軍隊橫掃阿瑜陀耶都城，帶走幾千個俘虜，包括一個名叫納瑞宣（Naresuan）的親王。後來納瑞宣成功逃離東吁，在一五八〇年代展開長達二十年的戰役，恢復阿瑜陀耶的勢力。他父親死後，他順利成為統治者（一五九〇～一六〇五在位）。[32]

一五九三年，納瑞宣跟一名緬族副王（uparaja）展開一場知名的對決。根據泰國史書記載，雙方騎著大象決鬥，因為大象是這段戰亂期的主要戰鬥工具。緬甸史書和其他文獻指出，那個副王死於槍擊。不管這些資料真實性如何，都代表一項重要演變。大約一六〇〇年以後，大象雖然還是馱獸，卻已經不再是戰場上的要角。能不能取得大炮和槍械，成為軍事力量的關鍵。

圖片 7.3 暹羅使節｜阿瑜陀耶國王納萊的使節團前往羅馬教廷拜見教宗依諾增爵十一世（Innocent the XI）。納萊在長達三十多年的統治期間積極推展國際外交。（荷蘭藝術家約翰．克里斯多夫．博克林〔Johann Christoph Boecklin，一六五七～一七〇九〕蝕刻版畫，作品收藏在荷蘭國家博物館，公眾領域）

一六〇五年納瑞宣逝世，長達五十多年、幾乎每年兩次的密集戰爭才告一個段落。百姓疲憊不堪，窮苦困頓。阿瑜陀耶政權在昭披耶河流域重新建立，就在孟加拉灣西南，湄公河下游的東側。緬族統治者控制蘭納王國對面的伊洛瓦底江流域，也將勢力延伸到寮族的瀾滄王國。

接下來一百五十年是一段相對安定繁榮的時期，阿瑜陀耶的統治者，比如納萊（Narai，一六五六～八八在位），致力發展國際化的港口經濟，跟清朝的康熙皇帝（一六六一～一七二二在位）和法國太陽王路易十四世（Louis XIV，一六四三～一七一五在位）展開全球外交。同樣地，東吁王朝的後裔在阿瓦建立後東吁王朝（Later Taungoo），又稱第二阿瓦王朝，十七世紀中期政權穩固後，迎來一百年的相對和平與繁榮。[33]在這些欣欣向榮的社會裡，統治者和官員運用為徵兵建立的制度，動員百姓為國家服勞役。

一七五二年，新興的緬族貢榜王朝（Konbaung）宣示主權，整個地區烽火再起。一七六七年，致力擴張的貢榜王朝劫掠阿瑜陀耶，將整個城市夷平，帶走百姓和財物，也終結了阿瑜陀耶在東南亞長達幾百年的優勢地位。[34]

對於阿瑜陀耶的暹羅統治者和百姓，這次的失敗是暫時的。阿瑜陀耶滅亡後不久，有個名叫達信（Taksin）的地方首領在吞武里（Thonburi）建立政權。達信的父親是中國潮汕人，母親有孟族與泰族血統。一七七〇年代，他征服了阿瑜陀耶亡國後興起的眾多競爭勢力，在吞武里統治十餘年。基於軍事上的成就和慷慨大方的施政，他自稱轉輪聖王與法王，並且以君王的身分執行統治。

然而，達信不是王族血脈，因此遭到傳統泰族貴族的反對。更重要的或許是，到了一七七〇年代中期，達信的行為變得乖僻。他堅持從事神祕的宗教行為導致僧團的疏遠，並且武斷地對周遭的人施加殘酷的懲罰。達信在一七八二年被推翻處決，同一年他的最高軍事統帥昭披耶・卻克里（Chao Phraya Chakri，即拉瑪一世，一七八二～一八〇九在位）在吞武里對岸的曼谷建立卻克里王朝，他的祖先跟阿瑜陀耶許多貴族世系都有血緣關係。[35]

在這個世界征服者相互爭鬥的時代，緬族和暹羅統治者一直是最強大的勢力，其他許多政權也積極爭奪權力，尤其是蘭納、瀾滄和金邊附近的高棉統治者。一二九六年，孟萊王在清邁建立蘭納王國。之後幾個世紀，清邁一直是王國主要的權力中心。[36]從一五五八年到十八世紀中期，蘭納是東吁王朝的附庸國。阿瑜陀耶陷落後達信重整泰族勢力，蘭納的權貴開始反抗緬族的統治，宣誓效忠暹羅，漸漸將清邁帶進曼谷的勢力範圍。

一三五三年，寮族王子法昂在龍坡邦建立瀾滄（「百萬頭大象」）王國，地點就在湄公河與烏河交會處以南。[37]法昂出身寮族貴族，年少時被放逐到吳哥，在高棉的宮廷成長，娶了高棉公主。吳哥資助他沿著湄公河往上，攻打這個新興的阿瑜陀耶政權。但法昂和他的後代順利創建瀾滄王國，大致上保持獨立，跟阿瑜陀耶、蘭納、緬族和高棉帝國時而結盟，時而戰鬥。

到了一七六〇年代，瀾滄分裂成三股敵對勢力：龍坡邦、永珍和占巴塞。一七六五年，緬族的貢榜王朝征服龍坡邦。接下來那幾十年，在曼谷捲土重來的卻克里王朝對永珍和其他寮族勢力構成威脅。一八二七至二八年，曼谷的軍隊劫掠永珍，將百姓遷移到曼谷附近，終結寮族統治者阿努翁（Anuvong）重建並恢復瀾滄王國獨立地位的計畫。[38]從那時起，寮族統治者跟他們南邊的鄰居高棉一樣，國力大幅衰退，擠在西邊的暹羅人和東邊的大越兩大強權之間。

海岸地區的統一

一四〇七年，明朝掌控了紅河流域，當時帝制中國依然認定這是它最南端的轄區。越族陳氏王朝末代帝王帶兵反抗明朝封建領主，出身貴族家庭、家中排行第三的黎利加入他們的陣容。[39]陳氏王朝的反抗失敗後，本身可能有「高地人」血統的黎利撤退到他在山區的根據地清化（Thanh Hoa），組織自己的民兵部隊，展開抵禦明朝的十年抗戰。一四二七年他的軍隊打敗明朝的封建領主，一年後他重建大越，自立為黎太祖，這個政權將會延續到十八世紀晚期。

以超過一個世紀的時間，黎朝的帝王鞏固了他們在紅河流域的政權，以全新的活力推行儒家的治國策略，並以軍事行動向南部和西部擴張勢力範圍。[40]一四七一年黎朝軍隊進攻毘闍耶（現今越南歸仁市）的占族政權，黎朝的帝王控制毘闍耶占族統治者的領土和海港，而且似乎間接控制了占族統治的南部海港，比如賓童龍（現今藩朗）。[41]有些占族人選擇遠走他鄉，進入金邊附近的高棉人領土，或變成阿瑜陀耶、馬六甲和其他港口政權的百姓，經常也成為傭傭兵。占族統治者和占族社會始終沒能恢復幾世紀以來在沿海地區的優勢地位。在一八三二年以前，賓童龍名義上一直保持獨立。到了一七〇〇年，大越的南進行動有效控制了過去占族領主統治的地域。[42]

一四七九年大越皇帝黎聖宗出兵攻打西邊的瀾滄。黎朝軍隊以毀滅性

圖片 7.4 光中皇帝 ｜ 一七八八年，大越西山朝三兄弟之一，也是主要軍事將領的阮惠（Nguyen Hue）登基，年號光中，成為西山朝第二任皇帝。他的半身像在河內軍事博物館展出。（Gary Todd, 2012, Wikimedia Commons, CC BY 1.0.）

的焦土策略掃蕩石缸平原（Plain of Jars），占領寮族首都龍坡邦。幾年的時間裡，大越軍隊陸續攻打瀾滄和蘭納，占領沿途的土地，直達伊洛瓦底江，在那裡短暫入侵阿瓦的緬族宮廷周遭地區。到了一四八四年，蘭納和瀾滄的軍隊集結，在阿瑜陀耶支持下，將黎朝皇帝的軍隊趕出瀾滄，回到安南山脈的另一邊。[43]但在接下來幾百年裡，大越依然是當地的強權。

黎朝在北部地區度過七十年的安定與繁榮之後，第四任皇帝在一四九七年駕崩，開啟了歷時百年的內部傾軋和內戰，莫、黎、阮、鄭四個家族爭權奪位。一五二七年，莫氏攻占首都東京（河內），建立自己的王朝。一五九二年黎氏在鄭氏貴族的支持下奪回東京。另外，阮氏的貴族在中部海岸的順化建立自己的王朝。從大約一六〇〇到一七七〇年，儘管黎朝皇帝依然端坐在東京的御座上，大越實際上已經分裂，北部由鄭氏掌控，南部則是阮氏。從一五九〇年代起的八十多年時間，鄭氏和阮氏頻頻開戰，但誰都占不了上風。到了一六七二年，雙方簽下停戰協議，維持大約百年的和平。

阮氏統治者如今掌控不少港口，這些港口幾百年來一直是整個東南亞和更遠地區的長程商業中心。除了華人、馬來人和其他長久以來進出這些港口的人，從十六世紀開始，葡萄牙人、荷蘭人、英國人和其他歐洲商人也開始頻繁出入阮氏王朝的港口。法國和西班牙的天主教傳教士開始在城鎮和鄉間活動。當地的天主教團體和機構儘管偶爾受到壓制，依然順利發展，比如「姊妹之家」，很多女性來到這裡躲避越來越嚴格的儒家制度。雖然南部通常比北部更開放，更國際化，但不論南北，跟新來的歐洲人之間的貿易和其他關係都越來越重要。[44]

阮氏王朝的勢力持續向湄公河三角洲擴張，那裡曾經是高棉帝國的一部分。一六二三年，高棉國王允許逃離鄭阮兵禍的難民在湄公河港市波雷諾哥（Prey Nokor）定居。隨著更多阮氏王朝百姓遷入湄公河三角洲，高棉人逐漸變成當地的少數族群。一六九八年，阮氏王朝在波雷諾哥建立行政機構，重新命名為嘉定（Gia Dinh），這地方後來又改名西貢，最後是胡志明市。

十八世紀初期，阮氏王朝統治者漸漸掌控湄公河三角洲等地區。他們的軍隊橫跨三角洲，進入高棉領土的核心，其中一部分支持自稱高棉帝王的安恩（Ang Em），在金邊和吳哥周邊地區跟支持另一位帝王的阿瑜陀耶軍隊發生衝突。阮氏王朝和阿瑜陀耶的軍隊在高棉境內對抗，變成十八世紀的常見畫面。

南部阮氏王朝的領土和北部鄭朝的領土都飽受內戰的摧殘，尤其是一七三〇年代以後，其中北部地區受害更嚴重。北部的農民因為政府的無能、土地分配失當和反覆無常的地主，長期面臨農耕危機。而在南部，阮氏王朝的貴族逐漸以君王自居，將王國的財富集中到順化建造華麗的宮殿，不在乎百姓福祉。

一七七一年，歸仁市（占族時代的毘闍耶）附近的西山村（Tay Son）爆發叛亂。這場由三兄弟帶領的造反行動得到廣大支持，延續三十年，最後終結了黎朝（雖然一開始反抗軍是以推翻阮氏王朝恢復黎朝為號召）。叛亂初期那幾年阮氏王朝國力衰退，北部的鄭朝趁機違反跟阮氏的停戰協議，入侵他們的首都順化。一七七六年鄭朝跟西山叛軍訂定停戰協議，西山叛軍因此可以在之後十年專心對抗阮氏王朝。阮氏王朝雖然得到曼谷新建立的卻克里王朝的支持，到了一七八五年依然在南部戰敗。西山叛軍於是將矛頭轉向北部，一路進擊，攻下昇龍（河內）。他們趕走鄭氏，暫時擁戴黎朝皇帝。[45]

不過，黎朝皇帝過世之後，繼位者逃到了中國，請求清朝皇帝協助他對抗西山。一七八八年清朝軍隊入侵，卻被西山打敗，西山三兄弟的老三登基，成為光中皇帝（Emperor Quang Trung）。一七九二年光中皇帝去世，西山朝失去主要軍事將領。阮氏王朝軍隊的統帥阮映（Nguyen Anh）結束在曼谷的放逐歲月，收復嘉定。接下來那十年，阮映名義上得到法國與泰族的支持，向北部進擊。一八〇一年他的軍隊奪回順化，一年後又收復昇龍。

西山朝戰敗，阮映於是在一八〇二年登基，自稱嘉隆帝（Emperor Gai Long）。建都中部海岸順化城的阮氏王朝首度統一大越整個海岸，範圍從北部的紅河流域到南部的湄公河三角洲。十九世紀初，阮氏、卻克里和貢榜三足鼎立，成為半島東南亞疆域廣大、勢力穩固的三個王朝。這三個王朝的勢力預示泰國、緬甸和越南這三個現代民族國家的出現，但到了二十世紀，其中只有一個王朝依然保有主權和獨立。

殖民征服

從十六世紀初到十九世紀初，除了西屬菲律賓等少數例外，歐洲人在東南亞的主要活動是經商和探險。荷蘭人在巴達維亞和馬六甲等商業中心建立據點，卻沒有控制大片領土。荷蘭擁有的許多港口是十七世紀從葡萄牙手中奪來的。葡萄牙的殖民根據地被迫轉移到帝汶島的次要貿易港帝力（Dili）。葡萄牙跟英國人、法國人、德國人和其他歐洲人一樣，大多在由東南亞政權控制的港口從事貿易活動，或者將他們的海軍與槍炮借給敵對的東南亞勢力。

到了十九世紀，這種情況徹底改變。工業化帶給歐洲新動機，想要占有並控制東南亞龐大的自然資源。歐洲勢力彼此敵對，促使他們對東南亞展開更直接的殖民統治。再者，工業時代創造出新科技，比如蒸汽船、連發步槍、帶刺鐵網、高性能炸藥和電報通訊。東南亞欠缺類似的工業基礎，沒有能力複製這些東西，歐洲人因此在武裝衝突上明顯占優勢。啟蒙時代自由主義的價值觀，加上種族主義者的白人至上論，也為歐洲人提供意識形態上的正當性，方便他們去征服東南亞那些「墮落」的君主政體。

在十九世紀前的東南亞沿海地區，英國人、荷蘭人和其他歐洲人之間彼此競爭，往往讓挑撥離間以爭奪海峽貿易控制權的當地統治者從中獲益。歐洲拿破崙戰爭[46]結束後，一八一四年〈英荷條約〉[47]簽訂，英國與荷蘭漸漸合作，共同加強彼此在東南亞的勢力範圍，當地政權因此落入劣勢。[48]一八二四年英國從荷蘭手中取得馬六甲的控制權，與早先取得的檳城（一七八六年）和新加坡（一八一九年）共同組成英屬海峽殖民地。這是半島區唯一由英國王室直接統治的殖民地。

整個十九世紀裡，海峽殖民地各據點的英國當局開始涉入半島區的王朝紛爭、權謀和經濟活動。在此同時，曼谷的卻克里王朝積極地重申對各個馬來蘇丹國的主權，尤其是吉打、吉蘭丹、北大年、玻璃市和登嘉樓，這些過去都曾是阿瑜陀耶的附庸。一八七四年英國人和霹靂王朝的蘇丹阿布都拉（Raja Muda Abdullah）簽訂〈邦咯條約〉（Pangkor Agreement），解決王位繼承紛爭，扶植阿布都拉為霹靂蘇丹國第二十六任蘇丹。這份條約也議定英國殖民當局在霹靂和其他馬來宮廷設置駐紮官（或稱顧問），開啟了「間接統治」。到了二十世紀初，英國已經擁有半島區英屬馬來亞的實際控制權，在此同時也維持傳統馬來王族在馬來聯邦與馬來屬邦法律上的統治。[49]

在一八四〇年代的婆羅洲，汶萊的蘇丹在英國炮艦的壓迫下，將沿海地區的領土割讓給英國探險家詹姆斯・布魯克（James Brooke）。布魯克和他的後代創建一處獨立的領地，統治過程中沿用當地的服飾和頭銜。從一八四一到一九〇五年，布魯克的政權（砂勞越的「白人首領」）漸進式地占有更多汶萊領土。一八六五到八一年，汶萊蘇丹在北部授予的經濟特許權都被整合，納入英國北婆羅洲公司（British North Borneo Company）。[50]汶萊蘇丹國的領土所剩不多，集中在汶萊灣和馬來奕河（Belait River）周邊，經常面臨被布魯克家族和英國北婆羅洲公司瓜分的威脅。一八八八年，新上任的蘇丹哈希姆・加里魯・阿南（Hashim Jalilul Alam，一八八五～一九〇六在位）跟維多利亞女王的大不列顛政府簽署保護國協定。在過世前一年，哈希姆接受了已經在馬來半島施行的英國駐紮官（British Resident）制度。[51]

荷屬東印度的形成過程暴力得多，也面臨比較直接的殖民統治。一八〇〇年，破產的荷蘭東印度公司正式解散，荷蘭也撤出先前在群島區建立的據點。從一七九五年起，荷蘭受制於拿破崙統治的法蘭西帝國，接下來那幾十年，巴達維亞的控制權多次轉移，從荷蘭人到法國人，再到英國人，又重回荷蘭人手上。法國、英國與荷蘭官員相繼採取侵略性措施占有領土，控制當地社會。蘇拉卡爾塔（Surakarta）和日惹強大的爪哇統治者過去被視為荷蘭殖民當局的平等盟友，如今淪為次等附庸。

日惹的蘇丹哈孟古布沃諾二世（Hamengkubuwono II，一七九二～一八一〇、一八一一～一二、一八二六～二八在位）不同意這種新關係。一八一〇年巴達維亞的軍隊一度將他推翻，扶植他兒子哈孟古布沃諾三世（一八一〇～一一、一八一二～一四在位），沒收蘇丹金庫裡的大筆資金，並強占大片土地。蘇拉卡爾塔的蘇蘇忽南・帕庫布沃諾四世（Susuhunan Pakubuwono IV，一七八八～一八二〇在位）雖然同意歐洲的新要求，巴達維亞依然沒收他的許多土地。[52]

一八一二年，在英國副總督湯瑪斯・史丹福・萊佛士（Thomas Stamford Raffles）的指揮下，巴達維亞再度攻打從兒子手中奪回王座的哈孟古布沃諾二世，他們掠奪日惹的宮廷，洗劫圖書館和檔案室，帶走更多金錢，並且將哈孟古布沃諾二世放逐到檳城。同一年，英國人攻擊並洗劫蘇丹馬赫穆德·巴達魯丁（Mahmud Badaruddin，一八〇四～一二、一八一三、一八一八～二一在位）在蘇門答臘巨港的宮廷，報復對方攻打當地的荷蘭要塞。跟日惹的情況相同，蘇丹馬赫穆德被罷黜，改由他弟弟繼任。

一八二五年，日惹宮廷一位名叫狄波那哥羅（Diponegoro）的親王起兵反抗荷蘭人。[53]在接下來的「爪哇戰爭」中（一八二五～三〇），狄波那哥羅的軍隊在伊斯蘭教精英的支持下，一開始對爪哇的歐洲人和華人造成重創。但一八二七年他的運勢逆轉，到了一八三〇年他被逮捕，逐出爪哇。狄波那哥羅失敗後，接下來一個世紀爪哇不曾再出現這麼激烈的反殖民行動。[54]

在十九世紀初的蘇門答臘米南佳保高地，伊斯蘭教改革派組織帕德里對傳統的米南佳保統治者發動內戰。這波帕德里行動是受到阿拉伯瓦哈比運動的啟發（瓦哈比派掌控聖地麥加，對米南佳保的顯貴朝聖者產生影響），領頭者是伊瑪目朋佐爾（約一七七二～一八五四）。落敗的米南佳保貴族在一八一五年請求荷蘭幫助他們奪回原本的地位，允諾交出高地的控制權和資源。在後來的帕德里戰爭中（一八二一～三一），荷蘭人打敗帕德里，殺害或逮捕包括朋佐爾在內的首領，最後朋佐爾遭到放逐。[55]

在蘇門答臘其他地方，荷蘭人在一八一八到四九年之間以軍事行動鞏固他們在巨港的地位。一八七四年亞齊蘇丹國臣服於荷蘭人的軍事侵略。蘇丹試圖爭取與美國等國家結盟，可惜希望落空。亞齊最後一任蘇丹持續對抗荷蘭人無果，一九〇三年在放逐中死亡。

在群島區東部，荷蘭人在一八一七年鎮壓安汶的叛亂，又在一八二五年到一九〇六年之間多次出兵，徹底控制南蘇拉威西地區。鑑於一八四〇年代詹姆斯·布魯克擴大英國的勢力，荷蘭人於是加強對婆羅洲的掌控。一八五〇到五四年，荷蘭人鎮壓了華裔礦工對他們的反抗，一八五九到六三年又因為插手馬辰蘇丹國（Sultanate of Banjarmasin）的內部紛爭，引發馬辰戰爭。東南亞傳統權貴對荷蘭當局最後一波重要反抗發生在巴里島。一九〇六到〇八年，包括滿者伯夷爪哇王族後裔在內的巴里島貴族採取傳統的普普坦行動（puputan，即儀式性的集體自殺），寧可迎向齊射的槍炮，也不願意被活捉。[56]

如同荷屬東印度的荷蘭人，緬甸的英國人也以侵略性的軍事行動對付貢榜王朝。一八八五年，英國的殖民軍隊在第三次英緬戰爭中占領貢榜王朝首都曼德勒。在一八二四到二六年和一八五二年的第一、二次英緬戰爭之中，貢榜王朝大片領土落入英國人手中。英軍攻占曼德勒時，國王錫袍（Thibaw）向英軍投降，王室成員被放逐到英屬印度，錫袍在那裡度過三十一年餘生。

在十九世紀前半期，順化的大越阮氏王朝嘉隆帝繼位者回絕了英國、法國和其他歐洲國家特使，大致上維持孤立政策。[57]一八五八年，一支摻雜少數西班牙兵力的法國軍隊攻占峴港，之後繼續往南拿下西貢。法國和西班牙入侵的藉口，是阮氏王朝壓迫天主教傳教士和天主教團體。拿破崙三世（一八五二～七〇在位）重新建立的法蘭西帝國也急於跟歐洲鄰居（尤其是英國）別苗頭，大肆占領殖民地。一八六二年順化的宮廷跟法國人簽訂條約，割讓西貢周邊的省分。

接下來二十年，法國軍隊持續侵擾，擴張他們在大越的殖民地。一八八三年反法民兵部隊黑旗軍（Black Flag Army）在紅河流域跟法國戰鬥，此時阮氏王朝的軍事統帥簽下協議，同意大越剩餘的領土都接受法國保護。[58]第二年，因為阮氏的嗣德帝（Emperor Tu Duc，一八四七～八三在位）已經死亡，法國人終於敲定保護國協議，結束大越政權形式上的獨立地位。

在此同時，法國人派遣炮艦沿著湄公河北上到金邊，勸說高棉國王諾羅敦（Norodom Prohmbarirak）同意讓柬埔寨接受法國保護。到了十年後的一八九三年，法國炮艦封鎖曼谷以南的昭披耶河，強迫卻克里王朝讓出湄公河以東的前瀾滄王國所有領土，一九〇五年又取得湄公河西岸兩個省分。[59]

十九世紀前半期，曼谷的卻克里王朝建立一個比阿瑜陀耶更強更大的帝國。卻克里王朝最初三位君王拉瑪一世（一七八二～一八〇九在位）、拉瑪二世（一八〇九～二四在位）和拉瑪三世（一八二四～五一在位）統治期間，暹羅王國掌控了北邊的蘭納、東北邊的瀾滄、東邊的柬埔寨和南邊馬來半島大部分地區。在馬來半島上，拉瑪一到三世以軍事行動鎮壓叛亂，加強對附庸國的控制，這些附庸國包括吉打、吉蘭丹、登嘉樓、北大年和其他馬來蘇丹國。拉瑪三世在位時，湄公河周邊的寮族人口被俘虜，遷移到呵叻高原更靠近曼谷的位置。在柬埔寨，拉瑪一到三世跟剛統一大越的阮氏王朝對抗，爭奪控制權。到了一八四〇年代，曼谷跟高棉宮廷建立更牢固的附庸關係，控制了柬埔寨的西部省分。

在拉瑪一世統治下，曼谷成為貿易導向的國際都會，類似過去的阿瑜陀耶，但這個重新振作的暹羅王國面對的是越來越激進的歐洲勢力。一八二六年英國在第一次英緬戰爭中打敗貢榜王朝，拉瑪三世的宮廷與英國東印度公司的代表亨利・伯尼（Henry Burney）協商了一份條約和商業協定。這份〈伯尼條約〉承認暹羅對吉打、吉蘭丹、登嘉樓和北大年的宗主權，允許霹靂和雪蘭莪獨立，並議定暹羅和英屬緬甸之間的邊界。[60]條約也給出貿易特許權，曼谷因此進一步對國際貿易開放。

拉瑪三世登基前不久，他弟弟蒙庫（Mongkut）被他們父親拉瑪二世送進佛教僧團。蒙庫在僧團推動爭議性的改革，熟讀巴利文獻，在年輕一代之中率先接觸當時曼谷流傳的西方觀念。儘管保守派兄長拉瑪三世有所遲疑，蒙庫還是成為下一任國王。據說拉瑪三世臨終時曾經發表一段頗有先見之明的談話：「越南和緬甸不再是我們的戰爭對手，以後我們只會跟西方人作戰。」[61]

蒙庫國王（一八五一～六八在位）和他的兒子朱拉隆功國王（Chulalongkorn，一八六八～一九一〇在位）運用巧妙的外交策略，成功地避開拉瑪三世憂心的戰爭，在此同時也在佛教道德觀和西方啟蒙時代理念的激勵下，完成重要改革。一八五二年第二次英緬戰爭後，蒙庫的宮廷跟英國、美國、法國和其他許多國家議定條約。這些條約讓暹羅王國進一步對國際貿易開放，卻也阻止英國的侵略。一八六〇年代之後那幾十年，曼谷對柬埔寨和寮國的控制權再次受到大越新來的法國統治者威脅。法國人雖然占據廣大領土，在殖民者爭相併吞東南亞其他地區的時代，卻克里的君王依然靠著挑撥彼此競爭的殖民勢力維持王國的獨立。[62]

收回主權

到了一九一〇年代，除了暹羅王國之外，整個東南亞至少名義上都成為歐洲或西方的殖民地。英國人取得緬甸、馬來亞和婆羅洲北部。荷屬東印度涵蓋現今印尼所有國土。菲律賓受美國保護。法國人囊括了法屬印度支那，包括現今越南、柬埔寨和寮國。葡萄牙人控制帝汶島東半部。經過歐洲第一次世界大戰（一九一四～一八）和戰後的經濟繁榮期，這些殖民狀態始終維持。一九三〇年代全世界經濟大蕭條，對東南亞的殖民地經濟造成衝擊，被納入國際殖民體系的當地人口陷入巨大困境。到了一九三〇年代末期，歐洲迅速捲入第二次世界大戰（一九三四～四五）。戰後三十年，東南亞收回主權，殖民勢力退場。

一九四一年末到一九四二年初，日本帝國軍隊橫掃東南亞，短短幾個月就占領殖民時期的菲律賓，也拿下英屬緬甸、馬來亞和婆羅洲，以及荷屬東印度和葡屬帝汶。法屬印度支那是這波侵略的集結據點。從一九四〇年起，日本就在效忠納粹德國的維琪法國[63]同意下，占領法屬印度支那（日本跟納粹德國是二戰盟友）。在一九四一年十二月爆發的戰鬥中，當時正式定名泰國、由國會統治的暹羅腹背受敵，一邊是從法屬印度支那進攻的日本，一邊是從馬來亞反擊的英國軍隊。

從一九三八年起，泰國的統治者是總理鑾披汶・頌堪（Luang Phibunsongkhram）。陸軍元帥鑾披汶是歐洲法西斯主義領袖希特勒和墨索里尼[64]的仰慕者。日本入侵的第一天，鑾披汶就下令停火，同意日本取道泰國，以此交換泰國的獨立。當日本進軍歐洲殖民地，鑾披汶的政府跟日本結盟，在一九四二年一月向美國和英國宣戰。但當時泰國駐華盛頓大使社尼・巴莫（Seni Pramoj）反對鑾披汶的決定，拒絕向美國政府遞交這份聲明，並且跟美國戰略情報局（Office of Strategic Services，中央情報局前身）合作，發起「自由泰人運動」（Free Thai movement）反抗日本。鑾披汶在一九四四年辭職下台，戰後英國企圖入侵泰國展開報復，但在泰國親美官員努力奔走下，泰國得以維持獨立。[65]

日本的宣傳以「亞洲人的亞洲」為口號，提出大東亞共榮圈願景（Greater East Asia Co-Prosperity Sphere）。[66]東南亞人許多世代以來受到歐洲白人至上主義的壓迫，如今看到歐洲和美國殖民政府在另一個亞洲強大

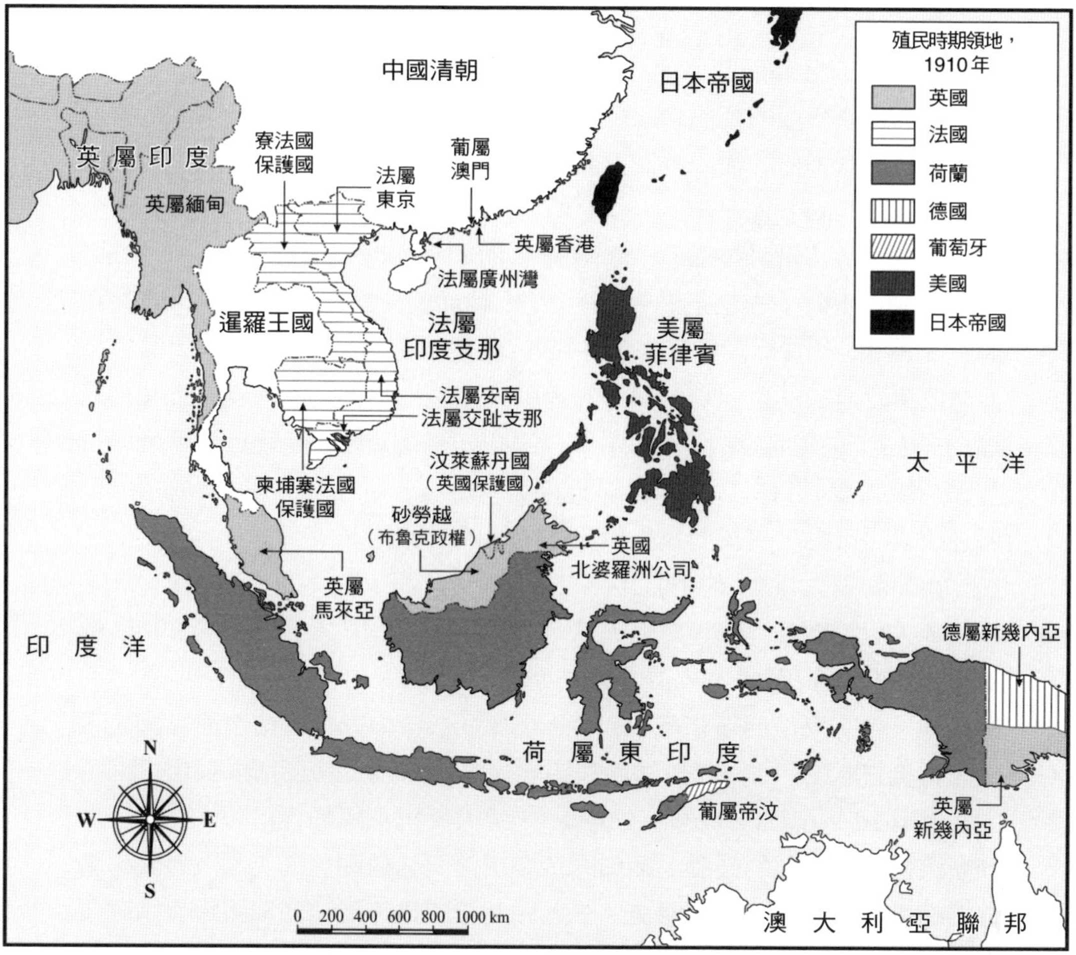

地圖 7.1 殖民時代的東南亞，大約一九一〇年｜歐洲勢力介入東南亞始於十六世紀，但歐洲的殖民統治直到十九世紀晚期才完成。這幅地圖呈現歐洲和美國殖民勢力在東南亞的巔峰。

國家的攻擊下迅速垮台，相當振奮。只是，他們很快發現新來的日本統治者跟歐洲殖民者一樣貪婪。日本的統治手法跟過去的殖民政府差別不大，任命當地的合作者，搜括資源供應軍隊，強徵「慰安婦」，在當地實施以日本人為尊的種族主義階級制度。[67]日本人提高某些族群和當地語言的地位，藉此贏得一部分支持，卻也加深族群仇恨。另外，他們對華人、印度人和歐亞群體格外殘酷。

對於許多東南亞人，戰爭那些年經濟崩潰，社會動盪，充滿毀滅、艱困與饑饉。一九四五年八月，美國原子彈擊中廣島與長崎，日本突然投降，日本對東南亞的征服結束得就跟開始一樣快速。整個東南亞的社會與政治生活徹底失序，從一九四五到七五年那三十年的時間裡，東南亞終於全面收回他們的主權。

一九四六年七月四日，依照過渡期間菲律賓自由邦（Philippines Commonwealth，一九三五～四六）在大戰前設定的時間表，菲律賓共和國正式獨立。[68]其他國家則必須在戰後透過協調或爭奪才能獨立。歐洲勢力想要重建過去的殖民地，只是經過戰火摧殘力有未逮。美國在總統羅斯福（一九三三～四五在位）領導下，普遍反對殖民主義，並且在戰後成為全球超級強權。只是，到了冷戰期間（一九四七～九一），反共成為美國對外政策的重點，美國對民主與民族主權的支持轉弱。

緬甸的獨立運動領袖翁山（Aung San，一九一五～四七）、緬甸的未來領導人尼溫（Ne Win，一九五八～六〇、一九六二～八八在位）和其他民族主義者最初跟日本軍隊合作，想趕走英國人。[69]一九四四年翁山和尼溫等人創立反法西斯組織（Anti-Fascist Organization），偷偷與英國人合作，抵抗日本的占領。[70]反法西斯組織後來改組為反法西斯人民自由同盟（Anti-Fascist People's Freedom League），致力反抗英國的再占領。受到反法西斯人民自由同盟的鼓動，緬甸的眾多工會與其他團體向英國人遊說，讓他們相信緬甸的獨立無可避免。一九四七年四月，反法西斯人民自由同盟在全國性選舉中獲得壓倒性勝利，開始爭取脫離大英國協而獨立。三個月後，翁山和反法西斯人民自由同盟另外五名領袖慘遭政治對手暗殺。儘管如此，緬甸還是在一九四八年一月四日正式宣布獨立。[71]

英國重新占領馬來半島後，打算建立「馬來亞聯邦」（Malayan Union），整合當時的九個馬來政權以及檳城與馬六甲。這個計畫雖然承認多元族群公民身分，卻沒有同意馬來亞聯邦完全自治，而且被認為偏袒龐大的華裔與印度裔人口。日本的占領加劇馬來人和華人之間的緊張關係，馬來亞聯邦則被認為會導致本地馬來人長期邊緣化。

一九四六年，馬來人領袖建立巫來由人統一組織（United Malays National Organization，簡稱巫統），成功遊說英國人實施另一項馬來亞聯合邦計畫（Federation of Malaya，一九四八～六三）。這項計畫允許傳統蘇

圖片 7.5 獨立！｜一九五七年八月三十一日，阿布都拉曼宣布馬來人脫離大英帝國「獨立！」。（攝影者未知，公眾領域）

丹國體制的馬來各邦更多自治權。一九四八年，也就是馬來亞聯合邦計畫宣布的同一年，馬來亞共產黨（Malayan Communist Party）發起武裝暴動。當時全球漸漸掀起反殖民浪潮，英國也有意支持反共民族主義者，因此決定推動馬來亞的獨立。一九五五年巫統和它的同盟馬來亞華人公會（Malayan Chinese Association）在大選中全面獲勝，巫統領袖東姑・阿布都拉曼（Tunku Abdul Rahman）趁勢要求加速獨立進程。兩年後，在一九五七年八月三十一日，阿布都拉曼對著高呼「獨立！」（Merdeka!）的群眾宣布獨立。

戰爭結束後，婆羅洲北部（沙巴）和砂勞越割讓給英國，跟新加坡一樣，依然是英國殖民地，沒有加入馬來亞聯合邦。到了一九六〇年代早期，各方簽訂協議，計畫建立規模更大的馬來西亞，將上述三個地區一併納入。一九六三年，馬來西亞計畫水到渠成，只是，李光耀的人民行動黨

（People's Action Party）和阿布都拉曼的巫統之間關係緊繃，雙方的支持者發生種族暴動，兩年後新加坡退出馬來西亞。汶萊蘇丹國也選擇不加入馬來西亞，繼續接受英國保護，獨立的腳步緩慢得多，一九七一年自治，一九八四年一月一日完全獨立。[72]

英國大多通過協商交出殖民地，但荷屬東印度和法屬印度支那的人民卻需要以武力爭取獨立。一九四五年八月十七日，印尼民族主義領袖蘇卡諾（Sukarno）和穆罕默德．哈達（Mohammad Hatta）在雅加達宣布印尼共和國獨立。當時二次大戰結束才十餘日，英國、荷蘭和澳洲軍隊在群島區奔走，接受當地日本將領投降，遭遇共和國支持者的反抗。

印尼共和國兵力分散，實力偏弱，卻擁有廣大群眾的支持。在接下來的混亂中，英國的印度軍隊收復港市泗水時，殺害至少六千名印尼人，更多人死於荷蘭在爪哇等地執行的一連串「警衛行動」[73]。共和國、伊斯蘭教、共產黨等團體發起的叛亂在群島區爆發，既反抗歐洲人，時常也彼此敵對。

共和國領袖在蘇丹哈孟古布沃諾九世（Hamengkubuwono IX，一九三九～八八在位）的協助下，撤退到日惹附近的中爪哇，[74]尋求美國和新成立的聯合國的支持。起初美國官員不置可否，擔心共和國內部受共產黨左右。後來共和國鎮壓印尼共產黨的暴動，美國於是表態支持印尼，並與荷蘭談判，威脅要斷絕戰後援助。到了一九四九年底，荷蘭人態度軟化，承認印尼擁有荷屬東印度除巴布亞之外所有領土的主權，荷蘭人對巴布亞的控制權一直延續到一九六三年。[75]

在帝汶島，葡萄牙人重申對島嶼東半部的控制權。一九七五年葡萄牙首都里斯本左翼分子發動政變，葡萄牙於是放棄對東帝汶的殖民統治。一九七五年十一月二十八日，左派的東帝汶獨立革命陣線（Revolutionary Front of Independent East Timor）宣布獨立，但不到兩星期後遭到堅定反共的印尼軍隊入侵並占領。一九九九年，東帝汶在一次公民投票中獲得全面勝利，重新獨立，但在此之前先遭到撤退的印尼軍隊與親印尼的民兵一番摧殘與蹂躪。[76]

法屬印度支那的解脫，要先經歷長達三十年毀滅性的殘暴戰鬥。法國人跟荷蘭人一樣，決定要收回殖民地。一九四五年三月，法國脫離德國的鉗制之後，日本人發起一場政變，反抗當地的法國殖民者。他們說服越南的保大帝（Bao Dai，一九二六～四五在位）宣布越南帝國脫離法國而獨立。五個月後，保大帝的政權被越南獨立同盟（Viet Minh或Vietnamese Independence League，簡稱越盟）推翻。越盟由共產黨員創立，領袖是胡志明。一九四五年九月二日，胡志明宣布越南獨立，建立越南民主共和國（Democratic Republic of Vietnam）。

胡志明試圖跟巴黎洽談獨立事宜時，法國軍隊重新占領大多數鄉鎮與城市。越盟和越南民主共和國撤退到鄉間，在那裡對法國人展開游擊戰。柬埔寨和寮國變成君主立憲制，設有國民議會（National Assemblies），但法國掌控他們的軍隊和對外關係。到了一九五〇年，法國人建立越南國（State of Vietnam），保大帝被找回來擔任國家元首，但不是皇帝。法國的這些舉動，是為殖民統治披上更容易接受的偽裝。

越南民主共和國得到廣大群眾的支持，也繼續進行武裝反抗，法國只能掌控各大城市。柬埔寨國王諾羅敦・施亞努（Norodom Sihanouk，一九四一～五五在位）和寮國國王西薩旺・馮（Sisavang Vong，一九〇四～五九在位）帶領的君主立憲政體都擁有高支持度。相較之下，保大在民間的支持度極低。一九五四年五月，越南民主共和國的越南人民軍（People's Army of Vietnam）在奠邊府給予法國軍隊迎頭痛擊。兩個月後，日內瓦會議（Geneva Conference）就法國撤軍事宜展開協商。

根據〈日內瓦協定〉，寮國皇家政府（Royal Lao Government，一九四七～七五）和柬埔寨王國（Kingdom of Cambodia，一九五三～七〇）完全獨立。[77]越南分裂為北越和南越，胡志明領導的越南民主共和國控制北部；由保大擔任元首、吳廷琰（Ngo Dinh Diem）擔任總理的越南國控制南部。吳廷琰是個堅決反共的民族主義者，信奉天主教，擁有美國的支持。一九五五年，吳廷琰舉辦公民投票推翻保大，建立越南共和國（Republic of Vietnam）。越南民主共和國根據在日內瓦跟法國協商的結果，要求舉行全國大選統一南北越。但吳廷琰的共和國和美國並不認同法國的承諾，因為一般都認為胡志明輕鬆就能贏得大選。

緊接著是歷時二十年的武裝衝突，游擊戰在鄉間展開，美國也對北越進行大規模轟炸。轟炸行動擴及柬埔寨和寮國，以阻撓越共（Viet Cong，正式名稱越南南方民族解放陣線〔National Liberation Front of Southern Vietnam〕）和越南人民軍在胡志明小徑[78]的活動。到了一九六七年，美國投入越戰的兵力已經多達五十萬人。吳廷琰對佛教徒、政治對手和其他人的壓迫，導致普遍反感。一九六三年十一月，吳廷琰在一場美國支持的政變中遭到逮捕與刺殺，之後建立的軍政府支持度並沒有提升。一九六八年初，越共和越南人民軍發動「新春攻勢」（Tet Offensive），攻擊南方多處目標。這波行動並沒有如預期般迅速終結越戰，卻也對美國的信心造成打擊。[79]

一九七三年，美國失去繼續支持南越的意志力，撤出越南。越南共和國的軍隊繼續抵抗北越，但到了一九七五年四月，越南民主共和國和它的革命部隊攻占西貢。一九七六年，南北越統一，建立越南社會主義共和國。美國撤軍、西貢失守後，越南成了東帝汶和汶萊達魯薩蘭之外，東南亞最後一個完全脫離西方勢力的國家。東帝汶建國的時間同年稍晚，汶萊達魯薩蘭則在一九八四年。

變身現代國家

十五世紀到二十世紀這五百多年的時間裡，東南亞從早期現代邁入現代。整個東南亞的政治勢力彼此對抗又結合，最終形成十個民族國家，二十一世紀初獨立的東帝汶則是第十一個。在大約一四〇〇到一八〇〇年的早期現代時期，半島區的蒲甘和吳哥政權衰亡後，新的佛教轉輪聖王統治者在現今緬甸、泰國、柬埔寨和寮人民民主共和國的領土上爭奪主導權。在紅河流域發展已久的越族社會和統治者擴張勢力範圍，變成現今的越南。

在早期現代的東南亞沿海地區，馬六甲成為海峽最重要的貿易港，那裡的通用語是馬來語，百姓信仰伊斯蘭教的情況越來越普遍，其中包括勢力深入菲律賓群島的汶萊蘇丹國。滿者伯夷和之後的馬塔蘭蘇丹國繼續在爪哇中部和東部的心臟地帶統治整個版圖。來自東方和西方的商人和其他旅者繼續被香料、香木、貴金屬等珍貴商品吸引過來。這些商品在東南亞買賣，至少從扶南國（大約一〇〇～六〇〇年）還是羅馬與中國之間的貿易樞紐的時代就開始了。

從十六世紀和十七世紀開始，歐洲人來得更頻繁，加入阿拉伯人、中國人、波斯人、南亞人和其他東南亞熟悉已久的外地人的行列。隨著歐洲人而來的，是新觀念和新做法，也有新挑戰。從某種角度來說，對於東南亞人，跟歐洲人往來並不是新鮮事，畢竟他們處理貿易與對外關係的歷史已經很長久，也常因為接納新觀念，帶動當地社會的轉變——從梵文王國和儒家國度的政治，到普世宗教的常規。但從最初的菲律賓開始，歐洲人想的卻是以外來政權統治當地，尤其十九世紀以後的其他各地，這點跟阿拉伯人、中國人和其他外來者形成強烈對比。阿拉伯人、中國人和其他外來者即使有政治野心，通常會以通婚或貿易的手段融入東南亞社會的統治者家族。

歐洲的殖民統治刺激東南亞人以全新角度看待自己，一方面是因為殖民主義，一方面則是看見東南亞也是現代全球化世界的一部分，而在這個世界裡，西方觀念的影響力特別大。印尼人和菲律賓人不再認為自己是（或僅僅是）當地統治者的子民或親屬關係中的親屬，而是族群裡的一分子，是普世宗教的信徒，也是廣大群島國家的國民。東帝汶人身為葡萄牙子民的獨特經驗，同樣讓他們產生清楚的國家意識。馬來西亞人、新加坡人和其他群體，則努力連結成多族群的國家身分。

東埔寨、寮國、緬甸、泰國和越南這些半島區國家脫離殖民統治後，組成的政體類似殖民前的王國和帝國，卻是依據領土型國家的邊界和公民身分重新定義，不再是封建制度下的庇護關係。過去的王國和蘇丹國很多都消失了，但也有些繼續在東南亞的現代世界秩序中舉足輕重，比如泰國的卻克里王朝和汶萊的蘇丹國。整個十九和二十世紀，東南亞人顯然很擅長學習並使用殖民時期主人的工具，倒不是用來拆除主人的房子，而是因應自己的目的回收與重塑。

第八章

現代東南亞

公立小學在東南亞隨處可見，擠在人口密集的都市裡，幾乎被高樓大廈淹沒。在鄉間村莊，這些學校通常是最高大的建築物。每一天，通常在大清早，年幼的孩子聚集在操場上，穿著整齊的校服，站在隊伍裡一邊聽老師宣布訊息，一邊跟朋友說笑打鬧。每隔一段時間，全校師生會一起背誦國家信約（national pledge），一起唱國歌。所有國歌都不一樣，卻有著許多共同主題。

在汶萊、柬埔寨和馬來西亞，孩子們懇求神賜福君主——汶萊的蘇丹、馬來西亞的最高元首、柬埔寨的國王。[1]柬埔寨國歌遙想吳哥帝國的輝煌，頌揚佛教教義。馬來西亞的國歌〈我的祖國〉（Negaraku）歌頌人民團結進步的景象。新加坡的〈前進吧，新加坡〉（Majulah Singapura）也是使用馬來語，同樣呼籲團結進步。緬甸的孩子們宣誓要維持統一，「直到世界盡頭」。

印尼的〈偉大的印度尼西亞〉（Indonesia Raya）頌揚「我的土地、我的國家和我的同胞」的偉大與獨立。寮國兒童高歌寮國人民的尊嚴、平等，以及他們做自己主人的權利。在菲律賓和東帝汶，孩子們同樣宣誓永遠守護領土、不被侵略者踐踏，並且抵抗帝國主義、殖民統治和剝削。越南的兒童唱頌〈進軍歌〉（Army Marching Song），鼓舞軍士們為解放而戰，也為祖國而戰。在泰國，孩子們歌頌「血肉相連的泰國人民」，願「為自由、安全與興盛而戰」，最後歡欣地高呼「Chayō（萬歲）！」。

在如今的東南亞，絕大多數孩子都在公立學校受教育。[2]東南亞小學

圖片 8.1 晨間集會｜泰國東北部鄉間中學的晨間集會。（作者攝）

生的課程包括閱讀、寫作、算術、科學、經濟學和地理，另外還有倫理與道德。他們也學習將自己視為現代國家的公民。全國性語言教育教導學生通用語，將散居在東南亞廣闊群島、高地和低地幾千萬、幾億人口連結在一起。東南亞的教育為學生提供工具與知識，以便日後投入全國性的公共領域，以及現代都市化工業經濟。[3]

關於「現代性」（modernity），學者有不同定義。有人認為現代性是歐洲產物，出自一六四八年的〈西發里亞和約〉，做為全新政治體系和歐洲啟蒙運動（一七〇〇～一八〇〇）的框架。（在啟蒙運動帶動下，人們看待世界的角度從靈性走向科學。）[4]後來，現代性經由歐洲探險時代和殖民主義，輸出到世界各地。另一種說法（也是本書偏好的）指出，現代性最恰當的定義，是從農耕轉向工業化生產與服務的經濟變遷造成的社會變化。隨著這種經濟變化，人口大幅成長，也漸漸從鄉間遷入都市。[5]

這種變遷最早發生在歐洲（尤其是英格蘭）和北美，從大約一八〇〇年開始，但過去兩個世紀裡，幾乎遍及全世界。這種變化很類似農業改革和第一次城市改革，那時各個社會第一次採行農耕生活方式，也能支撐起小型非農耕都市。那波變化的時間點大約在五千到一萬年前，或多或少獨立出現在美索不達米亞、埃及、印度河流域、長江黃河流域和中南美洲等地。[6]我們所知的現代世界歷時還不到兩百年，不過，大約一四〇〇年起發生在亞洲和歐洲等地的社會、政治與經濟變化，如今被定義為「早期現代」，是面對關係越來越緊密的世界的適應期。[7]

上述兩種定義都不完全對，也不完全錯。歐洲在政治與經濟上的優勢，以及它創造的殖民社會，讓「西方」變成文化強權。但正如本書討論過的，東南亞參與全球趨勢已經幾千年，其他地區的人們肯定也是。[8]前幾章探討的歷史趨勢，包括聚落形態、貿易網絡、治國之術、改信普世宗教、性別與親屬常規、新興社會身分和主權的爭鬥等，都塑造了東南亞。現代性只是最新趨勢。殖民主義或許加速東南亞邁向現代世界，卻不是其原因。

現代東南亞跟現代世界其他地區有不少共通點。在此同時，那些塑造東南亞現代經歷的趨勢與事件，導致東南亞的現代性不同於西方、東亞、南亞、中東或世界其他地區。東南亞是扛著殖民主義的枷鎖走向現代。東南亞人跟歐洲帝國之間的獨特關係，為他們帶來益處與苦難。殖民主義也為東南亞的不同族群創造共同的經歷與掙扎。即使泰國，也是透過爭奪、抑制與拉攏歐洲殖民者，才光榮地保持獨立，跟其他承受不同程度「直接」或「間接」殖民統治的東南亞國度相似。

在歐洲，有些國家在十九世紀邁入現代國家，比如德國、比利時；也有些國家揚棄君主政體，擁抱自由主義，比如西班牙和法國。同樣地，東南亞也發展出自己的現代國家語彙。他們學習西方訴求的自由和自決，用來對抗殖民行動，強力反抗殖民體系的種族排斥，要求在新興的現代世界裡占有一席之地。終結殖民統治的腳步原本走走停停進度緩慢，在日本帝國殺穿整個東南亞、打破歐洲至上的迷思後，速度開始加快。二次大戰後，東南亞人不允許歐洲人恢復殖民制度。他們盡可能透過政治協商爭取獨立，必要時也訴諸武力。

之後那幾十年，東南亞人努力創造他們自己的現代性。龐大的現代人口需要全新的治理方法，以殖民產業為主的經濟必須重建。新的國家必須在新的全球民族國家體系裡找到國際合作的新方式。東南亞人面對這些挑戰，一方面接納並調整新觀念，一方面運用東南亞在漫長歷史中發展出來的多樣化文化傳承、宗教信仰、政治原理、社群意識和貿易與商業方針。這種種努力的過程，就是現代東南亞的發展過程。

舊權貴與新民族主義者

很多人認為，歐洲殖民時期（尤其十九世紀以後）清除了東南亞的舊秩序，以現代秩序取代。然而，正如過去幾千年來的做法，東南亞人接納新觀念和常規，跟世世代代累積的觀念和常規混合，配合當下的條件加以調整。新統治者試圖創建新國家，帶頭反抗殖民統治，爭取獨立。在東南亞，傳統的權貴和新興民族主義者通常是同一批人，但現代環境也為來自都市新興中產階級或鄉村的領袖人物開創新的可能性。

歐洲勢力終結了無數王朝，但也有不少王朝自我調整，推動全面改革，對抗歐洲霸權。曼谷的卻克里王朝和汶萊的蘇丹都成功在現代世界站穩腳步，只是方法截然不同。在蒙庫（拉瑪四世，一八五一～六八在位）和他兒子朱拉隆功（拉瑪五世，一八六八～一九一〇在位）的統治下，泰國推動改革，促成國家和社會現代化。憑藉他們的外交策略，暹羅人得以擺脫歐洲的殖民統治。汶萊面臨被併入北婆羅洲和砂勞越的威脅時，蘇丹奧瑪・阿里・賽義夫丁三世（Omar Ali Saifuddin III，一九五〇～六七在位）和他的後代跟英國簽署保護協定，順利保有主權，最後走上獨立的道路。[9]

在東南亞其他地區，傳統君主政體艱難地面對這股新勢力。反抗歐洲勢力最激烈的政體遭到邊緣化，大致上被消滅。有些則被歐洲殖民機構徹底吸收，失去當地社會的尊重。越南阮氏王朝末代君主保大帝（一九二六～四五在位）的命運就是如此，法國為保有控制權做最後努力時，任命他為越南國（一九四九～五五）元首，在外界眼中，他不過是殖民者的傀儡。[10]

圖片 8.2 汶萊蘇丹｜蘇丹奧瑪・阿里・賽義夫丁三世帶領汶萊走過東南亞的去殖民化和建國時期，邁向獨立。圖中是他的紀念郵票，面值五十分。（Mark Morgan, 2016, Wikimedia Commons, CC BY 2.0.）

印尼群島和菲律賓南部的傳統王朝只有極少數熬過殖民時期，日惹蘇丹國是這當中的極少數之一，並且也變成印尼共和國反抗荷蘭的根據地。蘇丹哈孟古布沃諾四世（一九三九～八八在位）後來變成日惹特區的總督，[11]其他幾十個舊時代的統治者雖然沒有繼續掌權，卻成為獨立後的印尼的「文化權威」。

柬埔寨和寮國君主同樣被法國控制，際遇卻比阮氏的保大帝好。一八六三年後，柬埔寨君主漸漸失去世俗的權力，但他們在柬埔寨人民心目中的象徵中心性（symbolic centrality）卻提升了。[12]諾羅敦．施亞努（一九二二～二〇一二）因為性格較具可塑性，在一九四一年被法國人推上王位，接下來那六十年卻在柬埔寨政壇屹立不搖。施亞努在一九五五年退位進入政治圈，成為首相。一九九三年，經歷過赤柬時期和越南的短期占領，柬埔寨王國重新建立，施亞努再度回到王座上。柬埔寨王朝號稱是西元六二年扶南國紹瑪女王和她的夫婿混塡的後裔，王朝歷史悠久的程度僅次於日本。[13]

一九〇四年，龍坡邦王國的國王西薩旺．馮（一九〇四～五九在位）先後帶領龍坡邦和寮國王朝（一九四六年起）走過二十世紀最初六十年。在這段寮國政治動盪期，王族其他成員也扮演關鍵角色。派特拉親王（Phetsarath，一八九〇～一九五九）帶領自由寮國運動（Lao Issara）反抗法國。蘇發努馮親王（Souphanouvong，一九〇九～九五）是寮國共產主義運動組織巴特寮（Prathet Lao）的領袖，一九七五到九一年擔任寮人民民主共和國第一任總統。[14]

如同寮國人，傳統馬來貴族也以不同方式對抗英國的殖民統治。英國經常操縱王位繼承，扶持有利他們執行「間接統治」的人選。在這個過程中，蘇丹跟馬來平民之間的關係被破壞，很多人將蘇丹視為殖民統治的工具。在戰後的馬來亞，蘇丹重新成為馬來人權利的捍衛者。馬來王族每五年從九位傳統蘇丹之中選出一名最高元首（Yang di-Pertuan Agung），執行憲法賦予的權力。[15]

英國人採取殖民勢力的共通模式，將傳統的地方首領（penghulu）納入殖民地官僚系統。這些人擔任地區與村落首長，將會是獨立後的在地化國家行政部門的基礎。[16]如同其他地方，馬來王族和其他村落首領以上的精英階級面對英國當局時，都得在合作的利益與反抗的策略之間尋求平衡。在王族之中，阿布都拉曼（一九〇三～九〇）日後會變成馬來西亞的「獨立之父」。他爭取獨立時的身分不是傳統統治者，而是巫統這個現代政黨的領袖，以及馬來西亞第一任首相。[17]

在獨立前那段過渡期，出身不算顯貴或來自新興中產階級的人，也有機會成為政治領袖。印尼和越南最知名的獨立領袖蘇卡諾和胡志明，都出身自教師家庭。緬甸的第一任總理烏努（U Nu）本身也教過幾年書。[18]在菲律賓，包括荷西．黎剎[19]在內的很多民族主義領袖，都是地位相對高貴的知識分子（ilustrado）和政治精英（principale）。[20]但其他的革命人士，比如帶領武裝部隊對抗西班牙人的安德烈．博尼法西奧[21]，背景就比較普通。[22]

馬哈地．穆罕默德（Mahathir Mohamad）是馬來西亞的長青樹首相（第四任與第七任），也是第一個不是出身傳統貴族階級的首相，他父親是中學校長。新加坡的「國父」李光耀的父親經營商鋪。到了更近期，印尼的佐科威（Joko Widodo）曾經是成功的商人，後來變成蘇拉卡爾塔市長、雅加達特區首長和印尼總統。這些人和其他很多領袖，背景都偏向「中產階級」。

另一個通往社會流動與政治權力的途徑，是進入現代軍隊。洪森（Hun Sen）曾經與赤柬並肩作戰，後來又對抗赤柬，最後成為柬埔寨總理，在柬埔寨政壇極具影響力。他出身農家，生長在湄公河流域的村莊。[23]印尼的陸軍少將蘇哈托（Suharto）在一九六六年接替蘇卡諾成為總統，他成長在爪哇的窮困村莊。[24]一九六二到八八年領導緬甸的尼溫將軍生長在鄉村小鎮。[25]

二十世紀大多數時間裡，政治圈幾乎是男性的天下。到了近幾十年，女性的能見度越來越高。其中最知名的有柯拉蓉．艾奎諾（Corazon “Cory” Aquino）、葛洛麗雅．雅羅育（Gloria Arroyo）、梅嘉娃蒂．蘇卡諾普特麗（Megawati Sukarnoputri）和哈莉瑪．雅各布（Halimah Yacob），分別當選菲律賓、印尼和新加坡總統。[26]盈拉．欽那瓦（Yingluck Shinawatra）和翁山蘇姬（Aung San Suu Kyi）各自曾經擔任泰國總理和緬甸國務資政。鄧氏玉盈（Dang Thi Ngoc Thinh）在二〇一六到二一年擔任越南副總統，也曾在二〇一八年短暫代理總統。在其他地方，比如在村落政治中，女性通常是協助政治領袖動員群眾的關鍵，儘管她們不容易被看見。[27]

有機會接受現代教育的人，更容易在精英階級與中產階級推動的新興民族主義運動中擔任領袖。很多新興民族主義領袖都出自教師家庭，並不是巧合。教育普及後，就會在越來越龐大的現代社會裡創造新的溝通方式。讀寫能力和大眾傳播媒體創造出新一批關注國事的民眾，尤其是在推行全國共通的語言之後。[28]現代軍隊將自己視為「國家的守護者」，尤其在獨立運動與國家主權的統一涉及武裝衝突的國家。複雜的現代社會需要新的治國之術，東南亞的軍方與文職領導人和教育程度越來越高的百姓都參與其中。

教育的普及

早在現代時期之前很久，東南亞的宮廷與宗教機構就致力提升識字能力並推展教育。根據東南亞最早期的文獻記載，從中國前往南亞朝聖的佛教僧侶建議先花點時間在巨港學習。當時巨港是室利佛逝貿易網絡的中心。隨著上座部佛教在東南亞傳播，大多數男童和年輕男子至少都能讀寫巴利文和當地語言，其中巴利文是上座部佛教經典使用的文字。在馬來半島和印尼諸島，學生們住在《可蘭經》講師周遭的小茅屋（pondok），這種機構又稱為「塔屋學校」（pondok school）。[29]大約十五世紀中期，黎氏王朝的儒家科舉選官制度已經十分完備。[30]西班牙人引進拉丁字母之前，菲律賓群島已經教授統稱貝貝因字母（baybáyin）的書寫符號幾百年之久。[31]其他許多群體也發展出本地的書寫系統與教育制度，比如蘇門答臘的巴塔克族。[32]

東南亞的現代教育最早從菲律賓開始。西班牙殖民時期的大多數時間裡，教育屬於天主教會的權限。一六一一年，道明會創立聖多默大學（Universidad de Santo Tomas），是亞洲最古老的大學。不過，天主教教士將大多數教育機會保留給信徒，不樂見原住民學習讀寫西班牙文。菲律賓原住民和混血群體覺得西班牙當局提供的教育機會太少，從一八六〇年代起自行設立許多私立學校。到了世紀末，菲律賓人普遍具有本國語言基本讀寫能力。[33]

美國人占領菲律賓後推動全面性計畫，將菲律賓人納入政府行政部門，為菲律賓的獨立做準備，授課語言也從菲律賓方言換成英語。短短幾年後的一九〇二年，超過二十萬名菲律賓人進入小學就讀，另有兩萬五千人讀夜校，兩萬五千人讀中學。[34]相較之下，葡屬東帝汶幾乎沒有提供現代教育。到了一九七五年葡萄牙統治結束，當地人口的識字率據估計只有百分之十。[35]

其他殖民勢力做得比葡萄牙人多，但一般說來比美國人更小心謹慎。在英國、荷蘭和法國的殖民地，教育的推廣主要是為了培養殖民地行政部門的職員與公務員。在英屬馬來亞，華語和泰米爾語的方言教育主要由各個族群自行負責。至於馬來人，英國人鼓勵貴族接受英語教育，平民則接受以馬來語為主的基礎教育。

十九世紀晚期，一部分馬來貴族展開遊說，希望增加英語教育機會。一八八八年，霹靂邦蘇丹依德里斯・伊斯干達（Idris ibn Raja Iskandar，一八八七～一九一六在位）在瓜拉江沙（Kuala Kangsar）的王宮開辦英語「王公課程」（Raja Class），後來發展成馬來聯邦第一所公辦英語學校，那就是一九〇五年設立的瓜拉江沙馬來書院（Malay College）。這所學校後來變成馬來精英階級接受教育與建立人脈的重要場所。在英國人眼中，馬來平民都是地位低下的農民，比較適合為殖民時期的馬來亞供應充裕的食物，教育機會受限得多。[36]

到了二十世紀最初幾十年，穆斯林教育改革人士將伊斯蘭學校（madrasah school）引進東南亞，尤其是馬來亞與荷屬東印度。相較於以教師為中心的塔屋學校，這些學校提供的是更廣泛的標準化課程。[37]到了一八八四年，海峽殖民地已經有超過一百所當地華人社區籌辦的學校，教導福建話、廣東話和其他實用方言。一九一一年民國革命（Republican Revolution）之後，中國推廣國語，也有助於華人社區的團結。相較之下，泰米爾語的教育通常比較初階，主要由商業化的農場興辦，因為農場裡有不少印度工人。[38]

在英屬緬甸，僧團反對英國人在傳統僧團教育體制裡推行西式教育。十九世紀晚期，英國人轉而支持基督教傳教士興辦的「世俗」學校。久而久之，緬甸家長漸漸覺得這些世俗學校提供更優質的教育和更多的機會。一九〇〇到四〇年之間，高等教育變得更普遍，尤其是在一九二〇年仰光大學（Rangoon University）創辦之後。[39]在柬埔寨和寮國，小學教育主要集中在法國資助的寺廟學校（wat school）。這些學校由佛教僧侶管理，以傳統科目為主。[40]法語教育依然只限於精英階級的小圈子，在寮國和柬埔寨少數法語學校就讀的越南學生，家長大多在法國的公務部門和殖民事業任職。[41]

相較之下，暹羅王國的現代小學則是在僧團發展出來的。朱拉隆功推動許多改革，其中一項是在一八九八年透過傳統寺廟教學實施基礎教育現代化。這項措施正好碰上全國僧團的標準化與中央化行動。一九〇二年的〈僧團法〉（Sangha Act）將全國僧侶納入中央等級制度，僧侶依據標準課程大綱學習，由中央主辦的考試審核資格，使用通過審核的文本授課。[42]朱拉隆功的異母弟弟瓦希拉延・瓦羅洛（Wachirayan Warorot，一八六〇～一九二一）親王從一九一〇年起擔任僧王[43]，負責執行這些計畫，促進暹羅所有村莊寺廟學校現代化。[44]

二次大戰以前，東南亞的識字率和接受現代教育的機會非常不平均。在某些地方，比如菲律賓，大多數人都能接觸得到。然而，即使在教育機會最受限制的殖民政權底下，越來越多重要社會成員是現代教育栽培出來的，包括統治者、公務員與新興的企業和專業人士。一九四五到七五年東南亞各國陸續獨立後，接受現代小學教育和中學教育的機會快速增加。到了二〇二〇年，小學教育在東南亞所有國家幾乎全面普及，[45]大多數國家的孩童小學畢業後進入中學的比率都超過四分之三。[46]

印刷與公共領域

教育的普及與新的媒體科技帶動全新現代社會的發展。識字率提升，印刷品閱讀資料更容易取得，對二次大戰前那幾十年東南亞的民族與政治意識造成巨大衝擊。早期的無線電收音機和後來的本地電影工業擺脫識字能力的限制，也塑造了公眾意識。大戰結束後，全國性的免費電視頻道在一九五〇和六〇年代開始播放。東南亞社會的網際網路和社群媒體通訊從一九九〇年代開始激增，而後在二〇〇〇年代大爆發，重新塑造社群和大眾的組成與溝通。

古騰堡印刷機[47]在十五世紀中期發明，十六世紀早期隨著葡萄牙人來到東南亞。[48]最早的東南亞語文印刷品主要出自傳教士，是為了方便《聖經》和其他基督教文獻在歐洲殖民地流傳。[49]早期鄂圖曼土耳其禁止阿拉伯文印刷品，直到一八二二年阿拉伯世界出現第一部穆斯林印刷機。[50]不過，荷蘭人使用阿拉伯字母（爪夷文）印製馬來文本。一八五四年，巨港一名穆斯林從聖地麥加返回後不久，就在印尼出版第一本《可蘭經》。這本《可蘭經》內容是阿拉伯文，附有馬來語注釋。之前一年，泗水也組裝了一部阿拉伯文字的穆斯林印刷機。[51]

法國人占領西貢後不久，就設立多處印刷房。除了法語文本之外，這些印刷房也印高棉語和越南語文本。正如東南亞的穆斯林，高棉和其他地區的佛教團體一開始也抗拒印刷術。對於這些團體，文字創作的象徵性力量不適合大範圍任意流通。到了二十世紀初，高棉的革新派教師與官員開始使用印刷品。儘管傳統派人士反對，這些印刷品仍然慢慢被接受。[52]在越南，法國傳教士、行政官員和觀念先進的越南人推行國語字（quoc ngu），以羅馬拼音書寫越南語，不再使用漢字，因為羅馬拼音有利推廣印刷。[53]

古騰堡印刷機問世時，中國的印刷術已經存在很長時間。從十五世紀中期起，大越就使用中國最先進的木刻雕版印刷。[54]但除了越南，中國印刷術並沒有在十九世紀前的東南亞推展，一六〇〇年左右短暫在殖民時期的馬尼拉盛行，是少數例外。[55]

在殖民統治時代與後殖民國家時代，印刷媒體與現代教育的發展，使得主要語言趨向標準化與中央化，少數族群語言則邊緣化。有些時候，閱讀大眾的發展跨越國家或殖民地的界限。十九世紀晚期，新加坡一家穆斯林出版商業務興隆，主要是靠著爪哇印刷業者印製馬來語文本。[56]他們的書本在麥加、伊斯坦堡、俄羅斯、埃及和孟買流通。南亞和中東的書本同樣也進口到東南亞。到了二十世紀最初幾十年，馬來半島的馬來學校使用來自印尼的雜誌當教材。[57]

在其他地方，印刷業也導致語言社群的重組。從一九三〇年代晚期開始，泰國東北部和曼谷的出版商開始以泰國文字刊印寮國故事。接下來那二十年，這些廉價書籍大受歡迎，主要顧客是在泰國受教育的寮語族群，他們在那裡讀的是泰語文字，而不是傳統的寮語文字。在寮國本身，一九四〇年以前印刷機還相當罕見，將文本抄寫在棕櫚葉的做法在泰國早

圖片 8.3 棕櫚葉手抄本｜在引進現代印刷術之前，棕櫚葉是東南亞最常見的書寫媒材。（刻寫在棕櫚葉上的泰國佛教手稿。衛爾康博物館〔Wellcome Collection〕CC BY 4.0）

已經走入歷史，在寮國卻依然十分普遍。[58]

十九世紀末到二十世紀初大眾識字率提升，小說、雜誌和報紙開始塑造全新現代思想。[59]荷西・黎剎的西班牙文小說《社會毒瘤》（*Noli Me Tángere*，一八八七）和《起義者》（*El Filibusterismo*，一八九一）諷刺殖民社會，也啟發菲律賓人的民族意識。第一本現代馬來文小說《花麗妲・夏嫩》（*Hikayat Faridah Hanum*，一九二五／二六）靈感來自埃及文學潮流，探討馬來女性如何擺脫傳統的束縛。[60]印尼作家帕拉莫迪亞・阿南達・杜爾（Pramoedya Ananta Toer，一九二五～二〇〇六）的作品描繪殖民與後殖民困境下的掙扎。[61]其他很多不同形式的文學創作同樣以激發現代世界情感為主旨。印尼女權運動先驅拉登・阿吉・卡蒂妮（Raden Adjeng

Kartini，一八七九～一九〇四）就是一例，她生前撰寫的信件在過世後出版，信中慷慨激昂地呼籲提升荷屬東印度女孩的處境和教育。[62]

在東南亞流通更廣泛、讀者群更龐大的，是報紙和雜誌。從一八九〇年代起，泰語雜誌和報紙就在暹羅廣為流行。一九二七年，曼谷共有一百二十七家印刷廠和十四家出版社。一九一七年已經有出版品自稱「政治性報紙」，發表對君主專政的批判。國王瓦奇拉烏（Vijiravudh，一九一〇～一九二五在位）對這些批判的回應，是直接買下其中一家報社，以筆名發表尖刻的社論加以駁斥。[63]

早期的高棉語報紙和期刊在一九二〇年代問世。[64]一九三七年，第一份高棉語日報《吳哥窟》（*Nagara Vatta*）在金邊發行。這份報紙的社論呼籲為法國保護國的高棉人提供更好的教育與就業機會，也批評越南人在公務部門受到優待，以及華人在商業領域的優勢。[65]

第一份馬來文報紙《土生馬來人》（*Jawi Peranakan*）一八七六年在新加坡發行，只是壽命不長。[66]一九〇七年新加坡馬來人領袖尤諾斯・阿布都拉（Eunos bin Abdullah）發行另一份更成功的《馬來前鋒報》（*Utusan Melayu*）。[67]這份報紙在新加坡等地發行到一九二一年，因為殖民當局引用嚴厲的英國誹謗法強迫發行商停刊。[68]一九三九年這個刊名重新問世，發行人是日後的新加坡首任總統尤索夫・伊薩（Yusof Ishak）。除了這些，還有其他馬來期刊也批判殖民體系，並且成為作家和讀者辯論各種社會議題、提升馬來民族意識的論壇。[69]

屬於大眾的媒體

報紙和雜誌的發展在東南亞其他地方複製，民眾識字率日益提升，開始關注伴隨殖民統治的不平等、快速現代化和新的國家觀念而來的各種社會議題。即使如此，仍然有許多東南亞人不識字。在很多地方，報紙和其他讀物的流傳只限於人數相對較少、政治與經濟地位卻重要的精英。電影的出現提供另一種能接觸到更廣大民眾的媒介，尤其當東南亞人開始製作當地語言的影片。

電影最早出現在二十世紀初期，是殖民地城市遊樂園裡的新奇事物。一九一〇年代，荷屬東印度和馬來半島開始出現電影院，大多由華人經營，短短十年內就普遍流行起來。到了一九二〇年代晚期和三〇年代，菲律賓的本地電影業者將荷西・黎剎和詩人法蘭西斯科・巴爾塔薩爾（Francisco Baltazar）等民族主義者的作品搬上大銀幕。[70]一九二七年，第一部泰國無聲長片上映，四天內就吸引一萬兩千人觀賞。[71]到了二次大戰時，緬甸的電影公司已經推出大約六百四十部影片（部分與印度片廠合作）。[72]

一九三〇年代晚期，馬來語電影在英屬馬來亞、荷屬東印度等地上映。一九四〇年代，邵氏兄弟公司在新加坡設立製片廠，到第二年就發行了八部馬來語電影。同一段時期，爪哇、新加坡和菲律賓其他製片商和發行商每個月推出大約二到三部馬來語電影。[73]但從二十世紀中期開始，大多數東南亞電影主要針對的是本國觀眾。偶爾有些賣座電影走上國際，比如泰國的《拳霸》（*Ong Bak*）系列武術電影。另外，泰國電影稱霸寮國電影市場（雖然這種情形偶有爭議）。[74]不過，全國性電影公司針對國內觀眾推出的影片，在東南亞大多數國家的本國語影片市場占有重要地位。

東南亞國家獨立後，廣播和電視將大眾媒體帶進家家戶戶，進一步塑造國家的公眾。廣播是二次大戰期間的宣傳工具，戰爭結束後，又變成社會變遷的媒介，而社會變遷是以國家政策與國家目標為基礎。[75]在印尼，廣播電台扮演關鍵角色，在重要時刻延續獨立運動的火苗，比如泗水戰爭時。[76]越南戰爭期間，北越和南越也爭奪廣播頻道的主控權。[77]

從一九五〇年代中期到一九六〇年代中期，印尼（一九六二）、馬來西亞（一九六三）、菲律賓（一九五五）、新加坡（一九六三）和泰國（一九五五）分別開通免費電視頻道。[78]柬埔寨的電視頻道也在一九六六年開播，卻在赤柬時期停止，直到一九八三年才恢復，只是頻道數相當有限。到了一九九〇年代末，柬埔寨總共有六個免費頻道和兩個有線頻道。[79]汶萊在一九七五年開通第一個電視頻道，播出彩色節目。[80]緬甸也在一九八〇年推出彩色電視節目，但只有少數家庭擁有電視機，主要是資深政府官員。[81]

越南的電視播放從一九六六年開始，是美國支持的越南共和國在南方開辦的，有兩個頻道播放節目，一個以美國軍隊為對象，另一個針對當地

圖片 8.4　電信與旅遊｜寮國北部鄉間這幅廣告宣傳行動電話方案，消費者有機會抽中吉隆坡與新加坡旅遊。（作者攝）

越南人。一九七〇年越南電視台（Vietnam Television）在河內成立，但在戰爭結束前很少播放。一九七五年越南統一，南方的電視台重新命名為胡志明電視台。在此同時，北方和南方所有頻道整合，由越南電視台統籌運作。在一九八六年推動革新政策（Doi Moi）之前，越南的電視播放時間有限，主要是新聞節目。[82]寮國的電視播放從一九八三年開始，起初同樣時數受限，永珍一天只播放三小時。一九八六年以後，寮國跟越南一樣開放媒體環境，只是，到了二〇〇〇年仍然只有兩個全國性電視頻道。[83]

廣播和電視做為在國內受控環境下製作的大眾媒體（尤其是電視），對東南亞各國民眾有薰陶作用。各國政府設法打造並控制大眾媒體，東南亞人則是創造並散播各種流行歌曲和其他形式的流行文化。[84]從一九九〇年代開始，各國政府控制通訊的行動碰上了新媒體的暴增，從磁帶錄影機到卡式錄音帶到光碟片（CD和DVD），再到衛星廣播，最後是雨後春筍般出現的網際網路和社群媒體。[85]到了二〇一〇年代中期，各國使用網路的人口比例不一，從東帝汶的百分之十三和柬埔寨的百分之十九，到馬來西亞的百分之七十一和新加坡的百分之八十二。[86]

從那時起，智慧型手機的使用將這些數字向上推升，幾乎涵蓋所有國家大多數人口，很多國家更是幾乎全面普及。比方說，到了二〇二一年，柬埔寨的行動網路覆蓋百分之八十五的人口，每個國民平均擁有將近一點二五個門號。[87]東南亞有超過半數人口是臉書用戶。[88]二〇二〇年代，東南亞人在手機上觀看YouTube影片的頻率，不低於在電視上看節目，尤其是年輕世代。這會如何重塑東南亞的大眾，還未可知。

都市化與社會運動

一九〇〇年東南亞人口在八千萬左右，其中大約三分之一住在爪哇島。[89]雖然爪哇、紅河三角洲和呂宋島部分地區人口稠密，東南亞大多數地區都是人口稀少的偏遠地帶。正如東南亞的歷史顯示的，這裡土地相當廣大，人口卻相對稀少。一九一〇年，東南亞只有十一個城市人口超過十萬。[90]從那之後到現在，東南亞的人口增加已超過八倍，達到六億八千萬以上。[91]全世界人口最多的二十個國家之中，目前有四個在東南亞，分別是印尼、菲律賓、越南和泰國。[92]到了二〇二一年，東南亞有三十多座城市人口超過一百萬，其中十座超過五百萬（見表8.1）。大雅加達地區和馬尼拉大都會分別是全世界第二與第四大都市。[93]

二十世紀中葉時，大多數東南亞人都是居住在都市之外的農民。東南亞早期的人口密集區，是靠低地稻米耕作的餘糧和商業港口的財富支撐。紅河流域的河內、伊洛瓦底江的蒲甘和阿瓦，以及東爪哇的滿者伯夷，都憑藉農產盈餘成為強大的「稻米王國」。西元最初那幾個世紀的扶南、室利佛逝在蘇門答臘的權力中心以及下緬甸的勃固，則是仰賴港口經濟。還有很多城市也是靠農產餘糧和沿海貿易累積財富和勢力，比如暹羅灣附近

世界排名	城市	國家	人口
2	雅加達	印尼	35,362,000
4	馬尼拉	菲律賓	23,971,000
16	曼谷	泰國	17,573,000
28	胡志明市	越南	13,954,000
45	吉隆坡	馬來西亞	8,639,000
55	河內	越南	7,375,000
62	萬隆	印尼	6,932,000
69	仰光	緬甸	6,497,000
70	泗水	印尼	6,494,000
79	新加坡	新加坡	5,901,000

表8.1　二〇二一年東南亞最大的十座城市（以都市已建設地區為基準）[94]

的阿瑜陀耶，湄公河三角洲的波雷諾哥（日後先後改名西貢和胡志明市）。

到了二十世紀中期，貿易雖然還是經濟繁榮的關鍵，以都市為中心的產業和服務經濟開始超越農業，成為財富盈餘的主要來源。[95]雖然殖民時代已經有部分人口開始移向城市，到了二十世紀後半期，這種趨勢急遽上升。二十世紀中期，東南亞大約百分之十五的人口住在城市裡。到了二十一世紀初，住在城裡的人口已經超過半數。[96]這種變化主要是因為鄉村人口大規模移入城市：大批農民子女離開土地，進城尋找發展機會。

東南亞社會規模更大、更都市化之後，也變得更複雜。經濟活動和職業更專業化。新的社會階級出現，社會不平等和階級差距擴大。統治者和平民之間的精細區分，最晚從梵文文化王朝和大越儒家制度時期就開始出現。至少從阿瑜陀耶時代早期開始，泰族統治者就制定繁複的薩迪納[97]社會等級制度。[98]另外，歐洲人則強化了階級制度的種族觀念。除了這些和其他早期現代的社會等級排列法，以都市為中心的現代社會還增添了職業與教育等元素。[99]

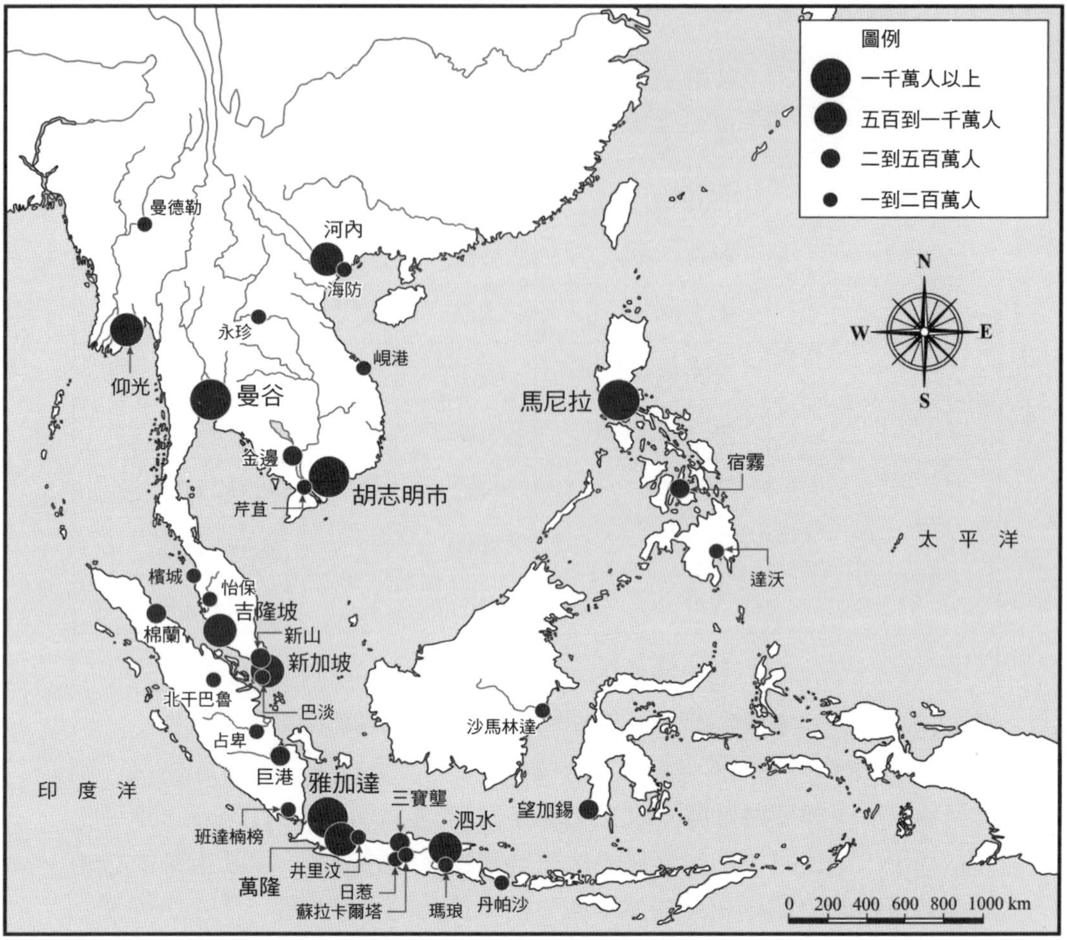

地圖 8.1 人口超過百萬的城市｜東南亞在二十世紀明顯趨向都市化，目前有三十多個城市人口超過百萬。

雖然東南亞的小學教育幾乎已經全面普及，中學就學率也越來越高，但大學或其他高等職業教育的完成率，還介於柬埔寨和緬甸的百分之三和新加坡的百分之二十八之間。[100]從一九九〇年代起，在東南亞大多數地區，都市的新中產階級和「新富」明顯變成越來越重要的社會與政治勢力。[101]「精英中產階級意識形態」的新態度形成，貶低鄉村與都市勞工階級。某些時候，新中產階級推動社會進一步自由化，但在其他時候，他們支持威權體制，不信任鄉村與都市的「群眾」。[102]

教育並不是社會流動的唯一途徑。有生意頭腦的東南亞人善用都市龐大人口提供的機會，經營咖啡館、小吃攤和各式各樣的零售店。藉著辛勤的努力，加上些許運氣或時機，很多人賺取了改變一家人命運的財富。至於那些加入產業勞工階級、在跨國工廠或小型本地企業工作的人，他們寄回鄉下老家的錢，成為建造新房屋和子女教育的資金。但其他很多個人和家庭卻沒這麼幸運。貧富之間的差距變得更明顯，至少看起來更明顯。[103]

沒有運輸上的革新，東南亞都市產業就不可能改革。在東南亞各地，公路與快速道路銜接最大的城市和最小的村莊。公路方便人們進城，也縮短城市與鄉村在社會與文化上的距離。城市的人越來越覺得鄉村是「落後的」，不夠發達。但事實上，很多村莊的社會生活越來越像都市裡的生活，不再是過去那種以生計為重點的農耕社區。[104]當都市擴大，全新的「半都市化地區」(desakota)出現，融合鄉村與都市的居住空間和經濟。[105]原本就十分多樣化的族群與宗教，在都市裡更為明顯。[106]

東南亞這種層層堆疊出來的「超級多樣性」(super-diversity)，為眾多社會運動打下基礎。整個二十世紀，東南亞的政治領袖，從胡志明領導的共產黨員，到馬哈地．穆罕默德等「馬來極端分子」，都博得各種不滿分子的普遍支持。[107]在東南亞各地，從農民到族群分離主義者，從保守派宗教團體到性工作者，各式各樣的社會與政治運動團體紛紛動員，爭取自己的權利與利益。[108]另一種強大的現代組織是國家的軍隊，在東南亞漸趨複雜的社會裡，他們經常以對抗失序危機為己任。

軍隊的動員

在早期現代和更早以前，地方領袖從農民之中徵召民兵。這些地方領袖又各自效忠貴族、國王、蘇丹或大越的皇帝。受過高度訓練、精通武器和武術的專業人員為數不多，通常擔任宮廷護衛。某些群體擁有長久的軍事傳統，比如蘇拉威西的布吉人和望加錫人，[109]大規模常備軍卻是現代產物。這些軍隊創造了通往社會流動和政治權力的新途徑，對於來自中下層階級的男人更是如此。

獨立後的泰國在朱拉隆功國王統治初期開始發展現代軍事，基於這個原因，軍隊直接隸屬國王，而非向次級王公(chao)效忠。初級軍官以平民為主，高級軍官都是王族成員。從一九一二年起，低級軍官的不滿情緒已經顯而易見，因為國王瓦奇拉烏（一九一〇～一九二五在位）登基不久，就發生一樁推翻專制君主的密謀。一九三二年，包括未來總理鑾披汶在內的平民（「中產階級」）軍官政變成功，順利廢除專制君主，以憲政君主制和國會取代。[110]

十九世紀晚期和二十世紀初期，歐洲殖民勢力將東南亞人納入他們的殖民軍隊，但只擔任次級部屬。歐洲人經常從少數族群募兵，這種政策造成的族群關係緊繃常常延續到後殖民時期。荷蘭人從摩鹿加和蘇拉威西招募士兵，那些人大多是基督徒，薪餉比爪哇人高，導致本地人部隊紛擾不斷。[111]英國人仰仗英屬印度軍，這支軍隊由英國軍官和英國與印度正規軍組成。一九三七年，英國人開始在緬甸徵召士兵，他們徵召的是高地的克倫族、欽族和克欽族，而不是低地的緬族，而且比例有失均衡。[112]一九三三年，英國人嘗試在馬來半島組建馬來軍團，這些軍隊日後將會因為英勇抗日，成為馬來西亞和新加坡的民族英雄，尤其是少尉排長阿南·賽迪（Adnan Saidi）。[113]

一八八六年，法國在越南殖民地成立一支本地衛隊（Garde indigène），負責內部安全。[114]在這支衛隊裡，越南人最高只能晉升到初級軍官位置。一九〇八到一九一八年之間，越南的本地衛隊發起至少五次兵變，反抗法國軍官。[115]法國人為了控制柬埔寨，也徵召高棉人和越南人成立本地衛隊。[116]在寮國，法國人靠的也是越南部隊，直到二次大戰爆發才開始徵召當地民兵。[117]

一九〇一年，美國行政當局設立菲律賓保安隊（Philippine Constabulary），這是一支警察部隊，由美國人領導，菲律賓人擔任低階軍官。在獨立以前，保安隊奉命鎮壓農民暴動。獨立後那幾十年，這支部隊會是鎮壓共產黨反抗行動的主力，也協助總統斐迪南·馬可仕（Ferdinand Marcos，一九六五～八六在位）對付其他反對者。[118]

日本在二戰期間的統治，對東南亞現代軍隊發展發揮關鍵作用，尤其在緬甸和印尼。翁山和尼溫等重要民族主義者被徵召，組成三十義士（Thirty Thakin），他們帶領的軍隊會成為日後的緬甸國民軍（Burmese National Army）。在他們的指揮下，緬甸國民軍跟英軍和二戰同盟國軍隊合作，反抗日本。不過後來英國強行恢復殖民統治，他們又成為反英的重要部隊。

日本的占領軍同樣在爪哇、巴里島、蘇門答臘和馬來半島成立鄉土防衛義勇軍（Sukarela Tentera Pembela Tanah Air），訓練印尼和馬來部隊。[119] 如同越南國民軍，鄉土防衛義勇軍訓練出來的士兵和軍官也反抗日本的統治，並在戰後抗拒殖民者再次占領印尼。他們是戰後蘇卡諾和穆罕默德·哈達的印尼共和國對抗荷蘭武裝部隊的骨幹。[120] 在鄉土防衛義勇軍接受訓練、後來加入共和國反抗部隊的軍士共有幾千人，印尼未來的總統蘇哈托也是其中之一。

鑑於日本入侵在即，美國遠東陸軍（Armed Forces in the Far East）吸收了一九三五年成立的菲律賓武裝部隊（Armed Forces of the Philippines）。美國遠東陸軍在馬尼拉西北方的巴丹半島戰敗之後，包括菲律賓未來總統拉蒙·麥格塞塞（Ramon Magsaysay，一九五三～五七在位）和斐迪南·馬可仕在內的地方領袖帶領民兵打游擊戰，反抗日本的占領。大戰結束後，這些部隊變成麥格塞塞與馬可仕等領導人的私人軍隊和權力基礎。[121]

菲律賓、馬來半島等地的武裝共產主義運動，是反抗日本的另一股力量。這些行動後來發展成武裝暴動，在戰後幾十年對新成立的政府造成威脅。[122] 越南的胡志明號召工人、農民和少數族群組成越盟（越南獨立聯盟），先後反抗日本和法國。[123] 十年後，寮國的蘇發努馮親王也召集農民和少數族群組成巴特寮（寮國人民解放軍）。赤柬和一九七九年將他們推翻的武裝部隊都得到越盟的支持，並學習他們的方法。

在柬埔寨、印尼、寮國、緬甸、菲律賓和越南，現代軍隊都在獨立後的政治情勢扮演重要角色。這六個國家的軍隊都曾經跟企圖恢復殖民統治的歐洲政權發生武裝衝突，也對抗過美國支持的反共政權或武裝的共產主義者與族群反抗行動。同樣地，泰國軍隊從一九三二年反抗專制君主的政變之後，開始扮演國家的主要守護者。在東南亞各國，這些軍隊經常介入內政。不過，他們也經常參與建立憲政體制，只是往往會在政治界重要位置安插軍方代表。汶萊、馬來西亞和新加坡的軍方並未直接在政治界安插人員，但他們依然是國家意識的重要基礎，尤其在新加坡，那裡的全面國民兵役已經成為男性國民和永久居民的成年禮。

尋找新的治國之術

二次大戰期間和之後那幾十年殖民體系崩潰，過去的精英階級、新興民族主義者、現代社會運動者和新的社會階級努力治理東南亞剛獨立的國家。整個現代世界裡，舊有的治國方略已經不足以應付日益龐大且複雜的社會。從早期現代開始，東南亞的統治者就推動各式各樣的改革。比如阿瑜陀耶王朝（一三五一～一七六七）的泰族國王就推行各種改革，以更現代的方式治理暹羅。但大致說來，東南亞人繼承了歐洲殖民統治時代發展出來的政治、法律和行政制度。

東南亞社會嘗試各種模式與方法，努力治理全新的現代國家。[124]在這種多樣性之中，部分國家採用了伴隨全球新興治國之術而來的規範，包括以成文憲法做為社會的框架與法治基礎。[125]東南亞第一部現代憲法是一八九九年的《馬洛洛斯憲法》（Malolos Constitution），是菲律賓第一共和國（First Philippine Republic，一八九九～一九〇一）在西班牙與美國殖民統治之間的短暫過渡期公布的。

一九三二年，泰國第一部憲法建立了國會和君主立憲制。三年後，菲律賓推出第二部憲法，預期十年後獨立。東南亞其他國家都在一九四五到五九年之間制定憲法。[126]過去一個世紀裡，大多數國家都有過不只一部憲法，其中泰國多達二十部。雖然憲法的修訂和廢止十分常見（通常發生在軍事政變之後），但對憲法條文的奉行，是東南亞政治建構過程中重要的一環。[127]

東南亞所有國家都嘗試了民主選舉制。選舉政治的問題在於，如何一方面處理政治紛擾，一方面維持社會穩定、避免暴力，並且實施有效的管理、政策與計畫。政治人物和各種政治精英爭奪政治體系的控制權。小商店老闆和跨國公司經營者的利益彼此衝突，尤其是在管理經濟活動的規則方面。教師和公務員等專業人員也關心自己職業的薪資與聲望。軍官和士兵在意的是軍方的威信與預算。都市和鄉村的勞工、小規模農民，以及失業或就業不足（underemployed）的窮人，各有各的社會與經濟需求。在東南亞大多數地區，學生偶爾會是活躍又顯著的政治階級。[128]另外，在很多國家，族群、宗教和地區等身分各自訴求不同利益。

政治人物通常利用選舉來展現民眾對激進政策的支持度。在緬甸和馬來西亞，翁山和阿布都拉曼分別在一九四七年和一九五五年利用決定性的勝選加速國家獨立。[129]反殖民的左派政黨汶萊人民黨（Parti Rakyat Brunei）推動汶萊與沙巴、砂勞越合併時，就沒那麼順利。一九六二年，汶萊舉行第一次，也是至今唯一一次普選，汶萊人民黨贏得所有應選席位。選舉過後四個月，汶萊人民黨的支持者因為勝選信心大增，攻擊警察局並宣布「北加里曼丹」獨立。[130]這場草率的政變被英國的廓爾喀部隊（Gurkhas）平息。[131]汶萊蘇丹宣布戒嚴並修訂憲法，廢除全國性選舉。[132]

從一九六〇到八〇年代，東南亞普遍從戰後頗具爭議性的民主選舉轉向威權統治，不是軍方介入，就是文職政治人物的權力整合。一九九〇年代以後，東南亞許多國家才重新迎來更開放的民主競爭。菲律賓在一九八六年的人民力量革命（People Power Revolution）之後，就建立了不完美卻開放的選舉制度。印尼在一九九八年蘇哈托「新秩序」結束後，恢復了蘇卡諾推行「指導式民主」（Guided Democracy，一九五七～六六）之前一度盛行的競爭性選舉。從二〇〇〇年代開始，新加坡反對黨在國會的席位漸漸增加。馬來西亞的國民陣線（Barisan Nasional）則是選舉失利，失去長久以來的執政權。但這種趨勢並不是全面性的，柬埔寨、緬甸和泰國等國家一直在公開選舉和軍方統治之間來回擺盪。[133]

東南亞有很多不同類型的政黨，有些是有權有勢的個人或家族在公部門謀取實質利益的工具，其他政黨則代表激發意識形態、族群、宗教和其他身分認同的社會分歧（social cleavage）。緬甸近期的選舉，是在爭奪對文職或軍方政權的支持。印尼的政黨都曾跟代表不同意識形態的「政治趨勢」（political stream或aliran politik）聯合，比如民族主義者、伊斯蘭主義者、爪哇傳統主義者、社會民主主義者（social democrat）和共產主義者。在馬來西亞，巫統這個執政黨的成立，是為了保護馬來人的權利。泰國的政黨向來擁有強大的地方基礎，尤其是在東北部、北部和南部。[134]

相較之下，寮國和越南的一黨獨大制（one-party state）的形成，是為了避免政治體系出現這樣的分歧。這兩種模式都遵循俄國政治家列寧（Vladimir Lenin）提倡的民主集中制（democratic centralism）。所有政治爭端都在政黨內部進行，一旦做出決定，全體成員都有責任去執行。專政的柬埔寨人民黨（Cambodian People's Party）和新加坡的人民行動黨都正式反對共產主義，但他們走的路線都偏向民主集中制。[135]

現代國家有個準則在東南亞被視為理所當然，那就是政府的正統性來自它代表並代理國民的能力。很多人和群體設法逃離現代民族國家的束縛，尤其是高地人口。[136]但更多人（從低地稻農到山區居民）選擇爭取國家的承認，期望現代國家能帶來安全、穩定、公共財（public goods）、幸福和繁榮。[137]然而，哪一種政治制度最能代表國民，對國民最有利，至今仍然沒有定論。在所有制度下，良好的統治和公共財的提供，經常因為私人利益而減損。東南亞很多政府都被貪腐侵蝕。在此同時，不管懷抱什麼樣的政治信念，追求普遍的繁榮一直是社會與領袖的共同目標。

從發展到全球化

二十世紀最初幾十年，東南亞的殖民經濟越來越偏重資源的開採，以供應美國和歐洲快速工業化的經濟。[138]然而，即使在殖民現代性（colonial modernity）底下，教育、保健、衛生、貿易和都市工業化等實質利益仍然擴展到東南亞許多地區。[139]東南亞在一九三〇年代受到經濟大蕭條拖累，又在日本占領和二次大戰期間遭受苦難，爭取獨立的過程進一步阻礙或逆轉財富和福祉的提升。受害最嚴重的是被迫憑藉武力收復主權的國家（印尼和越南），以及捲入印度支那戰爭的國家（柬埔寨和寮國）。[140]

二次大戰結束後，美國撥給東南亞的歐洲殖民統治者超過七十億美元的重建援助，被殖民國家和泰國得到的美援總共只有三億一千二百萬美元，另外八億零三百萬元撥給菲律賓。日本、韓國和台灣拿到的美援也比東南亞多。[141]少了美國這種具體支援帶來的好處，東南亞人必須自己設法重建現代經濟。農民必須找到能養活家人並創造收入的農作物。商人必須尋找新市場，發展新產業。從村莊領袖到政府官員，新上位的掌權者必須找到方法創造並掌控經濟上的成功。

一九五〇到六〇年代，一般認為限制貿易、促進國內工業化的進口替代措施（import substitution）是通往經濟發展的最佳途徑。對於一個長期以來以貿易為主要財富來源的地區，這是個災難性的政策。印尼、馬來西亞和泰國採取相對溫和的進口替代措施，對部分消費型產業有利。但到了一九七〇年代，進口替代政策不再熱門，這些國家迅速改採出口導向策略。他們跟新加坡一起體驗到經濟的起飛。只有菲律賓執行近乎全面的進口替代政策，接下來那幾十年，菲律賓的工業化程度從一九五〇年代的名列前茅，漸漸變成吊車尾。[142]

緬甸採行獨特的「緬甸式社會主義綱領」（Burmese Way to Socialism）。一九六二年以後，緬甸政府將銀行、製造業和貿易國有化，孤立於世界經濟之外。到了一九八〇年代後期，緬甸已經實質破產。[143]一九五〇年代晚期，印尼也將荷蘭的農場和其他生意收歸國有，卻沒有提供補償。[144]一九八一年，馬來西亞採用不同政策。馬來西亞政府的投資代理人在倫敦股市發動「黎明突襲」[145]，收購總部設在英國的殖民時期農場公司古特里集團（Guthrie Group）。這場利用資本市場執行的惡意收購為馬來西亞政府收回大約二十萬畝農場。[146]

一九七五年以後，寮國、柬埔寨和統一後的越南採行共產經濟模式。赤柬強迫都市人口遷進集體農場，對社會與經濟造成嚴重破壞。幾十年後，柬埔寨還在努力復元。越南和寮國也試行集體化（collectivization），但到了一九八〇年代已經揚棄這種路線。一九八六年越南推出「市場性質的社會主義」革新政策（Doi Moi），經濟成長的速度在東南亞地區數一數二。寮國從善如流地採取「新經濟思維」。[147]

隨著東南亞的工業化，鄉村地區的貧窮變成問題。各種形態的政府，不管是資本主義或共產主義，都採取改善鄉村生活水準的措施。印尼、緬甸、菲律賓、泰國和越南推行土地改革，將大地主的土地重新分配給小地主。印尼、馬來西亞、菲律賓和越南也執行重新安置計畫（Resettlement programmes），將沒有土地或土地不多的農民遷移到土地更廣大的地區。[148]政府按季資助勞力密集的公共建設工程，為農民增加額外收入。[149]這些措施成效參差不齊。經濟的成長，以及為鄉村家庭提供賺取農耕外收入的機會，更能有效降低貧窮問題。另外，維持小農耕作，而非合併成大規模農耕企業，可以在經濟衰退時為村莊百姓和鄉村遷往都市的移民提供重要的安全網。[150]

從一九八〇年代開始，大多數政府不再以農業政策為重心，改以「整體經濟」（whole economy）方案解決貧窮問題。雖然擔心外國的競爭，但

表8.2 人類發展指數排名（Human Development Index Rank）、國民所得毛額（Gross National Income）等社會指標[155]

國家	世界人類發展指數排名[a]（2019）	平均壽命[b]（1970）	平均壽命[b]（2019）	平均就學年數[c]（2019）	人均所得毛額 ($PPP 2017)[d]
東南亞					
新加坡	11（極高）	68.3	83.6 (+15.3)	11.6	88,155
汶萊	47（極高）	62.6	75.9 (+13.3)	9.1	63,965
馬來西亞	62（極高）	64.6	76.2 (+11.6)	10.4	27,534
泰國	79（高）	59.4	77.2 (+17.8)	7.9	17,781
印尼	107（高）	52.6	71.7 (+19.1)	8.2	11,459
菲律賓	107（高）	63.2	71.2 (+8.0)	9.4	9,778
越南	117（高）	59.6	75.4 (+15.8)	8.3	7,443
寮國	137（中）	46.3	67.9 (+21.6)	5.3	7,413
東帝汶	141（中）	39.5	69.5 (+30.0)	4.8	4,440
柬埔寨	144（中）	41.6	69.8 (+28.2)	5.0	4,246
緬甸	147（中）	48.8	67.1 (+18.3)	5.0	4,961
其他					
美國	17（極高）	70.8	78.9 (+8.1)	13.4	63,826
日本	19（極高）	71.9	84.6 (+12.7)	12.9	42,932
中國	85（高）	59.1	76.9 (+17.8)	8.1	16,057
印度	131（中）	47.7	69.7 (+22.0)	6.5	6,681

國家（數量189）的排名依據的是健康長壽、知識和生活舒適度等指標核算的綜合指標（人類發展指標）。[a]第1到66個國家的人類發展列為「極高」。第67到119列為「高」，第120到156列為「中」，第157到189列為「低」。[b]出生時的平均餘命。[c]15歲以上人口平均就學年數。[d]國民所得毛額指國內生產毛額加上海外收入。人均所得毛額（$PPP 2017）是國民所得毛額除以人口，再以購買力平價（Purchasing Power Parity）比率換算成國際元（international dollars）。

解除稻米和其他食物的進口限制，同時對農民提供補貼，通常對鄉村的窮人有所助益。在很多國家，貧困家庭只要符合子女就學、參與健康計畫或其他條件，政府就提供現金補助。[151]大多數國家生育率下降，也有助於降低貧窮現象，因為經濟成長的速度高於人口成長的速度。相反地，人口成長速度持續高於經濟成長速度的國家，尤其是菲律賓，貧窮問題很難減輕，甚至會惡化。雖然二十世紀中期以來整體貧窮率大幅降低，但在二〇一〇年，東南亞依然有超過一億人生活在貧困中。[152]

出口導向的工業化與全球化創造全新的挑戰與機會，尤其在一九九〇年代冷戰結束後。東南亞人又得處理跟其他地區的強大勢力之間的貿易行為。美國、日本、中華人民共和國和跨國公司，都帶著不同的興趣與目標跟東南亞協商貿易條件。美國致力爭取貿易自由化，日本、南韓和後來的中國選擇比較地區性的策略。一九九〇年代以後全球化時代來臨，東南亞跟其他地區的投資與貿易合作也漸漸增加，比如印度、中東、歐盟和拉丁美洲。跨國公司也是一種強大勢力，在所有權、利潤分享和廉價勞工等方面爭取有利條件。[153]

一九八八年，泰國總理察猜（Chatichai）呼籲將飽受戰爭蹂躪的印度支那「從戰場轉變為市場」。[154]他在呼應一種普遍觀點，希望發展地區性策略，促進經濟發展與合作。東南亞各國獨立後，人民的生活和生計普遍得到提升。從一九七〇到二〇一九年，人民平均壽命大幅增加。以人類發展指數來說，東南亞各國都列為「中」到「極高」（見表8.2）。只是，東南亞各地繁榮富庶的程度依然非常懸殊。

連結東南亞國家

獨立後，東南亞人必須找出跟彼此和世界其他國家相處的方式。幾世紀以來，蘇丹和國王們派遣代表團前往中國、英格蘭、法國和其他外國政權，簽定各種條約。但在現代世界裡，進貢和聯姻不再是國際關係的基礎。二次大戰後，東南亞變成資本主義和共產主義超級強權冷戰時期最危險的地區之一。東南亞新建國家的資本主義和共產主義黨派之間時而發生衝突，暴力相向，為各國之間的關係注入猜疑與緊張。

一九五五年，印尼總統蘇卡諾在萬隆召開亞非會議（Asian-African Conference），緬甸總理烏努也是會議的重要主辦人。柬埔寨、寮國和泰國三個王國，菲律賓共和國，北越的越南民主共和國和南越的越南國都派代表出席，另外還有來自亞洲和非洲二十九個國家與會。大會祕書長由緬甸總理祕書吳丹（U Thant）擔任，不久後他將會出任聯合國祕書長。

這場會議締結了重要關係，比如柬埔寨國王施亞努和中國國務院總理周恩來之間的友誼。另外，聯合國內部的不結盟運動[156]也在這次會議邁出重要的一步，反對冷戰的衝突和美國與蘇聯對全球的掌控。雖然這場會議沒有促成後續組織的建立，但「萬隆精神」激勵東南亞國家加速地區結盟的腳步，共同抵抗世界「強權」的支配。[157]

接下來那十年，東南亞國家幾度嘗試成立地區性組織，包括泰國、菲律賓和馬來亞聯合邦在一九六一年成立東南亞聯盟（Association of Southeast Asia），以及馬來西亞、菲律賓和印尼之間的合作協定，名為馬菲印聯盟（Maphilindo）。馬菲印聯盟失敗了，因為印尼總統蘇卡諾選擇跟馬來西亞、新加坡和汶萊對抗，意圖將他們納入「大印度尼西亞」（Indonesia Raya），成為印尼的一部分。蘇哈托上台後終結對抗政策（konfrontasi），東南亞聯盟於是在一九六七年退場，另外成立東協。[158]

很多人認為東協是個「反共產」聯盟，尤其外國觀察家。[159]東協的創始會員國印尼、馬來西亞、菲律賓、新加坡和泰國的共產主義者都曾採取武裝暴動，或至少煽風點火。在東協成立時，這些國家的內部政策都走反共路線，但東協從來不曾明確以反共為目標。更正確地說，在後殖民背景下，東協的創建理念是：尊重國家主權，通力合作確保國家主權，以及增進東南亞人民的幸福與繁榮。

雖然擔心越南在一九七五年統一後對東南亞地區有所圖謀（事後證明毫無根據），東協的策略是跟越南、寮國和民主柬埔寨（Democratic Kampuchea，即赤柬時期的柬埔寨）等剛獨立的共產國家和漸漸孤立的緬甸關係正常化。[160]東協加強對國家主權的尊重，促進汶萊在一九八四年脫離英國完全獨立，之後汶萊立刻加入東協。一九八〇年代，東協透過協商促成越南從柬埔寨撤軍，幫助柬埔寨重新獨立。[161]一九九〇年代晚期東協規模擴大，新增柬埔寨、寮國、緬甸和越南四個會員國。[162]

圖片 8.5 東協旗幟｜二〇一〇年代中期，泰國的學校都插著東協旗幟，設置東協資源教室，讓國民了解即將在二〇一五年上路的東協經濟共同體。（作者攝）

西元二〇〇〇年，東協致力從原本的外交論壇拓展為代表東南亞各國人民的更健全機構，要以安全、經濟和社會文化為三大合作支柱，並設法發展東協經濟共同體（ASEAN Economic Community），促進東南亞國家之間的貿易。他們也透過東協基金會贊助幾十個藝術與文化、社區營造、媒體和教育計畫，以加深共同體意識。二〇二〇年的東協身分認同年（The Year of ASEAN Identity）推出「東協身分故事」，希望打造以規則為基礎、以人民為取向、以人民為中心，「一個願景、一種身分、一個共同體」的東協。[163]

東協的批評者認為，東協應該進一步效法歐盟，制定會員國該遵守的基準與規則。但歐盟顯然是以民族國家為範本，代表單一「歐洲」民族。而東南亞人建立的東協是以多元社會的模式運作，在這個社會裡，不同文化的民族相互合作，不需要抹除彼此的差異。正如前東協祕書長素林．比素萬（Surin Pitsuwan）所說，「歐洲給我們的啟發是團結，而非模式。我們必須找出自己的模式……我們可以參考歐洲的經驗，但不必走他們的路，我們的情況完全不同。」[164]

到目前為止

當然，東協只是東南亞悠久歷史的最新篇章。從五萬年前一群群採獵者在巽他古陸漫遊開始，東南亞就已經發展成一個大型民族國家，這個國家的大多數國民居住在廣大的城市和都會中心。早期的製陶和金屬製造產業發展成大型高科技工廠。原本販售東山鼓和玻璃珠的貿易活動，也變成巨無霸貨櫃輪運輸到全世界的商業行為。由傑出人才領導的在地化小型社群，先發展成早期王國，而後變成現代民族國家。大眾化普世宗教被接納，在某些地方取代在地的特定神靈信仰和常規，在其他地方則是將之納入其中。家庭價值觀和親屬關係依然重要，但在漸趨複雜的現代社會裡，它們不再是建構社會關係時的核心。女性在公共領域的角色和對性別多樣性的寬容，依然比世界很多地方更突出。只是，在外來父權文化和現代社會制度的影響下，這些同樣面臨挑戰。族群和種族身分這些現代概念，同樣改變了東南亞人對待彼此的方式。

本書既要說明東南亞非凡的多樣性，也要闡述這整個地區創造出現代東南亞的過程。有太多東南亞歷史將東南亞人描寫成外來勢力的被動受害者。二十世紀初，人們誤以為黃金之地時代的不朽建築，是南亞人來到東南亞殖民的成果。外國學者無法相信「未開化」的當地社會能創造出這樣的奇蹟。到了二十世紀晚期，現代東南亞被描述成歐洲殖民勢力的產物。然而，打造東南亞社會、塑造整個地區的主要推手，始終都是東南亞人。在整個東南亞隨著貿易流動的人群、觀念和信仰，都被當地社群納入東南亞繁複的馬賽克拼貼裡。必要時，外來的影響會遭遇抵抗，會被打敗，比如歐洲的統治企圖。

隨著東南亞走向未來，我們當前的現代性只是時間裡的片刻。幾十年的時間裡，大多數東南亞人（但不是全部）都體驗到生活水準的實質改善和機會的增加。但現代性和物質繁榮也附帶著挑戰。近幾十年來，東協和它的會員國共同推動各項計畫，尋求環境、社會與經濟的穩定。在這個長久以來一直地廣人稀的地區，如今的挑戰是如何在漸漸消失的邊界上保持生物多樣性，以及為廣大人口維持富庶生活。在這些龐大、多樣性的人口之中，未來數十、數百年的發展究竟是合作或衝突；經濟的繁榮會普遍共享，或被強權聚斂；這些處在世界貿易十字路口的社會，能不能成功掌握全球化的力量，並從中受益，這些都在未定之天。即將書寫東南亞歷史未來篇章的，是目前正在東南亞國家設立的學校裡互動交流的孩童。

附註

前言

1 近期出版的東南亞歷史書籍之中，以下兩本最值得推薦：Craig A. Lockard (2009) *Southeast Asia in World History*. Oxford and New York: Oxford University Press; M.C. Ricklefs, Bruce Lockhart, Albert Lau, Portia Reyes, and Maitrii Aung-Thwin (2010) *A New History of Southeast Asia*. Hampshire: Palgrave Macmillan。這兩本書跟本書一樣，都更用心採取地區性視角，將東南亞人視為世界歷史的原動力，而非只是「印度化」、殖民主義與其他進程的被動對象。其中Ricklefs, et al. (2010)更詳盡描述本書討論到的許多事件，對於東南亞地區的學者，既是彌足珍貴的資源，也是不可或缺的文本。本書做為東南亞地區的入門書，在內容上比較類似Lockard (2009)，但有幾點不同。首先，本書的敘述方法偏向主題式探討，而非依時間順序的編年史。其次，本書對於東南亞如何發展到現今面貌的過程提出幾個論點，這些論點Lockard (2009)並沒有明言，或者不曾提起。不過，對於本書讀者，Lockard (2009)仍是非常值得一讀的書籍。

2 以「自主歷史」與本地主體性的角度重新認識東南亞的先驅包括John R.W. Smail (1961) "On the Possibility of an Autonomous History of Modern Southeast Asia", *Journal of Southeast Asian History* 2(2): 72–102; O.W. Wolters (1999) *History, Culture, and Region in Southeast Asian Perspectives, Revised Edition*. Ithaca (NY): Southeast Asia Program Publications, Cornell University。還有其他很多東南亞學者，比如Akin Rabibhadana (1969) *The Organization of Thai Society in the Early Bangkok Period*. Cornell Thailand Project, Interim Reports Series, No. 12. Ithaca (NY): Southeast Asia Program, Cornell University; Raden Mas Koentjaraningrat (1957) *Preliminary Description of Javanese Kinship System*. New Haven: Yale University, Southeast Asia Studies; Syed Hussein Alatas (1977) *The Myth of the Lazy Native: A Study of the Image of the Malays, Filipinos and Javanese from the 16th to the 20th Century and Its Function in the Ideology of Colonial Capitalism*. London: Frank Cass & Company; Sunait Chutintaranond and Chris Baker, eds (2002) *Recalling Local Pasts: Autonomous History in Southeast Asia*. Chiang Mai: Silkworm Books。

3 讀者如果想進一步了解這些近期事件，可以參考以下這些更偏重當前時代的東南亞歷史書籍與概論：Amitav Acharya (2012) *The Making of Southeast Asia: International Relations of a Region*. Singapore: ISEAS Publishing; Mark Beeson, ed. (2009) *Contemporary Southeast Asia (Second Edition)*. Hampshire (UK) and New York: Palgrave Macmillan; Clive J. Christie (1996) *A Modern History of Southeast Asia: Decolonialization, Nationalism and Separatism*. London and New York: I.B. Tauris Publishers; Peter Church (2017) *A Short History of South-East Asia*. Singapore: Wiley; Arthur Cottrell (2015) *A History of Southeast Asia*. Singapore: Marshall Cavendish; Ronald Hill (2002) *Southeast Asia: People, Land and Economy*. Crows Nest (NSW): Allen and Unwin; Victor T. King (2008) *The Sociology of Southeast Asia: Transformations in a Developing Region*. Copenhagen: NIAS Press; Craig A. Lockard (2009) *Southeast Asia in World History*. Oxford and New York: Oxford University Press; Milton Osborne (2016) *Southeast Asia: An Introductory History (Twelfth Edition)*. Allen Unwin; Norman G. Owen (2005) *The Emergence of Modern Southeast Asia: A New·History*. Singapore: Singapore University Press; Anthony Reid (2015) *A History of Southeast Asia: Critical Crossroads*. Chichester: Wiley Blackwell; M.C. Ricklefs, Bruce Lockhart, Albert Lau, Portia Reyes, and Maitrii Aung-Thwin (2010) *A New History of Southeast Asia*. Hampshire: Palgrave Macmillan; Jonathan Rigg (2003) *Southeast Asia: The Human Landscape of Modernization and Development (Second Edition)*. London and New York: Routledge; James R. Rush (2018) *Southeast Asia: A Very Short Introduction*. Oxford and New York: Oxford University Press; D.R. SarDesai (2018) *Southeast Asia: Past and Present (Seventh Edition)*. New York and Milton Park (UK): Routledge; Robert L. Winzeler (2011) *The Peoples of Southeast Asia Today: Ethnography, Ethnology, and Change in a Complex Region*. Lanham (MD) and Plymouth (UK): AltaMira Press。

4 關於東南亞環境史的綜合描述，參考Peter Boomgaard (2007) *Southeast Asia: An Environmental History*. Santa Barbara, Denver, and Oxford: ABC-CLIO。

5 例如Hans Pols, C. Michele Thompson, and John Harley Warner, eds (2017) *Translating the Body: Medical Education in Southeast Asia*. Singapore: NUS Press; C. Michele Thompson (2015) *Vietnamese Traditional Medicine: A Social History*. Singapore: NUS Press; Laurence Monnais and Harold J. Cook, eds (2012) *Global Movements, Local Concerns: Medicine and Health in Southeast Asia*. Singapore: NUS Press; Jan Ovesen and Ing-Britt Trankell (2010) *Cambodians and Their Doctors: A Medical Anthropology of Colonial and Postcolonial Cambodia*. Copenhagen: NIAS Press。

6 Ernesto Laclau (1990) *New Reflections on the Revolution of Our Time*. London and New York: Verso, pp. 34–5.

7 學界反覆討論「東南亞」做為地區性概念的價值與地位，參考Donald K. Emmerson (1976) "'Southeast Asia': What's in a Name? ", *Journal of Southeast Asian Studies* 15(1): 1–21; Paul H. Kratoska, Henk Schulte Nordholt, and Remco Raben, eds (2005) *Locating Southeast Asia: Geographies of Knowledge and Politics of Space*. Singapore: NUS Press; Robert Cribb (2012) "'Southeast Asia': A Good Place to Start From", *Bijdragen tot de Taal-, Land- en Volkenkunde* 168(4): 503–5; William van Schendel (2012) "Southeast Asia: An Idea Whose Time Has Past?", *Bijdragen tot de Taal-, Land- en Volkenkunde* 168(4): 497–503; Donald K. Emmerson (2014) "The Spectrum of Comparisons: A Discussion", *Pacific Affairs* 87(3): 539-56; Mikko Houtari and Jürgen Rüland (2014) "Context, Concepts and Comparison: Introduction to the Special Issue", *Pacific Affairs* 87(3): 415–40。

第一章 定居陸地與海洋

1 托巴火山爆發造成的影響至今眾說紛紜。氣候災難與「基因瓶頸」理論最早由Stanley H. Ambrose在1998年提出，見"Late Pleistocene Human Population Bottlenecks, Volcanic Winter, and Differentiation of Modern Humans", *Journal of Human Evolution* 34(6): 623–51。Ambrose的論點引起質疑，有人認為托巴對氣候的影響有其侷限性，也有人以另類機制解釋這種影響，或主張這種影響是間接的，比如擊垮非洲以外地區的生態，為智人創造占據新地域的機會。同樣地，人類多樣性銳減形成的基因瓶頸也可能只是碰巧發生在托巴火山爆發期間。

2 Spencer Wells (2002) *The Journey of Man: A Genetic Odyssey*. London and New York: Penguin Books, pp. 61–80. James F. O'Connell, et al. (2018) "When did Homo Sapiens First Reach Southeast Asia and Sahul?", *Proceedings of the National Academy of Sciences* 115(34): 8482–90.

3 Matthew W. Tocheri, et al. (2022) "Homo Floresiensis". In: *The Oxford Handbook of Early Southeast Asia*. C.F.W. Higham and Nam C. Kim, eds, pp. 38–69. Oxford and New York: Oxford University Press. Florent Détroit, et al. (2019) "A new species of *Homo* from the Late Pleistocene of the Philippines", *Nature* 568: 181–6.

4 Cristian Capelli, et al. (2001) "A Predominantly Indigenous Paternal Heritage for the Austronesian-Speaking People of Insular Southeast Asia and Oceania", *American Journal of Human Genetics* 68: 432–43, esp. p. 432.

5 Hugh McColl, et al. (2018) "The Prehistoric Peopling of Southeast Asia", *Science* 31(6397): 88–92. 現階段研究指出，東南亞一部分現代人擁有少量丹尼索瓦人（Denisovan）的基因。丹尼索瓦人是大約三十萬年前居住在亞洲的早期智人，出現時間比現代智人早，比直立人晚。

6 本書並沒有特別討論東南亞的自然地理學、生態學、環境史與其他許多相關話題，最多只是順帶一提。這些話題對東南亞地區人類社會有重要影響。近年來人們憂心氣候變遷與人類對環境的衝擊，這些議題因此更受重視。參考：Peter Boomgaard (2007) *Southeast Asia: An Environmental History*. Santa Barbara, Denver, and Oxford: ABC-CLIO; Peter Boomgaard, ed. (2007)

A World of Water: Rain, Rivers and Seas in Southeast Asian Histories. Leiden: KITLV Press; Avijit Gupta (2005) *The Physical Geography of Southeast Asia*. Oxford and New York: Oxford University Press。

7 James F. O'Connell, et al. (2018) "When did Homo Sapiens First Reach Southeast Asia and Sahul?", *Proceedings of the National Academy of Sciences* 115(34): 8482–90.

8 Adam Brumm, et al. (2021) "Oldest Cave Art Found in Sulawesi", *Science Advances* 7: 1–12.

9 譯注：華萊士線是英國自然學家華萊士（Alfred Russel Wallace, 1823–1913）提出的生物地理分界，在巴里島與龍目島之間、婆羅洲與蘇拉威西之間畫一條線，西邊是亞洲的動物相，東邊是澳洲的動物相。1868年英國生物學家湯瑪斯・赫胥黎（Thomas Henry Huxley, 1825–1895）參考演化歷史與物種分類，對華萊士線進行修正，畫出向東移的赫胥黎線，穿過巴拉望島和菲律賓群島之間，往南通過婆羅洲與蘇祿群島之間，直到望加錫海峽。

10 Elisabeth Bacus (2004) "The Archaeology of the Philippine Archipelago". In: *Southeast Asia: From Pre-History to History*. Ian Glover and Peter Bellwood, eds, pp. 257–81. London and New York: RoutledgeCurzon, esp. p. 259.

11 Michael Aung-Thwin (2001) "Origins and Development of the Field of Prehistory in Burma", *Asian Perspectives* 40(1): 6–34, esp. pp. 9–10 and 31 fn.4.

12 Pattana Kitiarsa (2014) *The "Bare Life" of Thai Migrant Workmen in Singapore*. Chiang Mai: Silkworm Books, esp. pp. 68–70.

13 Charles Higham (2002) *Early Cultures of Mainland Southeast Asia*. Chicago: Art Media Resources, esp. pp. 48–9.

14 Ben Marwick (2017) "The Hoabinhian of Southeast Asia and Its Relationship to Regional Pleistocene Lithic Technologies". In: *Lithic Technological Organization and Paleoenvironmental Change: Global and Diachronic Perspectives*. Erick Robinson and Frederic Sellet, eds, pp. 63–78. Cham: Springer.

15 Ian Glover and Peter Bellwood, eds (2004) *Southeast Asia: From Prehistory to History*. Oxfordshire and New York: RoutledgeCurzon, esp. pp. 16 and 315–20. 採獵者向內陸遷徙的活動發生的時間似乎相對晚期，原因是越來越多農耕者占據海岸和低地平原。

16 譯注：東南亞主要分為陸域與海域，分別稱為半島東南亞與島嶼東南亞，陸域包括中南半島和馬來半島，海域統稱馬來群島。

17 Ian Glover and Peter Bellwood, eds (2004) *Southeast Asia: From Prehistory to History*. Oxfordshire and New York: RoutledgeCurzon, p. 16; Ooi Keat Gin (2004) *Southeast Asia: A Historical Encyclopedia from Angkor Wat to East Timor*. Santa Barbara: ABC-CLIO, Inc., esp. p. 604.

18 Pedro Soares, et al. (2008) "Climate Change and Post-Glacial Human Dispersals in Southeast Asia", *Molecular Biology and Evolution* 25(6): 1209–18, esp. p. 1209.

19 Pedro Soares, et al. (2008) "Climate Change and Post-Glacial Human Dispersals in Southeast Asia", *Molecular Biology and Evolution* 25(6): 1209–18 (p. 1216); Mark Donohue and Tim Denham (2010) "Farming and Language in Island Southeast Asia: Reframing Austronesian History", *Current Anthropology* 51(2): 223–56.

20 Florent Détroit (2006) "Homo Sapiens in Southeast Asian Archipelagos: The Holocene Fossil Evidence with Special Reference to Funerary Practices in East Java". In: *Austronesian Diaspora and the Ethnogeneses of People in Indonesian Archipelago: Proceedings of the International Symposium*. T. Simanjuntak, I. Pojoh, and M. Hisyam, eds, pp. 186–204. Jakarta: LIPI Press.

21 Marc F. Oxenham, et al. (2018) "Between Foraging and Farming: Strategic Responses to the Holocene Thermal Maximum in Southeast Asia", *Antiquity* 92(364): 940–57.

22 Charles Higham (2002) *Early Cultures of Mainland Southeast Asia*. Chicago: Art Media Resources, esp. pp. 83–108.

23 Peter Bellwood (2006) "Asian Farming Diasporas? Agriculture, Languages, and Genes in China and Southeast Asia". In: *Archaeology of Asia*. Miriam T. Stark, ed., pp. 96–118. Malden (MA) and Oxford: Blackwell Publishing, esp. p. 108.
24 Charles Higham (2002) *Early Cultures of Mainland Southeast Asia*. Chicago: Art Media Resources, esp. p. 110.
25 資料來自與Charles Higham的私人通信。
26 Charles Higham (2002) *Early Cultures of Mainland Southeast Asia*. Chicago: Art Media Resources, esp. pp. 56–81; Charles Higham (2004) "Mainland Southeast Asia from the Neolithic to the Iron Age". In: *Southeast Asia: From Pre-History to History*. Ian Glover and Peter Bellwood, eds, pp. 41–67. London and New York: RoutledgeCurzon, esp. pp. 42–6.
27 Charles Higham (2002) *Early Cultures of Mainland Southeast Asia*. Chicago: Art Media Resources, esp. pp. 70–3.
28 Elisabeth Bacus (2004) "The Archaeology of the Philippine Archipelago". In: *Southeast Asia: From Pre-History to History*. Ian Glover and Peter Bellwood, eds, pp. 257–81. London and New York: RoutledgeCurzon, esp. pp. 261–2.
29 G.J. Irwin (1992) *The Prehistoric Exploration and Colonization of the Pacific*. Cambridge: Cambridge University Press, esp. pp. 8–9.
30 Peter Bellwood (2004) "The Origins and Dispersals of Agricultural Communities in Southeast Asia". In: *Southeast Asia: From Pre-History to History*. Ian Glover and Peter Bellwood, eds, pp. 21–40. London and New York: RoutledgeCurzon, esp. p. 30.
31 Peter Bellwood (2006) [1996] "Hierarchy, Founder Ideology and Austronesian Expansion". In: *Origins, Ancestry and Alliance: Explorations in Austronesian Ethnography*. James J. Fox and Clifford Sather, eds, pp. 19–41. Canberra: ANU E Press, esp. p. 28.
32 Pierre-Yves Manguin (2019) "Sewn Boats of Southeast Asia: The Stitched-Plank and Lashed-Lug Tradition", *The International Journal of Nautical Archaeology* 48(2): 400–15.
33 Georgi Hudjashov, et al. (2017) "Complex Patterns of Admixture across the Indonesian Archipelago", *Molecular and Biological Evolution* 34(10): 2439–52.
34 Mark Donohue and Tim Denham (2010) "Farming and Language in Island Southeast Asia: Reframing Austronesian History", *Current Anthropology* 51(2): 223–56, esp. pp. 232–7.
35 Leonard Y. Andaya (2010) *Leaves of the Same Tree: Trade and Ethnicity in the Straits of Melaka*. Singapore: NUS Press.
36 Charles Higham (2002) *Early Cultures of Mainland Southeast Asia*. Chicago: Art Media Resources, esp. pp. 147–51.
37 Peter Bellwood (2006) [1996] "Hierarchy, Founder Ideology and Austronesian Expansion". In: *Origins, Ancestry and Alliance: Explorations in Austronesian Ethnography*. James J. Fox and Clifford Sather, eds, pp. 19–41. Canberra: ANU E Press.
38 Charles Higham (2002) *Early Cultures of Mainland Southeast Asia*. Chicago: Art Media Resources, esp. p. 94.
39 Peter Bellwood (2006) "Asian Farming Diasporas? Agriculture, Languages, and Genes in China and Southeast Asia". In: *Archaeology of Asia*. Miriam T. Stark, ed., pp. 96–118. Malden (MA) and Oxford: Blackwell Publishing.
40 Cf. James C. Scott (2010) *The Art of Not Being Governed: An Anarchist History of Upland Southeast Asia*. Singapore: NUS Press.
41 Jean T. Peterson (1981) "Game, Farming, and Interethnic Relations in Northeastern Luzon, Philippines", *Human Ecology* 9(1): 1–21.

42 William A. Foley (1986) *The Papuan Languages of New Guinea*. Cambridge: Cambridge University Press.

43 Charles Higham (2004) "Mainland Southeast Asia from the Neolithic to the Iron Age". In: *Southeast Asia: From Pre-History to History*. Ian Glover and Peter Bellwood, eds, pp. 41–67. London and New York: RoutledgeCurzon. esp. p. 59.

44 Peter Bellwood (2006) "Asian Farming Diasporas? Agriculture, Languages, and Genes in China and Southeast Asia". In: *Archaeology of Asia*. Miriam T. Stark, ed., pp. 96–118. Malden (MA) and Oxford: Blackwell Publishing, esp. pp. 96–7.

45 Pamela Gutman and Bob Hudson (2004) "The Archaeology of Burma (Myanmar) from the Neolithic to Pagan". In: *Southeast Asia: From Pre-History to History*. Ian Glover and Peter Bellwood, eds, pp. 149–76. London and New York: RoutledgeCurzon, esp. p. 152.

第二章 世界樞紐

1 Alfred W. Crosby (2003) *The Columbian Exchange: Biological and Cultural Consequences of 1492, 30th Anniversary Edition*. Westport (CT): Praeger Publishers; Jack Weatherford (1988). *Indian Givers: How the Indians of the Americas Transformed the World*. New York: Random House.

2 Charles Higham (2002) *Early Cultures of Mainland Southeast Asia*. Chicago: Art Media Resources, esp. pp. 118–22.

3 Charles Higham (2002) *Early Cultures of Mainland Southeast Asia*. Chicago: Art Media Resources, esp. pp. 151–66.

4 Elisabeth Bacus (2004) "The Archaeology of the Philippine Archipelago". In: *Southeast Asia: From Pre-History to History*. Ian Glover and Peter Bellwood, eds, pp. 257–81. London and New York: RoutledgeCurzon, esp. p. 263; Peter Bellwood (2004) "The Origins and Dispersals of Agricultural Communities in Southeast Asia". In: *Southeast Asia: From Pre-History to History*. Ian Glover and Peter Bellwood, eds, pp. 21–40. London and New York: RoutledgeCurzon, esp. p. 36; Charles Higham (2002) *Early Cultures of Mainland Southeast Asia*. Chicago: Art Media Resources, esp. p. 169.

5 Pamela Gutman and Bob Hudson (2004) "The Archaeology of Burma (Myanmar) from the Neolithic to Pagan". In: *Southeast Asia: From Pre-History to History*. Ian Glover and Peter Bellwood, eds, pp. 149–76. London and New York: RoutledgeCurzon, esp. pp. 156–7; Charles Higham (2002) *Early Cultures of Mainland Southeast Asia*. Chicago: Art Media Resources, esp. p. 169.

6 David Bulbeck (2004) "Indigenous Traditions and Exogenous Influences in the Early History of Peninsular Malaysia". In: *Southeast Asia: From Pre-History to History*. Ian Glover and Peter Bellwood, eds, pp. 314–36. London and New York: RoutledgeCurzon, esp. p. 320.

7 Peter Bellwood (2004) "The Origins and Dispersals of Agricultural Communities in Southeast Asia". In: *Southeast Asia: From Pre-History to History*. Ian Glover and Peter Bellwood, eds, pp. 21–40. London and New York: RoutledgeCurzon, esp. p. 36.

8 E.g. Pamela Gutman and Bob Hudson (2004) "The Archaeology of Burma (Myanmar) from the Neolithic to Pagan". In: *Southeast Asia: From Pre-History to History*. Ian Glover and Peter Bellwood, eds, pp. 149–76. London and New York: RoutledgeCurzon, esp. p. 157.

9 Charles Higham (2002) *Early Cultures of Mainland Southeast Asia*. Chicago: Art Media Resources, esp. pp. 185, 188–9, 193–5, and 207.

10 Charles Higham (2002) *Early Cultures of Mainland Southeast Asia*. Chicago: Art Media Resources, esp. pp. 213–23.

11 Pamela Gutman and Bob Hudson (2004) "The Archaeology of Burma (Myanmar) from the

Neolithic to Pagan". In: *Southeast Asia: From Pre-History to History*. Ian Glover and Peter Bellwood, eds, pp. 149–76. London and New York: RoutledgeCurzon, esp. pp. 156–8.

12 Charles Higham (2002) *Early Cultures of Mainland Southeast Asia*. Chicago: Art Media Resources, esp. pp. 170–83; William A. Southworth (2004) "The Coastal States of Champa". In: *Southeast Asia: From Pre-History to History*. Ian Glover and Peter Bellwood, eds, pp. 209–33. London and New York: RoutledgeCurzon, esp. pp. 212–3; Nam C. Kim (2015) *The Origins of Ancient Vietnam*. Oxford and New York: Oxford University Press.

13 Peter Bellwood (2004) "The Origins and Dispersals of Agricultural Communities in Southeast Asia". In: *Southeast Asia: From Pre-History to History*. Ian Glover and Peter Bellwood, eds, pp. 21–40. London and New York: RoutledgeCurzon, esp. pp. 36–8; Elisabeth Bacus (2004) "The Archaeology of the Philippine Archipelago". In: *Southeast Asia: From Pre-History to History*. Ian Glover and Peter Bellwood, eds, pp. 257–81. London and New York: RoutledgeCurzon, esp. pp. 263–6.

14 Ambra Calo (2014) *Trails of Bronze Drums across Early Southeast Asia: Exchange and Connected Spheres*. Singapore: Institute of Southeast Asian Studies, esp. pp. 161–87.

15 Charles Higham (2002) *Early Cultures of Mainland Southeast Asia*. Chicago: Art Media Resources, esp. pp. 58, 121–2, and 176.

16 Ambra Calo (2014) *Trails of Bronze Drums across Early Southeast Asia: Exchange and Connected Spheres*. Singapore: Institute of Southeast Asian Studies.

17 Peter Bellwood (2004) "The Origins and Dispersals of Agricultural Communities in Southeast Asia". In: *Southeast Asia: From Pre-History to History*. Ian Glover and Peter Bellwood, eds, pp. 21–40. London and New York: RoutledgeCurzon, esp. p. 37.

18 Charles Higham (2002) *Early Cultures of Mainland Southeast Asia*. Chicago: Art Media Resources, esp. p. 179; Dougald J.W. O'Reilly (2007) *Early Civilizations of Southeast Asia*. Lanham (MD) and Plymouth (UK): AltaMira Press, esp. p. 181.

19 William A. Southworth (2004) "The Coastal States of Champa". In: *Southeast Asia: From Pre-History to History*. Ian Glover and Peter Bellwood, eds, pp. 209–33. London and New York: RoutledgeCurzon, esp. pp. 212–3; Charles Higham (2004) "Mainland Southeast Asia from the Neolithic to the Iron Age". In: *Southeast Asia: From Pre-History to History*. Ian Glover and Peter Bellwood, eds, pp. 41–67. London and New York: RoutledgeCurzon, esp. pp. 59–60.

20 Peter Bellwood (1999) "Southeast Asia before History". In: *The Cambridge History of Southeast Asia: Volume One, Part One. From Early Times to c. 1500*. Nicholas Tarling, ed., pp. 55–136. Cambridge and New York: Cambridge University Press, esp. p. 131.

21 Pierre-Yves Manguin and Agustijanto Indradjaja (2011) "The Batujaya Site: New Evidence of Early Indian Influence in West Java". In: *Early Interactions between South and Southeast Asia: Reflections on Cross-Cultural Exchange*. Pierre-Yves Manguin, A. Mani, and Geoff Wade, eds, pp. 113–36. Singapore: Institute of Southeast Asian Studies, esp. pp. 122–4.

22 Anna T.N. Bennett (2009) "Gold in Early Southeast Asia", *ArchéoSciences* 33: 99–107.

23 異域的英文exotic有兩個意思，一是「來自其他地方」，二是「奇特的」，本書只採第一種意思，但這兩種含義明顯相關。異域與本地是相對語詞，在不同地方代表不同意義。

24 Kenneth R. Hall (2011) *A History of Early Southeast Asia: Maritime Trade and Societal Development, 100–1500*. Lanham: Rowman & Littlefield Publishers, esp. p. 4.

25 Kenneth R. Hall (2011) *A History of Early Southeast Asia: Maritime Trade and Societal Development, 100–1500*. Lanham: Rowman & Littlefield Publishers, esp. p. 48; Charles Higham (2002) *Early Cultures of Mainland Southeast Asia*. Chicago: Art Media Resources, esp. p. 240.

26 這個傳說見Kenneth R. Hall (2011) *A History of Early Southeast Asia: Maritime Trade and Societal*

Development, 100–1500. Lanham: Rowman & Littlefield Publishers, esp. pp. 49–50，以及Charles Higham (2002) *Early Cultures of Mainland Southeast Asia*. Chicago: Art Media Resources, esp. p. 240。目前的柬埔寨王國自稱是柳葉與混填的後代，其中柳葉就是紹瑪女王，被認為是王朝的開國君主。

27 Pierre-Yves Manguin (2004) "The Archaeology of Early Maritime Polities of Southeast Asia". In: *Southeast Asia: From Pre-History to History*. Ian Glover and Peter Bellwood, eds, pp. 282–313. London and New York: RoutledgeCurzon, esp. pp. 291指出，喔呋遺址跟吳哥波雷之間的運河長度是七十公里，Higham (2002), esp. p. 236則主張吳哥波雷離海岸九十公里。

28 Charles Higham (2002) *Early Cultures of Mainland Southeast Asia*. Chicago: Art Media Resources, esp. pp. 236–7.

29 Kenneth R. Hall (2011) *A History of Early Southeast Asia: Maritime Trade and Societal Development, 100–1500*. Lanham: Rowman & Littlefield Publishers, esp. pp. 50–9.

30 Kenneth R. Hall (2011) *A History of Early Southeast Asia: Maritime Trade and Societal Development, 100–1500*. Lanham: Rowman & Littlefield Publishers, esp. pp. 31–46.

31 Kenneth R. Hall (2011) *A History of Early Southeast Asia: Maritime Trade and Societal Development, 100–1500*. Lanham: Rowman & Littlefield Publishers, esp. p. 5.

32 Kenneth R. Hall (2011) *A History of Early Southeast Asia: Maritime Trade and Societal Development, 100–1500*. Lanham: Rowman & Littlefield Publishers, esp. p. 39; Charles Higham (2002) *Early Cultures of Mainland Southeast Asia*. Chicago: Art Media Resources, esp. p. 240.

33 克拉地峽雖然狹窄，但穿越這個地區困難重重，沿途有難以航行的河流和重重山巒。參考：Michel Jacq-Hergoualc'h (2002) *The Malay Peninsula: Crossroads of the Maritime Silk Road (100 BC–1300 AD)*. Victoria Hobson, trans. Leiden: Brill。

34 在西元前四世紀，這個聚落肯定有別的名稱，為了方便起見，本書用三喬山指稱那裡的古代聚落。

35 Ian Glover and Bérénice Bellina (2011) "Ban Don Ta Phet and Khao Sam Kaeo: The Earliest Indian Contacts Re-Assessed". In: *Early Interactions between South and Southeast Asia: Reflections on Cross-Cultural Exchange*. Pierre-Yves Manguin, A. Mani, and Geoff Wade, eds, pp. 17–46. Singapore: Institute of Southeast Asian Studies, esp. pp. 35–41.

36 Bérénice Bellina, ed. (2017) *Khao Sam Kaeo: An Early Port-City Between the Indian Ocean and the South China Sea*. Paris: École Française d'Extrême-Orient. See discussion pp. 649–65.

37 Charles Higham (2002) *Early Cultures of Mainland Southeast Asia*. Chicago: Art Media Resources, esp. pp. 166, 208, and 279.

38 Charles Higham (2004) "Mainland Southeast Asia from the Neolithic to the Iron Age". In: *Southeast Asia: From Pre-History to History*. Ian Glover and Peter Bellwood, eds, pp. 41–67. London and New York: RoutledgeCurzon. esp. p. 59.

39 Bérénice Bellina and Ian Glover (2004) "The Archaeology of Early Contact with India and the Mediterranean World, from the Fourth Century BC to the Fourth Century AD". In: *Southeast Asia: From Pre-History to History*. Ian Glover and Peter Bellwood, eds, pp. 68–88. London and New York: RoutledgeCurzon, esp. p. 70.

40 Bennet Bronson (1978) "Exchange at the Upstream and Downstream Ends: Notes Toward a Functional Model of the Coastal State in Southeast Asia". In: *Economic Exchange and Social Interaction in Southeast Asia: Perspectives from Prehistory, History and Ethnography*. Karl L. Hutterer, ed., pp. 39–52. Ann Arbor: University of Michigan Center for South and Southeast Asian Studies, esp. p. 42.

41 James C. Scott (2010) *The Art of Not Being Governed: An Anarchist History of Upland Southeast Asia*.

Singapore: NUS Press.

42 Kenneth R. Hall (2011) *A History of Early Southeast Asia: Maritime Trade and Societal Development, 100–1500*. Lanham: Rowman & Littlefield Publishers, esp. pp. 61–3.

43 Charles Higham (2002) *Early Cultures of Mainland Southeast Asia*. Chicago: Art Media Resources, esp. pp. 240–3.

44 譯注：Ko-ying，應指三國孫吳時期康泰所著《吳時外國傳》與萬震所著《南州異物志》都提到的歌營，又作加營。至於歌營的所在地，學者見解不一，有人認為在印度南部，有人認為在馬來半島南部，也有人認為在蘇門答臘南部，即本書所指的地點。

45 Kenneth R. Hall (2011) *A History of Early Southeast Asia: Maritime Trade and Societal Development, 100–1500*. Lanham: Rowman & Littlefield Publishers, pp. 60–4.

46 O.W. Wolters (1999) *History, Culture, and Region in Southeast Asian Perspectives, Revised Edition*. Ithaca (NY): Southeast Asia Program Publications, Cornell University.

47 Kenneth Hall, in Tarling, ed. (1999) *The Cambridge History of Southeast Asia: Volume One, Part One. From Early Times to c. 1500*. Cambridge University Press, p. 186.

48 Sheldon Pollock (1998) "The Cosmopolitan Vernacular", *Journal of Asian Studies* 57(1): 6–37.

49 Charles Holcombe (2001) *The Genesis of East Asia, 221 B.C.–A.D. 907*. Honolulu: University of Hawaii Press, pp. 60–77.

第三章 黃金之地的神王

1 Sheldon Pollock (1998) "The Cosmopolitan Vernacular", *Journal of Asian Studies* 57(1): 6–37; Sheldon Pollock (2001) "The Death of Sanskrit", *Comparative Studies in Society and History* 43(2): 392–426.

2 到了很久以後的十九世紀初期，濕婆與毗濕奴信仰被稱為「印度教」。在本書中，「婆羅門佛教」是梵文文化圈時期傳播的政教信仰與儀式的統稱。其他文本稱之為「印度佛教」（Hindu-Buddhist）或「濕婆佛教」（Shiva-Buddhist）。梵語是傳播這些觀念的主要語言。在某些地區，巴利語（Pali）也十分重要，尤其是緬甸。巴利語是上座部佛教的聖典語言，後來的影響更為廣泛。許多東南亞文字被用來書寫梵文和巴利文。為求簡便，本書多半選擇使用梵文註解這些語言或書寫系統。

3 Charles Holcombe (2001) *The Genesis of East Asia, 221 B.C.–A.D. 907*. Honolulu: University of Hawaii Press.

4 J.G. de Casparis (1986) "Some Notes on the Oldest Inscriptions in Indonesia". In: *A Man of Indonesian Letters: Essays in Honour of Professor A. Teeuw*. C.M.S. Hellwig and S.O. Robson, eds, pp. 242–56. Leiden: Brill.

5 譯注：Veda，泛指以古梵文寫成的宗教與文學經典，被印度人奉為最高知識泉源。梵文Veda的意思就是知識或啟示。

6 譯注：Kutai，位於蘇門答臘東部古泰地區的印度教古國，是印尼歷史上最早的王國。

7 Anton Zakharov (2010) "A Note on the Date of the Vo-canh Stele", *The South East Asian Review* 35(1–2): 17–21.

8 Stephen A. Murphy (2018) "Revisiting the Bujang Valley: A Southeast Asian Entrepôt Complex on the Maritime Trade Route", *Journal of the Royal Asiatic Society* 28(2): 355–89.

9 Charles F.W. Higham (2016) "At the Dawn of History: From Iron Age Aggrandisers to Zhenla Kings", *Journal of Southeast Asian Studies* 47(3): 414–37.

10 此處室利佛逝的英文Sriwijaya是現代化文字，等於碑文中的Çrīvijaya。這個字也常拼寫成Srivijaya，尤其在早期學術界。不過目前Sriwijaya更常見，同時也是現代印尼文採用的拼寫法。Anton Zakharov (2009) "Constructing the Polity of Sriwijaya in the 7th–8th Centuries: The

View According to the Inscriptions", *Indonesia Studies Working Paper No. 9*. University of Sydney.

11 譯注：esoteric Buddhism，為大乘佛教的流派之一，是印度後期佛教的主流。因為密教的存在，而有顯教之說，顯教教法人人可以修習，不需要經過嚴格的師承灌頂儀式。密宗的修持則需要上師正式傳授，注重事相儀軌的傳承。

12 John Miksic (2016) "Archaeological Evidence for Esoteric Buddhism in Sumatra, 7th to 13th Century". In: *Esoteric Buddhism in Mediaeval Maritime Asia: Networks of Masters, Texts, Icons*. Andrea Acri, ed., pp. 253–73. Singapore: ISEAS Publishing.

13 十九世紀初爪哇殖民地副總督史丹福．萊佛士（Thomas Stamford Raffles）授命的考察隊在迪昂高原發現四百座廟宇，後來這些廟宇遭到劫掠，或取走石材興建新廟，如今只有少數倖存。

14 Stanley J. Tambiah (2013) "The Galactic Polity in Southeast Asia", *HAU: Journal of Ethnographic Theory* 3(3): 503–34; O.W. Wolters (1999) *History, Culture, and Region in Southeast Asian Perspectives, Revised Edition*. Ithaca (NY): Southeast Asia Program Publications, Cornell University.

15 Andrea Acri (2016) *Esoteric Buddhism in Mediaeval Maritime Asia: Networks of Masters, Texts, Icons*. Singapore: ISEAS Publishing.

16 譯注：*Arthashastra*，西元前四世紀古印度政治家兼哲學家考底利耶（Kautilya）的著作，是古印度重要的政治文獻。

17 L.N. Rangarajan (1987) *Kautilya: The Arthashastra*. New Delhi and Middlesex: Penguin Books.

18 曼陀羅是一種幾何圖形，圖形內的符號以同心圓方式從中央往外輻射，是印度教與佛教的神聖圖形。運用到政權或王國時，曼陀羅是一種比喻，用來反映以國王為中心的社會政治等級，而不是字面上或領土上的幾何圖案。「星系政權」是由哈佛大學社會人類學家坦比哈（Stanley Tambiah）在2013年提出，就像恆星（次級貴族）和行星（百姓）圍繞著中心（君王）運轉。

19 東南亞的碑文顯示，當地統治者使用的梵文頭銜叫人眼花繚亂。本書中以Devaraja（神王）代表東南亞地區統治者使用的各種梵文頭銜。參考：Sunait Chutintaranond (1988) "Cakravartin: Ideology, Reason and Manifestation of Siamese and Burmese Kings in Traditional Warfare (1538–1854)", *Crossroads: An Interdisciplinary Journal of Southeast Asian Studies* 4(1): 46–56。

20 Victor T. King (1985) *The Maloh of West Kalimantan: An Ethnographic Study of Social Inequality and Social Change among an Indonesian Borneo People*. Dordrecht: Foris Publications.

21 Anton Zakharov (2012) "The Sailendras Reconsidered", *The Nalanda-Sriwijaya Centre Working Paper Series No. 12*. Singapore: Institute of Southeast Asian Studies.

22 對於斯里蘭卡和上座部佛教，巴利文是神聖語言。某些地方有更多歷史文獻顯示巴利文的影響比梵文更深，尤其是緬甸。參考D. Christian Lammerts (2018) *Buddhist Law in Burma: A History of Dhammasattha Texts and Jurisprudence, 1250–1850*. Honolulu: University of Hawaii Press。

23 本書此處有關各曼陀羅政體開始與結束的時間，大多是依據各種現存證據得來的近似值，其中很多時間存在疑義，但這裡提到的都是接受度最高的。

24 Sondang Martini Siregar (2022) "Distribution of the Archaeological Sites on the Fluvial Landscape of the Musi River", *Advances in Social Science, Education and Humanities Research, volume 660*. Atlantis Press.

25 雖然大多數歷史學家認為「三佛齊」指的是以巨港為根據地的室利佛逝，但也有學者不贊同這種論點，參考Liam C. Kelley (2022) "Rescuing History from Srivijaya: The Fall of Angkor in the *Ming Shilu* (Part 1)", *China and Asia* 4(1): 38–91; Takashi Suzuki (2012) *The History of Srivijaya under the Tributary Trade System of China*. Mekong Publishing。

26 碑文本身的意思也眾說紛紜，見Anton Zakharov (2009) "Constructing the Polity of Sriwijaya in the 7th–8th Centuries: The View According to the Inscriptions", *Indonesia Studies Working Paper No. 9*. University of Sydney。

27 高度偏重航海的室利佛逝算不算是標準的曼陀羅政體，學者至今爭論不休，但它的結構肯定比其他政體（比如吳哥的高棉帝國）鬆散。

28 Paul Michel Munoz (2006) *Early Kingdoms: Indonesian Archipelago and the Malay Peninsula*. Singapore: Editions Didier Millet, pp. 170–1; Michel Jacq-Hergoualc'h (2002) *The Malay Peninsula: Crossroads of the Maritime Silk Road (100 BC–1300 AD)*. Victoria Hobson, trans. Leiden: Brill, esp. pp. 424–5.

29 爪哇史書宣示從1293年起擁有這些領土的主權。這些史書稱蘇門答臘為「馬來領土」，馬來半島周遭的地區屬於彭亨，單馬令（爪哇史書中稱為西勢洛坤或「法都」〔Dharmanagari〕）則是獨立政權。參考Mpu Prapanca (1995) *Desawarnana (Negarakrtagama)*. Stuart Robson, trans. Leiden: KITLV Press。

30 Paul Michel Munoz (2006) *Early Kingdoms: Indonesian Archipelago and the Malay Peninsula*. Singapore: Editions Didier Millet, pp. 170–1; Michel Jacq-Hergoualc'h (2002) *The Malay Peninsula: Crossroads of the Maritime Silk Road (100 BC–1300 AD)*. Victoria Hobson, trans. Leiden: Brill, esp. pp. 105–6 and 218–20.

31 馬塔蘭比較可能是在長達幾個世紀的時間裡彼此爭奪主權的多個權力中心，而不是單一國家。不過這些權力中心被統稱為「馬塔蘭王國」，以便跟馬塔蘭蘇丹國區分。馬塔蘭蘇丹國是後來在爪哇中部建立的國家，統治者信奉伊斯蘭教。

32 Paul Michel Munoz (2006) *Early Kingdoms: Indonesian Archipelago and the Malay Peninsula*. Singapore: Editions Didier Millet, pp. 170–1; Michel Jacq-Hergoualc'h (2002) *The Malay Peninsula: Crossroads of the Maritime Silk Road (100 BC–1300 AD)*. Victoria Hobson, trans. Leiden: Brill, esp. pp. 226–36.

33 Paul Michel Munoz (2006) *Early Kingdoms: Indonesian Archipelago and the Malay Peninsula*. Singapore: Editions Didier Millet, pp. 170–1; Michel Jacq-Hergoualc'h (2002) *The Malay Peninsula: Crossroads of the Maritime Silk Road (100 BC–1300 AD)*. Victoria Hobson, trans. Leiden: Brill, esp. pp. 250–68.

34 Charles F.W. Higham (2016) "At the Dawn of History: From Iron Age Aggrandisers to Zhenla Kings", *Journal of Southeast Asian Studies* 47(3): 414–37.

35 Michael Vickery (2003) "Funan Reviewed: Deconstructing the Ancients", *Bulletin de l'École française d'Extrême-Orient. Tome* 90–1: 101–43.

36 Tran Ky Phuong and Bruce M. Lockhart, eds (2011) *The Cham of Vietnam: History, Society and Art*. Singapore: NUS Press.

37 Tran Ky Phuong (2006) "Cultural Resource and Heritage Issues of Historic Champa States in Vietnam: Champa Origins, Reconfirmed Nomenclatures, and Preservation of Sites", *ARI Working Paper Series No. 75*. Singapore: Asia Research Institute.

38 L.N. Rangarajan (1987) *Kautilya: The Arthashastra*. New Delhi and Middlesex: Penguin Books, esp. p. 559.

39 Min-Sheng Peng, et al. (2010) "Tracing the Austronesian Footprint in Mainland Southeast Asia: A Perspective from Mitochondrial DNA", *Molecular Biology and Evolution* 27(10): 2417–30; Enrico McHoldt et al. (2020) "The Paternal and Maternal Genetic History of Vietnamese Populations", *European Journal of Human Genetics* 28: 636–45; Jun-Dong He, et al. (2021) "Patrilineal Perspective on the Austronesian Diffusion in Mainland Southeast Asia", *PLoS ONE* 7(5): e36437, pp. 1–10.

40 Ambra Calo (2014) *Trails of Bronze Drums across Early Southeast Asia: Exchange and Connected*

Spheres. Singapore: Institute of Southeast Asian Studies.

41 Phuong Dung Pham et al. (2022) "The First Data of Allele Frequencies for 23 Autosomal STRs in the Ede Ethnic Group in Vietnam", *Legal Medicine* (pre-proofs), doi: https://doi.org/10.1016/j.legalmed.2022.102072.

42 Michael Vickery (2011) "Champa Revisited". In: *The Cham of Vietnam: History, Society and Art*. Tran Ky Phuong and Bruce Lockhart, eds, pp. 363–420. Singapore: NUS Press, esp. pp. 367, 372, 379–80, and 408. 也有學者主張占婆是個統一的王國，參考Anton Zakharov (2019) "Was the Early History of Campā Really Revised? A Reassessment of the Classical Narratives of Linyi and the 6th–8th-Century Campā Kingdom". In: *Champa: Territories and Networks of a Southeast Asian Kingdom*. Arlo Griffiths, Andrew Hardy, and Geoff Wade, eds, pp. 147–58. Paris: École Française d'Extrême-Orient。

43 Keith W. Taylor (1983) *The Birth of Vietnam*. Berkeley: University of California Press; Keith W. Taylor (1998) "Surface Orientations in Vietnam: Beyond Histories of Nation and Region", *Journal of Asian Studies* 57(4): 949–78; Keith W. Taylor (2013) *A History of the Vietnamese*. Cambridge and New York: Cambridge University Press.

44 Michael Aung-Thwin (1985) *Pagan: The Origins of Modern Burma*. Honolulu: University of Hawaii Press.

45 James C. Scott (2010) *The Art of Not Being Governed: An Anarchist History of Upland Southeast Asia*. Singapore: NUS Press.

46 Robert L. Brown (1996) *The Dvāravatī Wheels of the Law and Indianization of Southeast Asia*. Leiden: E.J. Brill.

47 關於婆羅門佛教（或「印度教」）對菲律賓群島的影響，見Joefe B. Santarita (2018) "Panyupayana: The Emergence of Hindu Polities in the Pre-Islamic Philippines". In: *Cultural and Civilizational Links between India and Southeast Asia*. S. Saran, ed., pp. 93–105. Singapore: Palgrave Macmillan。

48 Elisabeth Bacus (2004) "The Archaeology of the Philippine Archipelago". In: *Southeast Asia: From Pre-History to History*. Ian Glover and Peter Bellwood, eds, pp. 257–81. London and New York: RoutledgeCurzon.

49 Leonard Y. Andaya (2010) *Leaves of the Same Tree: Trade and Ethnicity in the Straits of Melaka*. Singapore: NUS Press.

50 Anthony Reid, ed. (1983) *Slavery, Bondage and Dependency in Southeast Asia*. St. Lucia, London and New York: University of Queensland Press.

51 James C. Scott (2010) *The Art of Not Being Governed: An Anarchist History of Upland Southeast Asia*. Singapore: NUS Press.

52 Herbert Thirkell White (2011) [1923] *Burma*. Cambridge: Cambridge University Press, esp. p. 134.

53 這個傳說在爪哇、馬來史書和現代兒童讀物都可以找到不同版本。參考Joan Suyenaga and Salim Martowiredjo (2005) *Indonesian Children's Favorite Stories*. Periplus: Hong Kong。

54 Bertil Lintner (2003) "Burma/Myanmar". In: *Ethnicity in Asia*. Colin Mackerras, ed., pp. 174–93. London and New York: RoutledgeCurzon, esp. p. 175.

55 Anthony Reid, ed. (1983) *Slavery, Bondage and Dependency in Southeast Asia*. St. Lucia, London and New York: University of Queensland Press.

56 Clifford Geertz (1980) *Negara: The Theatre State in Nineteenth-Century Bali*. Princeton (NJ): Princeton University Press.

第四章 權力、信仰與改革

1 這裡「普世宗教」指的是在起源地以外的地區廣泛傳播的宗教。「大眾化宗教」則指某個大型社會普遍信仰的宗教。本章會談到大眾化宗教的重要性。

2 譯注：imam，阿拉伯語意為「領袖」，指伊斯蘭教教長，負責領導週五禮拜。

3 某些地方也有女性參與週五禮拜，但其他地方多數只限男性。

4 譯注：Holy Week，又稱受難週，時間是復活節前一週。

5 在巴里島、爪哇和印尼其他地方，也有人信奉源於梵文文化圈早期婆羅門佛教信仰的印度教不同教派，參考Martin Ramstedt, ed. (2004) *Hinduism in Modern Indonesia: A Minority Religion between Local, National, and Global Interests*. London and New York: RoutledgeCurzon。殖民時期以後又出現不少印度教團體，尤其是在馬來西亞和新加坡。見Vineeta Sinha (2011) *Religion-State Encounters in Hindu Domains: From the Straits Settlements to Singapore*. Dordrecht: Springer。錫克教徒也在東南亞建立不少團體，見Shamsul A.B. and Arunajeet Kaur, eds (2011) *Sikhs in Southeast Asia: Negotiating an Identity*. Singapore: Institute of Southeast Asian Studies。同樣地，猶太教徒也在東南亞許多都會型港市建立據點。見Jonathan Goldstein (2015) *Jewish Identities in East and Southeast Asia: Singapore, Manila, Taipei, Harbin, Shanghai, Rangoon, and Surabaya*. Berlin: De Gruyter Oldenbourg。

6 Victor Lieberman (2003) *Strange Parallels. Southeast Asia in Global Context, Volume 1: Integration on the Mainland*. Cambridge and New York: Cambridge University Press.

7 George Cœdès (1966) [1962] *The Making of Southeast Asia*. H.M. Wright, trans. Berkeley and Los Angeles: University of California Press. 賽岱斯是第一個將東南亞視為單一地區加以研究並描述的學者，也是最有影響力的一個。如今大多數學者也以這種角度研究東南亞，包括本書。

8 Anthony Reid (1988) *Southeast Asia in the Age of Commerce 1450–1680, Volume One: The Lands below the Wind*. New Haven and London: Yale University Press; Anthony Reid (1993) *Southeast Asia in the Age of Commerce 1450–1680, Volume Two: Expansion and Crisis*. New Haven and London: Yale University Press.

9 有關這段時期最知名的著作是David G. Marr and A.C. Milner, eds (1986) *Southeast Asia in the 9th to 14th Centuries*. Singapore: Institute of Southeast Asian Studies。這也是少數採用地區性視角探討這段時期的著作，但這本書好像無助於鼓勵讀者重新思考現存的分期法（比如賽岱斯和瑞德的），這些分期法偏重的是帶動整合的年代，而非創造多樣性的年代（請參考S.J. O'Connor對Marr and Milner的評論，見於*Indonesia*, 1988）。亦參考Geoff Wade and Sun Laichen, eds (2010) *Southeast Asia in the Fifteenth Century: The China Factor*. Singapore: NUS Press。

10 有關這些東南亞本地宗教的詳盡比較，參考Robert L. Winzeler (2011) *The People of Southeast Asia Today: Ethnography, Ethnology and Change in a Complex Region*. Lanham and New York: AltaMira Press, esp. pp. 143–77。

11 David K. Wyatt (2003) *Thailand: A Short History*. New Haven and London: Yale University Press, esp. pp. 10–6. 驃族究竟是不是獨立的族群語言群體，近年來學者頗有爭議。

12 Bob Hudson, Nyein Lwin, and Win Muang (2001) "The Origins of Bagan: New Dates, Old Inhabitants", *Asian Perspectives* 40(1): 48–74.

13 Michael Aung-Thwin (2005)主張，直通是後來緬甸史書杜撰的傳說，並不是統一的王國，但他並不否認蒲甘吸收了南邊的孟族。那時孟族也許只是分散在關係不緊密的城市，類似陀羅缽底的結構，而不是統一的直通。

14 David K. Wyatt (2003) *Thailand: A Short History*. New Haven and London: Yale University Press, esp. pp. 5–6.

15 Martin Stuart-Fox (1998) *The Lao Kingdom of Lān Xāng: Rise and Decline*. Chiang Mai: White Lotus,

esp. p. 26.

16 Chris Baker and Pasuk Phongpaichit (2017) *A History of Ayutthaya: Siam in the Early Modern World*. Cambridge and New York: Cambridge University Press, esp. pp. 24–5.

17 Martin Stuart-Fox (1998) *The Lao Kingdom of Lān Xāng: Rise and Decline*. Chiang Mai: White Lotus, esp. p. 27.

18 Chris Baker and Pasuk Phongpaichit (2017) *A History of Ayutthaya: Siam in the Early Modern World*. Cambridge and New York: Cambridge University Press, esp. pp. 26–34.

19 David K. Wyatt (2003) *Thailand: A Short History*. New Haven and London: Yale University Press, esp. p. 12.

20 Martin Stuart-Fox (1998) *The Lao Kingdom of Lān Xāng: Rise and Decline*. Chiang Mai: White Lotus, esp. p. 21.

21 David K. Wyatt and Aroonrut Wichienkeeo, trans. (1998) *The Chiang Mai Chronicle (Second Edition)*. Chiang Mai: Silkworm Books; Souneth Phothisane (1996) The Nidan Khun Borom: Annotated Translation and Analysis, PhD thesis, University of Queensland; Royal Historical Commission of Burma (1923) [1832/1869] *Glass Palace Chronicle of the Kings of Burma*. Pe Muang Tin and G.H. Luce, trans. London: Oxford University Press; Tun Bambang (2009) [1612] *Malay Annals: Translated by C.C. Brown from MS Raffles No. 18*. Selangor: Malaysian Branch of the Royal Asiatic Society; Mpu Prapanca (1995) *Desawarnana (Negarakrtagama)*. Stuart Robson, trans. Leiden: KITLV Press.

22 簡單舉個例子，有學者用《馬來紀年》搭配考古學和其他證據，重建十四世紀的淡馬錫，也就是新加坡。參考Derek Heng (2002) "Reconstructing Banzu, a Fourteenth Century Port Settlement in Singapore", *Journal of the Malaysian Branch of the Royal Asiatic Society* 75(1): 69–90。

23 David K. Wyatt (2003) *Thailand: A Short History*. New Haven and London: Yale University Press, esp. pp. 33–4.

24 Chris Baker and Pasuk Phongpaichit (2017) *A History of Ayutthaya: Siam in the Early Modern World*. Cambridge and New York: Cambridge University Press, esp. pp. 23, 34–41, 44–7, 57, and 256–7.

25 Martin Stuart-Fox (1998) *The Lao Kingdom of Lān Xāng: Rise and Decline*. Chiang Mai: White Lotus, esp. pp. 39–44. 現今的西雙版納（字面意思：一萬兩千片稻田）是中國南方雲南省傣族（即泰族）自治州。

26 Keith W. Taylor (1983) *The Birth of Vietnam*. Berkeley: University of California Press, esp. pp. 168–9.

27 Keith W. Taylor (1998) "Surface Orientations in Vietnam: Beyond Histories of Nation and Region", *Journal of Asian Studies* 57(4): 949–78; Charles Wheeler (2006) "One Region, Two Histories: Cham Precedents in the History of the Hoi An Region". In: *Viet Nam: Borderless Histories*. Nhung Tuyet Tran and Anthony Reid, eds. Madison: University of Wisconsin Press.

28 Keith W. Taylor (1998) "Surface Orientations in Vietnam: Beyond Histories of Nation and Region", *Journal of Asian Studies* 57(4): 949–78, esp. pp. 955–6.

29 Geoff Wade (2004) "Ming China and Southeast Asia in the 15th Century: A Reappraisal". *ARI Working Paper, No. 28*. Singapore: Asia Research Institute.

30 關於這段時期中國對東南亞的重要影響，參考Geoff Wade and Sun Liachen, eds (2010) *Southeast Asia in the Fifteenth Century: The China Factor*. Singapore: NUS Press。

31 然而，緬甸、爪哇、馬來和泰族等王朝也依當地環境採納並調整各種與明朝有關的習俗和觀念。他們的國際化港口和城市都有活躍的中國商人，這些中國商人經常透過聯姻跟東南亞權貴結盟。

32 Hermann Kulke, K. Kesavapany, and Vijay Sakhuja (2009) *Nagapattinam to Suvarnadwipa:*

Reflections on the Chola Naval Expeditions to Southeast Asia. Singapore: Institute of Southeast Asian Studies.

33 由於證據稀少，而且有時自相矛盾，對於確切年分，學者莫衷一是，比如Syed Muhammad Naquib Alatas (1972)認為滿者伯夷是在1478年戰敗。但在本書，683到1293年是室利佛逝時代，1293到1478或1527年是滿者伯夷時代。雖然無法確定年分，地區性勢力的大致走向卻沒有疑義。

34 Anthony C. Milner (2016) *Kerajaan: Malay Political Culture on the Eve of Colonial Rule (Second Edition)*. Kuala Lumpur: Strategic Information and Research Development Centre (SIRD). Tun Bambang (2009) [1612] *Malay Annals: Translated by C.C. Brown from MS Raffles No.18*. Selangor: Malaysian Branch of the Royal Asiatic Society, esp. pp. 23–31.

35 Ahmat Adam (2021) *The New and Correct Date of the Terengganu Inscription (Revised Edition)*. Petaling Jaya: Strategic Information and Research Development Centre.

36 Anthony Reid (2004) "Understanding *Melayu* (Malay) as a Source of Diverse Modern Identities". In: *Contesting Malayness: Malay Identity across Boundaries*. Timothy P. Barnard, ed., pp. 1–24. Singapore: Singapore University Press.

37 Anne Blackburn (2015) "Buddhist Connections in the Indian Ocean: Changes in Monastic Mobility, 1000–1500", *Journal of the Economic and Social History of the Orient* 58(3): 237–66; Michael Laffan (2009) "Finding Java: Muslim Nomenclature of Insular Southeast Asia from Srivijaya to Snouck Hurgronje". In: *Southeast Asia and the Middle East: Islam, Movement, and the Longue Durée*. Eric Tagliacozzo, ed., pp. 17–64. Singapore: NUS Press.

38 Peter Skilling (1997) "The Advent of Theravada Buddhism to South-east Asia", *Journal of the International Association of Buddhist Studies* 20(1): 93–107.

39 M.C. Ricklefs, Bruce Lockhart, Albert Lau, Portia Reyes, and Maitrii Aung-Thwin (2010) *A New History of Southeast Asia*. Hampshire and New York: Palgrave-Macmillan, esp. pp. 76–7. 佛教比丘尼和八戒女（mae chi，俗家女修行者）可能也發揮了作用。在現代時期以前，關於她們的活動外界所知有限。

40 譯注：*Jataka*，印度的佛教寓言故事集，描述佛陀的轉世故事。

41 Peter Skilling (2009) *Buddhism and Buddhist Literature of South-East Asia. Selected Papers*. Claudio Cicuzza, ed. Bangkok and Lumbini: Fragile Palm Leaves Foundation and Lumbini International Research Institute.

42 Katherine Bowie (2018) "The Historical Vicissitudes of the *Vessantara Jataka* in Mainland Southeast Asia", *Journal of Southeast Asian Studies* 49(1): 34–62.

43 Justin McDaniel (2008) *Gathering Leaves and Lifting Words: Histories of Buddhist Monastic Education in Laos and Thailand*. Seattle: University of Washington Press.

44 Michael Laffan (2011) *The Makings of Indonesian Islam: Orientalism and the Narration of a Sufi Past*. Princeton and Oxford: Princeton University Press.

45 622年是先知穆罕默德（Muhammad）離開麥加前往麥地那（Medina）的時間。這年是伊斯蘭曆元年，是在真主傳授《可蘭經》十二年後。

46 譯注：caliphate，伊斯蘭對領袖的尊稱，意思是先知的代理人或繼承人。

47 M.C. Ricklefs, Bruce Lockhart, Albert Lau, Portia Reyes, and Maitrii Aung-Thwin (2010) *A New History of Southeast Asia*. Hampshire and New York: Palgrave-Macmillan, esp. pp. 78–9.

48 Ibn Battuta (1929) [1355] *Ibn Battuta: Travels in Asia and Africa 1325–1354*. H.A.R. Gibbs, trans. London: Routledge & Kegan Paul Ltd., esp. pp. 273–81.

49 Eric Tagliacozzo (2013) *The Longest Journey: Southeast Asians and the Pilgrimage to Mecca*. Oxford and New York: Oxford University Press.

50 阿拉伯文Jawi這個字指爪哇島以北的群島東南亞。在最早期的紀錄裡，很難判斷al-Jawi指的是東南亞人或跟東南亞有關的阿拉伯人，參考R. Michael Feener and Michael F. Laffan (2005) "Sufi Scents Across the Indian Ocean: Yemeni Hagiography and the Earliest History of Southeast Asian Islam", *Archipel* 70(1): 185–208。

51 Abdurrohman Kasdi (2017) "The Role of the Walisongo in Developing Islam Nusantara Civilization", *ADDIN* 11(1): 1–26.

52 John K. Whitmore (1999) "Literary Culture and Integration in Dai Viet, c.1430–1840". In: *Beyond Binary Histories: Re-Imaging Eurasia to c.1830*. Victor Lieberman, ed., pp. 221–43. Ann Arbor: University of Michigan Press, esp. pp. 230–2.

53 Vicente L. Rafael (1988) *Contracting Colonialism: Translation and Christian Conversion in Tagalog Society under Early Spanish Rule*. Ithaca: Cornell University Press.

54 「印度教」（Hinduism）這個詞出現在十九世紀，本書主要使用「婆羅門教」，避免時代錯置問題。

55 Stanley J. Tambiah (2013) "The Galactic Polity in Southeast Asia", *HAU: Journal of Ethnographic Theory* 3(3): 503–34.

56 Cf. Victor Lieberman (2003) *Strange Parallels. Southeast Asia in Global Context, Volume 1: Integration on the Mainland*. Cambridge and New York: Cambridge University Press.

57 Cf. Benedict Anderson (1991) *Imagined Communities: Reflections on the Origins and Spread of Nationalism* (Revised and expanded edition). London: Verso.

58 更久以後，歐洲會經歷一段改革時期，基督新教在那時正式從天主教會分裂出來。東南亞的改革時期在時間上比歐洲更早，幾乎各方面都不相同。也許能找出些許共通點，比如個人信仰的發展，以及預見「早期現代」國家的出現。不過，讀者應該知道二者並不相同。

第五章 變動中的家庭與性別

1 Barbara W. Andaya (2006) *The Flaming Womb: Repositioning Women in Early Modern Southeast Asia*. Chiang Mai: Silkworm Books, esp. p. 227; Michael G. Peletz (2009) *Gender Pluralism: Southeast Asia Since Early Modern Times*. New York and Milton Park: Routledge, esp. p. 21.

2 雖然大多數人都符合男性與女性的二元生物學劃分，但很多人生來就是雙性人，亦即生理上兼具男性與女性的性徵。每個社會都有不少人展現性別的方式不符合附加在他們生物性別上的文化期待（「跨性別者」），參考Anne Fausto-Sterling (2012) *Sex/Gender: Biology in a Social World*. London and New York: Routledge。

3 Jane Monnig Atkinson and Shelly Errington, eds (1990) *Power and Difference: Gender in Island Southeast Asia*. Stanford: Stanford University Press.

4 布伊德人的資料來自Thomas Gibson (2015) *Sacrifice and Sharing in the Philippine Highlands: Religion and Society among the Buid of Mindoro (Philippine Edition)*. Manila: Ateneo de Manila University Press, esp. pp. 66–8 and 101–19。Gibson從1979年7月到1981年9月針對布伊德人（也拼寫為Buhid）進行族群誌研究，本書描述的主要是那段時間的布伊德社會。

5 譯注：bilateral descent，指親屬關係與血統由夫妻雙方的家庭共同且平等地延續。

6 Kathleen M. Adams and Kathleen A. Gillogly (2011) "Family, Households, and Livelihoods". In: *Everyday Life in Southeast Asia*. Kathleen M. Adams and Kathleen A. Gillogly, eds, pp. 59–64. Bloomington: University of Indiana Press; Robert Parkin (1990) "Descent in Old Cambodia: Deconstructing a Matrilineal Hypothesis", *Zeitschrift für Ethnologie* 115: 209–27.

7 很多人認為這些宗教是父權社會關係與女性從屬地位的源頭，但也有可信的論證主張，所有這些宗教，至少佛教、伊斯蘭教和基督教，在極端專制與父權社會中發揮干預作用，保護並提升女性的地位。我們將會看到，這些論點也能延伸到東南亞。

8 父權（patriarchal，字面意思是「父親的管轄」）指的是男性因父親角色取得的社會權力。父系繼嗣（patrilineal）指的是血脈團體的身分資格與繼承權，即父親將財產、地位、姓氏等傳給子女（通常是兒子）。父系繼嗣與婚後從夫居通常與父權制並存，卻未必總是如此。

9 關於習俗究竟是「固有的」或「吸收的」，這個問題本身可能是一種誤導，尤其是在東南亞，因為那裡的本地人才持續汲取來自世界各地的觀念，塑造並改革文化常規。

10 Chris Lyttleton (2011) "When the Mountains No Longer Mean Home". In: *Everyday Life in Southeast Asia*. Kathleen M. Adams and Kathleen A. Gillogly, eds, pp. 273–82. Bloomington: University of Indiana Press, esp. p. 275.

11 Kathleen A. Gillogly (2011) "Marriage and Opium in a Lisu Village in Northern Thailand". In: *Everyday Life in Southeast Asia*. Kathleen M. Adams and Kathleen A. Gillogly, eds, pp. 79–88. Bloomington: University of Indiana Press, esp. p. 82; Hjorleifur Jonsson (2011) "Recording Tradition and Measuring Progress in the Ethnic Minority Highlands of Thailand". In: *Everyday Life in Southeast Asia*. Kathleen M. Adams and Kathleen A. Gillogly, eds, pp. 107–16. Bloomington: University of Indiana Press, esp. p. 109.

12 「嫁女」和「娶妻」都是這些社會常用的詞語，卻不代表女性只是交換過程中的被動物件。在安排與執行這些文化規範時，女性通常非常積極，多半也是主要的行為人。

13 Andrew Causey (2011) "Toba Batak Selves: Personal, Spiritual, Collective". In: *Everyday Life in Southeast Asia*. Kathleen M. Adams and Kathleen A. Gillogly, eds, pp. 27–36. Bloomington: University of Indiana Press, esp. p. 32.

14 Shelly Errington (1990) "Recasting Sex, Gender and Power: A Theoretical and Regional Overview". In: *Power and Difference: Gender in Island Southeast Asia*. Jane Monnig Atkinson and Shelly Errington, eds, pp. 3–58. Stanford: Stanford University Press; Susan Rogers (1990) "The Symbolic Representation of Women in a Changing Batak Culture". In: *Power and Difference: Gender in Island Southeast Asia*. Jane Monnig Atkinson and Shelly Errington, eds, pp. 307–44. Stanford: Stanford University Press, esp. p. 321.

15 Sulistyowati Irianto (2012) "The Changing Socio-Legal Position of Women in Inheritance: A Case Study of Batak Women in Indonesia". In: *The Family in Flux in Southeast Asia: Institution, Ideology, Practice*. Y. Hayami, et al., eds, pp. 105–28. Kyoto: Kyoto University Press and Chiang Mai: Silkworm Books, esp. pp. 108–9.

16 關於米南佳保母系繼嗣房屋與習俗的資料來自 Tsuyoshi Kato (2007) [1981] *Matriliny and Migration: Evolving Minangkabau Traditions in Indonesia*. Singapore: Equinox Publishing, esp. pp. 51–62 and 163–73；亦參考：Jeffery Hadler (2009) *Muslims and Matriarchs: Cultural Resilience in Minangkabau through Jihad and Colonialism*. Singapore: NUS Press。

17 Andrew Turton (1972) "Matrilineal Descent Groups and Spirit Cults of the Thai-Yuan in Northern Thailand", *Journal of the Siam Society* 60(2): 217–56.

18 Charles F. Keyes (1987) "Mother or Mistress but never a Monk: Buddhist Notions of Female Gender in Rural Thailand", *American Ethnologist* 11(2): 223–41.

19 Nhung Tuyet Tran (2018) *Familial Properties: Gender, State, and Society in Early Modern Vietnam, 1463–1778*. Honolulu: University of Hawaii Press, esp. pp. 4–8 and 68–9.

20 Misaki Iwai (2012) "Vietnamese Families beyond Culture: The Process of Establishing a New Homeland in the Mekong Delta". In: *The Family in Flux in Southeast Asia: Institution, Ideology, Practice*. Y. Hayami, et al., eds, pp. 411–37. Kyoto: Kyoto University Press and Chiang Mai: Silkworm Books.

21 Rie Nakamura (2020) *A Journey of Ethnicity: In Search of the Cham of Vietnam*. Newcastle: Cambridge Scholars Publishing.

22 Yoko Hayami (2012b) "Relatedness and Reproduction in Time and Space: Three Cases of Karen across the Thai-Burma Border". In: *The Family in Flux in Southeast Asia: Institution, Ideology, Practice*. Y. Hayami, et al., eds, pp. 297–315. Kyoto: Kyoto University Press and Chiang Mai: Silkworm Books, esp. pp. 297–301.

23 Jeremy Kemp (1983) "Kinship and the Management of Personal Relations: Kin Terminologies and the Axiom of Amity", *Bijdragen tot de Taal-, Land- en Volkenkunde* 139(1): 81–98; Roxana Waterson (1986) "The Ideology and Terminology of Kinship among the Sadan Toraja", *Bijdragen tot de Taal-, Land- en Volkenkunde* 142(1): 87–112.

24 Eric C. Thompson (2007) *Unsettling Absences: Urbanism in Rural Malaysia*. Singapore: NUS Press, esp. p. 42.

25 Michael G. Peletz (1988) *A Share of the Harvest: Kinship, Property and Social History among the Malay of Rembau*. Berkeley, Los Angeles and London: University of California Press.

26 Hy Van Luong (1988) "Discursive Practices and Power Structure: Person-Referring Forms and Sociopolitical Struggles in Colonial Vietnam", *American Ethnologist* 15(2): 239–53.

27 Jane Monnig Atkinson (1990) "How Gender Makes a Difference in Wana Society". In: *Power and Difference: Gender in Island Southeast Asia*. Jane Monnig Atkinson and Shelly Errington, eds, pp. 59–93. Stanford: Stanford University Press, esp. p. 83; Shelly Errington (1990) "Recasting Sex, Gender and Power: A Theoretical and Regional Overview". In: *Power and Difference: Gender in Island Southeast Asia*. Jane Monnig Atkinson and Shelly Errington, eds, pp. 3–58. Stanford: Stanford University Press, esp. p. 40.

28 Michael G. Peletz (2009) *Gender Pluralism: Southeast Asia Since Early Modern Times*. New York and Milton Park: Routledge, esp. p. 22. 這些角色與行為可能在更早的時期已經盛行，只是從十五世紀起的早期現代開始，我們才找得到書面紀錄。

29 本章節的例子引用自 Michael G. Peletz (2009) *Gender Pluralism: Southeast Asia Since Early Modern Times*. New York and Milton Park: Routledge, esp. pp. 22–37, 41–71, and 188–9。

30 Christina Blanc-Szanton (1990) "Collision of Cultures: Historical Reformulations of Gender in the Lowland Visayas, Philippines". In: *Power and Difference: Gender in Island Southeast Asia*. Jane Monnig Atkinson and Shelly Errington, eds, pp. 345–83. Stanford: Stanford University Press, esp. p. 357. Carolyn Brewer (2004) *Shamanism, Catholicism and Gender Relations in Colonial Philippines, 1521–1685*. Burlington (VT): Ashgate Publishing, esp. pp. 84–6.

31 Michael G. Peletz (2009) 主張，伊班族、達雅克族、布吉族和其他很多跨性別儀式師的文化形式，可能來自濕婆信仰或密宗，或受二者的影響。不過，某些跨性別活動可能源於更早期的東南亞在地文化。

32 Sirtjo Koolhof (1999) "The 'La Galigo': A Bugis Encyclopedia and Its Growth", *Bijdragen tot de Taal-, Land- en Volkenkunde* 155(3): 362–87.

33 Leonard Y. Andaya (2000) "The Bissu: Study of a Third Gender in Indonesia". In: *Other Pasts: Women, Gender and History in Early Modern Southeast Asia*. Barbara W. Andaya, ed., pp. 27–46. Honolulu: Center for Southeast Asian Studies, University of Hawaii.

34 譯注：kathoey，指自我認同為女性的生理男性，異裝癖與變性人都包含在內。

35 Imam Bashori Assayuthi (1998) *Bimbingan Ibadah: Shalat Lengkap*. Jakarta: Mitra Ummat, esp. p. 60.

36 Fenella Cannell (1999) *Power and Intimacy in the Christian Philippines*. Cambridge: Cambridge University Press.

37 Megan Sinnott (2004) *Toms and Dees: Transgender Identity and Female Same-Sex Relationships in Thailand*. Honolulu: University of Hawaii Press; Evelyn Blackwood (1998) "Tombois in West Sumatra:

Constructing Masculinity and Erotic Desire", *Cultural Anthropology* 13(4): 491–521.

38 Yoko Hayami (2012a) "Introduction: The Family in Flux in Southeast Asia". In: *The Family in Flux in Southeast Asia: Institution, Ideology, Practice*. Y. Hayami, et al., eds, pp. 1–26. Kyoto: Kyoto University Press and Chiang Mai: Silkworm Books, p. 4; Kathleen M. Adams and Kathleen A. Gillogly (2011) "Family, Households, and Livelihoods". In: *Everyday Life in Southeast Asia*. Kathleen M. Adams and Kathleen A. Gillogly, eds, pp. 59–64. Bloomington: University of Indiana Press, esp. p. 60.

39 Shelly Errington (1990) "Recasting Sex, Gender and Power: A Theoretical and Regional Overview". In: *Power and Difference: Gender in Island Southeast Asia*. Jane Monnig Atkinson and Shelly Errington, eds, pp. 3–58. Stanford: Stanford University Press, esp. p. 40.

40 Anna Lowenhaupt Tsing (1990) "Gender and Performance in Meratus Dispute Settlement". In: *Power and Difference: Gender in Island Southeast Asia*. Jane Monnig Atkinson and Shelly Errington, eds, pp. 95–125. Stanford: Stanford University Press.

41 Joel C. Kuipers (1990) "Talking about Troubles: Gender Differences in Weyéwa Ritual Speech Use". In: *Power and Difference: Gender in Island Southeast Asia*. Jane Monnig Atkinson and Shelly Errington, eds, pp. 153–75. Stanford: Stanford University Press.

42 Jane Monnig Atkinson (1990) "How Gender Makes a Difference in Wana Society". In: *Power and Difference: Gender in Island Southeast Asia*. Jane Monnig Atkinson and Shelly Errington, eds, pp. 59–93. Stanford: Stanford University Press.

43 Bernard Formoso (2013) "To Be at One with Drums: Social Order and Headhunting among the Wa of China", *Journal of Burmese Studies* 17(1): 121–39; Renato Rosaldo (1980) *Ilongot Headhunting 1883–1974: A Study in Society and History*. Stanford: Stanford University Press; Andrew Vayda (1976) *War in Ecological Perspective Persistence, Change, and Adaptive Processes in Three Oceanian Societies*. New York: Plenum Press.

44 Mpu Prapanca (1995) *Desawarnana (Negarakrtagama)*. Stuart Robson, trans. Leiden: KITLV Press.

45 Vina A. Lanzona and Frederik Rettig, eds (2020) *Women Warriors in Southeast Asia*. Milton Park and New York: Routledge.

46 Chris Baker and Pasuk Phongpaichit, trans. and eds (2017) *Yuan Phai The Defeat of Lanna: A Fifteenth-Century Thai Epic Poem*. Chiang Mai: Silkworm Books.

47 清泉的城主夫人英勇抗敵失敗後命運如何，詩中並沒有提及，她也不曾出現在任何歷史文獻裡。參考Baker and Phongpaichit, trans. and eds (2017), *Yuan Phai The Defeat of Lanna: A Fifteenth-Century Thai Epic Poem*. Chiang Mai: Silkworm Books, esp. p. 48, fn.195。

48 Keith W. Taylor (2013) *A History of the Vietnamese*. Cambridge and New York: Cambridge University Press, esp. pp. 21–2.

49 Barbara W. Andaya (2006) *The Flaming Womb: Repositioning Women in Early Modern Southeast Asia*. Chiang Mai: Silkworm Books, esp. pp. 170–1.

50 Harriet M. Phinney (2022) *Single Mothers and the State's Embrace: Reproductive Agency in Vietnam*. Seattle: University of Washington Press.

51 Sher Banu A.L. Khan (2017) *Sovereign Women in a Muslim Kingdom: The Sultanahs of Aceh, 1641–1699*. Singapore: NUS Press.

52 Anthony Reid (1988) *Southeast Asia in the Age of Commerce 1450–1680, Volume One: The Lands below the Winds*. New Haven and London: Yale University Press, esp. pp. 170–1.

53 Stefan Amirell (2015) "Female Rule in the Indian Ocean World (1300–1900)", *Journal of World History* 26(3): 443–89, esp. p. 449.

54 Barbara W. Andaya (2006) *The Flaming Womb: Repositioning Women in Early Modern Southeast*

Asia. Chiang Mai: Silkworm Books, esp. p. 116.

55 Barbara W. Andaya (2006) *The Flaming Womb: Repositioning Women in Early Modern Southeast Asia*. Chiang Mai: Silkworm Books, esp. p. 168.

56 Anthony Reid (1988) *Southeast Asia in the Age of Commerce 1450–1680, Volume One: The Lands below the Winds*. New Haven and London: Yale University Press, p. 166; Barbara W. Andaya (2006) *The Flaming Womb: Repositioning Women in Early Modern Southeast Asia*. Chiang Mai: Silkworm Books, esp. p. 171.

57 Katherine Bowie (2008) "Standing in the Shadows: Of Matrilocality and the Role of Women in a Village Election in Northern Thailand", *American Ethnologist* 35(1): 136–53.

58 Anthony Reid (1993) *Southeast Asia in the Age of Commerce 1450–1680, Volume Two: Expansion and Crisis*. New Haven and London: Yale University Press, esp. p. 140.

59 Barbara W. Andaya (2006) *The Flaming Womb: Repositioning Women in Early Modern Southeast Asia*. Chiang Mai: Silkworm Books, esp. p. 97. 歷史上曾有佛教比丘尼團體，但都在十一世紀後不久消失，東南亞也不容易找到關於這些團體的證據。泰國和其他東南亞佛教社會曾有過名為八戒女的俗家獨身女修行者，她們在這些佛教社會扮演重要角色。見Steven Collins and Justin McDaniels (2010) "Buddhist 'Nuns' (Mai Chi) and the Teaching of Pali in Contemporary Thailand", *Modern Asian Studies* 44(6): 1372–408。

60 Nhung Tuyet Tran (2018) *Familial Properties: Gender, State, and Society in Early Modern Vietnam, 1463–1778*. Honolulu: University of Hawaii Press, esp. pp. 5–6.

61 大多數情況下，這些信條也曾在更早期以不同形式出現在東南亞。這裡提供的是這些信條與常規在東南亞不同地區廣泛流傳的時間。參考Anthony Reid (1993) *Southeast Asia in the Age of Commerce 1450–1680, Volume Two: Expansion and Crisis*. New Haven and London: Yale University Press, esp. pp. 143–4 and 192; Nhung Tuyet Tran (2018) *Familial Properties: Gender, State, and Society in Early Modern Vietnam, 1463–1778*. Honolulu: University of Hawaii Press, esp. pp. 26–30; Barbara W. Andaya (2006) *The Flaming Womb: Repositioning Women in Early Modern Southeast Asia*. Chiang Mai: Silkworm Books, esp. p. 94; Carolyn Brewer (2004) *Shamanism, Catholicism and Gender Relations in Colonial Philippines, 1521–1685*. Burlington (VT): Ashgate Publishing.

62 Peter Skilling (1997) "The Advent of Theravada Buddhism to Mainland Southeast Asia", *Journal of the International Association of Buddhist Studies* 20(1): 93–108.

63 Cf. Richard F. Gombrich (2006) *Theravada Buddhism: A Social History from Ancient Benares to Modern Colombo, Second Edition*. Milton Park and New York: Routledge, esp. pp. 105–7.

64 Barbara W. Andaya (2006) *The Flaming Womb: Repositioning Women in Early Modern Southeast Asia*. Chiang Mai: Silkworm Books, esp. pp. 75–9, 91–2.

65 沒有人知道這類火刑在菲律賓實施過多少次，或者究竟有沒有發生過，但這種威脅一直流傳在整個菲律賓群島。

66 Carolyn Brewer (2004) *Shamanism, Catholicism and Gender Relations in Colonial Philippines, 1521–1685*. Burlington (VT): Ashgate Publishing, esp. p. xx and 163–79.

67 Barbara W. Andaya (2006) *The Flaming Womb: Repositioning Women in Early Modern Southeast Asia*. Chiang Mai: Silkworm Books, esp. p. 95.

68 譯注：Wahhabi，指阿拉伯裔伊斯蘭教士Mohammed bin Abd al-Wahhab（1703–1792）創立的教派。瓦哈比呼籲改革伊斯蘭教，主張完全遵照《可蘭經》教義，具有極端主義色彩。

69 Jeffery Hadler (2009) *Muslims and Matriarchs: Cultural Resilience in Minangkabau through Jihad and Colonialism*. Singapore: NUS Press, esp. pp. 25–32.

70 Michael G. Peletz (2009) *Gender Pluralism: Southeast Asia Since Early Modern Times*. New York and Milton Park: Routledge, esp. pp. 140–2.

71 Nhung Tuyet Tran (2018) *Familial Properties: Gender, State, and Society in Early Modern Vietnam, 1463–1778*. Honolulu: University of Hawaii Press, esp. pp. 4–8, 26–30, 63–6, and 82–5.

72 R. Alexander Bentley, Nancy Tayles, Charles Higham, Colin Macpherson, and Tim C. Atkinson (2007) "Shifting Gender Relations at Khok Phanom Di, Thailand", *Current Anthropology* 48(2): 301–14.

73 Anthony Reid (1988) *Southeast Asia in the Age of Commerce 1450–1680, Volume One: The Lands below the Winds*. New Haven and London: Yale University Press, esp. pp. 104 and 163–5.

74 Suzanne Brenner (1998) *The Domestication of Desire: Women, Wealth and Modernity in Java*. Princeton: Princeton University Press.

75 Anthony Reid (1988) *Southeast Asia in the Age of Commerce 1450–1680, Volume One: The Lands below the Winds*. New Haven and London: Yale University Press, esp. pp. 165 and 169–72.

76 Nhung Tuyet Tran (2018) *Familial Properties: Gender, State, and Society in Early Modern Vietnam, 1463–1778*. Honolulu: University of Hawaii Press, esp. pp. 37–41 and 165–79.

77 Anthony Reid (1988) *Southeast Asia in the Age of Commerce 1450–1680, Volume One: The Lands below the Winds*. New Haven and London: Yale University Press, esp. p. 163; Grant Thorton (2020) *Women in Business: Putting the Blue Print into Action*. Grant Thorton International.

78 Punongbayan and Araullo (2014) *Women in Business: Report on the Philippines*. Grant Thorton International Business Report, 2014.

79 Junko Koizumi (2012) "Legal Reforms and Inheritance Disputes in Siam in the Late Nineteenth and Early Twentieth Centuries". In: *The Family in Flux in Southeast Asia: Institution, Ideology, Practice*. Yoko Hayami, Junko Koizumi, Chalidaporn Songsamphan, and Ratana Tosakul, eds, pp. 37–61. Chiang Mai: Silkworm Books; Chalidaporn Songsamphan (2012) "Private Family, Public Contestation: Debates on Sexuality and Marriage in the Thai Parliament". In: *The Family in Flux in Southeast Asia: Institution, Ideology, Practice*. Yoko Hayami, Junko Koizumi, Chalidaporn Songsamphan, and Ratana Tosakul, eds, pp. 87–104. Chiang Mai: Silkworm Books.

80 Aihwa Ong (1987) *Spirits of Resistance and Capitalist Discipline: Factory Women in Malaysia*. Albany: State University of New York Press; Mary Beth Mills (1999) *Thai Women in the Global Labor Force: Consuming Desires, Contested Selves*. New Brunswick (NJ) and London: Rutgers University Press.

81 Barbara W. Andaya (1998) "From Temporary Wife to Prostitute: Sexuality and Economic Change in Early Modern Southeast Asia", *Journal of Women's History* 9(4): 11–34.

82 Eric C. Thompson, Pattana Kitiarsa, and Suriya Smutkupt (2016) "From Sex Tourist to Son-in-Law: Emergent Masculinities and Transient Subjectivities among *Farang* Men in Thailand", *Current Anthropology* 57(1): 53–71; Patcharin Lapanun and Eric C. Thompson (2018) "Masculinity, Matrilineality and Transnational Marriage", *Journal of Mekong Societies* (วารสารสังคมลุ่มน้ำโขง) 14(2): 1–19.

83 Helle Rydstrøm, ed. (2010) *Gendered Inequalities in Asia: Configuring, Contesting and Recognizing Women and Men*. Copenhagen: NIAS Press.

84 Michael G. Peletz (2009) *Gender Pluralism: Southeast Asia Since Early Modern Times*. New York and Milton Park: Routledge.

第六章 新興的身分

1 Asian Development Bank (2006) *Lao People's Democratic Republic: Northern Region Sustainable Livelihoods Development Project*. Manila: Asian Development Bank, esp. p. 4. Vatthana Pholsena (2002) "Nation/Representation: Ethnic Classification and Mapping Nationhood in Contemporary Laos", *Asian Ethnicity* 3(2): 175–97.

2　Malte Stokhof and Oscar Salemink (2009) "State Classification and Its Discontents: The Struggle Over Bawean Ethnic Identity in Vietnam", *Journal of Vietnamese Studies* 4(2): 154–95.

3　很多社會裡，「族群」和「種族」的英文ethnicity和race可以交替使用，或者做為從英語借用的詞彙。社會科學的術語後來用ethnicity形容不同文化的群體，race則運用生物學區分人類。但race在部分國家比ethnicity更常見，比如馬來西亞和新加坡，通常用來指稱文化上而非生物學上的特徵。

4　雖然race已經證實明顯不足以解釋人類的多樣性，幾乎所有社會科學家都摒棄不用，但racism（指依膚色、頭髮、眼睛和其他生物學外觀加以區分與歧視）在絕大多數現代社會裡依然具有深遠影響。參考Clarence Gravlee (2009) "How Race Becomes Biology: Embodiment of Social Inequality", *American Journal of Physical Anthropology* 139(1): 47–57。

5　Charles F. Keyes (2002) "The Peoples of Asia — Science and Politics in the Classification of Ethnic Groups in Thailand, China, and Vietnam", *Journal of Asian Studies* 61(4): 1163–203.

6　François Robinne and Mandy Sadan (2007) "Reconsidering the Dynamics of Ethnicity through Foucault's Concept of 'Spaces of Dispersion'". In: *Social Dynamics in the Highlands of Southeast Asia*. Mandy Sadan and François Robinne, eds, pp. 299–308. Leiden and Boston: Brill.

7　Matthew Reeder (2022) "Crafting a Categorical Ayutthaya: Ethnic Labeling, Administrative Reforms, and Social Organization in an Early Modern Entrepôt", *Journal of the Economic and Social History of the Orient* 65(1): 126–63.

8　Ben Kiernan (2007) *Blood and Soil: A World History of Genocide and Extermination from Sparta to Darfur*. New Haven: Yale University Press, esp. pp. 107–8; John K. Whitmore (2011) "The Last Great King of Classical Southeast Asia: "Che Bong Nga" and Fourteenth-century Champa". In: *The Cham of Vietnam: History, Society and Art*. Tran Ky Phuong and Bruce M. Lockhart, eds, pp. 168–203. Singapore: NUS Press, esp. pp. 170–1.

9　藏緬語系是漢藏語系的次語系，漢藏語系包括所有華語。泰卡岱語系的英文名稱Tai-Kadai的使用仍然相當普遍，但語言學家已經將這個語系重新分類並命名為Kra-Dai（加岱語系），其中Kra是Kadai的更新版，Dai則取代早期的Tai，參考Weera Ostapirat (2000) "Proto-Kra", *Linguistics of the Tibeto-Burman Area* 23(1): 1–251。

10　*Ethnologue: Languages of the World*, https://www.ethnologue.com/subgroups/austro-asiatic [2021年3月14日瀏覽].

11　Paul Sidwell (2010) "The Austroasiatic Central Riverine Hypothesis", *Journal of Language Relationship* 4: 117–34. Ilia Peiros (2011) "Some Thoughts on the Austro-Asiatic Homeland Problem", *Journal of Language Relationship* 6: 101–13.

12　*Ethnologue: Languages of the World*, https://www.ethnologue.com/subgroups/austronesian [2021年3月14日瀏覽]. 台灣的原住民語言屬於南島語系，卻不屬於馬來玻里尼西亞語系。馬來玻里尼西亞語系指台灣以外的所有南島語系。

13　一般認為，撣族、阿薩姆族和暹羅族（泰國的古稱）這些種族名稱具有語言學上的相關性。

14　藏緬語系是規模更大的漢藏語系傳統上的次語系，漢藏語系包括中國的各種漢語。藏語和緬語都從古藏語演變而來，藏語主要在西藏高原使用，緬語則在緬甸使用。

15　Cliff Goddard (2005) *The Languages of East and Southeast Asia*. Oxford University Press, esp. p. 36.

16　Dang Liu et al. (2020) "Extensive Ethnolinguistic Diversity in Vietnam Reflects Multiple Sources of Genetic Diversity", *Molecular and Biological Evolution* 37(9): 2503–19. 關於馬來占語的起源與發展，半島區占族和其他馬來語使用者長達幾千年的交流情況，以及占族跟亞齊人在語言學上的密切關係，學者見解不一，例如Marc Brunelle (2019) "Revisiting the Expansion of the Chamic Language Family: Acehnese and Tsat". In: *Champa: Territories and Networks of a Southeast Asian Kingdom*. Arlo Griffiths, Andrew Hardy, and Geoff Wade, eds, pp. 287–302. Paris: École Française d'Extrême-Orient。

17 Mark Donohue and Tim Denham (2011) "Languages and Genes Attest Different Histories in Island Southeast Asia", *Oceanic Linguistics* 50(2): 536–42.

18 Meryanne K. Tumonggor et al. (2013) "The Indonesian Archipelago: An Ancient Genetic Highway Linking Asia and the Pacific", *Journal of Human Genetics* 58: 165–73.

19 Alexander Mörseburg et al. (2016) "Multi-layered Population Structure in Island Southeast Asians", *European Journal of Human Genetics* 24: 1605–11; Georgi Hudjashov et al. (2017) "Complex Patterns of Admixture across the Indonesian Archipelago", *Molecular and Biological Evolution* 34(10): 2439–52; Hugh McColl et al. (2018) "The Prehistoric Peopling of Southeast Asia", *Science* 361: 88–92.

20 Peter Bellwood (2006) [1996] "Hierarchy, Founder Ideology and Austronesian Expansion". In: *Origins, Ancestry and Alliance: Explorations in Austronesian Ethnography*. James J. Fox and Clifford Sather, eds, pp. 19–41. Canberra: ANU E Press.

21 Richard O'Connor (1995) "Agricultural Change and Ethnic Succession in Southeast Asian States: A Case for Regional Anthropology", *Journal of Asian Studies* 54(4): 968–96.

22 Keith W. Taylor (2013) *A History of the Vietnamese*. Cambridge and New York: Cambridge University Press, esp. p. 24.

23 岱依族是居住在低海拔地區的泰寮語族群，跟京族往來最頻繁。還有很多泰寮語族群，比如黑泰（又稱泰僧）、紅泰（又稱泰丹）和白泰（又稱泰端）等，長久以來都居住在較高海拔，比較少跟京族交流，也較少被同化。

24 Nguyen Van Thang (2007) *Ambiguity of Identity: The Mieu in North Vietnam*. Chiang Mai: Silkworm Books, esp. pp. 10–21 and 32–9.

25 Michael J. Montesano and Patrick Jory, eds (2008) *Thai South and Malay North: Ethnic Interactions on the Plural Peninsula*. Singapore: NUS Press; Irving Chan Johnson (2012) *The Buddha on Mecca's Veranda: Encounters, Mobilities, and Histories along the Malaysian-Thai Border*. Seattle and London: University of Washington Press.

26 M.C. Ricklefs, Bruce Lockhart, Albert Lau, Portia Reyes, and Maitrii Aung-Thwin (2010) *A New History of Southeast Asia*. Hampshire and New York: Palgrave-Macmillan, esp. pp. 93–4. 這個地區分化為佛教的「若開」和伊斯蘭教的「羅興亞」兩大傳統與身分認同，引發二十一世紀東南亞地區最嚴重的暴力衝突，見Elliot Prasse-Freeman and Kirt Mausert (2020) "Two Sides of the Same Arakanese Coin: 'Rakhine,' 'Rohingya,' and Ethnogenesis as Schismogenesis". In: *Unravelling Myanmar's Transition: Progress, Retrenchment, and Ambiguity amidst Liberalization*. Pavin Chachavalpongpun, Elliot Prasse-Freeman, and Patrick Strefford, eds, pp. 261–89. Singapore: NUS Press。

27 Lian H. Sakhong (2003) *In Search of Chin Identity: A Study in Religion, Politics and Ethnic Identity in Burma*. Copenhagen: Nordic Intitute for Asian Studies, esp. pp. 11–20, 33–6, 41–2, and 51–2.

28 James C. Scott (2010) *The Art of Not Being Governed: An Anarchist History of Upland Southeast Asia*. Singapore: NUS Press, esp. p. 88.

29 民答那峨島的名稱Mindanao是西班牙文Maguindanao的縮簡版。

30 James F. Warren (2002) *Iranun and Balangingi: Globalization, Maritime Raiding and the Birth of Ethnicity*. Singapore: Singapore University Press, esp. pp. 47, 54, 152, and 407–11.

31 Bryce Beemer (2016) "Bangkok, Creole City: War Slaves, Refugees, and the Transformation of Culture in Urban Southeast Asia", *Literature Compass* 13(5): 266–76.

32 Bryce Beemer (2009) "Southeast Asian Slavery and Slave-Gathering Warfare as a Vector for Cultural Transmission: The Case of Burma and Thailand", *The Historian* 71(3): 481–506.

33 Michael Aung Thwin (1983) "*Athi, Kyun-Taw, Hyayà-Kyun*: Varieties of Commendation and

Dependence in Pre-Colonial Burma". In: *Slavery, Bondage and Dependency in Southeast Asia*. Anthony Reid, ed., pp. 64–89. St. Lucia, London, and New York: University of Queensland Press, esp. pp. 67–70 and 74–5.

34 David K. Wyatt (2003) *A Short History of Thailand (Second Edition)*. New Haven and London: Yale University Press, esp. pp. 42–8.

35 Chris Baker and Pasuk Phongpaichit (2017) *A History of Ayutthaya: Siam in the Early Modern World*. Cambridge and New York: Cambridge University Press. 關於蘭納的類似進程，參考 David K. Wyatt (1999) "Southeast Asia 'Inside Out,'1300–1800: A Perspective from the Interior". In: *Beyond Binary Histories: Re-Imaging Eurasia to c.1830*. Victor Lieberman, ed., pp. 245–65. Ann Arbor: University of Michigan Press, esp. pp. 258–9。

36 Jonathan Padwe (2020) *Distributed Forests, Fragmented Memories: Jarai and Other Lives in the Cambodian Highlands*. Seattle: University of Washington Press, esp. pp. 53–67.

37 Li Tana (1998) *Nguyen Cochinchina: Southern Vietnam in the Seventeenth and Eighteenth Centuries*. Ithaca: Cornell University Southeast Asian Studies Program, esp. pp. 125–8.

38 Ben Kiernan (2007) *Blood and Soil: A World History of Genocide and Extermination from Sparta to Darfur*. New Haven: Yale University Press, esp. pp. 107–11.

39 Ian G. Baird (2008) "Colonialism, Indigeneity and the Brao". In: *The Concept of Indigenous Peoples in Asia: A Resource Book*. Christian Erni, ed., pp. 201–21. Copenhagen: International Work Group for Indigenous Affairs, esp. pp. 205–8.

40 David Baillargeon (2019) "'The Great White Chief': The Abolition of Slavery in Colonial Burma, 1826–1935", *Slavery and Abolition: A Journal of Slave and Post-Slave Studies* 40(2): 380–405.

41 Jean Gelman Taylor (1983) *The Social World of Batavia: European and Eurasian in Dutch Asia*. Madison: University of Wisconsin Press, esp. p. 70.

42 Chris Baker and Pasuk Phongpaichit (2009) *A History of Thailand (Second Edition)*. Cambridge and New York: Cambridge University Press, esp. pp. 52–3.

43 William Henry Scott (1991) *Slavery in the Spanish Philippines*. Manila: De La Salle University Press.

44 Leonard Y. Andaya (2010) *Leaves of the Same Tree: Trade and Ethnicity in the Straits of Melaka*. Singapore: NUS Press. 以下的討論見pp. 84, 137–9, 146–8, 151–4, 159–61, 164, 176–8, 186–7和202。

45 這尊雕像是爪哇最高統治者在1286年送給馬來統治者的禮物，象徵神聖力量與權威。

46 馬來宮廷建立達瑪斯拉亞和後來的帕加魯容兩個據點，是為了向河川上游和高地移動，遠離爪哇的武力征服。

47 米南佳保（Minangkabau）這個名稱據說取自在帕加魯容與滿者伯夷的對壘中獲勝（minang）的水牛（kabau）。

48 巴塔克（Batak）這個名稱最早出現在十三世紀中期的中國文獻，它的起源和字源無從得知。

49 近期的基因分析證實，泰米爾人和巴塔克人之間確實密集通婚。見Alexander Mörseburg et al. (2016) "Multi-layered Population Structure in Island Southeast Asians", *European Journal of Human Genetics* 24: 1605–11。

50 關於海上遊民的詳細討論，參考Bérénice Bellina, Roger Blench, and Jean-Christophe Galipaud, eds (2021) *Sea Nomads of Southeast Asia: From the Past to the Present*. Singapore: NUS Press。

51 關於原住民的詳細討論，參考Geoffrey Benjamin and Cynthia Chou, eds (2002) *Tribal Communities in the Malay World: Historical, Cultural and Social Perspectives*. Singapore: Institute of Southeast Asian Studies; Kirk Endicott, ed. (2015) *Malaysia's Original People: Past, Present, and Future of the Orang Asli*. Singapore: NUS Press。

52 Juli Edo (2002) "Traditional Alliances: Contact between the Semais and the Malay State in Pre-modern Perak". In: *Tribal Communities in Malay World: Historical, Cultural and Social Perspectives.* Geoffrey Benjamin and Cynthia Chou, eds, pp. 137–59. Leiden: International Institute for Asian Studies.

53 Olivier Evrard (2007) "Interethnic Systems and Localized Identities: The Khmu Subgroups (*Tmoy*) in North-West Laos". In: *Social Dynamics in the Highlands of Southeast Asia*. François Robinne and Mandy Sadan, eds, pp. 127–60. Leiden and Boston: Brill, esp. pp. 137–9, 142–52.

54 「特莫依」和「勐」的意思近似「被統治的群體」，幾乎沒辦法準確翻譯成英文。

55 Vanina Bouté (2018) *Mirroring Power: Ethnogenesis and Integration among the Phunoy of Northern Laos*. Chiang Mai: Silkworm Books.

56 Li Tana (1998) *Nguyen Cochinchina: Southern Vietnam in the Seventeenth and Eighteenth Centuries.* Ithaca: Cornell University Southeast Asian Studies Program, esp. p. 13.

57 Jean Michaud (2000) "The Montagnards and the State in Northern Vietnam from 1802 to 1975: A Historical Overview", *Ethnohistory* 47(2): 333–68, esp. pp. 339–40.

58 Li Tana (1998) *Nguyen Cochinchina: Southern Vietnam in the Seventeenth and Eighteenth Centuries.* Ithaca: Cornell University Southeast Asian Studies Program, esp. pp. 119–25.

59 Yuanzhi Kong (2000) *Pelayaran Zheng He dan alam Melayu*. Bangi: Universiti Kebangsaan Malaysia, pp. 78-82. 根據馬來史書記載，漢麗寶是中國公主，但中國文獻找不到這位公主的紀錄，所以中國人對她的身分多有質疑。

60 Eric Tagliacozzo, ed. (2009) *Southeast Asia and the Middle East: Islam, Movement, and the Longue Durée*. Singapore: NUS Press.

61 賽依（Sayyid）是對先知默罕默德後裔的尊稱。

62 有關這些群體的資料見Sumit K. Mandal (2018) *Becoming Arab: Creole Histories and Modern Identity in the Malay World*. Cambridge and New York: Cambridge University Press, esp. pp. 26–7, 33–4, and 53–62; William Gervase Clarence-Smith (2009) "Entrepreneurial Strategies of Hadhrami Arabs in Southeast Asia, c. 1750s–1950s". In: *The Hadhrami Diaspora in Southeast Asia: Identity Maintenance or Assimilation?* Ahmed Ibrahim Abushouk and Hassan Ahmed Ibrahim, eds, pp. 135–58. Leiden and Boston: Brill, esp. pp. 136–7。

63 Zhou Daguan (2007) *A Record of Cambodia: The Land and Its People*. Peter Harris, trans. Chiang Mai: Silkworm Books; M.C. Ricklefs, Bruce Lockhart, Albert Lau, Portia Reyes, Maitrii Aung-Thwin (2010) *A New History of Southeast Asia*. Hampshire and New York: Palgrave Macmillan, esp. pp. 118–21.

64 Lee Su Kim (2008) "The Peranakan Baba Nyonya Culture: Resurgence or Disappearance?" *Sari* 26: 161–70.

65 Li Tana (1998) *Nguyen Cochinchina: Southern Vietnam in the Seventeenth and Eighteenth Centuries.* Ithaca: Cornell University Southeast Asia Program, esp. pp. 33–4.

66 Patricio N. Abinales and Donna J. Amoroso (2017) *State and Society in the Philippines* (Second Edition). Quezon City: Ateneo De Manila University Press, esp. p. 98. 華人混血兒通常是指華人和信奉基督教的菲律賓人的共同後代。

67 Sumit K. Mandal (2018) *Becoming Arab: Creole Histories and Modern Identity in the Malay World.* Cambridge and New York: Cambridge University Press, esp. p. 76.

68 G.E. Marrison (1955) "Persian Influences in Malay Life (1280–1650)", *Journal of the Malaysian Branch of the Royal Asiatic Society* 28(1): 54–69; Ruby Maloni (2019) "Gujarati Merchant Diaspora in South East Asia (Sixteenth and Seventeenth Centuries)". In: *Transregional Trade and Traders: Situating Gujarat in the Indian Ocean from Early Times to 1900.* Edward A. Alpers and Chhaya Goswami, eds, pp. 305–14. New Delhi: Oxford University Press.

69 Leonard Y. Andaya (1995) "The Bugis-Makassar Diaspora", *Journal of the Malaysian Branch of the Royal Asiatic Society* 68(1): 119–38, esp. pp. 127–8.

70 Leonard Y. Andaya (2010) *Leaves of the Same Tree: Trade and Ethnicity in the Straits of Melaka*. Singapore: NUS Press, p. 139.

71 Nishio Kanji (2011) "Statecraft and People-Grouping Concepts in Malay Port-Polities". In: *Bangsa and Umma: Development of People-Grouping Concepts in Islamized Southeast Asia*. Yamamoto Hiroyuki, Anthony Milner, Kawashima Midori, and Arai Kazuhiro, eds, pp. 50–70. Kyoto: Kyoto University Press, esp. pp. 67–9.

72 Margaret Sarkissian (1997) "Cultural Chameleons: Portuguese Eurasian Strategies for Survival in Post-Colonial Malaysia", *Journal of Southeast Asian Studies* 28(2): 249–62.

73 Patricio N. Abinales and Donna J. Amoroso (2017) *State and Society in the Philippines (Second Edition)*. Quezon City: Ateneo de Manila University Press, esp. pp. 98–9.

74 Jean Gelman Taylor (1983) *The Social World of Batavia: European and Eurasian in Dutch Asia*. Madison and London: University of Wisconsin Press, esp. pp. 14–7 and 114–34.

75 關於歐洲在探索時代之前幾個世紀裡的「誕生」過程，參考R.I. Moore (1999) "The Birth of Europe as a Eurasian Phenomenon". In: *Beyond Binary Histories: Re-Imaging Eurasia to c.1830*. Victor Lieberman, ed., pp. 139–57. Ann Arbor: University of Michigan Press。

76 Charles Hirschman (1986) "The Making of Race in Colonial Malaya: Political Economy and Racial Ideology", *Sociological Forum* 1(2): 330–61, esp. pp. 341–8.

77 Charles Hirschman (1987) "The Meaning and Measurement of Ethnicity in Malaysia: An Analysis of Census Classifications", *Journal of Asian Studies* 46(3): 555–82, esp. pp. 560, 564–5, and 571.

78 殖民時期的新加坡有不少亞美尼亞和猶太貿易群體。第一次人口普查時，英國好像不知道該如何分類：因為他們既不算歐洲人，也不算非歐洲人。

79 Remco Raben (2020) "Colonial shorthand and historical knowledge: Segregation and localisation in a Dutch colonial society", *Journal of Modern European History* 18(2): 177–93, esp. pp. 179–80 and 183–91.

80 Bart Luttikhuis (2013) "Beyond Race: Constructions of 'Europeanness' in Late-Colonial Legal Practice in the Dutch East Indies", *European Review of History* 20(4): 539–58.

81 官方隔離政策和人民實際上的居住與交流不一致的現象也發生在新加坡等其他殖民地。參考Brenda Yeoh (2003) *Contesting Space in Colonial Singapore*. Singapore: Singapore University Press, esp. pp. 38–48。

82 Keith W. Taylor (2013) *A History of the Vietnamese*. Cambridge and New York: Cambridge University Press, esp. p. 467.

83 Jean Michaud (2000) "The Montagnards and the State in Northern Vietnam from 1802 to 1975: A Historical Overview", *Ethnohistory* 47(2): 333–68, esp. pp. 343–8.

84 這部分的內容參考William H. Scott (1994) *Barangay: Sixteenth-Century Philippine Culture and Society*. Manila: Ateneo de Manila University Press, esp. pp. 128–37, 179, 189–90, 243–5, and 257。

85 Cf. Oona Paredes (2013) *A Mountain of Difference: The Lumad in Early Colonial Mindanao*. Ithaca (NY): Cornell Southeast Asia Program Publications.

86 Rehman Rashid (1993) *A Malaysian Journey*. Petaling Jaya: Rehman Rashid, esp. p. 267.

第七章 爭奪主權

1 根據馬來西亞憲法，國王任期五年，由統治者會議（Council of Rulers）的九位蘇丹輪流擔任。

2 在其他情境下，它的現代同源詞可以指稱「國家」（阿拉伯語）、「財富」（印度語）或「祝福」（爪哇語）。

3 比方說，它們比英語裡「主權」（sovereignty）這個現代標準概念提早一千年。見Thomas Hobbes (1904) [1651] *Leviathan: Or The Matter, Form & Power of a Commonwealth, Ecclesiasticall and Civil*. Cambridge: Cambridge University Press。並參考Benedict Anderson (1990) "The Idea of Power in Javanese Culture". In: *Language and Power: Exploring Political Cultures in Indonesia*, pp. 17–77. Ithaca (NY): Cornell University Press。

4 Richard A. O'Connor (2022) "Revisiting Power in a Southeast Asian Landscape—Discussant's Comments", *Anthropological Forum* 32(1): 95–107.

5 「封建制度」引起歷史學家和社會學家的普遍討論。很多人反對使用這個詞彙。有人認為這是個歐洲中心的觀點，因為它將中世紀歐洲的政治與經濟關係套用在結構相異的非歐洲社會上。也有人反駁說，即使在歐洲，封建制度也用來涵蓋太多不同形式的政治經濟體。本書只是用這個詞指稱現代與現代早期之前的社會，這些社會主要依個人的庇護與貴族階級制度組織起來，而這種組織方式在東南亞各地大不相同。參考R. Brenner (2018) "Feudalism". In: *The New Palgrave Dictionary of Economics*. Macmillan Publishers Ltd, eds, pp. 4542–54. London: Palgrave Macmillan。

6 Leonard Y. Andaya (1992) *The World of Maluku: Eastern Indonesia in the Early Modern Period*. Honolulu: University of Hawaii Press, esp. p. 50. 特爾納特和蒂多雷傳統上稱統治者為kulano，這個字源於爪哇語，兩國的國王改以「蘇丹」自稱後，依然沿用這個字。蘇丹（Sultan）則源於波斯語。

7 Leonard Y. Andaya (1991) "Local Trade Networks in Maluku in the 16th, 17th, and 18th Centuries", *Cakalele* 2(2): 71–96.

8 Leonard Y. Andaya (1992) *The World of Maluku: Eastern Indonesia in the Early Modern Period*. Honolulu: University of Hawaii Press.

9 Kennon Breazeale (2004) "Editorial Introduction to Niccolò de' Conti's Account", *SOAS Bulletin of Burma Research* 2(3): 100–8.

10 Antonio Pigafetta (1874) *The First Voyage Round the World by Magellan and Other Documents*. Lord Stanley of Alderley, ed. London: The Hakluyt Society, esp. pp. 199–201.

11 Pigafetta (1874, p. 200) 說他是摩鹿加人，但其他資料顯示他更可能是馬六甲本地人。

12 Timothy P. Barnard (2003) *Multiple Centres of Authority: Society and Environment in Siak and Eastern Sumatra, 1674–1827*. Leiden: KITLV Press.

13 在馬來半島上，雪蘭莪（1766年起）和玻璃市（1843年起）兩個蘇丹國建立時間比較晚。

14 從1580到1640年，西班牙和葡萄牙都由西班牙國王菲利普二世和他的後代統治。「菲律賓」這個名稱就是取自菲利普國王。

15 M.C. Ricklefs, Bruce Lockhart, Albert Lau, Portia Reyes, and Maitrii Aung-Thwin (2010) *A New History of Southeast Asia*. Hampshire: Palgrave Macmillan, esp. p. 86.

16 M.C. Ricklefs, Bruce Lockhart, Albert Lau, Portia Reyes, and Maitrii Aung-Thwin (2010) *A New History of Southeast Asia*. Hampshire: Palgrave Macmillan, esp. pp. 112–3.

17 M.C. Ricklefs, Bruce Lockhart, Albert Lau, Portia Reyes, and Maitrii Aung-Thwin (2010) *A New History of Southeast Asia*. Hampshire: Palgrave Macmillan, esp. pp.152-161.

18 Marie-Sybille de Vienne (2015) *Brunei: From the Age of Commerce to the 21st Century*. Singapore: NUS Press, esp. pp. 45–72.

19 William H. Scott (1994) *Barangay: Sixteenth-Century Philippine Culture and Society*. Manila: Ateneo de Manila University Press, esp. p. 178. 關於蘇丹謝里夫・哈希姆在位的時間，學者見解不一，最早可能從1405年開始，但有些學者認為時間更晚一點。

20 西班牙稱菲律賓的中國人為sangleyes，意思是「行商」。

21 整個十九世紀，西班牙本身飽受政治動盪的折磨，主張改革的自由派與擁護君主制的保守派執政者頻繁更替。

22 Patricio N. Abinales and Donna J. Amoroso (2017) *State and Society in the Philippines (Second Edition)*. Quezon City: Ateneo de Manila University Press, esp. pp. 49–57, 64–6, 75–84, and 92–9.

23 譯注：發生在1898年4到8月。1895年古巴爆發叛亂反抗西班牙，之後爭執不斷。到了1898年4月美國戰艦在古巴哈瓦那港（Havana）沉沒，美國與西班牙於是爆發大戰。美國戰勝後取得西班牙在太平洋地區的領地。

24 安南山脈位於現今越南、寮國和柬埔寨交界處，將東南亞半島區的東部海岸跟其他地區分隔開。

25 Sunait Chutintaranond (1988) "Cakravartin: Ideology, Reason and Manifestation of Siamese and Burmese Kings in Traditional Warfare (1538–1854)", *Crossroads: An Interdisciplinary Journal of Southeast Asian Studies* 4(1): 46–56.

26 Chris Baker and Pasuk Phongpaichit (2017) *A History of Ayutthaya: Siam in the Early Modern World*. Cambridge and New York: Cambridge University Press, esp. pp. 85–118.

27 Michael Aung-Thwin and Maitrii Aung-Thwin (2013) *A History of Myanmar since Ancient Times: Traditions and Transformations (Second Edition)*. London: Reaktion Books, esp. pp. 102–10.

28 M.C. Ricklefs, Bruce Lockhart, Albert Lau, Portia Reyes, and Maitrii Aung-Thwin (2010) *A New History of Southeast Asia*. Hampshire: Palgrave Macmillan, esp. p. 93.

29 Michael Aung-Thwin and Maitrii Aung-Thwin (2013) *A History of Myanmar since Ancient Times: Traditions and Transformations (Second Edition)*. London: Reaktion Books, esp. pp. 112–27.

30 Chris Baker and Pasuk Phongpaichit (2017) *A History of Ayutthaya: Siam in the Early Modern World*. Cambridge and New York: Cambridge University Press, esp. pp. 65–7.

31 Michael Aung-Thwin and Maitrii Aung-Thwin (2013) *A History of Myanmar since Ancient Times: Traditions and Transformations (Second Edition)*. London: Reaktion Books, esp. pp. 120–22.

32 Chris Baker and Pasuk Phongpaichit (2017) *A History of Ayutthaya: Siam in the Early Modern World*. Cambridge and New York: Cambridge University Press, esp. pp. 76–7, 89, 94–7, and 111–6.

33 Michael Aung-Thwin and Maitrii Aung-Thwin (2013) *A History of Myanmar since Ancient Times: Traditions and Transformations (Second Edition)*. London: Reaktion Books, esp. pp. 142–55.

34 Chris Baker and Pasuk Phongpaichit (2017) *A History of Ayutthaya: Siam in the Early Modern World*. Cambridge and New York: Cambridge University Press, esp. pp. 253–8.

35 David K. Wyatt (2003) *A Short History of Thailand (Second Edition)*. New Haven and London: Yale University Press, esp. pp. 123–8.

36 Sarassawadee Ongsakul (2005) *History of Lan Na*. Chitraporn Tanratanakul, trans. Chiang Mai: Silkworm Books, esp. pp. 57–61.

37 在法昂的時代，龍坡邦名為香東香通。

38 Martin Stuart-Fox (1998) *The Lao Kingdom of Lan Xang: Rise and Decline*. Bangkok: White Lotus Press, esp. pp. 106–7 and 123–7.

39 Barbara Watson Andaya and Leonard Y. Andaya (2015). *A History of Early Modern Southeast Asia, 1400–1830*. Cambridge University Press, esp. p. 123.

40 John K. Whitmore (1999) "Literary Culture and Integration in Dai Viet, c.1430–1840". In: *Beyond Binary Histories: Re-Imaging Eurasia to c.1830*. Victor Lieberman, ed., pp. 221–43. Ann Arbor: University of Michigan Press.

41 Andrew Hardy (2019) "Champa, Integrating Kingdom: Mechanisms for Political Integration in a Southeast Asian Segmentary State (15th Century)". In: *Champa: Territories and Networks of a Southeast Asian Kingdom*. Arlo Griffiths, Andrew Hardy, and Geoff Wade, eds, pp. 221–52. Paris:

École Française d'Extrême-Orient.

42 M.C. Ricklefs, Bruce Lockhart, Albert Lau, Portia Reyes, and Maitrii Aung-Thwin (2010) *A New History of Southeast Asia*. Hampshire: Palgrave Macmillan, esp. pp. 105–8.

43 Ben Kiernan (2007) *Blood and Soil: A World History of Genocide and Extermination from Sparta to Darfur*. New Haven: Yale University Press, esp. pp. 110–1; Martin Stuart-Fox (1998) *The Lao Kingdom of Lan Xang: Rise and Decline*. Bangkok: White Lotus, pp. 65–7; Sarassawadee Ongsakul (2005) *History of Lan Na*. Chiang Mai: Silkworm Books, esp. p. 78.

44 M.C. Ricklefs, Bruce Lockhart, Albert Lau, Portia Reyes, and Maitrii Aung-Thwin (2010) *A New History of Southeast Asia*. Hampshire: Palgrave Macmillan, esp. pp. 105–7.

45 M.C. Ricklefs, Bruce Lockhart, Albert Lau, Portia Reyes, and Maitrii Aung-Thwin (2010) *A New History of Southeast Asia*. Hampshire: Palgrave Macmillan, esp. pp. 143–5.

46 譯注：Napoleonic Wars，指十九世紀初法國國王拿破崙一世（Napoléon Bonaparte, 1679–1821）及其從屬國跟反法同盟之間的一系列戰爭。1815年拿破崙兵敗滑鐵盧，戰爭正式結束。

47 譯注：Anglo-Dutch Treaty，英國同意將拿破崙戰爭前屬於荷蘭的美洲、非洲和亞洲殖民地歸還給荷蘭。

48 Eric Tagliacozzo (2005) *Secret Trades, Porous Borders: Smuggling and States Along a Southeast Asian Frontier, 1865–1915*. New Haven and London: Yale University Press.

49 M.C. Ricklefs, Bruce Lockhart, Albert Lau, Portia Reyes, and Maitrii Aung-Thwin (2010) *A New History of Southeast Asia*. Hampshire: Palgrave Macmillan, esp. pp. 165–6, 175–80, 187–90, and 201. 馬來聯邦包括森美蘭、彭亨、霹靂和雪蘭莪。馬來屬邦則有柔佛、吉打、吉蘭丹、玻璃市和登嘉樓。

50 Marie-Sybille de Vienne (2015) *Brunei: From the Age of Commerce to the 21st Century*. Singapore: NUS Press, esp. pp. 85–6.

51 B.A. Hussainmiya (1995) *Sultan Omar Ali Saifuddin III and Britain: The Making of Brunei Darussalam*. Kuala Lumpur, Oxford, Singapore, New York: Oxford University Press, esp. pp. 11–6 and 392–4.

52 蘇拉卡爾塔的統治者頭銜是「蘇蘇忽南」（Susuhunan），而非蘇丹。

53 Peter Carey (2014) *Destiny: The Life of Prince Diponegoro of Yogyakarta, 1785–1855*. Lausanne: Peter Lang.

54 M.C. Ricklefs, Bruce Lockhart, Albert Lau, Portia Reyes, and Maitrii Aung-Thwin (2010) *A New History of Southeast Asia*. Hampshire: Palgrave Macmillan, esp. pp. 186–9.

55 Jeffrey Hadler (2009) *Muslims and Matriarchs: Cultural Resilience in Minangkabau through Jihad and Colonialism*. Singapore: NUS Press, esp. pp. 21–5.

56 M.C. Ricklefs, Bruce Lockhart, Albert Lau, Portia Reyes, and Maitrii Aung-Thwin (2010) *A New History of Southeast Asia*. Hampshire: Palgrave Macmillan, esp. pp. 190–2.

57 Nicholas Tarling (1999) "The Establishment of Colonial Regimes". In: *The Cambridge History of Southeast Asia, Volume Two, Part One, From c.1800 to the 1930s*. Nicholas Tarling, ed., pp. 1–74. Cambridge and New York: Cambridge University Press, esp. pp. 38–9; cf. Tran Xuan Hiep, Tran Dinh Hung, Nguyen Tuan Binh, Nguyen Anh Chuong, and Tran Thai Bao (2021) "Another view of the "Closed-door policy" of the Nguyen Dynasty (Vietnam) with Western countries (1802–1858)", *Cogent Arts & Humanities* 8(1): 1–10.

58 Bradley Camp Davis (2017) *Imperial Bandits: Outlaws and Rebels in the China-Vietnam Borderlands*. Seattle and London: University of Washington Press, esp. p. 107.

59 M.C. Ricklefs, Bruce Lockhart, Albert Lau, Portia Reyes, and Maitrii Aung-Thwin (2010) *A New History of Southeast Asia*. Hampshire: Palgrave Macmillan, esp. pp. 180–3.

60 Thongchai Winichakul (1997) *Siam Mapped: A History of the Geo-Body of a Nation*. Honolulu: University of Hawaii Press.

61 David K. Wyatt (2003) *A Short History of Thailand (Second Edition)*. New Haven and London: Yale University Press, esp. pp. 132-9, 151–65, and 167–9.

62 Wasana Wongsurawat (2019) *The Crown and the Capitalists: Ethnic Chinese and the Formation of the Thai Nation*. Seattle: University of Washington Press 闡述卻克里王朝跟華人資金的合作對王國保持獨立的重要性。

63 譯注：Vichy French，是二次大戰期間納粹德國扶植的法國傀儡政府，首都在法國中部的維琪。

64 譯注：Mussolini（1883–1945），義大利政治家兼最高元帥，是法西斯主義創始人。

65 David K. Wyatt (2003) *A Short History of Thailand (Second Edition)*. New Haven and London: Yale University Press, esp. pp. 241 and 246–51.

66 M.C. Ricklefs, Bruce Lockhart, Albert Lau, Portia Reyes, and Maitrii Aung-Thwin (2010) *A New History of Southeast Asia*. Hampshire: Palgrave Macmillan, esp. p. 294.

67 關於對女性的剝削，參考Hayashi Hirofumi (1997) "Japanese Comfort Women in Southeast Asia", *Japan Forum* 10(2): 211–9。

68 M.C. Ricklefs, Bruce Lockhart, Albert Lau, Portia Reyes, and Maitrii Aung-Thwin (2010) *A New History of Southeast Asia*. Hampshire: Palgrave Macmillan, esp. pp. 321–3.

69 M.C. Ricklefs, Bruce Lockhart, Albert Lau, Portia Reyes, and Maitrii Aung-Thwin (2010) *A New History of Southeast Asia*. Hampshire: Palgrave Macmillan, esp. p. 297; Robert Taylor (2015) *General Ne Win: A Political Biography*. Singapore: ISEAS Publishing, esp. pp. 26–37.

70 Robert Taylor (2015) *General Ne Win: A Political Biography*. Singapore: ISEAS Publishing, esp. pp. 60–3.

71 M.C. Ricklefs, Bruce Lockhart, Albert Lau, Portia Reyes, and Maitrii Aung-Thwin (2010) *A New History of Southeast Asia*. Hampshire: Palgrave Macmillan, esp. pp. 324–7.

72 M.C. Ricklefs, Bruce Lockhart, Albert Lau, Portia Reyes, and Maitrii Aung-Thwin (2010) *A New History of Southeast Asia*. Hampshire: Palgrave Macmillan, esp. pp. 328–38.

73 譯注：police actions，指沒有正式宣戰的軍事行動。

74 Heddy Shri Ahimsa Putra (2001) "Remembering, Misremembering and Forgetting: The Struggle over "Serangan Oemoem 1 Maret 1949" in Yogyakarta, Indonesia", *Asian Journal of Social Science* 29(3): 471–94.

75 M.C. Ricklefs, Bruce Lockhart, Albert Lau, Portia Reyes, and Maitrii Aung-Thwin (2010) *A New History of Southeast Asia*. Hampshire: Palgrave Macmillan, esp. pp. 342–5.

76 M.C. Ricklefs, Bruce Lockhart, Albert Lau, Portia Reyes, and Maitrii Aung-Thwin (2010) *A New History of Southeast Asia*. Hampshire: Palgrave Macmillan, esp. p. 458.

77 在美國撤出印度支那之前，寮國雖然正式獨立，卻依然像殖民地般附屬於美國，參考Martin Stuart-Fox (1997) *A History of Laos*. Cambridge and New York: Cambridge University Press, esp. pp. 99–167。

78 譯注：又名長山道，位於中南半島的長山山脈，是越戰時期南北運送物資的重要通道。

79 M.C. Ricklefs, Bruce Lockhart, Albert Lau, Portia Reyes, and Maitrii Aung-Thwin (2010) *A New History of Southeast Asia*. Hampshire: Palgrave Macmillan, esp. pp. 346–55.

第八章 現代東南亞

1 泰國國王雖然也擁有權力與地位，但泰國的國歌出現在反抗絕對君主制的革命時期，所以並沒有提到國王。馬來西亞的國歌提到raja kita，語義略微含糊，通常是指「我們的國王」（由馬來西亞的九位蘇丹輪流擔任，每五年一任），但也可以指全體馬來貴族。

2 只有極少數人沒有就讀公立學校，其中出身最好的上私立學校，通常是國際學校。另一部分是都市或鄉村的窮人，或住在山區、邊境與偏遠島嶼的人。本章稍後會討論到，東南亞各國的就學率平均超過百分之九十，大多數國家都超過百分之九十七。

3 Eric C. Thompson (2007) *Unsettling Absences: Urbanism in Rural Malaysia*. Singapore: NUS Press, esp. pp. 130–54.

4 Stephen Toulmin (1990) *Cosmopolis: The Hidden Agenda of Modernity*. Chicago: University of Chicago Press; Walter D. Mignolo (2011) *The Darker Side of Western Modernity: Global Futures, Decolonial Options*. Durham and London: Duke University Press.

5 從二十一世紀早期開始，都市的人口數有史以來首度高於鄉村。United Nations (2022) *UNCTAD e-Handbook of Statistics 2021*. www.hbs.unctad.org [2022年3月13日瀏覽].

6 最早的農業改革，將近一萬兩千年前發生在美索不達米亞（現今伊拉克）。考古證據顯示，這些地方各自進入農耕時代，時間最晚的是在大約四千年前。

7 Andre Gunder Frank (1998) *ReOrient: Global Economy in the Asian Age*. Berkeley and Los Angeles: University of California Press; Janet L. Abu-Lughod (1989) *Before European Hegemony: The World System A.D. 1250–1350*. Oxford: Oxford University Press.

8 當然，現階段的全球化規模比過去大得多，參考Jan De Vries (2010) "The Limits of Globalization in the Early Modern World", *The Economic History Review* 63(3): 710–33。

9 B.A. Hussainmiya (1995) *Sultan Omar Ali Saifuddin III and Britain: The Making of Brunei Darussalam*. Kuala Lumpur: Oxford University Press.

10 Christopher Goscha (2016) *Vietnam: A New History*. New York: Basic Books, esp. pp. 289–90.

11 John Monfries (2015) *A Prince in a Republic: The Life of Sultan Hamengku Buwono IX of Yogyakarta*. Singapore: ISEAS Publishing.

12 Milton Osborne (1994) *Sihanouk: Prince of Light, Prince of Darkness*. New South Wales: Allen and Unwin, esp. pp. 14–7.

13 Trudy Jacobsen (2003) "Autonomous Queenship in Cambodia, 1st–9th Centuries AD", *Journal of the Royal Asiatic Society* 13(3): 357–75.

14 Grant Evans (2009) *The Last Century of Lao Royalty: A Documentary History*. Chiang Mai: Silkworm Books, esp. pp. 6–36; Geoffrey C. Gunn (1992) "Prince Souphanouvong: Revolutionary and Intellectual", *Journal of Contemporary Asia* 22(1): 94–103.

15 Kobkua Suwannathat-Pian (2011) *Palace, Political Party and Power: A Story of the Socio-Political Development of Malay Kingship*. Singapore: NUS Press. 森美蘭沿襲米南佳保的傳統，統治者嚴格來說不是蘇丹王，但有資格稱為國王。

16 Paul H. Kratoska (1984) "Penghulus in Perak and Selangor: The Rationalization and Decline of a Traditional Malay Office", *Journal of the Malaysian Branch of the Royal Asiatic Society* 57(2): 31–59; Shamsul A.B. (1986) *From British to Bumiputera Rule: Local Politics and Rural Development in Malaysia*. Singapore: Institute of Southeast Asian Studies.

17 Kobkua Suwannathat-Pian (2017) *Tunku: An Odyssey of a Life Well-Lived and Well-Loved*. Kuala Lumpur: University of Malaya Press, esp. p. 151.

18 Richard Butwell (1963) *U Nu of Burma*. Stanford (CA): Stanford University Press, esp. pp. 15–6.

19 譯注：José Rizal（1861–96），菲律賓民族英雄，既是醫生也是作家，年輕時開始鼓吹改革，反抗西班牙統治，後來被西班牙當局處死。

20 León Ma. Guerrero (2007) [1962] *The First Filipino*. Manila: Guerrero Publishing.

21 譯注：Andrés Bonifacio（1863–97），菲律賓獨立運動主要領導人，因革命陣營分裂遭到處決，被譽為「菲律賓革命之父」。

22 據說博尼法西奧是裁縫之子，十四歲成為孤兒，但有關他早年生涯的資料相當匱乏。Glenn A. May (1997) *Inventing a Hero: The Posthumous Re-Creation of Andres Bonifacio*. Quezon City: New Day Publishers, esp. pp. 21–51.

23 Sebastian Strangio (2014) *Hun Sen's Cambodia*. New Haven and London: Yale University Press, esp. p. 23.

24 David Jenkins (2021) *Young Soeharto: The Making of a Soldier, 1921–1945*. Singapore: ISEAS Publishing.

25 Robert Taylor (2015) *General Ne Win: A Political Biography*. Singapore: ISEAS Publishing, esp. pp. 8–12.

26 菲律賓和印尼總統是政府最高行政首長，新加坡總統則是選舉產生的虛位元首。

27 Katherine Bowie (2008) "Standing in the Shadows: Of Matrilocality and the Role of Women in a Village Election in Northern Thailand", *American Ethnologist* 35(1): 136–53.

28 Benedict Anderson (1991) *Imagined Communities: Reflections on the Origins and Spread of Nationalism* (Revised and expanded edition). London: Verso.

29 Syed Muhd Khairudin Aljunied (2015) *Radicals: Resistance and Protest in Colonial Malaya*. DeKalb: Northern Illinois University Press, esp. pp. 35–6.

30 John K. Whitmore (1999) "Literary Culture and Integration in Dai Viet, c.1430–1840". In: *Beyond Binary Histories: Re-Imaging Eurasia to c.1830*. Victor Lieberman, ed., pp. 221–43. Ann Arbor: University of Michigan Press, esp. pp. 230–2.

31 Norman de los Santos (2015) "Philippine Indigenous Writing Systems in the Modern World". 論文發表在第十三屆南島民族語言國際研討會，2015年7月18-23日，台灣台北中央研究院。

32 Leonard Y. Andaya (2010) *Leaves of the Same Tree: Trade and Ethnicity in the Straits of Melaka*. Singapore: NUS Press.

33 Patricio N. Abinales and Donna J. Amoroso (2017) *State and Society in the Philippines*. Manila: Ateneo de Manila University Press, esp. pp. 92–5.

34 Patricio N. Abinales and Donna J. Amoroso (2017) *State and Society in the Philippines*. Manila: Ateneo de Manila University Press, esp. pp. 120–1.

35 Gavin W. Jones (2003) "East Timor: Education and Human Resource Development". In: *Out of the Ashes: Destruction and Reconstruction of East Timor*. James J. Fox and Dionisio Babo Soares, eds, pp. 41–52. Canberra: ANU Press, esp. pp. 41–2.

36 Barbara W. Andaya and Leonard Y. Andaya (2017) *A History of Malaysia (Third Edition)*. London and New York: Palgrave, pp. 236–43; Rex Stevenson (1968) "The Selangor Raja School", *Journal of the Malaysian Branch of the Royal Asiatic Society* 43(1): 183–92.

37 Syed Muhd Khairudin Aljunied (2015) *Radicals: Resistance and Protest in Colonial Malaya*. DeKalb: Northern Illinois University Press, esp. pp. 36–7.

38 Barbara W. Andaya and Leonard Y. Andaya (2017) *A History of Malaysia (Third Edition)*. London and New York: Palgrave, esp. pp. 231–6.

39 Robert Taylor (2009) *The State in Myanmar*. Singapore: NUS Press, esp. pp. 114–5.

40 David Chandler (1998) *A History of Cambodia (Second Edition, Updated)*. Chiang Mai: Silkworm Books, p. 160. Martin Stuart-Fox (1997) *A History of Laos*. Cambridge and New York: Cambridge University Press, esp. p. 43.

41 David Chandler (1998) *A History of Cambodia (Second Edition, Updated)*. Chiang Mai: Silkworm Books, pp. 160–3; Martin Stuart-Fox (1997) *A History of Laos*. Cambridge and New York: Cambridge University Press, esp. pp. 43–4.

42 Chris Baker and Pasuk Phongpaichit (2009) *A History of Thailand (Second Edition)*. Cambridge and

New York: Cambridge University Press, esp. pp. 66–7.

43 譯注：僧王是泰國佛教最高領袖，由國王任命。

44 David K. Wyatt (2003) *A Short History of Thailand (Second Edition)*. New Haven and London: Yale University Press, esp. p. 202.

45 所有國家的小學入學率都達到百分之九十以上，大多數都超過百分之九十五。資料來源：ASEAN Secretariat (2019) *ASEAN Key Figures 2019*. Jakarta: ASEAN Secretariat。東帝汶的小學入學率也超過百分之九十。資料來源：UNESCO (2015) *Timor Leste: Education for All 2015 National Review*, esp. pp. 7–8。https://unesdoc.unesco.org/ark:/48223/pf000022988 [2022年3月15日瀏覽].

46 2017年各國的中等教育就學率是：汶萊（97%）、柬埔寨（37%）、印尼（79%）、寮國（35%）、馬來西亞（90%）、緬甸（54%）、菲律賓（76%）、新加坡（99%）、泰國（83%）、越南（83%）。資料來源：ASEAN Secretariat (2019) *ASEAN Key Figures* 2019. Jakarta: ASEAN Secretariat。2013年東帝汶的中學就學率是25%。資料來源：UNESCO (2015) *Timor Leste: Education for All 2015 National Review*, esp. p. 32。https://unesdoc.unesco.org/ark:/48223/pf0000229880 [2022年3月15日瀏覽].

47 譯注：古騰堡（Johannes Gutenberg, 1397–1468）出生在神聖羅馬帝國的選侯國美因茲（Mainz），是歐洲最早發明活字印刷的人。

48 Jean Gelman Taylor (2003) *Indonesia: Peoples and Histories*. New Haven and London: Yale University Press, esp. pp. 118–9.

49 T.N. Harper (2001) "The State and Information in Modern Southeast Asian History". In: *House of Glass: Culture, Modernity, and the State in Southeast Asia*. Souchou Yao, ed., pp. 213–40. Singapore: Institute of Southeast Asian Studies, esp. p. 217.

50 Jean Gelman Taylor (2003) *Indonesia: Peoples and Histories*. New Haven and London: Yale University Press, esp. p. 200.

51 Jean Gelman Taylor (2003) *Indonesia: Peoples and Histories*. New Haven and London: Yale University Press, esp. p. 68; Ian Proudfoot (1995) "Early Muslim Printing in Southeast Asia", *Libri* 45: 216–23.

52 Jacques Nepote and Khing Hoc Dy (1981) "Literature and Society in Modern Cambodia". In: *Essays on Literature and Society in Southeast Asia*. Tham Seong Chee, ed., pp. 56–81. Singapore: Singapore University Press, esp. pp. 61–4.

53 Christopher Goscha (2016) *Vietnam: A New History*. New York: Basic Books, esp. pp. 81–2.

54 Alexander Woodside (1984) "Medieval Vietnam and Cambodia: A Comparative Comment", *Journal of Asian Studies* 15(2): 315–9.

55 Lucille Chia (2011) "Chinese Books and Printing in the Early Spanish Philippines". In: *Chinese Circulations: Capital, Commodities, and Networks in Southeast Asia*. Eric Tagliacozzo and Wen-Chin Chang, eds, pp. 259–82. Durham and London: Duke University Press.

56 T.N. Harper (2001) "The State and Information in Modern Southeast Asian History," In: *House of Glass: Culture, Modernity, and the State in Southeast Asia*. Souchou Yao, ed., pp. 213–40. Singapore: Institute of Southeast Asian Studies. esp. p. 220. See also: Ian Proudfoot (1993) *Early Malay Printed Books*. Kuala Lumpur: Academy of Malay Studies and University of Malaya Library.

57 Syed Muhd Khairudin Aljunied (2015) *Radicals: Resistance and Protest in Colonial Malaya*. DeKalb: Northern Illinois University Press, esp. pp. 29–30 and 34.

58 Peter Koret (1999) "Books of Search: The Invention of Traditional Lao Literature as a Subject of Study". In: *Laos: Culture and Society*. Grant Evans, ed., pp. 226–57. Chiang Mai: Silkworm Books, esp. pp. 231–2.

59 T.N. Harper (2001) "The State and Information in Modern Southeast Asian History". In: *House of*

Glass: Culture, Modernity, and the State in Southeast Asia. Souchou Yao, ed., pp. 213–40. Singapore: Institute of Southeast Asian Studies, esp. p. 222.

60 Mujahid M. Bahjat and Basil Q. Muhammad (2010) "The Significance of the Arabic-Modelled Malay Novel 'Hikayat Faridah Hanum'", *Journal of Arabic Literature* 41(3): 245–61.

61 帕拉莫迪亞最知名的作品是歷史小說，比如1980年的《人類的地球》(*Bumi Manusia*)。他從1940年代晚期開始發表小說。

62 這些信件最初以荷蘭文書寫並出版，名為《從黑暗到光明》(*Door Duisternis tot Licht*, 1911)，後來又出版英文版《爪哇公主的信札》(*Letters of a Javanese Princess*, 1920)。

63 Chris Baker and Pasuk Phongpaichit (2009) *A History of Thailand (Second Edition)*. Cambridge and New York: Cambridge University Press, esp. pp. 107–9; M.C. Ricklefs, Bruce Lockhart, Albert Lau, Portia Reyes, and Maitrii Aung-Thwin (2010) *A New History of Southeast Asia*. Hampshire: Palgrave Macmillan, esp. p. 256.

64 Jacques Nepote and Khing Hoc Dy (1981) "Literature and Society in Modern Cambodia". In: *Essays on Literature and Society in Southeast Asia: Political and Sociological Perspectives*. Tham Seong Chee, ed., pp. 56–81. Singapore: Singapore University Press, esp. p. 64.

65 David Chandler (1998) *A History of Cambodia (Second Edition, Updated)*. Chiang Mai: Silkworm Books, esp. pp. 163–4.

66 「土生馬來人」這名稱指的是在當地出生、使用馬來語的馬來與南亞混血穆斯林。這份報紙的發行者是土生馬來人，以土生馬來人為對象。

67 Syed Muhd Khairudin Aljunied (2015) *Radicals: Resistance and Protest in Colonial Malaya*. DeKalb: Northern Illinois University Press, esp. pp. 26–8.

68 HistorySG: An online resource guide. https://eresources.nlb.gov.sg/history/events/8f22fb24-ca40-46d3-a3f3-a638f444e8bc [2022年2月25日瀏覽].

69 Syed Muhd Khairudin Aljunied (2015) *Radicals: Resistance and Protest in Colonial Malaya*. DeKalb: Northern Illinois University Press, esp. p. 30.

70 T.N. Harper (2001) "The State and Information in Modern Southeast Asian History". In: *House of Glass: Culture, Modernity, and the State in Southeast Asia*. Souchou Yao, ed., pp. 213–40. Singapore: Institute of Southeast Asian Studies, esp. pp. 223–4. See also: John Lent (1990) *The Asian Film Industry*. Austin: University of Texas Press.

71 Chris Baker and Pasuk Phongpaichit (2009) *A History of Thailand (Second Edition)*. Cambridge and New York: Cambridge University Press, esp. p. 107.

72 Jane M. Ferguson (2012) "From Contested Histories to Ethnic Tourism: Cinematic Representations of Shans and Shanland on the Burmese Silver Screen". In: *Film in Contemporary Southeast Asia: Cultural Interpretation and Social Invention*. David C.L. Lim and Hiroyuki Yamamoto, eds, pp. 23–40. London and New York: Routledge, esp. p. 24.

73 Timothy P. Barnard (2010) "*Film Melayu*: Nationalism, Modernity and Film in a pre-World War Two Malay Magazine", *Journal of Southeast Asian Studies* 41(1): 47–70.

74 Panivong Norindr (2012) "Toward a Laotian Independent Cinema?". In: *Film in Contemporary Southeast Asia: Cultural Interpretation and Social Invention*. David C.L. Lim and Hiroyuki Yamamoto, eds, pp. 41–52. London and New York: Routledge.

75 Melba S. Estonilo (2011) "The Development of News as a Viable Format in Philippine Radio (1960s–Present): A Study of DZRH and DZBB", *Journal of Radio and Audio Media* 18(1): 139–49, esp. p. 148.

76 T.N. Harper (2001) "The State and Information in Modern Southeast Asian History". In: *House of Glass: Culture, Modernity, and the State in Southeast Asia*. Souchou Yao, ed., pp. 213–40. Singapore:

Institute of Southeast Asian Studies, esp. p. 232.

77 Thomas W. Hoffer (1973) "Broadcasting in an Insurgency Environment: USIA in Vietnam, 1965–1970". PhD dissertation, University of Wisconsin-Madison.

78 Philip Kitley, ed. (2003) *Television, Regulation and Civil Society in Asia*. London and New York: RoutledgeCurzon, esp. p. 21.

79 Sek Barisoth (2000) "Media and Democracy in Cambodia", *Media Asia* 27(4): 206–22.

80 *Berita Harian* (1975) "Pelancaran siaran TV warna di Brunei capai kejayaan", 6 March, p. 2.

81 Tin Maung Maung Than (2002) "Myanmar Media: Meeting Market Challenges in the Shadow of the State". In: *Media Fortunes, Changing Times: ASEAN States in Transition*. Russell H.K. Heng, ed., pp. 139–71. Singapore: Institute of Southeast Asian Studies, esp. p. 146.

82 Giang Nguyen-Thu (2019) *Television in Post-Reform Vietnam: Nation, Media, Market*. Milton Park and New York, esp. pp. 2 and 21–2.

83 Thonglor Duangsavanh (2002) "The Impact of Economic Transition on the Media in Laos". In: *Media Fortunes, Changing Times: ASEAN States in Transition*. Russell H.K. Heng, ed., pp. 107–17. Singapore: Institute of Southeast Asian Studies, esp. p. 114.

84 Craig A. Lockard (1998) *Dance of Life: Popular Music and Politics in Southeast Asia*. Honolulu: University of Hawaii Press.

85 T.N. Harper (2001) "The State and Information in Modern Southeast Asian History". In: *House of Glass: Culture, Modernity, and the State in Southeast Asia*. Souchou Yao, ed., pp. 213–40. Singapore: Institute of Southeast Asian Studies, esp. pp. 235–6.

86 Aim Sinpeng (2020) "Digital Media, Political Authoritarianism, and Internet Controls in Southeast Asia", *Media, Culture and Society* 42(1): 25–39, esp. pp. 27 and 34.

87 *The Phnom Penh Post*, "Cambodia's Digital Economy", 30 June 2021. https://www.phnompenhpost.com/financial/cambodias-digital-economy [2022年3月12日瀏覽].

88 大約是東南亞六億五千五百萬人口中的三億七千七百萬。來源：https://www.statista.com/statistics/193056/facebook-user-numbers-in-asian-countries/ [2022年3月12日瀏覽]。

89 Charles Hirschman (1994) "Population and Society in Twentieth-Century Southeast Asia", *Journal of Southeast Asian Studies* 25(2): 381–416, esp. p. 381.

90 Charles Hirschman (1994) "Population and Society in Twentieth-Century Southeast Asia", *Journal of Southeast Asian Studies* 25(2): 381–416, esp. p. 384. 這些城市是曼谷、巴達維亞（雅加達）、喬治市（檳城）、河內、曼德勒、馬尼拉、仰光、西貢、新加坡、泗水和蘇拉卡爾塔。

91 2022年的估計。世界實時統計數據（Worldometer）：https://www.worldometers.info/world-population/south-eastern-asia-population/ [2022年3月15日瀏覽]。

92 世界實時統計數據：https://www.worldometers.info/world-population/population-by-country/ [2022年3月15日瀏覽]。

93 Demographia (2021) *Demographia Urban Areas 17th Annual Edition: 202106*. http://www.demographia.com/db-worldua.pdf.

94 Demographia (2021) *Demographia Urban Areas 17th Annual Edition: 202106*. http://www.demographia.com/db-worldua.pdf. 這裡的人口數是以持續性的「生態足跡」為依據，無關政治邊界。表格內的數字是預期的估計，可能與官方統計有出入。比方說，根據世界銀行（World Bank）的資料，2020年新加坡的官方人口數是5,685,807，https://datacommons.org/place/country/SGP [2022年3月15日瀏覽]。

95 Peter J. Rimmer and Howard Dick (2009) *The City in Southeast Asia: Patterns, Processes and Policy*. Singapore: NUS Press.

96 Victor T. King (2008) *The Sociology of Southeast Asia: Transformations in a Developing Region*.

Copenhagen: NIAS Press, esp. p. 226.

97 譯注：sakdina，薩迪納的泰語字面意思是土地權。在這個制度下，每個階級有個代表數字，這個數字就是各階級可以分配的土地。

98 Chris Baker and Pasuk Phongpaichit (2017) *A History of Ayutthaya: Siam in the Early Modern World*. Cambridge and New York: Cambridge University Press. esp. p. 73. Chris Baker和Pasuk Phongpaichit 指出，薩迪納是一種標示社會等級的抽象數字系統，跟擁有土地多寡未必相關。

99 Victor T. King (2008) *The Sociology of Southeast Asia: Transformations in a Developing Region*. Copenhagen: NIAS Press, pp. 98–110 and 226–9.

100 George Ingram (2020) *Development in Southeast Asia: Opportunities for Donor Collaboration (Chapter 4)*. Washington DC: The Brookings Institute, esp. p. 33.

101 David Goodman and Richard Robison, eds (1996) *The New Rich in Asia: Mobile Phones, McDonald's and Middle Class Revolution*. London and New York: Routledge.

102 Victor T. King (2008) *The Sociology of Southeast Asia: Transformations in a Developing Region*. Copenhagen: NIAS Press, esp. pp. 100–4.

103 Jonathan Rigg (2003) *Southeast Asia: The Human Landscape of Modernization and Development (Second Edition)*. London and New York: Routledge, esp. pp. 71–108. Rigg聲稱，某些地方的貧富差距確實擴大，其他地方則是表象多於實質，但那些表象會影響人們感受到的富裕或匱乏。

104 Victor T. King (2008) *The Sociology of Southeast Asia: Transformations in a Developing Region*. Copenhagen: NIAS Press, esp. pp. 229–31; Eric C. Thompson (2007) *Unsettling Absences: Urbanism in Rural Malaysia*. Singapore: NUS Press.

105 desakota這個字來自印尼文，字面意思是鄉村都市，由東南亞地理學家Terry McGee提出，後來變成地理學上的重要概念。參考T.G. McGee (1991) "The Emergence of Desakota Regions in Asia: Expanding a Hypothesis". In: *The Extended Metropolis: Settlement Transition in Asia*. N. Ginsburg, B. Koppel, and T.G. McGee, eds, pp. 3–25. Honolulu: University of Hawaii Press。

106 Daniel P.S. Goh (2019) "Super-diversity and the Bio-politics of Migrant Worker Exclusion in Singapore", *Identities: Global Studies in Culture and Power* 26(3): 356–73.

107 Christopher Goscha (2016) *Vietnam: A New History*. New York: Basic Books, esp. p. 232; William Case (1991) "Comparative Malaysian Leadership: Tunku Abdul Rahman and Mahathir Mohamad", *Asian Survey* 31(5): 456–73.

108 Michele Ford, ed. (2012) *Social Activism in Southeast Asia*. London and New York: Routledge.

109 Leonard Y. Andaya (2004) "Nature of War and Peace among the Bugis-Makassar People", *South East Asia Research* 12(1): 53–80.

110 Chris Baker and Pasuk Phongpaichit (2009) *A History of Thailand (Second Edition)*. Cambridge and New York: Cambridge University Press, esp. pp. 53–4, 68, 76, and 111–21.

111 Kees van Dijk (2019) "The Fears of a Small Country with a Big Colony: The Netherlands Indies in the First Decades of the Twentieth Century". In: *Armies and Societies in Southeast Asia*. Volker Grabowsky and Frederik Rettig, eds, pp. 87–122. Chiang Mai: Silkworm Books, esp. pp. 89–90.

112 Robert Taylor (2009) *The State in Myanmar*. Singapore: NUS Press, esp. pp. 100–1.

113 Dol Ramli (1965) "History of the Malay Regiment 1933–1942", *Journal of the Malaysian Branch of the Royal Asiatic Society* 38(1): 199–243.

114 Christopher Goscha (2016) *Vietnam: A New History*. New York: Basic Books, esp. p. 87.

115 Frederik Rettig (2019) "A Mutiny with Vietnamese Characteristics: The Yen Bay Mutiny of 1930". In: *Armies and Societies in Southeast Asia*. Volker Grabowsky and Frederik Rettig, eds, pp. 149–204. Chiang Mai: Silkworm Books, esp. pp. 151–4.

116 David Chandler (1996) *A History of Cambodia (Second Edition, Updated)*. Chiang Mai: Silkworm Books, esp. p. 145.

117 Martin Stuart-Fox (1997) *A History of Laos*. Cambridge and New York: Cambridge University Press, esp. p. 55.

118 Patricio N. Abinales and Donna J. Amoroso (2017) *State and Society in the Philippines (Second Edition)*. Quezon City: Ateneo de Manila University Pres, esp. pp. 122, 147, 174, and 207.

119 Barbara W. Andaya and Leonard Y. Andaya (2017) *A History of Malaysia (Third Edition)*. London and New York: Palgrave, esp. pp. 263–4.

120 Joyce Lebra (2019) "Japanese Military Policies in Southeast Asia during World War II". In: *Armies and Societies in Southeast Asia*. Volker Grabowsky and Frederik Rettig, eds, pp. 205–31. Chiang Mai: Silkworm Books, esp. pp. 211–7 and 222–6.

121 Patricio N. Abinales and Donna J. Amoroso (2017) *State and Society in the Philippines (Second Edition)*. Quezon City: Ateneo de Manila University Press, esp. p. 168.

122 Patricio N. Abinales and Donna J. Amoroso (2017) *State and Society in the Philippines (Second Edition)*. Quezon City: Ateneo de Manila University Press, pp. 162, 173–6, 202; Barbara W. Andaya and Leonard Y. Andaya (2017) *A History of Malaysia (Third Edition)*. London and New York: Palgrave, esp. pp. 273–9.

123 Christopher Goscha (2016) *Vietnam: A New History*. New York: Basic Books, esp. pp. 232–3.

124 Robert Taylor (2009) *The State in Myanmar*. Singapore: NUS Press, esp. p. 221.

125 Aurel Croissant and Philip Lorenz (2018) *Comparative Politics of Southeast Asia: An Introduction to Governments and Political Regimes*. Wiesbaden: Springer, esp. p. 405.

126 東帝汶在2002年制定憲法，參考Marco Bünte and Björn Dressel, eds (2017) *Politics and Constitutions in Southeast Asia*. London and New York: Routledge, esp. p. 6。

127 Aurel Croissant and Philip Lorenz (2018) *Comparative Politics of Southeast Asia: An Introduction to Governments and Political Regimes*. Wiesbaden: Springer, esp. pp. 297 and 403–7.

128 Meredith L. Weiss and Edward Aspinall, eds (2012) *Student Activism in Asia: Between Protest and Powerlessness*. Minneapolis and London: University of Minnesota Press.

129 M.C. Ricklefs, Bruce Lockhart, Albert Lau, Portia Reyes, and Maitrii Aung-Thwin (2010) *A New History of Southeast Asia*. Hampshire: Palgrave Macmillan, esp. pp. 326 and 331–2.

130 印尼稱婆羅洲為「加里曼丹」，汶萊人民黨使用這個名稱，是對印尼總統蘇卡諾和印尼共產黨（Indonesian Communist Party）的支持表示感謝。

131 廓爾喀部隊是英國殖民時期從尼泊爾徵召的軍隊，這些士兵有不少後代如今還生活在東南亞。參考Kelvin Low (2016) "Migrant Warriors and Transnational Lives: Constructing a Gurkha Diaspora", *Ethnic and Racial Studies* 39(5): 840–57。

132 Marie-Sybille de Vienne (2015) *Brunei: From the Age of Commerce to the 21st Century*. Singapore: NUS Press, esp. pp. 115–9; Aurel Croissant and Philip Lorenz (2018) *Comparative Politics of Southeast Asia: An Introduction to Governments and Political Regimes*. Wiesbaden: Springer, esp. pp. 24–5.

133 Aurel Croissant and Philip Lorenz (2018) *Comparative Politics of Southeast Asia: An Introduction to Governments and Political Regimes*. Wiesbaden: Springer, esp. pp. 8–11.

134 Aurel Croissant and Philip Lorenz (2018) *Comparative Politics of Southeast Asia: An Introduction to Governments and Political Regimes*. Wiesbaden: Springer, esp. pp. 239, 312, and 422–3.

135 Aurel Croissant and Philip Lorenz (2018) *Comparative Politics of Southeast Asia: An Introduction to Governments and Political Regimes*. Wiesbaden: Springer, esp. pp. 53–4, 123–5, 272–4, and 379–82.

136 James C. Scott (2009) *The Art of Not Being Governed: An Anarchist History of Southeast Asia*. New

Haven and London: Yale University Press.

137 Charles Keyes (2014) *Finding Their Voice: Northeast Villagers and the Thai State*. Chiang Mai: Silkworm Books; Andrew Walker (2012) *Thailand's Political Peasants: Power in the Modern Rural Economy*. Seattle: University of Washington Press; Hjorleifur Jonsson (2005) *Mien Relations: Mountain People and State Control in Thailand*. Ithaca and London: Cornell University Press.

138 Jean-Pascal Bassino and Jeffrey Gale Williamson (2017) "From Commodity Booms to Economic Miracles: Why Southeast Asian Industry Lagged Behind". In: *The Spread of Modern Industry to the Periphery since 1871*. Kevin Hjortshøj O'Rourke and Jeffrey Gale Williamson, eds, pp. 256–86. Oxford and New York: Oxford University Press; Paul Kennedy (1987) *The Rise and Fall of the Great Powers*. New York: Random House, esp. p. 149.

139 Anne Booth (2019) *Living Standards in Southeast Asia: Changes over the Long Twentieth Century, 1900–2015*. Amsterdam: Amsterdam University Press, esp. pp. 101–4. 人們普遍相信東南亞社會在殖民時期變得更貧窮，Booth (2019)質疑這種觀點。另參考Anthony Reid (2015) *A History of Southeast Asia: Critical Crossroads*. Chichester: Wiley Blackwell, esp. p. 261。

140 Anne Booth (2019) *Living Standards in Southeast Asia: Changes over the Long Twentieth Century, 1900–2015*. Amsterdam: Amsterdam University Press, esp. pp. 107–10.

141 U.S. Bureau of the Census (1955) *Statistical Abstract of the United States: 1954*, pp. 899–902; https://www.marshallfoundation.org/library/documents/marshall-plan-paymentsmillions-european-economic-cooperation-countries/ [2022年2月27日瀏覽].

142 Greg Felker (2017) "The Political Economy of Southeast Asia". In: *Contemporary Southeast Asia (Third Edition)*. Mark Beeson, ed., pp. 50–73. Hampshire (UK) and New York: Palgrave Macmillan, esp. p. 56.

143 M.C. Ricklefs, Bruce Lockhart, Albert Lau, Portia Reyes, and Maitrii Aung-Thwin (2010) *A New History of Southeast Asia*. Hampshire: Palgrave Macmillan, esp. pp. 369–72.

144 Anne Booth (2019) *Living Standards in Southeast Asia: Changes over the Long Twentieth Century, 1900–2015*. Amsterdam: Amsterdam University Press, esp. p. 114.

145 譯注：dawn raid，原意指清晨對公司營業場所或個人住處突擊檢查，在股市則指開盤時大量買入特定公司股票。

146 Shakila Yacob and Nicholas J. White (2010) "The 'Unfinished Business' of Malaysia's Decolonisation: The Origins of the Guthrie 'Dawn Raid'", *Modern Asian Studies* 44(5): 919–60.

147 M.C. Ricklefs, Bruce Lockhart, Albert Lau, Portia Reyes, and Maitrii Aung-Thwin (2010) *A New History of Southeast Asia*. Hampshire: Palgrave Macmillan, esp. pp. 397–400.

148 Andrew Hardy (2003) *Red Hills: Migrants and the State in the Highlands of Vietnam*. Copenhagen: NIAS Press.

149 Anne Booth (2019) *Living Standards in Southeast Asia: Changes over the Long Twentieth Century, 1900–2015*. Amsterdam: Amsterdam University Press, esp. pp. 220–44.

150 Eric C. Thompson, Jonathan Rigg, and Jamie Gillen, eds (2019) *Asian Smallholders: Transformation and Persistence*. Amsterdam: Amsterdam University Press.

151 這些措施統稱「附帶條件的現金補助」(conditional cash transfers)。這些計畫的主要困難在於決定誰有資格領取。有些人認為，無條件的現金補助是降低貧窮的更有效方法，比如新加坡只要有子女的家庭都能領取津貼。

152 Anne Booth (2019) *Living Standards in Southeast Asia: Changes over the Long Twentieth Century, 1900–2015*. Amsterdam: Amsterdam University Press, esp. pp. 35 and 244–56.

153 Greg Felker (2017) "The Political Economy of Southeast Asia". In: *Contemporary Southeast Asia (Third Edition)*. Mark Beeson, ed., pp. 50–73. Hampshire (UK) and New York: Palgrave Macmillan, esp. pp. 55–69.

154 Balázs Szalontai (2011) "From Battlefield into Marketplace: The End of the Cold War in Indochina, 1985–1989". In: *The End of the Cold War and The Third World: New Perspectives on Regional Conflict*. Artemy Kalinovsky and Sergey Radchenko, eds, pp. 155–72. London: Routledge.

155 資料來源：Anne Booth (2019) *Living Standards in Southeast Asia: Changes over the Long Twentieth Century, 1900–2015*. Amsterdam: Amsterdam University Press, esp. p. 16 (Table 1.1)。數據更新依據：United Nations Development Program (2020) *Human Development Report 2020*, esp. pp. 343–6。平均餘年（1970）數據來自世界銀行（World Bank）網站 [2022年2月27日瀏覽]。

156 譯注：Non-Aligned Movement，冷戰期間成立的國際組織，聯合國有三分之二成員國都加入這個組織，在外交上獨立自主，不與美國或蘇聯結盟。

157 Amitav Acharya (2016) "Studying the Bandung Conference from a Global IR Perspective", *Australian Journal of International Affairs* 70(4): 342–57; Ahmad Rizky Mardhatillah Umar (2019) "Rethinking the Legacies of Bandung Conference: Global Decolonization and the Making of Modern International Order", *Asian Politics & Policy* 11(3): 461–78.

158 Vincent K. Pollard (1970) "ASA and ASEAN, 1961–1967: Southeast Asian Regionalism," *Asian Survey* 10(3): 244–55.

159 Eric C. Thompson (2013) "In Defence of Southeast Asia: A Case for Methodological Regionalism", *TRaNS: Trans-Regional and -National Studies of Southeast Asia* 1(2): 1–22, esp. pp. 6–8.

160 Lau Teik Soon (1976) "ASEAN, North Vietnam and the Communist Challenge". In: *Southeast Asian Affairs*, 1976, pp. 72–9. Singapore: ISEAS Publishing.

161 Ang Cheng Guan (2013) *Singapore, ASEAN and the Cambodian Conflict, 1978–1991*. Singapore: NUS Press.

162 東帝汶在2002年成為東協的觀察員，2022年「原則上」獲准加入東協。

163 ASEAN (2020) "The Narrative of ASEAN Identity". Adopted by the 37th ASEAN Summit, 12 November 2020.

164 Eric C. Thompson and Apichai Sunchindah (2023) "The ASEAN Identity". In: *The Elgar Companion to ASEAN*. Frederick Kliem and Jörn Dosch, eds, pp. 49–61. Cheltenham (UK): Edward Elgar Publishing.

參考文獻

Abinales, Patricio N. and Donna J. Amoroso (2017) *State and Society in the Philippines (Second Edition)*. Quezon City: Ateneo de Manila University Press.

Abu-Lughod, Janet L. (1989) *Before European Hegemony: The World System A.D. 1250–1350*. Oxford: Oxford University Press.

Abu Talib Ahmad and Tan Liok Ee, eds (2003) *New Terrains in Southeast Asian History*. Singapore: Singapore University Press.

Acharya, Amitav (2012) *The Making of Southeast Asia: International Relations of a Region*. Singapore: ISEAS Publishing.

______ (2016) "Studying the Bandung Conference from a Global IR Perspective", *Australian Journal of International Affairs* 70(4): 342–57.

Acri, Andrea (2016) *Esoteric Buddhism in Mediaeval Maritime Asia: Networks of Masters, Texts, Icons*. Singapore: ISEAS Publishing.

Adams, Kathleen M. and Kathleen A. Gillogly (2011) "Family, Households, and Livelihoods". In : *Everyday Life in Southeast Asia*. Kathleen M. Adams and Kathleen A. Gillogly, eds, pp. 59–64. Bloomington: University of Indiana Press.

Ahmat Adam (2021) *The New and Correct Date of the Terengganu Inscription (Revised Edition)*. Petaling Jaya: Strategic Information and Research Development Centre.

Alatas, Syed Hussein (1977) *The Myth of the Lazy Native: A Study of the Image of the Malays, Filipinos and Javanese from the 16th to the 20th Century and Its Function in the Ideology of Colonial Capitalism*. London: Frank Cass & Company.

Alatas, Syed Muhammad Naquib (1972) *Islam dalam Sejarah dan Kebudayaan Melayu*. Bangi: University Kebangsaan Malaysia.

Aljunied, Syed Muhd Khairudin (2015) *Radicals: Resistance and Protest in Colonial Malaya*. DeKalb: Northern Illinois University Press.

Allen, Richard B. (2020) "Human Trafficking in Asia before 1900: A Preliminary Census", *Institute of International Asian Studies Newsletter* 87(Autumn): 32–3.

Ambrose, Stanley H. (1998) "Late Pleistocene Human Population Bottlenecks, Volcanic Winter, and Differentiation of Modern Humans", *Journal of Human Evolution* 34(6): 623–51.

Amirell, Stefan (2015) "Female Rule in the Indian Ocean World (1300–1900)", *Journal of World History* 26(3): 443–89.

Andaya, Barbara W. (1998) "From Temporary Wife to Prostitute: Sexuality and Economic Change in Early Modern Southeast Asia", *Journal of Women's History* 9(4): 11–34.

______ (2006) *The Flaming Womb: Repositioning Women in Early Modern Southeast Asia*. Chiang Mai: Silkworm Books.

Andaya, Barbara W. and Leonard Y. Andaya (2015) *A History of Early Modern Southeast Asia, 1400–1830*. Cambridge University Press.

______ (2017) *A History of Malaysia (Third Edition)*. London and New York: Palgrave.

Andaya, Leonard Y. (1991) "Local Trade Networks in Maluku in the 16th, 17th, and 18th Centuries", *Cakalele* 2(2): 71–96.

______ (1992) *The World of Maluku: Eastern Indonesia in the Early Modern Period*. Honolulu: University of Hawaii Press.

______ (1995) "The Bugis-Makassar Diaspora", *Journal of the Malaysian Branch of the Royal Asiatic Society* 68(1): 119–38.

______ (2000) "The Bissu: Study of a Third Gender in Indonesia". In: *Other Pasts: Women, Gender and History in Early Modern Southeast Asia*. Barbara W. Andaya, ed., pp. 27–46. Honolulu: Center for

Southeast Asian Studies, University of Hawaii.

_______ (2004) "Nature of War and Peace among the Bugis-Makassar People", *South East Asia Research* 12(1): 53–80.

_______ (2010) *Leaves of the Same Tree: Trade and Ethnicity in the Straits of Melaka*. Singapore: NUS Press.

Anderson, Benedict (1990) "The Idea of Power in Javanese Culture". In: *Language and Power: Exploring Political Cultures in Indonesia*, pp. 17–77. Ithaca (NY): Cornell University Press.

_______ (1991) *Imagined Communities: Reflections on the Origins and Spread of Nationalism* (Revised and expanded edition). London: Verso.

ASEAN Secretariat (2019) *ASEAN Key Figures 2019*. Jakarta: ASEAN Secretariat.

_______ (2020) "The Narrative of ASEAN Identity". Adopted by the 37th ASEAN Summit, 12 November 2020.

Asian Development Bank (2006) *Lao People's Democratic Republic: Northern Region Sustainable Livelihoods Development Project*.

Assayuthi, Imam Bashori (1998) *Bimbingan Ibadah: Shalat Lengkap*. Jakarta: Mitra Ummat.

Atkinson, Jane Monnig (1990) "How Gender Makes a Difference in Wana Society". In: *Power and Difference: Gender in Island Southeast Asia*. Jane Monnig Atkinson and Shelly Errington, eds, pp. 59–93. Stanford: Stanford University Press.

Atkinson, Jane Monnig and Shelly Errington, eds (1990) *Power and Difference: Gender in Island Southeast Asia*. Stanford: Stanford University Press.

Aung-Thwin, Michael (1983) "*Athi, Kyun-Taw, Hyayà-Kyun*: Varieties of Commendation and Dependence in Pre-Colonial Burma". In: *Slavery, Bondage and Dependency in Southeast Asia*. Anthony Reid, ed., pp. 64–89. St. Lucia, London, and New York: University of Queensland Press.

_______ (1985) *Pagan: The Origins of Modern Burma*. Honolulu: University of Hawaii Press.

_______ (2001) "Origins and Development of the Field of Prehistory in Burma", *Asian Perspectives* 40(1): 6–34.

_______ (2005) *The Mists of Ramanna: The Legend That Was Lower Burma*. Honolulu: University of Hawaii Press.

Aung-Thwin, Michael and Maitrii Aung-Thwin (2013) *A History of Myanmar since Ancient Times: Traditions and Transformations (Second Edition)*. London: Reaktion Books.

Bacus, Elisabeth (2004) "The Archaeology of the Philippine Archipelago". In: *Southeast Asia: From Pre-History to History*. Ian Glover and Peter Bellwood, eds, pp. 257–81. London and New York: RoutledgeCurzon.

Bacus, Elisabeth, Ian Glover, and Vincent C. Pigott, eds (2006) *Uncovering Southeast Asia's Pasts: Selected Papers from the 10th International Conference of the European Association of Southeast Asian Archaeologists*. Singapore: NUS Press.

Bahjat, Mujahid M. and Basil Q. Muhammad (2010) "The Significance of the Arabic-Modelled Malay Novel 'Hikayat Faridah Hanum' ", *Journal of Arabic Literature* 41(3): 245–61.

Baillargeon, David (2019) " 'The Great White Chief': The Abolition of Slavery in Colonial Burma, 1826–1935", *Slavery and Abolition: A Journal of Slave and Post-Slave Studies* 40(2): 380–405.

Baird, Ian G. (2008) "Colonialism, Indigeneity and the Brao". In: *The Concept of Indigenous Peoples in Asia: A Resource Book*. Christian Erni, ed., pp. 201–21. Copenhagen: International Work Group for Indigenous Affairs.

Baker, Chris and Pasuk Phongpaichit (2009) *A History of Thailand (Second Edition)*. Cambridge and New York: Cambridge University Press.

______ (2017) *A History of Ayutthaya: Siam in the Early Modern World*. Cambridge and New York: Cambridge University Press.

Baker, Chris and Pasuk Phongpaichit, trans. (2017) *Yuan Phai: The Defeat of Lanna, a Fifteenth-Century Thai Epic Poem*. Chiang Mai: Silkworm Books.

Barisoth, Sek (2000) "Media and Democracy in Cambodia", *Media Asia* 27(4): 206–22.

Barnard, Timothy P. (2003) *Multiple Centres of Authority: Society and Environment in Siak and Eastern Sumatra, 1674–1827*. Leiden: KITLV Press.

______ (2010) "*Film Melayu*: Nationalism, Modernity and Film in a pre-World War Two Malay Magazine", *Journal of Southeast Asian Studies* 41(1): 47–70.

Barnard, Timothy P., ed. (2004) *Contesting Malayness: Malay Identity across Boundaries*. Singapore: Singapore University Press.

Bassino, Jean-Pascal and Jeffrey Gale Williamson (2017) "From Commodity Booms to Economic Miracles: Why Southeast Asian Industry Lagged Behind". In: *The Spread of Modern Industry to the Periphery since 1871*. Kevin Hjortshøj O'Rourke and Jeffrey Gale Williamson, eds, pp. 256–86. Oxford and New York: Oxford University Press.

Beemer, Bryce (2009) "Southeast Asian Slavery and Slave-Gathering Warfare as a Vector for Cultural Transmission: The Case of Burma and Thailand", *The Historian* 71(3): 481–506.

______ (2016) "Bangkok, Creole City: War Slaves, Refugees, and the Transformation of Culture in Urban Southeast Asia", *Literature Compass* 13(5): 266–76.

Beeson, Mark, ed. (2009) *Contemporary Southeast Asia (Second Edition)*. Hampshire (UK) and New York: Palgrave Macmillan.

Bellina, Bérénice, ed. (2017) *Khao Sam Kaeo: An Early Port-City Between the Indian Ocean and the South China Sea*. Paris: École Française d'Extrême-Orient.

Bellina, Bérénice and Ian Glover (2004) "The Archaeology of Early Contact with India and the Mediterranean World, from the Fourth Century BC to the Fourth Century AD". In: *Southeast Asia: From Pre-History to History*. Ian Glover and Peter Bellwood, eds, pp. 68–88. London and New York: RoutledgeCurzon.

Bellina, Bérénice, Roger Blench, and Jean-Christophe Galipaud, eds (2021) *Sea Nomads of Southeast Asia: From the Past to the Present*. Singapore: NUS Press.

Bellwood, Peter (1999) "Southeast Asia before History". In: *The Cambridge History of Southeast Asia: Volume One, Part One. From Early Times to c. 1500*. Nicholas Tarling, ed., pp. 55–136. Cambridge and New York: Cambridge University Press.

______ (2004) "The Origins and Dispersals of Agricultural Communities in Southeast Asia". In: *Southeast Asia: From Pre-History to History*. Ian Glover and Peter Bellwood, eds, pp. 21–40. London and New York: RoutledgeCurzon.

______ (2006a) [1996] "Hierarchy, Founder Ideology and Austronesian Expansion". In: *Origins, Ancestry and Alliance: Explorations in Austronesian Ethnography*. James J. Fox and Clifford Sather, eds, pp. 19–41. Canberra: ANU E Press.

______ (2006b) "Asian Farming Diasporas? Agriculture, Languages, and Genes in China and Southeast Asia". In: *Archaeology of Asia*. Miriam T. Stark, ed., pp. 96–118. Malden (MA) and Oxford: Blackwell Publishing.

______ (2011) "The Checkered Prehistory of Rice Movement Southwards as a Domesticated Cereal—from the Yangzi to the Equator", *Rice* 4: 93–103.

Bellwood, Peter S., James J. Fox, and Darrell T. Tyron, eds (1995) *The Austronesians: Historical and Comparative Perspectives*. Canberra: ANU E Press.

Benjamin, Geoffrey and Cynthia Chou, eds (2002) *Tribal Communities in the Malay World: Historical, Cultural and Social Perspectives*. Singapore: Institute of Southeast Asian Studies.

Bennett, Anna T.N. (2009) "Gold in Early Southeast Asia", *ArchéoSciences* 33: 99–107.

Bentley, R. Alexander, Nancy Tayles, Charles Higham, Colin Macpherson, and Tim C. Atkinson (2007) "Shifting Gender Relations at Khok Phanom Di, Thailand", *Current Anthropology* 48(2): 301–14.

Berita Harian (1975) "Pelancaran siaran TV warna di Brunei capai kejayaan", 6 March, p. 2.

Blackburn, Anne (2015) "Buddhist Connections in the Indian Ocean: Changes in Monastic Mobility, 1000–1500", *Journal of the Economic and Social History of the Orient* 58(3): 237–66.

Blackwood, Evelyn (1998) "Tombois in West Sumatra: Constructing Masculinity and Erotic Desire", *Cultural Anthropology* 13(4): 491–521.

Blanc-Szanton, Christina (1990) "Collision of Cultures: Historical Reformulations of Gender in the Lowland Visayas, Philippines". In: *Power and Difference: Gender in Island Southeast Asia*. Jane Monnig Atkinson and Shelly Errington, eds, pp. 345–83. Stanford: Stanford University Press.

Boomgaard, Peter (2007) *Southeast Asia: An Environmental History*. Santa Barbara, Denver, and Oxford: ABC-CLIO.

Boomgaard, Peter, ed. (2007) *A World of Water: Rain, Rivers and Seas in Southeast Asian Histories*. Leiden: KITLV Press.

Booth, Anne (2019) *Living Standards in Southeast Asia: Changes over the Long Twentieth Century, 1900–2015*. Amsterdam: Amsterdam University Press.

Bouté, Vanina (2018) *Mirroring Power: Ethnogenesis and Integration among the Phunoy of Northern Laos*. Chiang Mai: Silkworm Books.

Bouvet, Phaedra (2011) "Preliminary Study of Indian and Indian Style Wares from Khao Sam Kaeo (Chumphon, Peninsular Thailand), Fourth-Second Centuries BCE". In: *Early Interactions between South and Southeast Asia: Reflections on Cross-Cultural Exchange*. Pierre-Yves Manguin, A. Mani, and Geoff Wade, eds, pp. 47–82. Singapore: Institute of Southeast Asian Studies.

Bowie, Katherine (2008) "Standing in the Shadows: Of Matrilocality and the Role of Women in a Village Election in Northern Thailand", *American Ethnologist* 35(1): 136–53.

______ (2018) "The Historical Vicissitudes of the *Vessantara Jataka* in Mainland Southeast Asia", *Journal of Southeast Asian Studies* 49(1): 34–62.

Breazeale, Kennon (2004) "Editorial Introduction to Niccolò de' Conti's Account", *SOAS Bulletin of Burma Research* 2(3): 100–8.

Brenner, R. (2018) "Feudalism In: *The New Palgrave Dictionary of Economics*. Macmillan Publishers Ltd, ed., pp. 4542–54. London: Palgrave Macmillan.

Brenner, Suzanne (1998) *The Domestication of Desire: Women, Wealth and Modernity in Java*. Princeton: Princeton University Press.

Brewer, Carolyn (2004) *Shamanism, Catholicism and Gender Relations in Colonial Philippines, 1521–1685*. Burlington (VT): Ashgate Publishing.

Bronson, Bennet (1978) "Exchange at the Upstream and Downstream Ends: Notes Toward a Functional Model of the Coastal State in Southeast Asia". In: *Economic Exchange and Social Interaction in Southeast Asia: Perspectives from Prehistory, History and Ethnography*. Karl L. Hutterer, ed. pp. 39–52. Ann Arbor: University of Michigan Center for South and Southeast Asian Studies.

Brown, Robert L. (1996) *The Dvāravatī Wheels of the Law and Indianization of Southeast Asia*. Leiden: E.J. Brill.

Brumm, Adam, et al. (11 authors) (2021) "Oldest Cave Art Found in Sulawesi", *Science Advances* 7: 1–12.

Brunelle, Marc (2019) "Revisiting the Expansion of the Chamic Language Family: Acehnese and Tsat". In:

Champa: Territories and Networks of a Southeast Asian Kingdom. Arlo Griffiths, Andrew Hardy, and Geoff Wade, eds, pp. 287–302. Paris: École Française d'Extrême-Orient.

Bulbeck, David (2004) "Indigenous Traditions and Exogenous Influences in the Early History of Peninsular Malaysia". In: *Southeast Asia: From Pre-History to History*. Ian Glover and Peter Bellwood, eds, pp. 314–36. London and New York: RoutledgeCurzon.

Bulbeck, David, Anthony Reid, Lay Cheng Tan, and Yiqi Wu (1998) *Southeast Asian Exports since the 14th Century: Cloves, Pepper, Coffee, and Sugar*. Singapore: ISEAS Publishing.

Bünte, Marco and Björn Dressel, eds (2017) *Politics and Constitutions in Southeast Asia*. London and New York: Routledge.

Butwell, Richard (1963) *U Nu of Burma*. Stanford (CA): Stanford University Press.

Calo, Ambra (2014) *Trails of Bronze Drums across Early Southeast Asia: Exchange and Connected Spheres*. Singapore: Institute of Southeast Asian Studies.

Cannell, Fenella (1999) *Power and Intimacy in the Christian Philippines*. Cambridge: Cambridge University Press.

Capelli, Cristian, et al. (10 authors) (2001) "A Predominantly Indigenous Paternal Heritage for the Austronesian-Speaking People of Insular Southeast Asia and Oceania", *American Journal of Human Genetics* 68: 432–43.

Carey, Peter (2014) *Destiny: The Life of Prince Diponegoro of Yogyakarta, 1785–1855*. Lausanne: Peter Lang.

Case, William (1991) "Comparative Malaysian Leadership: Tunku Abdul Rahman and Mahathir Mohamad", *Asian Survey* 31(5): 456–73.

Casparis, J.G. de (1986) "Some Notes on the Oldest Inscriptions in Indonesia". In: *A Man of Indonesian Letters: Essays in Honour of Professor A. Teeuw*. C.M.S. Hellwig and S.O. Robson, eds, pp. 242–56. Leiden: Brill.

Causey, Andrew (2011) "Toba Batak Selves: Personal, Spiritual, Collective". In: *Everyday Life in Southeast Asia*. Kathleen M. Adams and Kathleen A. Gillogly, eds, pp. 27–36. Bloomington: University of Indiana Press.

Chambers, Geoffery K. and Hisham A. Edinur (2020) "Reconstructions of the Austronesian Diaspora in the Era of Genomics", *Human Biology* 92(4): 247–63.

Chandler, David (1998) *A History of Cambodia (Second Edition, Updated)*. Chiang Mai: Silkworm Books.

Chew, Sing C. (2018) *The Southeast Asia Connection: Trade and Polities in the Eurasian World Economy, 500 BC–AD 500*. New York and Oxford: Berghahn Books.

Chia, Lucille (2011) "Chinese Books and Printing in the Early Spanish Philippines". In: *Chinese Circulations: Capital, Commodities, and Networks in Southeast Asia*. Eric Tagliacozzo and Wen-Chin Chang, eds, pp. 259–82. Durham and London: Duke University Press.

Christie, Clive J. (1996) *A Modern History of Southeast Asia: Decolonialization, Nationalism and Separatism*. London and New York: I.B. Tauris Publishers.

Church, Peter (2017) *A Short History of South-East Asia*. Singapore: Wiley.

Chutintaranond, Sunait (1988) "Cakravartin: Ideology, Reason and Manifestation of Siamese and Burmese Kings in Traditional Warfare (1538–1854)", *Crossroads: An Interdisciplinary Journal of Southeast Asian Studies* 4(1): 46–56.

Chutintaranond, Sunait and Chris Baker, eds (2002) *Recalling Local Pasts: Autonomous History in Southeast Asia*. Chiang Mai: Silkworm Books.

Clarence-Smith, William Gervase (2009) "Entrepreneurial Strategies of Hadhrami Arabs in Southeast Asia, c. 1750s–1950s". In: *The Hadhrami Diaspora in Southeast Asia: Identity Maintenance or*

Assimilation? Ahmed Ibrahim Abushouk and Hassan Ahmed Ibrahim, eds, pp. 135–58. Leiden and Boston: Brill.

Cœdès, George (1966) [1962] *The Making of Southeast Asia*. H.M. Wright, trans. Berkeley and Los Angeles: University of California Press.

Collins, Steven and Justin McDaniels (2010) "Buddhist 'Nuns' (Mai Chi) and the Teaching of Pali in Contemporary Thailand", *Modern Asian Studies* 44(6): 1372–408.

Cottrell, Arthur (2015) *A History of Southeast Asia*. Singapore: Marshall Cavendish.

Cribb, Robert (2012) " 'Southeast Asia': A Good Place to Start From", *Bijdragen tot de Taal-, Land- en Volkenkunde* 168(4): 503–5.

Croissant, Aurel and Philip Lorenz (2018) *Comparative Politics of Southeast Asia: An Introduction to Governments and Political Regimes*. Wiesbaden: Springer.

Crosby, Alfred W. (2003) *The Columbian Exchange: Biological and Cultural Consequences of 1492, 30th Anniversary Edition*. Westport (CT): Praeger Publishers.

Davis, Bradley Camp (2017) *Imperial Bandits: Outlaws and Rebels in the China-Vietnam Borderlands*. Seattle and London: University of Washington Press.

Davis, Richard H. (2009) *Global India circa 100 CE: South Asia in Early World History*. Ann Arbor (MI): Association for Asian Studies.

De Vries, Jan (2010) "The Limits of Globalization in the Early Modern World", *The Economic History Review* 63(3): 710–33.

Delang, Claudio O. (2003) *Living at the Edge of Thai Society: The Karen in the Highlands of Northern Thailand*. London and New York: RoutledgeCurzon.

Demographia (2021) *Demographia Urban Areas 17th Annual Edition: 202106*. http://www.demographia.com/db-worldua.pdf.

Détroit, Florent (2006) "Homo Sapiens in Southeast Asian Archipelagos: The Holocene Fossil Evidence with Special Reference to Funerary Practices in East Java". In: *Austronesian Diaspora and the Ethnogeneses of People in Indonesian Archipelago: Proceedings of the International Symposium*. T. Simanjuntak, I. Pojoh, and M. Hisyam, eds, pp. 186–204. Jakarta: LIPI Press.

Détroit, Florent, et al. (2019) "A new species of *Homo* from the Late Pleistocene of the Philippines", *Nature* 568: 181–6.

Dijk, Kees van (2019) "The Fears of a Small Country with a Big Colony: The Netherlands Indies in the First Decades of the Twentieth Century". In: *Armies and Societies in Southeast Asia*. Volker Grabowsky and Frederik Rettig, eds, pp. 87–122. Chiang Mai: Silkworm Books.

Donohue, Mark and Tim Denham (2010) "Farming and Language in Island Southeast Asia: Reframing Austronesian History", *Current Anthropology* 51(2): 223–56.

_______ (2011) "Languages and Genes Attest Different Histories in Island Southeast Asia", *Oceanic Linguistics* 50(2): 536–42.

Duangsavanh, Thonglor (2002) "The Impact of Economic Transition on the Media in Laos". In: *Media Fortunes, Changing Times: ASEAN States in Transition*. Russell H.K. Heng, ed., pp. 107–17. Singapore: Institute of Southeast Asian Studies.

Edo, Juli (2002) "Traditional Alliances: Contact between the Semais and the Malay State in Pre-modern Perak". In: *Tribal Communities in the Malay World: Historical, Cultural and Social Perspectives*. Geoffrey Benjamin and Cynthia Chou, eds, pp. 137–59. Leiden: International Institute for Asian Studies.

Emmerson, Donald K. (1976) " 'Southeast Asia': What's in a Name?", *Journal of Southeast Asian Studies* 15(1): 1–21.

_______ (2014) "The Spectrum of Comparisons: A Discussion", *Pacific Affairs* 87(3): 539–56.

Endicott, Kirk, ed. (2015) *Malaysia's Original People: Past, Present, and Future of the Orang Asli*. Singapore: NUS Press.

Errington, Shelly (1990) "Recasting Sex, Gender and Power: A Theoretical and Regional Overview". In: *Power and Difference: Gender in Island Southeast Asia*. Jane Monnig Atkinson and Shelly Errington, eds, pp. 3–58. Stanford: Stanford University Press.

Estonilo, Melba S. (2011) "The Development of News as a Viable Format in Philippine Radio (1960s–Present): A Study of DZRH and DZBB", *Journal of Radio and Audio Media* 18(1): 139–49.

Evans, Grant (2009) *The Last Century of Lao Royalty: A Documentary History*. Chiang Mai: Silkworm Books.

Evrard, Olivier (2007) "Interethnic Systems and Localized Identities: The Khmu Subgroups (*Tmoy*) in North-West Laos". In: *Social Dynamics in the Highlands of Southeast Asia*. François Robinne and Mandy Sadan, eds, pp. 127–60. Leiden and Boston: Brill.

Fausto-Sterling, Anne (2012) *Sex/Gender: Biology in a Social World*. London and New York: Routledge.

Feener, R. Michael and Michael F. Laffan (2005) "Sufi Scents Across the Indian Ocean: Yemeni Hagiography and the Earliest History of Southeast Asian Islam", *Archipel* 70(1): 185–208.

Felker, Greg (2017) "The Political Economy of Southeast Asia". In: *Contemporary Southeast Asia (Third Edition)*. Mark Beeson, ed., pp. 50–73. Hampshire (UK) and New York: Palgrave Macmillan.

Ferguson, Jane M. (2012) "From Contested Histories to Ethnic Tourism: Cinematic Representations of Shans and Shanland on the Burmese Silver Screen". In: *Film in Contemporary Southeast Asia: Cultural Interpretation and Social Invention*. David C.L. Lim and Hiroyuki Yamamoto, eds, pp. 23–40. London and New York: Routledge.

Foley, William A. (1986) *The Papuan Languages of New Guinea*. Cambridge: Cambridge University Press.

Ford, Michele, ed. (2012) *Social Activism in Southeast Asia*. London and New York: Routledge.

Formoso, Bernard (2013) "To Be at One with Drums: Social Order and Headhunting among the Wa of China", *Journal of Burmese Studies* 17(1): 121–39.

Fox, James J. and Clifford Sather, eds (2006) [1996] *Origins, Ancestry and Alliance: Explorations in Austronesian Ethnography*. Canberra: ANU E Press.

Frank, Andre Gunder (1998) *ReOrient: Global Economy in the Asian Age*. Berkeley and Los Angeles: University of California Press.

Geertz, Clifford (1980) *Negara: The Theatre State in Nineteenth-Century Bali*. Princeton (NJ): Princeton University Press.

Gibson, Thomas (2015) *Sacrifice and Sharing in the Philippine Highlands: Religion and Society among the Buid of Mindoro (Philippine Edition)*. Manila: Ateneo de Manila University Press.

Gillogly, Kathleen A. (2011) "Marriage and Opium in a Lisu Village in Northern Thailand". In: *Everyday Life in Southeast Asia*. Kathleen M. Adams and Kathleen A. Gillogly, eds, pp. 79–88. Bloomington: University of Indiana Press.

Glover, Ian and Peter Bellwood, eds (2004) *Southeast Asia: From Prehistory to History*. Oxfordshire and New York: RoutledgeCurzon.

Glover, Ian and Bérénice Bellina (2011) "Ban Don Ta Phet and Khao Sam Kaeo: The Earliest Indian Contacts Re-Assessed". In: *Early Interactions between South and Southeast Asia: Reflections on Cross-Cultural Exchange*. Pierre-Yves Manguin, A. Mani, and Geoff Wade, eds, pp. 17–46. Singapore: Institute of Southeast Asian Studies.

Goddard, Cliff (2005) *The Languages of East and Southeast Asia*. Oxford University Press.

Goh, Daniel P.S. (2019) "Super-diversity and the Bio-politics of Migrant Worker Exclusion in Singapore",

Identities: Global Studies in Culture and Power 26(3): 356–73.
Goldstein, Jonathan (2015) *Jewish Identities in East and Southeast Asia: Singapore, Manila, Taipei, Harbin, Shanghai, Rangoon, and Surabaya*. Berlin: De Gruyter Oldenbourg.
Gombrich, Richard F. (2006) *Theravada Buddhism: A Social History from Ancient Benares to Modern Colombo, Second Edition*. Milton Park and New York: Routledge.
Goodman, David and Richard Robison, eds (1996) *The New Rich in Asia: Mobile Phones, McDonald's and Middle Class Revolution*. London and New York: Routledge.
Goscha, Christopher (2016) *Vietnam: A New History*. New York: Basic Books.
Grabowsky, Volker (2011) *Southeast Asian Historiography, Unravelling the Myths: Essays in Honour of Barend Jan Terwiel*. Bangkok: River Books.
Gravlee, Clarence (2009) "How Race Becomes Biology: Embodiment of Social Inequality", *American Journal of Physical Anthropology* 139(1): 47–57.
Guan, Ang Cheng (2013) *Singapore, ASEAN and the Cambodian Conflict, 1978–1991*. Singapore: NUS Press.
Guerrero, León Ma (2007) [1962] *The First Filipino*. Manila: Guerrero Publishing.
Gunn, Geoffrey C. (1992) "Prince Souphanouvong: Revolutionary and Intellectual", *Journal of Contemporary Asia* 22(1): 94–103.
Gupta, Avijit (2005) *The Physical Geography of Southeast Asia*. Oxford and New York: Oxford University Press.
Gutman, Pamela and Bob Hudson (2004) "The Archaeology of Burma (Myanmar) from the Neolithic to Pagan". In: *Southeast Asia: From Pre-History to History*. Ian Glover and Peter Bellwood, eds, pp. 149–76. London and New York: RoutledgeCurzon.
Hadler, Jeffrey (2009) *Muslims and Matriarchs: Cultural Resilience in Minangkabau through Jihad and Colonialism*. Singapore: NUS Press.
Hall, Kenneth R. (2011) *A History of Early Southeast Asia: Maritime Trade and Societal Development, 100–1500*. Lanham: Rowman & Littlefield Publishers.
Hardy, Andrew (2003) *Red Hills: Migrants and the State in the Highlands of Vietnam*. Copenhagen: NIAS Press.
______ (2019) "Champa, Integrating Kingdom: Mechanisms for Political Integration in a Southeast Asian Segmentary State (15th Century)". In: *Champa: Territories and Networks of a Southeast Asian Kingdom*. Arlo Griffiths, Andrew Hardy, and Geoff Wade, eds, pp. 221–52. Paris: École Française d'Extrême-Orient.
Harper, T.N. (2001) "The State and Information in Modern Southeast Asian History". In: *House of Glass: Culture, Modernity, and the State in Southeast Asia*. Souchou Yao, ed., pp. 213–40. Singapore: Institute of Southeast Asian Studies.
Hayami, Yoko (2012a) "Introduction: The Family in Flux in Southeast Asia". In: *The Family in Flux in Southeast Asia: Institution, Ideology, Practice*. Y. Hayami, et al., eds, pp. 1–26. Kyoto: Kyoto University Press and Chiang Mai: Silkworm Books.
______ (2012b) "Relatedness and Reproduction in Time and Space: Three Cases of Karen across the Thai-Burma Border". In: *The Family in Flux in Southeast Asia: Institution, Ideology, Practice*. Y. Hayami, et al., eds, pp. 297–315. Kyoto: Kyoto University Press and Chiang Mai: Silkworm Books.
He, Jun-Dong, et al. (10 authors) (2021) "Patrilineal Perspective on the Austronesian Diffusion in Mainland Southeast Asia", *PLoS ONE* 7(5): e36437, pp. 1–10.
Heng, Derek (2002) "Reconstructing Banzu, a Fourteenth Century Port Settlement in Singapore", *Journal of the Malaysian Branch of the Royal Asiatic Society* 75(1): 69–90.

Hiep, Tran Xuan, Tran Dinh Hung, Nguyen Tuan Binh, Nguyen Anh Chuong, and Tran Thai Bao (2021) "Another view of the "Closed-door policy" of the Nguyen Dynasty (Vietnam) with Western countries (1802–1858)", *Cogent Arts & Humanities* 8(1): 1–10.

Higham, Charles (2002) *Early Cultures of Mainland Southeast Asia*. Chicago: Art Media Resources.

______ (2004) "Mainland Southeast Asia from the Neolithic to the Iron Age". In: *Southeast Asia: From Pre-History to History*. Ian Glover and Peter Bellwood, eds, pp. 41–67. London and New York: RoutledgeCurzon.

______ (2016) "At the Dawn of History: From Iron Age Aggrandisers to Zhenla Kings", *Journal of Southeast Asian Studies* 47(3): 414–37.

Hill, Ronald (2002) *Southeast Asia: People, Land and Economy*. Crows Nest (NSW): Allen and Unwin.

Hirofumi, Hayashi (1997) "Japanese Comfort Women in Southeast Asia", *Japan Forum* 10(2): 211–9.

Hirschman, Charles (1986) "The Making of Race in Colonial Malaya: Political Economy and Racial Ideology", *Sociological Forum* 1(2): 330–61.

______ (1987) "The Meaning and Measurement of Ethnicity in Malaysia: An Analysis of Census Classifications", *Journal of Asian Studies* 46(3): 555–82.

______ (1994) "Population and Society in Twentieth-Century Southeast Asia", *Journal of Southeast Asian Studies* 25(2): 381–416.

Hobbes, Thomas (1904) [1651] *Leviathan: Or The Matter, Form & Power of a Commonwealth, Ecclesiasticall and Civil*. Cambridge: Cambridge University Press.

Hoffer, Thomas W. (1973) "Broadcasting in an Insurgency Environment: USIA in Vietnam, 1965–1970". PhD dissertation, University of Wisconsin-Madison.

Holcombe, Charles (2001) *The Genesis of East Asia, 221 B.C.–A.D. 907*. Honolulu: University of Hawaii Press.

______ (2011) *A History of East Asia: From the Origins of Civilization to the Twenty-First Century*. Cambridge and New York: Cambridge University Press.

Houtari, Mikko and Jurgen Ruland (2014) "Context, Concepts and Comparison: Introduction to the Special Issue", *Pacific Affairs* 87(3): 415–40.

Hudjashov, Georgi, et al. (2017) "Complex Patterns of Admixture across the Indonesian Archipelago", *Molecular and Biological Evolution* 34(10): 2439–52.

Hudson, Bob, Nyein Lwin, and Win Muang (2001) "The Origins of Bagan: New Dates, Old Inhabitants", *Asian Perspectives* 40(1): 48–74.

Hung, Hsiao-Chun et al. (2007) "Ancient Jades Map 3,000 Years of Prehistoric Exchange in Southeast Asia", *Proceedings of the National Academy of Sciences* 104(50): 19745–50.

Huotari, Mikko and Jürgen Rüland (2014) "Context, Concepts and Comparison in Southeast Asian Studies—Introduction to a Special Issue", *Pacific Affairs* 87(3): 415–40.

Hussainmiya, B.A. (1995) *Sultan Omar Ali Saifuddin III and Britain: The Making of Brunei Darussalam*. Kuala Lumpur, Oxford, Singapore, New York: Oxford University Press.

Ibn Battuta (1929) [1355] *Ibn Battuta: Travels in Asia and Africa 1325–1354*. H.A.R. Gibbs, trans. London: Routledge & Kegan Paul Ltd.

Ingram, George (2020) *Development in Southeast Asia: Opportunities for Donor Collaboration*. Washington DC: The Brookings Institute.

Irianto, Sulistyowati (2012) "The Changing Socio-Legal Position of Women in Inheritance: A Case Study of Batak Women in Indonesia". In: *The Family in Flux in Southeast Asia: Institution, Ideology, Practice*. Y. Hayami, et al., eds, pp. 105–28. Kyoto: Kyoto University Press and Chiang Mai: Silkworm Books.

Irwin, G.J. (1992) *The Prehistoric Exploration and Colonization of the Pacific*. Cambridge: Cambridge

University Press.
Iwai, Misaki (2012) "Vietnamese Families beyond Culture: The Process of Establishing a New Homeland in the Mekong Delta". In: *The Family in Flux in Southeast Asia: Institution, Ideology, Practice*. Y. Hayami, et al., eds, pp. 411–37. Kyoto: Kyoto University Press and Chiang Mai: Silkworm Books.
Jacq-Hergoualc'h, Michel (2002) *The Malay Peninsula: Crossroads of the Maritime Silk Road (100 BC–1300 AD)*. Victoria Hobson, trans. Leiden: Brill.
Jacobsen, Trudy (2003) "Autonomous Queenship in Cambodia, 1st–9th Centuries AD", *Journal of the Royal Asiatic Society* 13(3): 357–75.
Jenkins, David (2021) *Young Soeharto: The Making of a Soldier, 1921–1945*. Singapore: ISEAS Publishing.
Johnson, Irving Chan (2012) *The Buddha on Mecca's Veranda: Encounters, Mobilities, and Histories along the Malaysian-Thai Border*. Seattle and London: University of Washington Press.
Jones, Gavin W. (2003) "East Timor: Education and Human Resource Development". In: *Out of the Ashes: Destruction and Reconstruction of East Timor*. James J. Fox and Dionisio Babo Soares, eds, pp. 41–52. Canberra: ANU Press.
Jonsson, Hjorleifur (2005) *Mien Relations: Mountain People and State Control in Thailand*. Ithaca and London: Cornell University Press.
______ (2011) "Recording Tradition and Measuring Progress in the Ethnic Minority Highlands of Thailand". In: *Everyday Life in Southeast Asia*. Kathleen M. Adams and Kathleen A. Gillogly, eds, pp. 107–16. Bloomington: University of Indiana Press.
Kanji, Nishio (2011) "Statecraft and People-Grouping Concepts in Malay Port-Polities". In: *Bangsa and Umma: Development of People-Grouping Concepts in Islamized Southeast Asia*. Yamamoto Hiroyuki, Anthony Milner, Kawashima Midori, and Arai Kazuhiro, eds, pp. 50–70. Kyoto: Kyoto University Press.
Kartini, Raden Adjen (1920) *Letters of a Javanese Princess*. Agnes Louise Symmers, trans. New York: Knopf.
Kasdi, Abdurrohman (2017) "The Role of the Walisongo in Developing Islam Nusantara Civilization", *ADDIN* 11(1): 1–26.
Kato, Tsuyoshi (2007) [1981] *Matriliny and Migration: Evolving Minangkabau Traditions in Indonesia*. Singapore: Equinox Publishing.
Kelley, Liam C. (2022) "Rescuing History from Srivijaya: The Fall of Angkor in the *Ming Shilu* (Part 1)", *China and Asia* 4(1): 38–91.
Kemp, Jeremy (1983) "Kinship and the Management of Personal Relations: Kin Terminologies and the Axiom of Amity", *Bijdragen tot de Taal-, Land- en Volkenkunde* 139(1): 81–98.
Kennedy, Paul (1987) *The Rise and Fall of the Great Powers*. New York: Random House.
Keyes, Charles F. (1987) "Mother or Mistress but never a Monk: Buddhist Notions of Female Gender in Rural Thailand", *American Ethnologist* 11(2): 223–41.
______ (1995) [1977] *The Golden Peninsula: Culture and Adaptation in Mainland Southeast Asia*. Honolulu: University of Hawaii Press.
______ (2002) "The Peoples of Asia—Science and Politics in the Classification of Ethnic Groups in Thailand, China, and Vietnam", *Journal of Asian Studies* 61(4): 1163–203.
______ (2014) *Finding Their Voice: Northeast Villagers and the Thai State*. Chiang Mai: Silkworm Books.
Khan, Sher Banu A.L. (2017) *Sovereign Women in a Muslim Kingdom: The Sultanahs of Aceh, 1641–1699*. Singapore: NUS Press.
Kiernan, Ben (2007) *Blood and Soil: A World History of Genocide and Extermination from Sparta to Darfur*. New Haven: Yale University Press.
Kim, Lee Su (2008) "The Peranakan Baba Nyonya Culture: Resurgence or Disappearance?", *Sari* 26: 161–70.

Kim, Nam C. (2015) *The Origins of Ancient Vietnam*. Oxford and New York: Oxford University Press.

King, Victor T. (1985) *The Maloh of West Kalimantan: An Ethnographic Study of Social Inequality and Social Change among an Indonesian Borneo People*. Dordrecht: Foris Publications.

______ (2008) *The Sociology of Southeast Asia: Transformations in a Developing Region*. Copenhagen: NIAS Press.

Kingston, W.H.G. (1878) *The Mate of the "Lily"*. New York: Pott, Young & Company.

Kitiarsa, Pattana (2014) *The "Bare Life" of Thai Migrant Workmen in Singapore*. Chiang Mai: Silkworm Books.

Kitley, Philip, ed. (2003) *Television, Regulation and Civil Society in Asia*. London and New York: RoutledgeCurzon.

Koentjaraningrat, Raden Mas (1957) *Preliminary Description of Javanese Kinship System*. New Haven: Yale University, Southeast Asia Studies.

Koizumi, Junko (2012) "Legal Reforms and Inheritance Disputes in Siam in the Late Nineteenth and Early Twentieth Centuries". In: *The Family in Flux in Southeast Asia: Institution, Ideology, Practice*. Yoko Hayami, Junko Koizumi, Chalidaporn Songsamphan, and Ratana Tosakul, eds, pp. 37–61. Chiang Mai: Silkworm Books.

Kong, Yuanzhi (2000) *Pelayaran Zheng He dan alam Melayu*. Bangi: Universiti Kebangsaan Malaysia.

Koolhof, Sirtjo (1999) "The 'La Galigo': A Bugis Encyclopedia and Its Growth", *Bijdragen tot de Taal-, Land- en Volkenkunde* 155(3): 362–87.

Koret, Peter (1999) "Books of Search: The Invention of Traditional Lao Literature as a Subject of Study". In: *Laos: Culture and Society*. Grant Evans, ed., pp. 226–57. Chiang Mai: Silkworm Books.

Kratoska, Paul H. (1984) "Penghulus in Perak and Selangor: The Rationalization and Decline of a Traditional Malay Office", *Journal of the Malaysian Branch of the Royal Asiatic Society* 57(2): 31–59.

Kratoska, Paul H., Henk Schulte Nordholt, and Remco Raben, eds (2005) *Locating Southeast Asia: Geographies of Knowledge and Politics of Space*. Singapore: NUS Press.

Kuipers, Joel C. (1990) "Talking about Troubles: Gender Differences in Weyéwa Ritual Speech Use". In: *Power and Difference: Gender in Island Southeast Asia*. Jane Monnig Atkinson and Shelly Errington, eds, pp. 153–75. Stanford: Stanford University Press.

Kulke, Hermann, K. Kesavapany, and Vijay Sakhuja (2009) *Nagapattinam to Suvarnadwipa: Reflections on the Chola Naval Expeditions to Southeast Asia*. Singapore: Institute of Southeast Asian Studies.

Laclau, Ernesto (1990) *New Reflections on the Revolution of Our Time*. London and New York: Verso.

Laffan, Michael (2009) "Finding Java: Muslim Nomenclature of Insular Southeast Asia from Srivijaya to Snouck Hurgronje". In: *Southeast Asia and the Middle East: Islam, Movement, and the Longue Durée*. Eric Tagliacozzo, ed., pp. 17–64. Singapore: NUS Press.

______ (2011) *The Makings of Indonesian Islam: Orientalism and the Narration of a Sufi Past*. Princeton and Oxford: Princeton University Press.

Lammerts, D. Christian (2018) *Buddhist Law in Burma: A History of Dhammasattha Texts and Jurisprudence, 1250–1850*. Honolulu: University of Hawaii Press.

Lanzona, Vina A. and Frederik Rettig, eds (2020) *Women Warriors in Southeast Asia*. Milton Park and New York: Routledge.

Le Blanc, Marcel (2003) *History of Siam in 1688*. Michael Smithies, trans. and ed. Chiang Mai: Silkworm Books.

Lebra, Joyce (2019) "Japanese Military Policies in Southeast Asia during World War II". In: *Armies and Societies in Southeast Asia*. Volker Grabowsky and Frederik Rettig, eds, pp. 205–31. Chiang Mai: Silkworm Books.

Lieberman, Victor (2003) *Strange Parallels Southeast Asia in Global Context, Volume 1: Integration on the Mainland*. Cambridge and New York: Cambridge University Press.

Lintner, Bertil (2003) "Burma/Myanmar". In: *Ethnicity in Asia*. Colin Mackerras, ed., pp. 174–93. London and New York: RoutledgeCurzon.

Liu, Dang, et al. (2020) "Extensive Ethnolinguistic Diversity in Vietnam Reflects Multiple Sources of Genetic Diversity", *Molecular and Biological Evolution* 37(9): 2503–19.

Lockard, Craig A. (1998) *Dance of Life: Popular Music and Politics in Southeast Asia*. Honolulu: University of Hawaii Press.

_______ (2009) *Southeast Asia in World History*. Oxford and New York: Oxford University Press.

Low, Kelvin (2016) "Migrant Warriors and Transnational Lives: Constructing a Gurkha Diaspora", E*thnic and Racial Studies* 39(5): 840–57.

Luong, Hy Van (1988) "Discursive Practices and Power Structure: Person-Referring Forms and Sociopolitical Struggles in Colonial Vietnam", *American Ethnologist* 15(2): 239–53.

Luttikhuis, Bart (2013) "Beyond Race: Constructions of 'Europeanness' in Late-Colonial Legal Practice in the Dutch East Indies", *European Review of History* 20(4): 539–58.

Lyttleton, Chris (2011) "When the Mountains No Longer Mean Home". In: *Everyday Life in Southeast Asia*. Kathleen M. Adams and Kathleen A. Gillogly, eds, pp. 273–82. Bloomington: University of Indiana Press.

Malleret, Louis (1959) *L'Archeologie du Delta du Mékong*. Paris: École Française d'Extrême-Orient.

Maloni, Ruby (2019) "Gujarati Merchant Diaspora in South East Asia (Sixteenth and Seventeenth Centuries)". In: *Transregional Trade and Traders: Situating Gujarat in the Indian Ocean from Early Times to 1900*. Edward A. Alpers and Chhaya Goswami, eds, pp. 305–14. New Delhi: Oxford University Press.

Mandal, Sumit K. (2018) *Becoming Arab: Creole Histories and Modern Identity in the Malay World*. Cambridge and New York: Cambridge University Press.

Manguin, Pierre-Yves (2002) "The Amorphous Nature of Coastal Polities in Insular Southeast Asia: Restricted Centres, Extended Peripheries", *Mousson* 5: 73–99.

_______ (2004) "The Archaeology of Early Maritime Polities of Southeast Asia". In: *Southeast Asia: From Pre-History to History*. Ian Glover and Peter Bellwood, eds, pp. 282–313. London and New York: RoutledgeCurzon.

Manguin, Pierre-Yves, A. Mani, and Geoff Wade, eds (2011) *Early Interactions between South and Southeast Asia: Reflections on Cross-Cultural Exchange*. Singapore: Institute of Southeast Asian Studies.

Manguin, Pierre-Yves and Agustijanto Indradjaja (2011) "The Batujaya Site: New Evidence of Early Indian Influence in West Java". In: *Early Interactions between South and Southeast Asia: Reflections on Cross-Cultural Exchange*. Pierre-Yves Manguin, A. Mani, and Geoff Wade, eds, pp. 113–36. Singapore: Institute of Southeast Asian Studies.

Marr, David G. and A.C. Milner, eds (1986) *Southeast Asia in the 9th to 14th Centuries*. Singapore: Institute of Southeast Asian Studies.

Marrison, G.E. (1955) "Persian Influences in Malay Life (1280–1650)", *Journal of the Malaysian Branch of the Royal Asiatic Society* 28(1): 54–69.

Marwick, Ben (2017) "The Hoabinhian of Southeast Asia and its Relationship to Regional Pleistocene Lithic Technologies". In: *Lithic Technological Organization and Paleoenvironmental Change: Global and Diachronic Perspectives*. Erick Robinson and Frederic Sellet, eds, pp. 63–78. Cham: Springer.

May, Glenn A. (1997) *Inventing a Hero: The Posthumous Re-Creation of Andrés Bonifacio*. Quezon City: New Day Publishers.

McColl, Hugh, et al. (2018) "The Prehistoric Peopling of Southeast Asia", *Science* 31(6397): 88–92.

McDaniel, Justin (2008) *Gathering Leaves and Lifting Words: Histories of Buddhist Monastic Education in Laos and Thailand*. Seattle: University of Washington Press.

McGee, T.G. (1991) "The Emergence of Desakota Regions in Asia: Expanding a Hypothesis". In: *The Extended Metropolis: Settlement Transition in Asia*. N. Ginsburg, B. Koppel, and T.G. McGee, eds, pp. 3–25. Honolulu: University of Hawaii Press.

McHoldt, Enrico, et al. (2020) "The Paternal and Maternal Genetic History of Vietnamese Populations", *European Journal of Human Genetics* 28: 636–45.

Michaud, Jean (2000) "The Montagnards and the State in Northern Vietnam from 1802 to 1975: A Historical Overview", *Ethnohistory* 47(2): 333–68.

Mignolo, Walter D. (2011) *The Darker Side of Western Modernity: Global Futures, Decolonial Options*. Durham and London: Duke University Press.

Mills, Mary Beth (1999) *Thai Women in the Global Labor Force: Consuming Desires, Contested Selves*. New Brunswick (NJ) and London: Rutgers University Press.

Milner, Anthony C. (2016) *Kerajaan: Malay Political Culture on the Eve of Colonial Rule (Second Edition)*. Kuala Lumpur: Strategic Information and Research Development Centre (SIRD).

Monfries, John (2015) *A Prince in a Republic: The Life of Sultan Hamengku Buwono IX of Yogyakarta*. Singapore: ISEAS Publishing.

Monnais, Laurence and Harold J. Cook, eds (2012) *Global Movements, Local Concerns: Medicine and Health in Southeast Asia*. Singapore: NUS Press.

Montesano, Michael J. and Patrick Jory, eds (2008) *Thai South and Malay North: Ethnic Interactions on the Plural Peninsula*. Singapore: NUS Press.

Moore, R.I. (1999) "The Birth of Europe as a Eurasian Phenomenon". In: *Beyond Binary Histories: Re-Imaging Eurasia to c.1830*. Victor Lieberman, ed., pp. 139–57. Ann Arbor: University of Michigan Press.

Mörseburg, Alexander, et al. (2016) "Multi-layered Population Structure in Island Southeast Asians", *European Journal of Human Genetics* 24: 1605–11.

Munoz, Paul Michel (2006) *Early Kingdoms: Indonesian Archipelago and the Malay Peninsula*. Singapore: Editions Didier Millet.

Nakamura, Rie (2020) *A Journey of Ethnicity: In Search of the Cham of Vietnam*. Newcastle: Cambridge Scholars Publishing.

Nepote, Jacques and Khing Hoc Dy (1981) "Literature and Society in Modern Cambodia". In: *Essays on Literature and Society in Southeast Asia*. Tham Seong Chee, ed., pp. 56–81. Singapore: Singapore University Press.

Nguyen-Thu, Giang (2019) *Television in Post-Reform Vietnam: Nation, Media, Market*. Milton Park and New York.

Norindr, Panivong (2012) "Toward a Laotian Independent Cinema?". In: *Film in Contemporary Southeast Asia: Cultural Interpretation and Social Invention*. David C.L. Lim and Hiroyuki Yamamoto, eds, pp. 41–52. London and New York: Routledge.

O'Connell, James F., et al. (2018) "When did Homo Sapiens First Reach Southeast Asia and Sahul?", *Proceedings of the National Academy of Sciences* 115(34): 8482–90.

O'Connor, Richard A. (1995) "Agricultural Change and Ethnic Succession in Southeast Asian States: A Case for Regional Anthropology", *Journal of Asian Studies* 54(4): 968–96.

______ (2022) "Revisiting Power in a Southeast Asian Landscape—Discussant's Comments", *Anthropological Forum* 32(1): 95–107.

O'Connor, Stanley J. (1988) "Review of Southeast Asia in the 9th to the 14th Centuries", *Indonesia* 45: 129–34.

Ong, Aihwa (1987) *Spirits of Resistance and Capitalist Discipline: Factory Women in Malaysia*. Albany: State University of New York Press.

Ongsakul, Sarassawadee (2005) *History of Lan Na*. Chitraporn Tanratanakul, trans. Chiang Mai: Silkworm Books.

Ooi Keat Gin (2004) *Southeast Asia: A Historical Encyclopedia from Angkor Wat to East Timor*. Santa Barbara: ABC-CLIO, Inc.

O'Reilly, Dougald J.W. (2007) *Early Civilizations of Southeast Asia*. Lanham (MD) and Plymouth (UK): AltaMira Press.

Osborne, Milton (1994) *Sihanouk: Prince of Light, Prince of Darkness*. New South Wales: Allen and Unwin.

_______ (2016) *Southeast Asia: An Introductory History (Twelfth Edition)*. Allen and Unwin.

Ostapirat, Weera (2000) "Proto-Kra", *Linguistics of the Tibeto-Burman Area* 23(1): 1–251.

Ovesen, Jan and Ing-Britt Trankell (2010) *Cambodians and Their Doctors: A Medical Anthropology of Colonial and Postcolonial Cambodia*. Copenhagen: NIAS Press.

Owen, Norman G. (2005) *The Emergence of Modern Southeast Asia: A New History*. Singapore: Singapore University Press.

Oxenham, Marc F. et al. (2018) "Between Foraging and Farming: Strategic Responses to the Holocene Thermal Maximum in Southeast Asia", *Antiquity* 92(364): 940–57.

Padwe, Jonathan (2020) *Distributed Forests, Fragmented Memories: Jarai and Other Lives in the Cambodian Highlands*. Seattle: University of Washington Press.

Paredes, Oona (2013) *A Mountain of Difference: The Lumad in Early Colonial Mindanao*. Ithaca (NY): Cornell Southeast Asia Program Publications.

Paris, François-Edmond (1841). *Essai sur la construction navale des peuples extra-européens : ou, Collection des navires et pirogues construits par les habitants de l'Asie, de la Malaisie, du Grand Océan et de l'Amérique volume II*. Paris: A. Bertrand.

Parkin, Robert (1990) "Descent in Old Cambodia: Deconstructing a Matrilineal Hypothesis", *Zeitschrift für Ethnologie* 115: 209–27.

Patole-Edoumba, Elise et al. (2015) "Evolution of Hoabinhian Techno-Complex of Tam Hang Rock Shelter in Northern Laos", *Archaeological Discovery* 3(4): pp.140-157.

Peiros, Ilia (2011) "Some Thoughts on the Austro-Asiatic Homeland Problem", *Journal of Language Relationship* 6: 101–13.

Peletz, Michael G. (1988) *A Share of the Harvest: Kinship, Property and Social History among the Malay of Rembau*. Berkeley, Los Angeles and London: University of California Press.

_______ (2009) *Gender Pluralism: Southeast Asia Since Early Modern Times*. New York and Milton Park: Routledge.

Peng, Min-Sheng et al. (2010) "Tracing the Austronesian Footprint in Mainland Southeast Asia: A Perspective from Mitochondrial DNA", *Molecular Biology and Evolution* 27(10): 2417–30.

Perston, Yinika L. et al. (2021) "A Standardised Classification Scheme for the Mid-Holocene Toalean Artefacts of South Sulawesi, Indonesia", *PLoS ONE* 16(5): e0251138.

Peterson, Jean T. (1981) "Game, Farming, and Interethnic Relations in Northeastern Luzon, Philippines", *Human Ecology* 9(1): 1–21.

Pham, Phuong Dung et al. (2022) "The First Data of Allele Frequencies for 23 Autosomal STRs in the Ede Ethnic Group in Vietnam", *Legal Medicine* (pre-proofs), doi: https://doi.org/10.1016/j.legalmed.2022.102072.

Phinney, Harriet M. (2022) *Single Mothers and the State's Embrace: Reproductive Agency in Vietnam*. Seattle: University of Washington Press.

Pholsena, Vatthana (2002) "Nation/Representation: Ethnic Classification and Mapping Nationhood in Contemporary Laos", *Asian Ethnicity* 3(2): 175–97.

Phothisane, Souneth (1996) "The Nidan Khun Borom: Annotated Translation and Analysis". PhD thesis, University of Queensland.

Pigafetta, Antonio (1874) *The First Voyage Round the World by Magellan and Other Documents*. Lord Stanley of Alderley, ed. London: The Hakluyt Society.

Pollard, Vincent K. (1970) "ASA and ASEAN, 1961–1967: Southeast Asian Regionalism", *Asian Survey* 10(3): 244–55.

Pollock, Sheldon (1998) "The Cosmopolitan Vernacular", *Journal of Asian Studies* 57(1): 6–37.

______ (2001) "The Death of Sanskrit", *Comparative Studies in Society and History* 43(2): 392–426.

Pols, Hans, C. Michele Thompson, and John Harley Warner, eds (2017) *Translating the Body: Medical Education in Southeast Asia*. Singapore: NUS Press.

Pramoedya, Ananta Toer (1980) *Bumi Manusia*. Yogyakarta: Hasta Mitra.

Prapanca, Mpu (1995) *Desawarnana (Negarakrtagama)*. Stuart Robson, trans. Leiden: KITLV Press.

Prasse-Freeman, Elliot and Kirt Mausert (2020) "Two Sides of the Same Arakanese Coin: 'Rakhine,' 'Rohingya,' and Ethnogenesis as Schismogenesis". In: *Unravelling Myanmar's Transition: Progress, Retrenchment, and Ambiguity amidst Liberalization*. Pavin Chachavalpongpun, Elliot Prasse-Freeman, and Patrick Strefford, eds, pp. 261–89. Singapore: NUS Press.

Proudfoot, Ian (1995) "Early Muslim Printing in Southeast Asia", *Libri* 45: 216–23.

Punongbayan and Araullo (2014) *Women in Business: Report on the Philippines*. Grant Thorton International Business Report, 2014.

Putra, Heddy Shri Ahimsa (2001) "Remembering, Misremembering and Forgetting: The Struggle over "Serangan Oemoem 1 Maret 1949" in Yogyakarta, Indonesia", *Asian Journal of Social Science* 29(3): 471–94.

Raben, Remco (2020) "Colonial shorthand and historical knowledge: Segregation and localisation in a Dutch colonial society", *Journal of Modern European History* 18(2): 177–93.

Rabibhadana, Akin (1969) *The Organization of Thai Society in the Early Bangkok Period*. Cornell Thailand Project, Interim Reports Series, No. 12. Ithaca (NY): Southeast Asia Program, Cornell University.

Rafael, Vicente L. (1988) *Contracting Colonialism: Translation and Christian Conversion in Tagalog Society under Early Spanish Rule*. Ithaca: Cornell University Press.

Ramli, Dol (1965) "History of the Malay Regiment 1933–1942", *Journal of the Malaysian Branch of the Royal Asiatic Society* 38(1): 199–243.

Ramstedt, Martin, ed. (2004) *Hinduism in Modern Indonesia: A Minority Religion between Local, National, and Global Interests*. London and New York: RoutledgeCurzon.

Rangarajan, L.N. (1987) *Kautilya: The Arthashastra*. New Delhi and Middlesex: Penguin Books.

Rashid, Rehman (1993) *A Malaysian Journey*. Petaling Jaya: Rehman Rashid.

Reeder, Matthew (2022) "Crafting a Categorical Ayutthaya: Ethnic Labeling, Administrative Reforms, and Social Organization in an Early Modern Entrepôt", *Journal of the Economic and Social History of the Orient* 65(1): 126–63.

Reid, Anthony (1988) *Southeast Asia in the Age of Commerce 1450–1680, Volume One: The Lands below the Wind*. New Haven and London: Yale University Press.

______ (1993) *Southeast Asia in the Age of Commerce 1450–1680, Volume Two: Expansion and Crisis*. New Haven and London: Yale University Press.

_______ (2000) *Charting the Shape of Early Modern Southeast Asia*. Singapore: ISEAS Publishing.

_______ (2004) "Understanding *Melayu* (Malay) as a Source of Diverse Modern Identities". In: *Contesting Malayness: Malay Identity across Boundaries*. Timothy P. Barnard, ed., pp. 1–24. Singapore: Singapore University Press.

_______ (2015) *A History of Southeast Asia: Critical Crossroads*. Chichester: Wiley Blackwell.

Reid, Anthony, ed. (1983) *Slavery, Bondage and Dependency in Southeast Asia*. St. Lucia, London, and New York: University of Queensland Press.

Rettig, Frederik (2019) "A Mutiny with Vietnamese Characteristics: The Yen Bay Mutiny of 1930". In: *Armies and Societies in Southeast Asia*. Volker Grabowsky and Frederik Rettig, eds, pp. 149–204. Chiang Mai: Silkworm Books.

Ricklefs, M.C., Bruce Lockhart, Albert Lau, Portia Reyes, and Maitrii Aung-Thwin (2010) *A New History of Southeast Asia*. Hampshire: Palgrave Macmillan.

Rigg, Jonathan (2003) *Southeast Asia: The Human Landscape of Modernization and Development (Second Edition)*. London and New York: Routledge.

Rimmer, Peter J. and Howard Dick (2009) *The City in Southeast Asia: Patterns, Processes and Policy*. Singapore: NUS Press.

Robinne, Francois and Mandy Sadan (2007) "Reconsidering the Dynamics of Ethnicity through Foucault's Concept of 'Spaces of Dispersion'". In: *Social Dynamics in the Highlands of Southeast Asia*. Mandy Sadan and François Robinne, eds, pp. 299–308. Leiden and Boston: Brill.

Rogers, Susan (1990) "The Symbolic Representation of Women in a Changing Batak Culture". In: *Power and Difference: Gender in Island Southeast Asia*. Jane Monnig Atkinson and Shelly Errington, eds, pp. 307–44. Stanford: Stanford University Press.

Rosaldo, Renato (1980) *Ilongot Headhunting 1883–1974: A Study in Society and History*. Stanford: Stanford University Press.

Royal Historical Commission of Burma (1923) [1832/1869] *Glass Palace Chronicle of the Kings of Burma*. Pe Muang Tin and G.H. Luce, trans. London: Oxford University Press.

Rush, James R. (2018) *Southeast Asia: A Very Short Introduction*. Oxford and New York: Oxford University Press.

Rydstrøm, Helle, ed. (2010) *Gendered Inequalities in Asia: Configuring, Contesting and Recognizing Women and Men*. Copenhagen: NIAS Press.

Sachithanantham, Singaravelu (2004) *The Ramayana Tradition in Southeast Asia*. Kuala Lumpur: University of Malaya Press.

Sakhong, Lian H. (2003) *In Search of Chin Identity: A Study in Religion, Politics and Ethnic Identity in Burma*. Copenhagen: Nordic Institute for Asian Studies.

Santarita, Joefe B. (2018) "Panyupayana: The Emergence of Hindu Polities in the Pre-Islamic Philippines". In: *Cultural and Civilizational Links between India and Southeast Asia*. S. Saran, ed., pp. 93–105. Singapore: Palgrave Macmillan.

Santos, Norman de los (2015) "Philippine Indigenous Writing Systems in the Modern World". Paper presented at The Thirteenth International Conference on Austronesian Linguistics, 18–23 July, Academia Sinica, Taipei, Taiwan.

SarDesai, D.R. (2018) *Southeast Asia: Past and Present (Seventh Edition)*. New York and Milton Park (UK): Routledge.

Sarkissian, Margaret (1997) "Cultural Chameleons: Portuguese Eurasian Strategies for Survival in Post-Colonial Malaysia", *Journal of Southeast Asian Studies* 28(2): 249–62.

Scott, James C. (2010) *The Art of Not Being Governed: An Anarchist History of Upland Southeast Asia*.

Singapore: NUS Press.
Scott, William H. (1991) *Slavery in the Spanish Philippines*. Manila: De La Salle University Press.
_______ (1994) *Barangay: Sixteenth-Century Philippine Culture and Society*. Manila: Ateneo de Manila University Press.
Shamsul A.B. (1986) *From British to Bumiputera Rule: Local Politics and Rural Development in Malaysia*. Singapore: Institute of Southeast Asian Studies.
Shamsul A.B. and Arunajeet Kaur, eds (2011) *Sikhs in Southeast Asia: Negotiating an Identity*. Singapore: Institute of Southeast Asian Studies.
Sidwell, Paul (2010) "The Austroasiatic Central Riverine Hypothesis", *Journal of Language Relationship* 4: 117–34.
Simanjuntak, Truman, Ingrid H.E. Pojoh, and Mohammad Hisyam, eds (2006) *Austronesian Diaspora and the Ethnogeneses of People in Indonesian Archipelago: Proceedings of the International Symposium*. Jakarta: LIPI Press.
Sinha, Vineeta (2011) *Religion-State Encounters in Hindu Domains: From the Straits Settlements to Singapore*. Dordrecht: Springer.
Sinnott, Megan (2004) *Toms and Dees: Transgender Identity and Female Same-Sex Relationships in Thailand*. Honolulu: University of Hawaii Press.
Sinpeng, Aim (2020) "Digital Media, Political Authoritarianism, and Internet Controls in Southeast Asia", *Media, Culture and Society* 42(1): 25–39.
Siregar, Sondang Martini (2022) "Distribution of the Archaeological Sites on the Fluvial Landscape of the Musi River", *Advances in Social Science, Education and Humanities Research, Volume 660*. Paris: Atlantis Press.
Skilling, Peter (1997) "The Advent of Theravada Buddhism to Mainland Southeast Asia", *Journal of the International Association of Buddhist Studies* 20(1): 93–108.
_______ (2009) *Buddhism and Buddhist Literature of South-East Asia Selected Papers*. Claudio Cicuzza, ed. Bangkok and Lumbini: Fragile Palm Leaves Foundation and Lumbini International Research Institute.
Smail, John R.W. (1961) "On the Possibility of an Autonomous History of Modern Southeast Asia", *Journal of Southeast Asian History* 2(2): 72–102.
Soares, Pedro, et al. (13 authors) (2008) "Climate Change and Post-Glacial Human Dispersals in Southeast Asia", *Molecular Biology and Evolution* 25(6): 1209–18.
Songsamphan, Chalidaporn (2012) "Private Family, Public Contestation: Debates on Sexuality and Marriage in the Thai Parliament". In: *The Family in Flux in Southeast Asia: Institution, Ideology, Practice*. Yoko Hayami, Junko Koizumi, Chalidaporn Songsamphan, and Ratana Tosakul, eds, pp. 87–104. Chiang Mai: Silkworm Books.
Soon, Lau Teik (1976) "ASEAN, North Vietnam and the Communist Challenge". In: *Southeast Asian Affairs, 1976*, pp. 72–9. Singapore: ISEAS Publishing.
South, Ashley (2003) *Mon Nationalism and Civil War in Burma: The Golden Sheldrake*. London and New York: RoutledgeCurzon.
Southworth, William A. (2004) "The Coastal States of Champa". In: *Southeast Asia: From Pre-History to History*, Ian Glover and Peter Bellwood, eds, pp. 209–33. London and New York: RoutledgeCurzon.
Steinberg, David J. (1987) *In Search of Southeast Asia: A Modern History*. Honolulu: University of Hawaii Press.
Stevenson, Rex (1968) "The Selangor Raja School", *Journal of the Malaysian Branch of the Royal Asiatic Society* 43(1): 183–92.
Stokhof, Malte and Oscar Salemink (2009) "State Classification and Its Discontents: The Struggle Over

Bawean Ethnic Identity in Vietnam", *Journal of Vietnamese Studies* 4(2): 154–95.
Strangio, Sebastian (2014) *Hun Sen's Cambodia*. New Haven and London: Yale University Press.
Stuart-Fox, Martin (1997) *A History of Laos*. Cambridge and New York: Cambridge University Press.
______ (1998) *The Lao Kingdom of Lān Xāng: Rise and Decline*. Chiang Mai: White Lotus.
Suwannathat-Pian, Kobkua (2011) *Palace, Political Party and Power: A Story of the Socio-Political Development of Malay Kingship*. Singapore: NUS Press.
______ (2017) *Tunku: An Odyssey of a Life Well-Lived and Well-Loved*. Kuala Lumpur: University of Malaya Press.
Suyenaga, Joan and Salim Martowiredjo (2005) *Indonesian Children's Favorite Stories*. Periplus: Hong Kong.
Suzuki, Takashi (2012) *The History of Srivijaya under the Tributary Trade System of China*. Mekong Publishing.
Szalontai, Balázs (2011) "From Battlefield into Marketplace: The End of the Cold War in Indochina, 1985–1989". In: *The End of the Cold War and The Third World: New Perspectives on Regional Conflict*. Artemy Kalinovsky and Sergey Radchenko, eds, pp. 155–72. London: Routledge.
Tagliacozzo, Eric (2005) *Secret Trades, Porous Borders: Smuggling and States Along a Southeast Asian Frontier, 1865–1915*. New Haven and London: Yale University Press.
______ (2013) *The Longest Journey: Southeast Asians and the Pilgrimage to Mecca*. Oxford and New York: Oxford University Press.
Tagliacozzo, Eric, ed. (2009) *Southeast Asia and the Middle East: Islam, Movement, and the Longue Durée*. Singapore: NUS Press.
Tambiah, Stanley J. (2013) "The Galactic Polity in Southeast Asia", *HAU: Journal of Ethnographic Theory* 3(3): 503–34.
Tana, Li (1998) *Nguyen Cochinchina: Southern Vietnam in the Seventeenth and Eighteenth Centuries*. Ithaca: Cornell University Southeast Asian Studies Program.
Tarling, Nicholas (1999a) *The Cambridge History of Southeast Asia: Volume One, Part One. From Early Times to c. 1500*. Cambridge and New York: Cambridge University Press.
______ (1999b) "The Establishment of Colonial Regimes". In: *The Cambridge History of Southeast Asia, Volume Two, Part One, From c.1800 to the 1930s*. Nicholas Tarling, ed., pp. 1–74. Cambridge and New York: Cambridge University Press.
Taylor, Jean Gelman (1983) *The Social World of Batavia: European and Eurasian in Dutch Asia*. Madison: University of Wisconsin Press.
Taylor, Keith W. (1983) *The Birth of Vietnam*. Berkeley: University of California Press.
______ (1998) "Surface Orientations in Vietnam: Beyond Histories of Nation and Region", *Journal of Asian Studies* 57(4): 949–78.
______ (2013) *A History of the Vietnamese*. Cambridge and New York: Cambridge University Press.
Taylor, Robert (2009) *The State in Myanmar*. Singapore: NUS Press.
______ (2015) *General Ne Win: A Political Biography*. Singapore: ISEAS Publishing.
Than, Tin Maung Maung (2002) "Myanmar Media: Meeting Market Challenges in the Shadow of the State". In: *Media Fortunes, Changing Times: ASEAN States in Transition*. Russell H.K. Heng, ed., pp. 139–71. Singapore: Institute of Southeast Asian Studies.
Thang, Nguyen Van (2007) *Ambiguity of Identity: The Mieu in North Vietnam*. Chiang Mai: Silkworm Books.
Thompson, C. Michele (2015) *Vietnamese Traditional Medicine: A Social History*. Singapore: NUS Press.
Thompson, Eric C. (2007) *Unsettling Absences: Urbanism in Rural Malaysia*. Singapore: NUS Press.

_______ (2013) "In Defence of Southeast Asia: A Case for Methodological Regionalism", *TRaNS: Trans-Regional and -National Studies of Southeast Asia* 1(2): 1–22.

Thompson, Eric C., Pattana Kitiarsa, and Suriya Smutkupt (2016) "From Sex Tourist to Son-in-Law: Emergent Masculinities and Transient Subjectivities among *Farang* Men in Thailand", *Current Anthropology* 57(1): 53–71.

Thompson, Eric C., Jonathan Rigg, and Jamie Gillen, eds (2019) *Asian Smallholders: Transformation and Persistence*. Amsterdam: Amsterdam University Press.

Thompson, Eric C. and Apichai Sunchindah (2023) "The ASEAN Identity". In: *The Elgar Companion to ASEAN*. Frederick Kliem and Jörn Dosch, eds, pp. 49–61. Cheltenham (UK): Edward Elgar Publishing.

Thorton, Grant (2020) *Women in Business: Putting the Blue Print into Action*. Grant Thorton International.

Tocheri, Matthew W. et al. (2022) "Homo Floresiensis". In: *The Oxford Handbook of Early Southeast Asia*. C.F.W. Higham and Nam C. Kim, eds, pp. 38–69. Oxford and New York: Oxford University Press.

Toulmin, Stephen (1990) *Cosmopolis: The Hidden Agenda of Modernity*. Chicago: University of Chicago Press.

Tran, Nhung Tuyet (2018) *Familial Properties: Gender, State, and Society in Early Modern Vietnam, 1463–1778*. Honolulu: University of Hawaii Press.

Tran, Ky Phuong (2006) "Cultural Resource and Heritage Issues of Historic Champa States in Vietnam: Champa Origins, Reconfirmed Nomenclatures, and Preservation of Sites", *ARI Working Paper Series No. 75*. Singapore: Asia Research Institute.

Tran, Ky Phuong and Bruce M. Lockhart, eds (2011) *The Cham of Vietnam: History, Society and Art*. Singapore: NUS Press.

Tsing, Anna Lowenhaupt (1990) "Gender and Performance in Meratus Dispute Settlement". In: *Power and Difference: Gender in Island Southeast Asia*. Jane Monnig Atkinson and Shelly Errington, eds, pp. 95–125. Stanford: Stanford University Press.

Tumonggor, Meryanne K., et al. (2013) "The Indonesian Archipelago: An Ancient Genetic Highway Linking Asia and the Pacific", *Journal of Human Genetics* 58: 165–73.

Tun Bambang (2009) [1612] *Malay Annals: Translated by C.C. Brown from MS Raffles No. 18*. Selangor: Malaysian Branch of the Royal Asiatic Society.

Turton, Andrew (1972) "Matrilineal Descent Groups and Spirit Cults of the Thai-Yuan in Northern Thailand", *Journal of the Siam Society* 60(2): 217–56.

Umar, Ahmad Rizky Mardhatillah (2019) "Rethinking the Legacies of Bandung Conference: Global Decolonization and the Making of Modern International Order", *Asian Politics & Policy* 11(3): 461–78.

United Nations Development Program (2020) *Human Development Report 2020*. New York: United Nations.

Van Schendel, William (2012) "Southeast Asia: An Idea Whose Time has Past?" *Bijdragen tot de Taal-, Land- en Volkenkunde* 168(4): 497–503.

Vayda, Andrew (1976) *War in Ecological Perspective Persistence, Change, and Adaptive Processes in Three Oceanian Societies*. New York: Plenum Press.

Vickery, Michael (2011) "Champa Revisited". In: *The Cham of Vietnam: History, Society and Art*. Tran Ky Phuong and Bruce Lockhart, eds, pp. 363–420. Singapore: NUS Press.

Vienne, Marie-Sybille de (2015) *Brunei: From the Age of Commerce to the 21st Century*. Singapore: NUS Press.

Wade, Geoff (2004) "Ming China and Southeast Asia in the 15th Century: A Reappraisal". *ARI Working Paper, No. 28*. Singapore: Asia Research Institute. http://www.ari.nus.edu.sg/docs/wps/wps04_028.pdf.

Wade, Geoff and Sun Liachen, eds (2010) *Southeast Asia in the Fifteenth Century: The China Factor*.

Singapore: NUS Press.
Walker, Andrew (2012) *Thailand's Political Peasants: Power in the Modern Rural Economy*. Seattle: University of Washington Press.
Warren, James F. (2002) *Iranun and Balangingi: Globalization, Maritime Raiding and the Birth of Ethnicity*. Singapore: Singapore University Press.
Waterson, Roxana (1986) "The Ideology and Terminology of Kinship among the Sadan Toraja", *Bijdragen tot de Taal-, Land- en Volkenkunde* 142(1): 87–112.
Weatherford, Jack (1988) *Indian Givers: How the Indians of the Americas Transformed the World*. New York: Random House.
Weiss, Meredith L. and Edward Aspinall, eds (2012) *Student Activism in Asia: Between Protest and Powerlessness*. Minneapolis and London: University of Minnesota Press.
Wells, Spencer (2002) *The Journey of Man: A Genetic Odyssey*. London and New York: Penguin Books.
Wheeler, Charles (2006) "One Region, Two Histories: Cham Precedents in the History of the Hoi An Region". In: *Viet Nam: Borderless Histories*. Nhung Tuyet Tran and Anthony Reid, eds. Madison: University of Wisconsin Press.
White, Herbert Thirkell (2011) [1923] *Burma*. Cambridge: Cambridge University Press.
Whitmore, John K. (1999) "Literary Culture and Integration in Dai Viet, c.1430–1840". In: *Beyond Binary Histories: Re-Imaging Eurasia to c.1830*. Victor Lieberman, ed., pp. 221–43. Ann Arbor: University of Michigan Press.
_______ (2011) "The Last Great King of Classical Southeast Asia: "Che Bong Nga" and Fourteenth-century Champa". In: *The Cham of Vietnam: History, Society and Art*. Tran Ky Phuong and Bruce M. Lockhart, eds, pp. 168–203. Singapore: NUS Press.
Winichakul, Thongchai (1997) *Siam Mapped: A History of the Geo-Body of a Nation*. Honolulu: University of Hawaii Press.
Winzeler, Robert L. (2011) *The People of Southeast Asia Today: Ethnography, Ethnology and Change in a Complex Region*. Lanham and New York: AltaMira Press.
Wolters, O.W. (1999) *History, Culture, and Region in Southeast Asian Perspectives, Revised Edition*. Ithaca (NY): Southeast Asia Program Publications, Cornell University.
Wongsurawat, Wasana (2019) *The Crown and the Capitalists: Ethnic Chinese and the Formation of the Thai Nation*. Seattle: University of Washington Press.
Woodside, Alexander (1984) "Medieval Vietnam and Cambodia: A Comparative Comment", *Journal of Asian* Studies 15(2): 315–9.
Wyatt, David K. (1999) "Southeast Asia 'Inside Out,' 1300–1800: A Perspective from the Interior". In: *Beyond Binary Histories: Re-Imaging Eurasia to c.1830*. Victor Lieberman, ed., pp. 245–65. Ann Arbor: University of Michigan Press.
_______ (2003) *A Short History of Thailand (Second Edition)*. New Haven and London: Yale University Press.
Wyatt, David K. and Aroonrut Wichienkeeo, trans. (1998) *The Chiang Mai Chronicle (Second Edition)*. Chiang Mai: Silkworm Books.
Yacob, Shakila and Nicholas J. White (2010) "The 'Unfinished Business' of Malaysia's Decolonisation: The Origins of the Guthrie 'Dawn Raid' ", *Modern Asian Studies* 44(5): 919–60.
Yeoh, Brenda (2003) *Contesting Space in Colonial Singapore*. Singapore: Singapore University Press.
Zakharov, Anton (2009) "Constructing the Polity of Sriwijaya in the 7th–8th Centuries: The View According to the Inscriptions", *Indonesia Studies Working Paper No. 9*. Sydney: University of Sydney.
_______ (2010) "A Note on the Date of the Vo-canh Stele", *The South East Asian Review* 35(1–2): 17–21.

_______ (2012) "The Sailendras Reconsidered", *The Nalanda-Sriwijaya Centre Working Paper Series No. 12*. Singapore: Institute of Southeast Asian Studies.

_______ (2019) "Was the Early History of Champā Really Revised? A Reassessment of the Classical Narratives of Linyi and the 6th–8th Century Champā Kingdom". In: *Champa: Territories and Networks of a Southeast Asian Kingdom*. Arlo Griffiths, Andrew Hardy, and Geoff Wade, eds, pp. 147–57. Paris: École Française d'Extrême-Orient.

Zhou Daguan (2007) *A Record of Cambodia: The Land and Its People*. Peter Harris, trans. Chiang Mai: Silkworm Books.

網站

Austronesians: Historical and Comparative Perspectives.

http://epress.anu.edu.au/austronesians/austronesians/mobile_devices/index.html

http://epress.anu.edu.au/austronesians/austronesians/mobile_devices/ch15s02.html [accessed 11 September 2013].

Ethnologue: Languages of the World. https://www.ethnologue.com/subgroups/austro-asiatic [accessed 14 March 2021].

Ethnologue: Languages of the World. https://www.ethnologue.com/subgroups/austronesian [accessed 14 March 2021].

HistorySG: An online resource guide. https://eresources.nlb.gov.sg/history/events/8f22fb24-ca40-46d3-a3f3-a638f444e8bc [accessed 25 February 2022].

Phnom Penh Post, The (2021). "Cambodia's Digital Economy", 30 June 2021. https://www.phnompenhpost.com/financial/cambodias-digital-economy [accessed 12 March 2022].

Statistica.com (2022). https://www.statista.com/statistics/193056/facebook-user-numbersin-asian-countries/ [accessed 12 March 2022].

UNESCO (2015) Timor Leste: Education for All 2015 National Review, pp. 7–8. https://unesdoc.unesco.org/ark:/48223/pf0000229880 [accessed 15 March 2022].

United Nations (2022) UNCTAD e-Handbook of Statistics 2021. www.hbs.unctad.org [accessed 13 March 2022].

U.S. Bureau of the Census (1955) Statistical Abstract of the United States: 1954, pp. 899–902. https://www.marshallfoundation.org/library/documents/marshall-plan-payments-millions-european-economic-cooperation-countries/ [accessed 27 February 2022].

World Bank (2022) https://datacommons.org/place/country/SGP [accessed 15 March 2022].

Worldometer Online (2022) https://www.worldometers.info/world-population/population-by-country/ [accessed 15 March 2022].

Worldometer Online (2022) https://www.worldometers.info/world-population/south-eastern-asia-population/ [accessed 15 March 2022].

作者、譯者簡介

作者 **艾瑞克・湯普森**（Eric C. Thompson）

新加坡國立大學社會學與人類學系副教授。在東南亞進行研究已三十多年，著有《令人不安的缺席：馬來西亞鄉村的都市主義》（*Unsettling Absences: Urbanism in Rural Malaysia*），合著書籍《對於東協的態度與意識》（*Attitudes and Awareness toward ASEAN*）、《年輕人認識東協嗎？》（*Do Young People Know ASEAN?*），協同主編《比較視野下的亞洲小農》（*Asian Smallholders in Comparative Perspective*）、《東南亞多元人類學：國家傳統與跨國做法》（*Southeast Asian Anthropologies: National Traditions and Transnational Practices*）。

譯者 **陳錦慧**

自由譯者，加拿大Simon Fraser University語言教育碩士，從事書籍翻譯十五年，譯作五十餘冊。二〇二三年以《傾聽地球之聲》獲頒金鼎獎圖書翻譯獎，二〇二四年以《吉姆爺》獲梁實秋文學獎翻譯類優選。賜教信箱：c.jinhui@hotmail.com。

BC00377

群王之夢：東南亞的故事

作　　者——艾瑞克・湯普森（Eric C. Thompson）
「浮羅人文」書系主編——高嘉謙
譯　　者——陳錦慧
主　　編——何秉修
校　　對——Vincent Tsai
企　　劃——林欣梅
封面設計——賴柏燁

總 編 輯——胡金倫
董 事 長——趙政岷
出 版 者——時報文化出版企業股份有限公司
108019 台北市和平西路三段 240 號 7 樓
發行專線｜ 02-2306-6842
讀者服務專線｜ 0800-231-705
02-2304-7103
讀者服務傳真｜ 02-2304-6858
郵撥｜ 1934-4724 時報文化出版公司
信箱｜ 10899 臺北華江橋郵局第 99 信箱
時報悅讀網—— http://www.readingtimes.com.tw
時報文化臉書—— https://www.facebook.com/readingtimes.fans
法律顧問——理律法律事務所 陳長文律師、李念祖律師
印　　刷——紘億印刷有限公司
初版一刷——2025 年 7 月 18 日
定　　價——新臺幣 480 元

ISBN 978-626-419-610-9
Printed in Taiwan

時報文化出版公司成立於一九七五年，
並於一九九九年股票上櫃公開發行，二〇〇八年脫離中時集團非屬旺中，
以「尊重智慧與創意的文化事業」為信念。

群王之夢 : 東南亞的故事/艾瑞克.湯普森(Eric C. Thompson)著;
陳錦慧譯. -- 初版. -- 臺北市 : 時報文化出版企業股份有限公司, 2025.07　面；　公分.
譯自 : The story of Southeast Asia.
ISBN 978-626-419-610-9(平裝)

1.CST: 歷史 2.CST: 東南亞

738.01　　114008080